W0416908

REPRINTS PSYCHOLOGIE

Band 27

GERD u. ANNEGRET OVERBECK (HG.):

Seelischer Konflikt - körperliches Leiden

REPRINTS PSYCHOLOGIE

Band 1 HAUG: Das überforderte Kind
Band 2 SMELSER: Theorie des kollektiven Verhaltens
Band 3 VERNON: Wahrnehmung und Erfahrung
Band 4 WATSON: Behaviorismus
Band 5 DETTMERING: Dichtung und Psychoanalyse I
Band 6 BROCHER: Das Ich und die anderen in Familie und Gesellschaft
Band 7 Parsons: Sozialstruktur und Persönlichkeit
Band 8 PFUNGST: Der kluge Hans
Band 9 MALINOWSKI: Geschlecht und Verdrängung in primitiven Gesellschaften
Band 10 DETTMERING: Dichtung und Psychoanalyse II
Band 11 DETTMERING: Heinrich von Kleist
Band 12 VANGGAARD: Phallos
Band 13 EDWARDS: Versuchsplanung in der Psychologischen Forschung
Band 14 FREEMAN: Studie zur chronischen Schizophrenie
Band 15 EWE: Verhalten ändern in der Familie
Band 16 BETTELHEIM: Die Kinder der Zukunft
Band 17 OESTREICH: Kinder zwischen Angst und Leistung
Band 18 PETZOLD: Drogentherapie
Band 19 RINGEL: Der Selbstmord
Band 20 VOLPERT: Sensumotorisches Lernen
Band 21 BARKER: Grundlagen der Kinderpsychiatrie
Band 22 RINGEL: Selbstmordverhütung
Band 23 GOLD U.A.: Kinder spielen Konflikte
Band 24 EYSENCK: Wege und Abwege der Psychologie
Band 25 ANGERMEIER / PETERS: Bedingte Reaktionen
Band 26 HEINRICH: Psychologie für den Zahnarzt
Band 27 OVERBECK: Seelischer Konflikt - körperliches Leiden
Band 28 DIEHL / KOHR: Durchführungsanleitungen für statistische Tests

Gerd und Annegret Overbeck (Hg.)

Seelischer Konflikt – körperliches Leiden

Reader zur psychoanalytischen Psychosomatik

Fachbuchhandlung für Psychologie
Verlagsabteilung

CIP-Kurztitelaufnahme der Deutschen Bibliothek
Seelischer Konflikt - körperliches Leiden : Reader zur psychoanalyt. Psychosomatik / Gerd u. Annegret Overbeck (Hg.). - 3. Aufl. - Eschborn bei Frankfurt am Main : Fachbuchhandlung für Psychologie, Verl.-Abt., 1986.
(Reprints Psychologie ; Bd. 27)
1. Aufl. im Rowohlt-Verl., Reinbek bei Hamburg
ISBN 3-88074-229-4

NE: Overbeck, Gerd (Hrsg.); GT

3. Auflgae 1986
2., durchgesehene Auflage 1984
(Die erste Auflage erschien 1978 bei Rowohlt)

c 1984:
FACHBUCHHANDLUNG FÜR PSYCHOLOGIE GMBH
VERLAGSABTEILUNG
Sulzbacher Str. 45
6236 Eschborn bei Frankfurt am Main

Alle Rechte vorbehalten. Nachdruck oder Vervielfältigung in keiner Form gestattet.

ISBN 3-88074-229-4

Inhalt

Gerd und Annegret Overbeck
Vorwort

Mit der Titelformulierung «Seelischer Konflikt – körperliches Leiden» stellen wir einen Reader zur psychoanalytischen Psychosomatik vor, der über die psychosomatische Medizin als klinisches Spezialgebiet hinausgeht und die angrenzenden Sozialwissenschaften mit einbezieht. Da das Verhältnis von Leib und Seele immer zentraler Gegenstand der Psychosomatik war, wurde sie von Beginn an durch zahlreiche Beiträge aus verschiedenen Wissenschaften geprägt. Zu den Pionieren der Psychosomatik zählten Psychoanalytiker (Freud, Federn, Groddeck) ebenso wie Internisten (V. v. Weizsäcker, Bilz, Heyer) und Physiologen (Cannon, W. R. Hess). Wichtige Beiträge der Stressforschung (Selye, Wolff, Engel) und der Lerntheorie (Pawlow, Bykow, Beres) folgten. Auch Soziologie und Epidemiologie haben inzwischen «Psychosomatik» zu ihrem Forschungsgegenstand gemacht. So verbindet sich heute mit dem Begriff eine solche Vielzahl von Bedeutungen, daß es unmöglich erscheint, Psychosomatik als wissenschaftliche Disziplin eindeutig zu definieren.

Die Frage nach dem Verhältnis von Leib und Seele läßt sich durch die gesamte Philosophie- und Wissenschaftsgeschichte verfolgen. Seit Descartes wurde das naturwissenschaftliche Denken durch die Polaritäten von Bewußtsein und Materie, Natur und Ich, Körper und Seele, bestimmt. Gemäß naturwissenschaftlichem Denken wird der Zusammenhang von Leib und Seele in einseitige Ursache-Wirkungs-Zusammenhänge aufgespalten: der Leib wirkt auf die Seele, die Seele wirkt auf den Leib. Entsprechend dieser wissenschaftsgeschichtlichen Tradition interessierte man sich auch in der Psychosomatik für einseitige Kausalbeziehungen zwischen dem Seelischen und Körperlichen. So befaßte sich die psychosomatische Medizin zunächst – als Gegengewicht gegen das einseitige organische Krankheitsverständnis der damaligen Medizin – besonders mit den seelischen Krankheitsursachen.

Entsprechend wurde überwiegend unter dem Gesichtspunkt der Psychogenie geforscht, das heißt, man suchte nach den primären seelischen Ursachen für die psychosomatischen Krankheitsbilder. Dabei blieben die Fragestellungen, die sich aus der Umkehrung der Kausalitätsrichtung ergeben, das heißt also, die somatopsychische Seite der Psychosomatik, weitgehend unbeachtet. Ferner geriet über die Erkenntnisse, die mit dieser Forschungsrichtung erzielt wurden, der qualitativ zum Teil ganz anders geartete, aber der Psychoanalyse auch teilweise verwandte Denkansatz der anthropologischen Medizin in Vergessenheit. Durch die Einführung des Subjekts in die Medizin (V. v. WEIZSÄCKER) trat der kranke Mensch in seinem gegenwärtigen und historischen Lebenszusammenhang in den Mittelpunkt der Betrachtung – während sich demgegenüber das Interesse am Krankheitsbild relativierte. Mit der Idee des Gestaltkreises – ursprünglich konzipiert für das Verständnis des Ineinandergreifens von Wahrnehmung und Bewegung – legte V. v. WEIZSÄCKER gleichzeitig eine Theorie vor, die die Polarisierung von Natur und Ich, Körper und Seele, Objekt und Subjekt in einem kreisförmigen Prozeß aufhob, indem jedes Glied der geschlossenen Kette auf das andere einwirkt. Die Hauptsache beim Verhältnis von Leib und Seele besteht deshalb darin, daß sie «einander wechselseitig erläutern». Der «Sinn der Krankheit» und die «Vernunft des Leibes» wurden so zu zentralen Begriffen der anthropologischen Medizin.

Die Vernachlässigung des somatopsychischen Zusammenhangs und der anthropologischen Medizin, die außerhalb der orthodoxen medizinischen Denkkategorien stehen, scheint sich nun jedoch in den letzten Jahren durch die Einführung der integrativen Psychosomatik in Ansätzen zu ändern. Man hat damit begonnen, sich den Problemen der seelischen Krankheitsverarbeitung bei chronisch und unheilbar Kranken, bei Operationen, prothetischem Ersatz und Organtransplantationen zuzuwenden und untersucht organisch Kranke in ihrem Krankheitsverhalten und in der Arzt-Patient-Beziehung. Diese Entwicklung wurde vor allem durch die von BALINT eingeführte Gruppenarbeit (sogenannte Balintgruppen) mit klinisch tätigen Ärzten ermöglicht.

Die geschilderte allgemeine Interessengewichtung in der psychosomatischen Medizin, und damit auch das Übergewicht von Forschungserträgen zugunsten der Psychogenie, hat natürlich auch die psychoanalytische Psychosomatik beeinflußt, deren Abriß in diesem Band zusammengestellt ist. Da die psychoanalytische Psychosomatik die leib-seelischen Wechselwirkungen mit der psychoanalytischen Methode untersucht, wurde sie in ihrem Erkenntnisstand und ihren Fragestellungen durch die allgemeine Entwicklung der Psychoanalyse mitbestimmt. Diese Entwicklung ging von der Trieb- zur Ich-Psychologie und von individualpsychologischen zu sozialpsychologischen Ansätzen und ist für den Bereich der psychoanalytischen Psychosomatik – um nur einige Exponenten zu nennen – mit den Namen GRODDECK, DEUTSCH und ALEXANDER, SCHUR, MARTY, ENGEL, RICHTER und MITSCHERLICH verbunden. Während anfangs das Interesse ganz dem «rätselhaften Sprung» vom Seelischen ins Körperliche galt, konnte die psychoanalytische Psychosomatik später dank ihrer Beziehung zur Psychoanalyse ihren Horizont weit über das Fachgebiet der Medizin hinaus ausdehnen und sich den Sozialwissenschaften gegenüber öffnen. Inhaltlich läßt sich diese Entwicklung mit folgenden Fragestellungen umschreiben:

1. Worin besteht der Konflikt des Patienten und in welcher Beziehung stehen die körperlichen Symptome dazu oder auf welche spezielle Weise kann man sich die Umsetzung bestimmter Konflikte, Triebe und Affekte in körperliche Beschwerden beim jeweiligen Patienten vorstellen?
2. Welche Voraussetzungen hinsichtlich der Persönlichkeitsstruktur des Patienten disponieren ihn zur psychosomatischen Symptombildung, und wie ist im Einzelfall die Mitwirkung des Ichs bei der somatisierenden Konfliktbeantwortung einzuschätzen?
3. Kann man einen Zusammenhang sehen zwischen dem Ausbruch der Erkrankung und einer Störung der Objektbeziehung des Patienten und macht ein bestimmtes inneres Objektbeziehungsmuster den Patienten besonders anfällig für eine psychosomatische Krankheit?
4. In welchem Ausmaß beeinflussen oder verursachen andere Personen die Krankheit des Patienten, das heißt, inwieweit ist seine Krankheit Ergebnis interpersoneller Abwehrvorgänge in Paar- und Familienbeziehungen?
5. Wie ist die psychosomatische Symptomwahl im Hinblick auf bestimmte kulturelle und gesellschaftliche Zusammenhänge im Lebensraum des Patienten zu beurteilen?

Für die somatopsychischen Krankheitsverarbeitungen, das heißt, für die Wirkung körperlicher Erkrankungen auf das Erleben des Patienten, müssen die oben genannten 5 Fragestellungen jeweils ergänzt werden. Es muß zum Beispiel danach gefragt werden, welche Objektbeziehungen sich bei angeborenen Krankheiten entwickeln, welche unbewußten Konflikte durch eine organische Krankheit mobilisiert werden und mit welchen Abwehrvorgängen das betroffene Individuum, seine Familie und die Gesellschaft darauf reagieren. Im Grunde genommen gelten diese Fragen auch für die sogenannten klassischen und primär seelisch bedingten psychosomatischen Krankheiten, wenn man sich von den einseitigen seelisch-körperlichen Kausalitätsvorstellungen löst und die Zirkularität von psychischen und somatischen Krankheitsprozessen beachtet. Einerseits ziehen nämlich auch die chronifizierten psychosomatischen Krankheiten somatopsychische Krankheitsverarbeitungen nach sich, andererseits begünstigen bestimmte somatische Dispositionen – wie zum Beispiel die angeborene erhöhte Magensaftproduktion beim Magengeschwür und die allergischen Faktoren beim Asthma bronchiale – die Entwicklung psychosomatischer Krankheiten.

In diesem Buch wird zum erstenmal versucht, an Hand der oben genannten Fragestellungen angehenden Psychotherapeuten, psychosomatisch tätigen Ärzten und interessierten Laien in der verwirrenden Vielzahl von Beobachtungen, Sichtweisen und Konzepten eine Orientierungshilfe zu geben. Die hier angewandte Systematisierung zeigt die historische Entwicklung der psychoanalytischen Psychosomatik auf und führt gleichzeitig zu einem einheitlichen Konzept dieser wissenschaftlichen Disziplin.

Die größte Bedeutung dieses Ordnungsprinzips psychoanalytischer Psychosomatik sehen wir jedoch darin, daß es von der an Krankheitsleitbildern orientierten Betrachtung psychosomatischer Zusammenhänge wegführt und statt dessen das Augenmerk auf den Patienten und seine individuellen Besonderheiten lenkt. Während die fortschrittliche Psychiatrie und Psychotherapie die Etikettierung der Patienten mit Diagnosebegriffen ablehnt und statt dessen nach individuellen, genetischen und dynamischen Gesichtspunkten verfährt und nach Fixierungen, Konflikten, Abwehrformen, Beziehungsmustern etc. fragt, hat man es in der Psychosomatik leider noch nicht aufgegeben, den Patienten in das Klassifikationsschema von Krankheitsbildern zu pressen. Obwohl die Grenzen der Frage nach der Spezifität von Krankheitsbildern inzwischen deutlich geworden sind und die Erkenntnis zunimmt, daß es bei dem gleichen Krankheitsbild sehr unterschiedliche Persönlichkeitsstrukturen, Konflikte und krankheitsauslösende Ursachen geben kann, daß es also *den* Ulcus-Kranken, *den* Herzneurotiker, *den* Asthmapatienten gar nicht gibt, sind die bisherigen Lehrbücher zur Psychosomatik doch überwiegend nach Organen, Krankheitsbildern und Fachgebieten geordnet. Was dort als spezifisch angegeben wird, sind bei näherem Hinsehen dann mehr allgemeine, aus der Affektphysiologie und der Entwicklungspsychologie abgeleitete psychosomatische Zusammenhänge. Nach Krankheitsbildern systematisierte Psychosomatik vermag zwar zunächst einen informativen Überblick zu geben, erweist sich aber letztlich als unfruchtbarer Anpassungsvorgang an die traditionelle, naturwissenschaftliche, an Organsystemen orientierte Medizin. Da Einteilungen dieser Art nicht nach den individuellen Vorerfahrungen des einzelnen Patienten fragen, sondern allgemeine Gesetzmäßigkeiten betonen und Krankheitsschablonen benutzen, führen sie von der patientenzentrierten Betrachtung des Einzelfalles weg und verstellen häufig den Blick für die psychosomatischen Zusammenhänge. Für ein differenziertes psychologisches Verstehen des Patienten, das auch gleichzeitig therapeutische Handlungsanweisungen erbringen kann, kommt daher nur ein Vorgehen in Frage, das sich an Hand wesentlicher psychoanalytisch-psychosomatischer Kategorien Einblick in die Krankheit des einzelnen Menschen zu schaffen versucht. Es scheint uns möglich, diese Kategorien mit den oben genannten Fragestellungen nach dem Konflikt-Symptom-Kontext, der Ich-Struktur, den Objektbeziehungen, den interpersonellen und gesellschaftlichen Zusammenhängen bestimmen zu können.

Die nach diesen Fragestellungen gegliederten Abschnitte des vorliegenden Buches sollen exemplarische Antworten auf diese Fragen geben, wobei wir glauben, das Angebot an Antworten durch eine Kombination ausgewählter Originalaufsätze und gezielten weiterführenden Literaturhinweisen im Anhang möglichst vollständig gestaltet zu haben. Die hier abgedruckten Arbeiten haben wir vorwiegend danach ausgesucht, ob sie – oft auch bei gleichzeitig weiteren oder umfassenderen Zielsetzungen der Autoren – einen wesentlichen Beitrag zu einer der oben genannten Fragestellungen beisteuern konnten. Bei der endgültigen Auswahl spielten aber auch andere Gesichtspunkte, wie Kürze, Übersichtscharakter etc. eine Rolle, so daß auf gleichwertige, aber zum Beispiel zu umfangreiche oder an anderer Stelle bereits gut zugängliche Arbeiten hier lediglich im bibliographischen Anhang hingewiesen wird. Den Autoren und Verlagen, die uns freundlicherweise die Abdruckgenehmigungen erteilten, sei an dieser Stelle dafür gedankt.

Zum Schluß sei erwähnt, daß der hier vorgetragene Ansatz zu einer einheitlichen psychoanalytischen Psychosomatik in einem über drei Jahre durchgeführten Seminar mit Ärzten, Psychologen, Pädagogen und Soziologen erfolgreich erprobt wurde und sich sowohl in der interdisziplinären Zusammenarbeit wie auch als Grundkurs in der Weiterbildung für Psychosomatik und Psychotherapie bewährte. Für die intensive Mitarbeit, die zu einer Vertiefung der Thematik und zu vielen Literaturhinweisen führte, sei allen Teilnehmern des Seminars herzlich gedankt. Besonderer Dank gilt Frau Dr. CH. SCHÖTTLER, als Ko-Leiterin dieses Seminars. Sie verstand es, das jeweilige theoretische Thema durch Falldarstellungen aus der eigenen Praxis zu vertiefen und Probleme der Behandlungstechnik in die Seminardiskussion einzubringen.

Frankfurt/Gießen, im Juni 1978

Erster Teil
Modelle zum Symptomverständnis

Das Konversionsmodell

Leo Rangell
Die Konversion*

Ziel und geschichtliche Übersicht

Wer es unternimmt, das Wesen des Konversionsprozesses zu studieren, hat es mit einer psychischen Erscheinung zu tun, die aus mehreren, sehr verschiedenen Gründen interessant ist. 1. Die Konversion nimmt in der Geschichte der Psychoanalyse einen besonderen Platz ein, da von ihr sowohl die psychoanalytische Theorie als auch die Behandlungstechnik ihren Ausgang nahmen; an ihr wurde die psychoanalytische Methode erstmals angewandt und erprobt. Nicht nur lieferten FREUDS erste Hysterie-Fälle ihm die Symptome der Konversion (5), sondern auch schon die Vorläufer dieser historisch gewordenen Beiträge, die von CHARCOT und seiner Schule studierten Fälle (49) der großen Konversion, die damals in ganz Europa wütete, sind als das Material anzusehen, an welchem die entscheidende Erkenntnis, daß Seelisches zu körperlichen Krankheiten führen kann, konzipiert wurde. 2. Der Konversionsprozeß diente nicht nur historisch, sondern dient noch heute der Psychopathologie und der Neurosenlehre als Modell. Innerhalb der Hysterie war es dann vor allem die Konversion, die, zusammen mit der Phobie, im Mittelpunkt der Beobachtungen und Untersuchungen stand. 3. Trotz dieser zentralen Rolle haben sich unsere Konzepte über die Konversion merkwürdiger-

* In einer kürzeren Fassung beim Podiumsgespräch über «Die Theorie des Konversionsvorganges» auf dem Jahrestreffen der American Psychoanalytic Association, San Francisco, im Mai 1958, vorgetragen.

Den Gesamtbericht über das Podiumsgespräch verfaßte FOX (14). Mehrere weitere Beiträge, die dort vorgetragen wurden und in dem hier vorgelegten Artikel erwähnt sind, wurden später in dem von F. DEUTSCH herausgegebenen Band «The Mysterious Leap from the Mind to the Body», New York (International Universities Press) 1959 veröffentlicht.

Englische Veröffentlichung unter dem Titel «The Nature of Conversion» im Journal of the American Psychoanalytic Association, Bd. VII, 1959.

weise kaum entwickelt; sie sind nicht weiter bearbeitet und nicht mit den späteren Erweiterungen unserer Theorie, etwa im Bereich der prägenitalen Entwicklung, der Borderline-Zustände und der Ichpsychologie integriert worden. Freud selbst schrieb (20, Seite 141): «Woher die besondere Undurchsichtigkeit der Symptombildung bei der Konversion rührt, können wir nicht erraten, aber sie gibt uns ein Motiv, das unfruchtbare Gebiet bald zu verlassen.» Jetzt aber, da wir uns in einer Epoche rückschauender Revision der grundlegenden Phänomene befinden, ist es an der Zeit, diesen wichtigen Vorgang mit allen seinen Verzweigungen neu zu durchdenken und zu revidieren.

Vielleicht ist der Fortschritt auf diesem Gebiet deswegen so lange behindert und eingeschränkt geblieben, weil wir in unbewußter Ehrfurcht vor der historischen Bedeutung und Priorität der früheren Beiträge, die wir erwähnten, nicht darüber hinauszugehen wagten. So hat sich zum Beispiel, trotz einiger bemerkenswerter Ausnahmen, auf die noch zurückzukommen sein wird, eine automatische Assoziation von Konversion mit Hysterie erhalten; beide Begriffe scheinen unlösbar miteinander verbunden. Hier erübrigen sich Einzelbeispiele, denn diese begriffliche Verknüpfung durchzieht fast die gesamte analytische, besonders die klinische Literatur, in der die Suche nach Erklärungen bei der Diagnose oder beim Nachweis von Konversionserscheinungen so gut wie immer zu hysterischen Vorgängen, zur Dynamik der Hysterie gelangt. Diese automatische Assoziation, so bedeutend sie historisch gesehen ist, hat jedoch, wie ich mich zu zeigen bemühen werde, ihre Nützlichkeit längst überlebt – und noch länger ihre Richtigkeit. Wir sind, glaube ich, voll berechtigt, den Konversionsbegriff neu aufzugreifen und einerseits ihn genauer abzugrenzen, andererseits seine Reichweite zu erweitern, so daß er systematischer mit den empirisch beobachteten klinischen Daten und den neueren theoretischen Überlegungen abgestimmt werden kann. Das ist das Hauptziel dieses Beitrages.

Zum Ausgangspunkt nehmen wir die ursprüngliche Definition in den «Studien über Hysterie» (5, S. 142), die Freud im Zusammenhang mit seinen ersten Behandlungen gab: «Wenn wir der Kürze halber die Bezeichnung ‹Konversion› für die Umsetzung psychischer Erregung in körperliche Dauersymptome wählen ...» Etwa zur gleichen Zeit stellt Freud in seiner Studie «Die Abwehr-Neuropsychosen» (16, S. 63) fest: «Bei der Hysterie erfolgt die Unschädlichmachung der unverträglichen Vorstellung dadurch, daß deren Erregungssumme ins Körperliche umgesetzt wird, wofür ich den Namen der *Konversion* vorschlagen möchte.» Im Zuge der vielen nun folgenden Entwicklungsstufen der Metapsychologie über die Trieblehre zum strukturellen Gesichtspunkt können wir als allgemein angenommene neuere Ansicht die deskriptive Definition O. Fenichels anführen, die von der ursprünglichen, Freudschen Definition sich nicht wesentlich unterscheidet: «In der Konversion ereignen sich symptomatische Veränderungen in den Körperfunktionen, die unbewußt und in entstellter Form vorher verdrängten Triebimpulsen zum Ausdruck verhelfen» (10, S. 216). Ferner seien, so fährt Fenichel fort, die Konversionssymptome «ganz spezifische Repräsentanzen von Gedanken, die aus ihrer ‹somatischen Sprache› in die ursprüngliche Wortsprache zurückübersetzt werden können». Nach dieser Beschreibung der Art der Erkrankung nimmt Fenichel Freuds früheste Konzepte wieder auf und bezeichnet die Konversion als einen dem Wesen nach hysterischen Prozeß mit allem, was dieser Begriff umfasse, nämlich phallische, in den Konflikten der ödipalen Phase wurzelnde Ausrichtung mit der Kastrationsfurcht im Mittelpunkt. Fenichel bestreitet nicht, daß es viele Erscheinungen, zum Beispiel Tagträume, gibt, die einen prägenitalen Stempel zu tragen oder von irgendeiner erogenen Zone oder einem Partialtrieb auszugehen scheinen, aber er betrachtet sie als Zwischenglieder zwischen dem Ödipuskomplex und dem schließlichen Symptom. Wenn auch diese Zwischengebilde vom behandlungstechnischen Standpunkt aus keineswegs unbedeutend seien und eventuell sogar die größten technischen Schwierigkeiten bereiteten, seien sie doch als typisch und zum größten Teil als prägenitale Ausdrucksweisen überwiegend genitaler Triebwünsche anzusehen.

Um das in unserem Zusammenhang interessierende Feld etwas zu erweitern und abzurunden, müssen wir uns auch mit der Beziehung zwischen dem Konversionsprozeß und allen anderen Formen der Somatisierung beschäftigen, die daran angrenzen. So wird es nützlich und notwendig sein, uns im Gange dieser Untersuchung auch auf die Klassifizierung vielleicht aller psychosomatischen Reaktionen und auf ihre Beziehungen zueinander zu besinnen. Fenichel teilt in seiner Standard-Übersicht diese Symptome in die folgenden Gruppen ein: 1. Die eigentlichen Konversionssymptome, die, wie oben erwähnt, als im Zentrum des hysterischen Syndroms stehend angenommen werden; 2. «organneurotische» Symptome, die im wesentlichen durch funktionelle Störungen verursacht werden, wobei die entstehenden somatischen Krankheitszeichen keinen eigenen psychischen Ausdruckscharakter besitzen, das heißt, nicht Übersetzungen in die Körpersprache sind und keine spezifischen Phantasien oder Triebimpulse ausdrücken. Die Veränderungen in den Organfunktionen werden hier mehr durch lange bestehende unbewußte, triebbedingte

Einstellungen oder Verhaltensweisen herbeigeführt oder können durch toxische oder chemische Veränderungen auf Grund einer Aufstauung eingetreten sein, oder aber sie können Folgen chronischer Affektäquivalente sein oder solche repräsentieren (11, S. 236/7). 3. Besonders wichtig für unsere gegenwärtige Diskussion ist FENICHELS Einführung einer Gruppe «prägenitaler Konversionsneurosen» (11, S. 311), womit er zugleich anerkennt, daß in der Theorie wie auch im Beobachtungsgut eine Lücke bestanden hat. Er weist damit auf die Existenz gewisser Syndrome hin, in welchen bei an und für sich prägenital orientierten Patienten dennoch ein Konversionsprozeß auftritt.

Hinsichtlich dieser Einteilung hat man jedoch den deutlichen Eindruck, daß a) die Verwendung der Bezeichnung «prägenitale Konversion» sehr eng gefaßt ist und fast ausschließlich auf die drei in dem betreffenden Kapitel besonders erwähnten Syndrome beschränkt ist, nämlich Stottern, Tics und Asthma, und daß b) die Auffassung beibehalten ist, ein hysterischer Mechanismus, nämlich eine Konversion, komme bei «an und für sich» prägenitalen Charakteren vor. Damit ist für die Pathogenese des Konversionsprozesses also gar nichts Neues ausgesagt, sondern die Diskussion hält sich weiterhin im Rahmen der vorher dargestellten Auffassung von der *eigentlichen* Konversion. Das mit «Konversion» (das heißt «eigentliche Konversion») überschriebene Kapitel ist der Konversionshysterie gewidmet, und die Untergruppe «prägenitale Konversion» wird als untypisch, sekundär und abweichend betrachtet. Ferner meint FENICHEL, die Rolle der prägenitalen Fixierung beschränke sich häufig auf die Wahl des Organs, in welchem sich das Symptom zeigt. In seiner Arbeit über «Sogenannte psychosomatische Phänomene» (12) betont FENICHEL noch einmal die recht begrenzte Bedeutung der Bezeichnung «Konversion»; er stellt sie an das eine Ende der Reihe der psychosomatischen Krankheiten und beschränkt sie auf die Konversionshysterien.

Hypothese

Hier möchte ich nun eine eigene Ansicht vortragen, in deren Mittelpunkt die Behauptung steht, daß der Konversionsvorgang vom Begriff der Hysterie abgelöst, als etwas Eigenständiges betrachtet und unter einem breiteren Aspekt hinsichtlich seiner grundlegenden Mechanismen, Funktionen und Grenzen geklärt werden muß. Hierzu ist zunächst einmal festzustellen, was als die wesentlichen Bestandteile, das sine qua non zu betrachten und was als unwesentliche und mehr zufällig daran haftende Erscheinungen wegzulassen ist. Unseres Erachtens gehört zu den wesentlichen,

QUITTUNG über DM 29.80

einschl. 7 % MWSt.

Von Frau E. Philippsen

für 1 v. Overbeck, Seelischer Konflikt – körperliches Leiden

empfangen zu haben, bescheinigt hiermit

Göttingen, den 25.2.87.
Barfüßerstraße 11

Robert Peppmüller
Buchhandlung

Fol.

100 á 50. 1185

brauchbaren und theoretisch haltbaren Bestandteilen das Konzept, daß in der Konversion eine Ableitung oder Verschiebung psychischer Energie von der Besetzung seelischer Prozesse zur Besetzung somatischer Innervationen stattfindet, zu dem Zwecke, auf entstellte Weise Abkömmlinge verdrängter, nicht zugelassener Triebimpulse ausdrücken zu können. Diese somatischen Veränderungen sprechen, wie in der ursprünglichen Definition und in FENICHELS Beschreibung festgestellt, eine Symbolsprache und drücken mittels der Körpersprache eine Kombination der verbotenen Triebimpulse und der Abwehrkräfte aus, die die Einstellung bewirken. Dies sind, so lautet meine Behauptung, die zuverlässigsten, ja ausschließlichen Kriterien, die den Konversionsprozeß kennzeichnen, eine Formulierung, die im wesentlichen auch die ursprünglich von FREUD gemeinte Bedeutung wahrt.

Ferner wird die weitere Behauptung aufgestellt, die mit der ersten in der gleichen Richtung geht, daß die Hysterie zwar eine der Erscheinungsformen sein kann, die sich des Konversionsprozesses bedienen, jedoch keineswegs die einzige ist; vielmehr wird die Konversion benutzt, um im gesamten Bereich der psychopathologischen Symptomatologie verdrängte, nicht zugelassene Triebwünsche auszudrücken. Die Assoziation von Konversion und Hysterie, so wie sie ursprünglich gemacht und dann allzu weitgehend verwendet wurde, ist rein historisch und zufällig, als eine erste Formulierung im Zusammenhang mit der Art des damaligen Fallmaterials; sie kann heute nicht mehr gelten. Rückblickend würden wir sogar manche der frühen Fälle, auf die sich der Begriff ursprünglich stützte, nach heutigen Maßstäben anders betrachten, jedenfalls sehr viel komplexer als seinerzeit gesehen (40, 41); auch die begleitenden Konversionsprozesse würden wir sowohl genetisch als auch vom Standpunkt ihrer symptomatischen Bedeutung für sehr viel weiter verzweigt halten. In Übereinstimmung mit FREUDS Feststellung, es scheine sich «bei jeder Zwangsneurose eine unterste Schicht sehr früh gebildeter hysterischer Symptome zu finden» (XIV, S. 143), könnte man sagen, daß nicht nur hinter den Zwängen, sondern auch hinter oder neben den verschiedensten anderen Symptomen man 1. ein Stück eines hysterischen Mechanismus finden könnte, der die erreichte psychosexuelle Position markiert, von der aus die Regression stattgefunden hat, und 2. vielleicht auch ein Stück, und sei es nur ein Bruchstück, eines Konversionsmechanismus, der einen somatischen Ausdruck des Kernkonflikts, entweder auf der höchsten erreichten oder auf der regredierten Stufe darstellt. Dieses Bruchstück kann auch eine hysterische Konstruktion haben, muß aber nicht mit dem unter 1. genannten Mechanismus übereinstimmen. Als Beispiel, wie mindestens ein kleiner Teil des inneren Abwehrkampfes beim Zwangsneurotiker somatisch repräsentiert sein kann, könnte man auf die allgemein zu beobachtende körperliche Rigidität oder die starre Haltung dieser Patienten hinweisen. Ein solcher somatischer Ausdruck kann zugleich die (aggressive oder libidinöse) Triebkomponente und die Somatisierung des Abwehraspekts des dahinterliegenden seelischen Konflikts darstellen. Weitere klinische Beispiele hierfür sowie eine theoretische Erörterung folgen weiter unten.

Die hier vorgelegte Hypothese ist implizit schon von verschiedenen anderen Autoren vertreten worden, obwohl sie meines Wissens vor dem Podiumsgespräch (14) noch nicht im Mittelpunkt einer Untersuchung stand. So stellt SCHUR (44) in seinem Artikel über die Metapsychologie der Somatisierungsprozesse beiläufig fest, daß wir hinsichtlich der Konversion vor die peinliche Tatsache gestellt seien, daß FREUD «niemals daranging, das Wissen über die prägenitale und die Ich-Entwicklung voll ... auf die Probleme der Hysterie anzuwenden». SCHUR nimmt den hier vertretenen Gesichtspunkt vorweg, wenn er feststellt, daß «die Entwicklung ‹psychosomatischer Konzepte› ... mit dem Verschwinden der typischen Fälle von Konversionshysterie aus unserem analytischen Material zusammenfiel ... und zu einer gewissen Einschränkung des Begriffs Konversion führte». Der von uns vorgelegte Gesichtspunkt koinzidiert seinerseits, wie bereits erwähnt, mit der Vorstellung von «prägenitalen Konversionen», die schon FENICHEL vorgeschlagen hatte und die hier weiter ausgearbeitet und verallgemeinert wird. «Konversion» ist unseres Erachtens der umfassendere Begriff, zu dem die Attribute hysterisch, phallisch oder prägenital als nähere Beschreibungen hinzuzufügen sind. Die gleiche Ansicht vertraten CHODOFF und LYONS (6) in einem psychiatrisch-statistischen Artikel; die Autoren studierten alle Konversionsreaktionen, die im V. A.-Hospital in Washington, D.C., während eines Zeitraums von zwei Jahren diagnostiziert worden waren. Sie fanden keine Korrelation zwischen Konversionsreaktionen und dem hysterischen Persönlichkeitstyp, sondern stellten fest, daß Konversionen im ganzen Bereich der verschiedensten pathologischen Persönlichkeitsentwicklungen vorkamen. Eine ähnliche Meinung vertraten KRETSCHMER (39), BOWLBY (4) und NOBLE (40). Und bis zu diesem Punkt stimmt diese Ausweitung des Konversionskonzepts auch mit den Ansichten von FELIX DEUTSCH und seiner Bostoner Arbeitsgruppe überein, wie aus dem Podiumsgespräch (9) hervorgeht.

Daß dies jedoch nicht die allgemein anerkannte Auffassung ist, ergibt sich aus der automatischen Gleichsetzung von Konversionsreaktion und hysterischem Zustand im größten Teil der einschlägigen Literatur; dies gilt bis in die Gegenwart hinein. Daher ist dieses Problem auch in den Arbeiten des Bostoner Symposiums über «das psychosomatische Konzept der Konversion in der Psychoanalyse», das 1952 stattfand und ebenfalls von FELIX DEUTSCH geleitet wurde (8), noch keineswegs scharf umrissen, obwohl dieses Symposium für den Begriff der Psychosomatik außerordentlich viel geleistet hat. So spricht zum Beispiel MARGOLIN (36) in einem höchst scharfsinnigen Artikel bezüglich der pathophysiologischen Vorgänge im allgemeinen, die er nicht so sehr als psychosomatische Krankheitseinheiten, sondern vor allem als Funktionsstörungen sieht, noch von «Krankheiten, welche die willkürlichen Funktionen betreffen ... und die man allgemein unter die Konversionshysterien rechnet». Gleich danach kommt MARGOLIN jedoch unserer Ansicht näher, wenn er feststellt: «Auch hier ist es vorteilhaft, nach dem Grundsatz vorzugehen, daß man das Syndrom mit der in der psychischen und physischen Regression sich manifestierenden Entwicklungsstufe korreliert.» MARGOLIN hebt hervor, daß «hysterische Symptome auch bei Psychosen und bei regressiv-fixierten Charakteren vorkommen, bei denen die zweite Phase der Gewebsschädigung (nämlich des willkürlich *und* unwillkürlich innervierten Gewebes – Hervorhebung von R.) oft sehr deutlich ist». Andere Teilnehmer an jenem früheren Symposium machen jedoch im allgemeinen keine deutliche Unterscheidung zwischen Konversion und Hysterie und sprechen mehr oder weniger automatisch von einer Einheit. So verknüpfen ALEXANDER (1) und auch GRINKER und ROBBINS (29, Seite 74) nicht nur die Konversion mit der Hysterie, sondern sie schränken den Begriff auch auf das «willkürliche neuro-muskuläre oder sensorisch-perzeptive System» ein (1, Seite 42). Nach der Meinung dieser Autoren sind daher Konversionsreaktionen weitgehend verschwunden (28, Seite 50).

Klinische Erwägungen

Wir betrachten den Konversionsmechanismus als einen Vorgang, der in allen denkbaren Zuständen von Konfliktspannung in Gang gesetzt werden kann. Hinsichtlich der klinischen Erwägungen, die für diese Hauptthese relevant sind, sollen die Kriterien, nach denen wir unser Material durchforschen, einzig in den oben angegebenen Voraussetzungen bestehen, welchen die Erscheinungen genügen müssen. So kann das Kriterium der Verschiebung von Energie von der psychischen zur somatischen Innervation und der Benutzung der letzteren zu symbolischem Ausdruck auf jeglicher Ebene der libidinösen Fixierung oder der Ichentwicklung erfüllt sein und auf einer kontinuierlichen Linie von den primitivsten zu den höchstentwickelten Organisationsstufen gehen. Zum Beispiel kann das Symptom des «steifen Halses» auf dem Wege über die überbesetzte willkürliche Muskulatur symbolisch eine verbotene Erektion wegen inzestuöser Triebwünsche ausdrücken und so die Voraussetzungen eines hysterischen Prozesses erfüllen; aber auch die ähnlich starre Muskelhaltung des Katatonen kann auf der funktionellen Grundlage beruhen, symbolischer Ausdruck verdrängter Triebwünsche zu sein; jedoch bestehen in den beiden Fällen deutliche Unterschiede im Niveau und im Wesen der dahinterliegenden unbewußten, motivierenden Triebimpulse. In der Katatonie kann die somatische Form des Ausdrucks, die durchaus auch ein Konversionsvorgang ist, symbolisch, auf einer archaischen, primitiven Funktionsstufe, eine dauernde aggressive Triebentladung gegen die Außenwelt darstellen oder aber ebensogut ein starres Zurückhalten und sich in sich selbst Zurückziehen sein. In diesem nicht hysterischen, sondern eher psychotischen Mechanismus wird das Soma auf ähnliche Weise benutzt, um in Form eines Kompromisses einem verdrängten unbewußten Wunschkomplex einen entstellten Ausdruck zu geben, obwohl dieser Wunsch nicht aus einer phallischen Entwicklungsorganisation, sondern von einer primitiveren und archaischen, oral-aggressiven Stufe aufgestiegen sein mag. Dieser Konversionsvorgang vom seelischen zum körperlichen Ausdrucksmodus kann auch auf dem analen und jedem anderen Niveau vor sich gehen, wie zum Beispiel bei einer psychogenen Obstipation, die den gleichen grundlegenden Prozeß der Erfüllung verdrängter analer Wünsche darstellen kann. Der Vorgang als solcher ist also unabhängig vom Inhalt, den er hat, wie auch FROSCH bemerkte (21), und beide sind scharf voneinander zu unterscheiden.[1]

Die geforderten Kriterien werden somit innerhalb eines weiten Umkreises klinischer Syndrome von sehr archaischen, primitiven bis zu höher differenzierten Stufen erfüllt. Ferner ist der einzelne Fall oft überdeterminiert und hierarchisch mit dynamischen Mechanismen geschichtet, die

1 In einer persönlichen Mitteilung hat FROSCH diese wichtige Unterscheidung noch vertieft. Er weist darauf hin, daß die entscheidende Frage nicht nur hinsichtlich des Konversionsvorganges, sondern auch für alle Abwehrmechanismen darin besteht, ob der betreffende Vorgang oder Mechanismus mit irgendeiner spezifischen Phase der Ich- und/oder der libidinösen Entwicklung korreliert werden kann. Der Inhalt, um den es sich dann später handelt, muß nicht notwendigerweise auf den Ursprung und die Primitivität des speziellen Mechanismus hindeuten. Der letztere muß natürlich unter dem Gesichtspunkt einer vollständigen metapsychologischen Erforschung aller Aspekte, ganz unabhängig von den Triebimpulsen, auf die man schließlich stößt, berücksichtigt werden. Darauf wird im theoretischen Teil der vorliegenden Arbeit noch näher eingegangen werden.

von den verschiedensten Fixierungspunkten und Regressionsebenen stammen. Übrigens stimmt diese Erweiterung des Spektrums ätiologischer Zuflüsse, die sich im Phänomen der Konversion vereinigen, gut überein mit vielen neueren Untersuchungen, in denen die prägenitalen Kerne von Syndromen hervorgehoben werden, die man bisher als primär ödipal und phallischen Ursprungs betrachtete. Hierzu gehört zum Beispiel die Arbeit von LEWIN (33), der auf den breiten prägenitalen Hintergrund hinter der Bildung von Phobien hinwies, ferner zwei neuere Arbeiten von GREENSON (26) und WANGH (48), ebenfalls im Zusammenhang mit Phobien, und MARMORS Beschreibung der Oralität bei hysterischen Zuständen (37). In ähnlicher Betrachtungsweise befassen sich die Untersuchungen GREENACRES (24) mit den prädisponierenden, frühen prägenitalen Störungen hinter dem Symptom des Fetischismus, vor allem hinsichtlich einer fehlerhaften Entwicklung des Körperbildes, während BAK (3) die Rolle der Prägenitalität, insbesondere die der prägenitalen, präödipalen Aggression, bei der Bildung von Perversionen im allgemeinen unterstreicht.[2] Übrigens sollte man sich erinnern, wie ich an anderer Stelle bereits sagte (41), daß unser wachsendes Wissen hinsichtlich spezifischer diagnostischer Syndrome und die damit einhergehende Ausweitung der entsprechenden Psychopathologie auf größere Bereiche nicht notwendigerweise bedeutet, daß diese Zustände dadurch zu Borderline-Fällen und die Prozesse bösartiger würden. Weil wir mehr wissen, sind die Patienten deshalb noch nicht kränker.

Zur Illustrierung der oben erwähnten Überdeterminierung und hierarchischen Schichtung soll ganz kurz der Fall eines jungen Mannes erwähnt werden, in dessen Anamnese sich ein fast lebenslanges Asthma vorfand. Aus der viele Jahre währenden Therapie dieses Patienten entstand allmählich das Bild eines ganzen Netzes untereinander verknüpfter ätiologischer Linien, wie man sie hinter der Fassade des chronischen, die Leistungsfähigkeit herabsetzenden Asthmas erwartet und gewöhnlich auch findet. Von dem komplexen Gewebe der psychischen Mechanismen konnten einige erkannt werden, die eine Rolle bei der Entstehung der körperlichen Anzeichen oder Symptome spielten; andere repräsentierten die psychische Bedeutung schon bestehender somatischer Erscheinungen. Es bestand also eine Kombination der beiden Faktoren der Konversion, in dem

2 Zu diesen Ansichten hat auch SCHUR beigetragen; er hebt die prägenitalen Elemente bei Zuständen von Angst und den ‹sogenannten Angstneurosen› hervor (43, S. 83), sowie neuerdings bei Phobien (45). In einer persönlichen Mitteilung sprach SCHUR von der Notwendigkeit, angesichts aller dieser Tatsachen, «schließlich das ganze Hysteriekonzept revidieren zu müssen» (46).

Sinne, wie wir sie verstehen, mit organneurotischen Symptomen (siehe unten). Das Keuchen zum Beispiel repräsentierte nicht nur verzweifeltes Weinen und passives Verlangen nach der Mutter, sondern es war auch Ausdruck und Äquivalent schwerer Angst; zugleich war es selber, vor allem, wenn es sehr quälend war, eine *Ursache* von Angst und sogar Todesfurcht. Für uns sind hier jedoch die vielschichtigen symbolischen Konversions-Bedeutungen der Oberflächen-Symptomatologie von besonderem Interesse, da sie eine Vielfalt darunterliegender polymorph-perverser, motivierender Triebe ausdrückten.

Um nur einige dieser Faktoren zu nennen, bedeutete das verzweifelte Ansaugen von Luft auf der tiefsten Ebene auch das Saugen der Muttermilch, während seine tonnenförmig gewölbte Brust auch einen Behälter bedeutete, in welchem er Milch, Liebe, narzißtische Zufuhren aufbewahrte. Die freie, ungehinderte Kommunikation mit mütterlicher Liebe und Zuwendung, die dieser Patient vor allem zur Zeit der Geburt seines zwei Jahre jüngeren Bruders entbehrt hatte, war umgewandelt und bestand fort in seiner periodischen Schwierigkeit, einen Luftaustausch zwischen seinem «Inneren» und der Außenwelt herzustellen. Die Verschleimung repräsentierte Tränen, und die verengten Bronchialpassagen waren Ausdruck und Parallele seiner generellen Kontakthemmung mit Objekten und Menschen.

Aus Träumen und anderem Material zeigte sich indessen auch, daß Flüssigkeit oder Schleim auch mit Blut gleichgesetzt wurde, was gewalttätige, mörderische Rachegedanken, und zwar sowohl auf oraler wie analsadistischer Ebene, gegen diejenigen repräsentierte, in deren Händen er sich verstoßen und verlassen gefühlt hatte. Auf einer höheren phallischen Stufe repräsentierten solche Ausflüsse jedoch auch Samenergüsse, die er in Wirklichkeit nur auf eine impotente, zwecklose Weise hatte, was mit vielen konfliktbeladenen prägenitalen Wünschen verquickt war. Seine kranke, empfindliche Brust repräsentierte auch eine Höhle, in die er sich zurückzog, wenn er sich verletzt fühlte, und in der er zeitweise, wenn er besonders krank war, regelrecht lebte. Viele der unheimlichen Atemgeräusche, die er periodisch produzierte, waren, wie sich aus Träumen und Assoziationen ergab, Äquivalente höhnischer analer Winde, die er seinen Verfolgern und denen, die ihn vernachlässigt hatten, zuschickte.

Wir sehen also bei diesem Patienten, was er in seinen Worten einen brodelnden «Hexenkessel» nannte: eine Mischung aller möglichen prägenitalen Ingredienzien polymorph-perverser Inhalte, die sich schließlich in dem alles umfassenden asthmatischen Zustand kanalisierten. Wenn wir für einen Augenblick die organneurotischen Beimischungen beiseite lassen, die auch ihre Rolle spielten, sehen wir einen immer wieder sich aufgipfelnden Konversionsprozeß, der aus der Energie vieler verschiedener Quellen gespeist wird, also nicht aus einer einzigen konzentrierten Quelle Energie bezieht.

Übrigens kam es während der langen psychoanalytischen Behandlung zu einer allmählichen Richtungsänderung vieler der erwähnten Erscheinungen. Parallel mit der erheblichen Besserung seines körperlichen Zustandes kam es dazu, daß zum Beispiel Tränen ihm nun nach außen aus den Augen flossen und nicht mehr in seine Brust hinein; sie waren begleitet von den angemessenen affektiven innerseelischen Erlebnisweisen. Statt innerer, somatischer Episoden kam es zuerst zu nach außen gerichteten Angriffen in seinem Verhalten und schließlich zu wirklichkeitsgerechter Aktivität, die sich auf seine ganze Lebenssituation auswirkte und seine Beziehungen zu Arbeitskameraden, Angehörigen und der Arbeit sehr verbesserte. Der Weg ging allgemein gesprochen von inneren (pathologischen) somatischen Episoden zu angemesseneren inneren seelischen und somatischen Erlebnisweisen und zum Tätigwerden in der Außenwelt. Zugleich mit der besseren Kommunikation mit der Außenwelt bildete sich auch eine weitere, bessere Passage für das Ein- und Ausströmen von Luft, die er nun nicht mehr so oft für den symbolischen Ausdruck unlösbarer seelischer Konflikte benutzen mußte. Dieser Aufbau ist jedoch angesichts des fast lebenslänglichen Verhaltensmusters noch sehr schwach und empfindlich, so daß man zeitweilige Regressionen fast erwarten muß und die Prognose immer noch sehr unsicher ist.

Diese Beobachtungen beziehen sich auf einen Symptomkomplex, Asthma, bei welchem eine mannigfaltige Prägenitalität nicht unerwartet ist. Sie wurde wegen ihrer speziellen Konstruktion vorgelegt, die dazu dienen kann, in einer intensiven, vielleicht sogar übersteigerten Form zu demonstrieren, was in geringerem Grade für viele, vielleicht sogar die meisten weniger komplexen und weniger fortgeschrittenen Syndrome gelten mag. So kann ich als Kontrast zu der vorigen eine andere Beteiligung des respiratorischen Trakts, den Globus hystericus erwähnen, der bei einem anderen Patienten auftrat. Während das Symptom dieses Patienten, bei gewissen ähnlichen, aber anderen unähnlichen Zügen gegenüber dem oben erwähnten Asthmatiker, gleichfalls Episoden verzweifelten Ringens um Luft und Erstickungsängste umfaßte, war die zentrale Psychopathologie natürlich eine erheblich andere. Diese war ihrer Ausrichtung nach phallisch und drehte sich um eine Reihe von Zystoskopien, denen der Patient unterworfen worden war und die traumatisch bis zur

Todesangst gewirkt hatten; der Patient hatte sich ihnen zu verschiedenen diagnostischen Zwecken zwischen seinem sechsten und siebzehnten Lebensjahr unterziehen müssen. Während dieses Symptom natürlich vorwiegend einen schwer hysterischen Prozeß widerspiegelte, der auf unüberwindlicher Kastrationsangst beruhte, mit Verschiebung vom Rücken des Penis zum Hals, erwies sich diese Erklärung doch als irreführend und unvollständig, und viele Deutungen in dieser Richtung waren unzureichend.

So erforderte ein scheinbar einfaches, klassisches Syndrom ebenfalls eine lange psychoanalytische Behandlung mit Aufdeckung eines komplizierten ätiologischen Netzwerks, nicht unähnlich dem oben beschriebenen Fall. Es wird natürlich beim heutigen Stande unseres Wissens keinen Behandler mehr überraschen, daß die Symptomatologie in diesem Fall gleichfalls auf einer multiplen prägenitalen Grundlage fußte. Die periodischen Spasmen der Halsmuskeln waren Abkömmlinge nicht nur des bedrohten Phallus, der sich bemühte, den eindringenden zystoskopischen Apparat zu umklammern und hinauszudrängen, sondern drückte auch viele überwältigende orale und anale Impulse und Bedrohungen und zugleich die auf diesen verschiedenen Ebenen entstandenen Ängste aus. Der Patient hatte von seinem ersten Lebensjahr an eine Reihe von Herdkrankheiten und ärztlichen Eingriffen erleben müssen, beginnend mit Diphtherie mit elf Monaten und fortgesetzt in einer langen, eindrucksvollen Kette von Episoden und Kuren, auf die hier nicht näher eingegangen werden kann. Jedenfalls war das manifeste Globus-Symptom, eine klassische Konversion, doch nicht nur eine Konversionshysterie, sondern weitgehend vermischt mit zwanghaften und sogar noch tiefer verdrängten Determinanten.

Grenzen

Bisher bewegte sich unsere Diskussion in der Richtung der Ausweitung des traditionellen Konversionsbegriffs, der Ausdehnung der Grenzen und Befreiung von Schranken, die ihn auf ein spezifisches Syndrom und dessen Bedeutung innerhalb der Psychopathologie festlegten. Jetzt soll die andere Seite des Problems betrachtet werden, nämlich wo die neuen Grenzen zu setzen wären.

Was die Methodologie angeht, so trifft man bei der theoretischen Erforschung unseres Wissenschaftszweiges immer wieder auf das Problem, daß wir uns mit dem Prinzip eines Spektrums oder Kontinuums und den entsprechenden Begleitumständen auseinanderzusetzen haben.

Wir stoßen ziemlich oft auf dieses Prinzip, etwa, um nur einige wenige Beispiele zu nennen, in der Frage «Psychoanalyse und Psychotherapie» oder «pathologische im Gegensatz zu normalen Abwehrmechanismen» oder «Primär- und Sekundärprozeßdenken» usw. Das theoretische Problem besteht jeweils darin, die Schattierungen von weiß, grau und schwarz zu beschreiben, sich der Zwischenphasen und Übergänge bewußt zu sein, nicht auf zu scharfen Trennungslinien zu bestehen und doch zugleich Unterschiede zu erkennen und festzuhalten, damit nicht alles eine verschwommene Masse wird. Man muß sich hüten, in zwei Richtungen zu irren, das heißt man muß einerseits der Versuchung widerstehen, zu scharf abzugrenzen und ein bestimmtes Konzept für die Zwecke eines ausschließlichen Bereichs einzusetzen, und andererseits die Begriffe so weit und alles miterfassend zu halten, daß man das Kontinuum ad infinitum über alle angrenzenden Gebiete ausdehnt, bis der ursprüngliche Begriff diffus und damit sinnlos geworden ist.

Unsere Diskussion hatte, wie gesagt, bis hierher das Ziel, eine unserer Meinung nach zu starre Beschränkung aufzuheben. Hinsichtlich des anderen Endes des Spektrums ist es jedoch ebenso wichtig, gewisse Vorbehalte anzumelden und einer Neigung entgegenzuwirken, zu weit in der entgegengesetzten Richtung zu gehen. Wir müssen so klar wie möglich die Grenzen definieren, die den Konversionsprozeß von den verschiedenen angrenzenden Phänomenen trennen.

Die erste Demarkationslinie, die wir hier beachten müssen, ist die, daß, nicht jede Verschiebung oder Bewegung vom Psychischen zum Somatischen, nicht jede Verwendung des Soma für psychische Zwecke als eine Konversion zu betrachten ist. Diese Bezeichnung sollte für Fälle aktiver Prozesse vorbehalten bleiben, die unter dem Druck konflikthafter Frustration eine solche Abweichung vom Normalen eingeschlagen haben. Der Begriff sollte nicht das *normale* Band von Entladungsvorgängen längs gewöhnlicher Bahnen psychischer Energie vom einen zum anderen System umfassen. Es besteht ja ein normaler, automatischer und kontinuierlicher Fluß von Soma zu Psyche und zurück zum Soma (darüber weiter unten mehr), der das Ganze zu einer unauflöslichen psychobiologischen Einheit zusammenfaßt. Die Triebe sind psychische Derivate, die aus somatischen Quellen stammen und ihre Spannungen wieder in die psychischen und somatischen Strukturen entladen. Das Soma kann als Triebobjekt dienen, aber auch als Ausführungsapparat einer Ichfunktion, wie bei Sublimierung, zweckgerichteter Handlung oder irgendwelchen Gesten. Die Konversion fällt also nicht mit der gesamten Psychophysiologie zusammen, und der Begriff darf nicht für jede Richtungsänderung, jede

Umschaltung im oben erwähnten Kontinuum von einem System zum anderen benutzt werden.

Da mehr oder minder alle Körperteile in gewissem Ausmaß bei einem komplexen psychischen Ausdrucks-Endprodukt mitbeteiligt und angeregt sind, kämen wir zu einem so generalisierten Konzept, daß es seinen Sinn verlieren würde. Wir möchten daher einschränkend so definieren: Konversion tritt infolge eines milden oder schweren Konflikts ein. Es ist ein aktiver Ich-Vorgang in Richtung auf Symptombildung. Obwohl der Grad der Ich-Ferne bei letzterer erheblich variieren kann, von den gänzlich ich-fremden Bildern der ursprünglichen konversionshysterischen Syndrome bis zu verschiedenen Typen unbewußter Muskelspannungen ohne Bewußtwerdung, handelt es sich bei allen um pathologische Abwehrmechanismen im Dienste der Erhaltung der Homöostase. Die Konversion bedient sich also konfliktgespeister, nicht neutralisierter und triebnaher Energie. Dadurch unterscheidet sie sich von der normalen Abfuhr vom Psychischen zum Somatischen, die automatisch und kontinuierlich stattfindet, keinen Konversionsprozeß einleitet und sich neutralisierter Energie in einer vorwiegend konfliktfreien Ichsphäre bedient.

Eine weitere Einschränkung und Differenzierung hängt damit zusammen, daß man als Konversion nicht die Richtung somatisch-psychisch betrachten darf, die von manchen Forschern aus Gründen der Vollständigkeit oder aus holistischen Erwägungen einbezogen werden könnte. Da jedoch bei näherer Betrachtung auch diese Richtung ubiquitär ist, würde der Begriff ganz seinen spezifischen und lokalisierenden Sinn verlieren. Daß die biologische Basis letztlich die Quelle aller psychischen Prozesse ist, hat Freud ständig vertreten, und obwohl die Neurophysiologie bisher noch keineswegs eine genauere Antwort auf die Frage nach der Feinstruktur dieser Prozesse geliefert hat, arbeiten viele Disziplinen an diesem Ziel. Falls man den Energiestrom vom Soma zu seinen psychischen Derivaten in den Konversionsbegriff aufnähme, würde er ebenfalls jegliche spezifische Bedeutung verlieren. Demnach bedeutet Konversion eine besondere, ganz spezifische Umschaltung der Energie, eine Verschiebung unter dem Druck von Abwehrbedürfnissen von der psychischen zur somatischen Innervation und Abfuhr.

Schließlich muß noch eine dritte Unterscheidung und Abgrenzung gemacht und scharf definiert werden, nämlich die zwischen Konversionsprozeß und der gewöhnlich «Organneurose» genannten Gruppe, eine Unterscheidung, die von den meisten Autoren auch vorgenommen wird und die beizubehalten durchaus begründet ist. (Die Bezeichnung «Organneurose» ist übrigens nicht sehr glücklich gewählt, aber das ist für unsere gegenwärtige Untersuchung nicht allzu relevant.) Wenn der Begriff der Konversion, wie in unserer ursprünglichen Definition gesagt, auf jene Funktionsänderungen beschränkt werden soll, die *symbolisch* und in der Körpersprache verdrängte Triebimpulse ausdrücken, so sind alle jene zahlreichen somatisch-klinischen Phänomene ausgeschlossen, die die unvermeidlichen, aber unspezifischen Folgeerscheinungen seelischer Spannungszustände, unabgeführter Affekte und eines chronisch aufgestauten Zustandes sind. Zweifellos gibt es solche Zustände (Freud, 19; Fenichel, 11, Seite 236); sie bilden eine Gruppe von Erscheinungen körperlicher Pathologie ohne spezifische psychische Sinnbedeutung; daneben gibt es einen sehr großen Bereich sich überschneidender Phänomene, in welchem echte Konversionsprozesse sich organneurotischer Bedingungen bedienen oder sie für ihre eigenen Zwecke übernehmen.

So ist es, während die Konversionshysterie im älteren Sinne eine klinische Rarität geworden ist, eben diese Ausweitung in diese anderen Gebiete, vor allem auch in die diffusen und häufigeren Charakterneurosen der heutigen klinischen Spielart hinein, welche dem Konversionsprozeß seine fortgesetzte klinische Ubiquität gibt. Es ist zum Beispiel fast die Regel, daß man im Falle der Colitis ulcerosa oder in der Symptomatologie des durchschnittlichen Ulcus-Patienten, oder in den eigentlich organneurotischen Herzneurosen die Symbolbedeutung der Symptome zu sehen bekommt. Während die schließliche körperliche Läsion, das Magengeschwür, die Pusteln der Urticaria oder die Herz-Arrhythmie, als solche, nicht mehr ein entstelltes Triebderivat repräsentieren mag, kann man bei der Betrachtung der gesamten Symptomatologie der sogenannten echten psychosomatischen oder organ-neurotischen Syndrome unmöglich übersehen, wie sehr das Bild mit symbolischen Konversionsmechanismen überfüllt ist. Zu diesen kommt es, wenn entweder auf den zahlreichen, zu der schließlichen körperlichen Schädigung führenden Zwischenstufen oder infolge des Gebrauchs, der von dieser Schädigung nach ihrem Eintreten gemacht wird (dem sogenannten «somatischen Entgegenkommen») eine Überführung einer oder beider Seiten der zugrunde liegenden seelischen Konflikte in die funktionelle somatische Sphäre stattfindet. So gibt es keinen psychoanalytischen klinischen Bericht über einen Ulcus-Patienten ohne Beobachtungen über die orale Bedeutung der gastrischen Kontraktionen oder Spannungen, noch auch einen Fallbericht über eine ulcerative Colitis ohne abundante Hinweise auf den unaufhörlichen Kampf um die Analität, die sich in körperlichen Termini ausdrückt, noch über einen Asthmatiker oder einen Fall von Neurodermatitis ohne ähnliche Rekonstruktionen der symbolischen Bedeutung auf den verschiedenen, mit der Fülle physischer und funktioneller Veränderungen einhergehenden Stufen. Der Asthmatiker, der oben erwähnt wurde, ist hierfür beispielhaft. In den meisten Fällen pflegen daher die schließlichen psychosomatischen Syndrome eine Kombination von organneurotischen und Konversionsprozessen zu sein.

Es ist in der Tat eben diese Erstreckung des Konversionsprozesses über die Gesamtheit der prägenitalen Zonen, wie hier beschrieben, die ihm seine breitere Anwendung gibt und mit seiner Ausdehnung über das ganze Spektrum der Organneurosen und der diffusen Charakterneurosen übereinstimmt. Übrigens sind es eben diese Erwägungen über die Rolle der Konversion bei so vielfältigen und diffusen Syndromen, die uns daran hindern, mit der weiter oben erwähnten Ansicht von ALEXANDER (1), die auch von GRINKER und ROBBINS (29) vertreten wird, übereinzustimmen, wonach nämlich die Konversion auf die Erkrankungen der willkürlichen Körpersysteme beschränkt sein soll, während die Organneurosen die neurovegetativen, endokrinologischen und autonomen Funktionen umfassen sollen. Diese Einteilung scheint bei empirischer Beobachtung nicht standzuhalten halten, denn man kann schon an dem oben erwähnten Material ablesen, daß nicht allein die Symbolisierung von allen Gefäßorganen und Funktionen und nicht nur vom willkürlichen Muskel- und Skelettsystem ausgedrückt werden kann, sondern daß auch psychosomatische Erkrankungen am Skelett und dem Muskelsystem vorkommen können. Wenn man sich zu eng an eine solche Einteilung hält, kommt man beinahe zu der Behauptung, daß der eine Prozeß, die Konversion, bewußter (das heißt willkürlich) motiviert sei, während der andere eindeutig unbewußt oder unwillkürlich vor sich geht, eine Einteilung, der wohl kaum jemand zustimmen dürfte.

MARGOLINS «Funktionsphantasie» bei psychosomatischer Beteiligung (36) kann als Zwischenglied zwischen den beiden Prozessen betrachtet werden. Unsere Ansicht wird von SCHUR in seiner Feststellung gestützt, daß «die Grenze zwischen willkürlicher und autonomer Innervation als Kriterium für die Fähigkeit zu symbolischer Darstellung zu scharf gezogen» sei (44, Seite 144). Auch FENICHEL denkt ähnlich und weist darauf hin, daß «beide Symptomarten auf beiden Gebieten vorkommen» (12, Seite 308). Möglicherweise ist die Verbindungsbrücke zwischen den beiden Seiten dieses strittigen Punktes genau die in der vorliegenden Arbeit aufgestellte Behauptung, nämlich der breitere ätiologische Radius des Konversionsphänomens. Die ätiologische Beschränkung der Konversion rein auf die Hysterie stünde in größerer Übereinstimmung mit dem Konzept der Einschränkung ihres *ausführenden* Apparates auf eine willkürliche oder höhere Organisationsstufe des Nervensystems, während alle diejenigen, die die Konversion auch als über das autonome Nervensystem sich erstreckend betrachten, damit die Ansicht von einer breiteren Ätiologie unterstützen, obwohl das nicht von allen ausgesprochen wird.

Bis hierher haben unsere Überlegungen ergeben, daß ein Spektrum möglicher Konzepte für das Verständnis des Konversionsprozesses vorhanden ist. Es erstreckt sich von der ursprünglichen engen Beschränkung des Konversionsbegriffes auf rein hysterische Erscheinungen bis zu der breitesten Ansicht, die in jeglichem Energiestrom von Psyche zu Soma und umgekehrt und von normalen automatischen, konfliktfreien Bewegungen zu sehr pathologischen auch noch Konversionen erblicken möchte. Ich glaube, wie schon weiter oben gesagt, daß an beiden Enden des Spektrums Unklarheit herrscht und daß die beiden extremen Anschauungen das Wesen des Konversionsprozesses nicht sinnvoll und nutzbringend erfassen. Ohne Zweifel ist ein Kontinuum vorhanden, wie FELIX DEUTSCH (9) hervorhebt, aber das gleiche gilt ja für alle seelischen Prozesse, und so meine ich, daß es vorteilhafter ist, ein konkretes Maß «von hier ab bis da» festzusetzen, wie wir es hier getan haben. Das normale, ursprünglich psychomatische und unauflösliche Band ist natürlich die genetische Basis, auf der die Konversionserscheinungen ruhen, aber beides ist doch nicht ein und dasselbe.

Diese Begrenzung des Konversionskonzepts innerhalb der oben beschriebenen Grenzen scheint mit den von DEUTSCH vertretenen und auch den meisten seiner Mitarbeiter übernommenen Ansichten (14) nicht übereinzustimmen, ja ihnen direkt entgegengesetzt zu sein. DEUTSCH (9) wird von seiner faszinierenden, aber umständlichen Konversionstheorie, die er als eine Folge von Projektion, Objektverlust, Symbolisierung und Retrojektion sieht, dazu geführt, die Konversion als einen dauernd aktiven Prozeß zu verstehen, der praktisch die ganze Psychophysiologie umfaßt und sowohl in normalen als auch neurotischen Prozessen aktiv ist. Gegen diese Anschauung haben wir Einwendungen erhoben und uns von ihr, wie oben beschrieben, abgegrenzt. Andere Mitarbeiter dieser Gruppe überdehnen die Konversion ziemlich unterschiedslos in Richtung psychosomatischer oder organneurotischer Zustände, ohne eine genügend scharfe Unterscheidung zu treffen. Dies ist zum Beispiel bei der Beschreibung LUDWIGS (34) der Fall, dessen Patient ein Karzinom am linken Stimmband entwickelte, wobei sicherlich viele komplexe Faktoren am Werk waren, die zweifellos keine Konversion waren, wozu wahrscheinlich auch die unbewußt registrierten, von dem angegriffenen Organ herrührenden Reizungen kommen. Ähnlich ist es bei SILVERMANS (47) Patientin, die nacheinander einen Polypen am Colon, ein Fibrom im Uterus, eine Geschwulst in der rechten Brust und eine Cyste im Abdomen entwickelte, oder bei den von MENZER-BENARON (38) studierten und beschriebenen Fällen komplizierter Menstruationsstörungen in Begleitung vielfältiger endokrinologischer Dysfunktionen; diese konnen auf keine Weise nur als Repräsentanten «verschiedener Aspekte des Konversionsprozesses» angesehen werden, sondern treten wohl eher zu anderen Typen psychosomatischer und organischer Zustände zusammen. Solche Zusammenfassung verschiedenartiger, komplizierter Erscheinungen in einer Gruppe ist eine Übersimplifizierung und behindert die notwendigen Unterscheidungen und Differenzierungen. Bei der Diskussion dieser Beiträge hat GIFFORD (22) zwar, nachdem er zuerst einige Bedenken angemeldet hatte, eine solche umfassende Erweiterung des Konversionsbegriffs verteidigt, wobei er geltend machte, daß kein Oberbegriff existiere, der weit genug sei, um die normalen und anderen flüchtigen psychophysiologischen Erscheinungen, die schweren psychosomatischen Störungen und die klassischen konversionshysterischen Symptome in sich aufzunehmen. Meiner Meinung nach würde dies dem Begriff Konversion jedoch eine völlig andere Bedeutung geben, die mit der historischen nichts mehr zu tun hat. Ein geeigneter logischer Oberbegriff schiene mir dann eher der der «Somatisierung» zu sein, wie ihn SCHUR (44) benutzt, wobei «Konversion» auf den beschriebenen spezifischen Ausschnitt beschränkt bliebe. Diese Begriffsbestimmung würde den ursprünglichen Inhalt beibehalten und zugleich den Begriff deutlicher abgrenzen.

Weitere theoretische Erwägungen

Bei weiterer Untersuchung der theoretischen Grundlagen des Konversionsprozesses muß man immer die genetische Entwicklung und die Frage der Vorläufer und Anlagen im Auge haben. Bei genetischer Betrachtung erkennt man, daß das Hin und Her zwischen Soma und Psyche von Beginn des Lebens an vor sich geht, und daß, wie auch FENICHEL (11, Seite 216) feststellt, die Tatsache, daß psychische Zustände in Gestalt von Körperfunktionen sich ausdrücken, im Prinzip durchaus nicht überraschend ist. Körperliche und seelische Reaktionen bilden von Anfang an eine integrierte psychobiologische Einheit. Die Angst hat, wie FREUD (20), SCHUR (43, 44, 45) und andere bemerkt haben, ihre phylogenetische Wurzel in einer biologischen Reaktion. Die ersten Lust- und Unlustaffekte sind körperorientiert und stammen aus körperlichen Vorgängen und Zuständen. In dem Affektmodell RAPAPORTS (42) sind Lust und Unlust mit den Zuständen erreichter oder mangelnder körperlicher Befriedigung identisch, also damit, ob das Objekt Brust dem Säugling gegeben oder vorenthalten wird. In ähnlicher Weise beruhen die Grundmodelle des Handelns auf den verschiedenen Zuständen der körperlichen Bedürfnisse, und schließlich beruht auch das Modell des Denkens auf einer Halluzination der spendenden Brust zum selben Zweck körperlicher Sättigung.

Im Laufe der Entwicklung wird nun die Psyche allmählich zwischen Körper und Welt auf immer komplexere Weise eingeschoben; es entsteht die wachsende Hierarchie von Aufschub und Verschiebung, die nach und nach das ganze enggeknüpfte Gewebe der psychischen Prozesse zwischen die Körperzustände und die Abfuhrvorgänge einschaltet. Obwohl aber die Interaktionsbereiche zwischen diesen körperlichen und seelischen Prozessen immer subtiler, schwerer durchschaubar und vielfältiger werden, bleibt das unauflösliche Band, das sie von Anfang an verknüpfte, für immer erhalten. Die Triebe sind die psychischen Repräsentanzen somatischer Quellen. Ständig sind Prozesse von Stimulierung und Abfuhr von einem System zum anderen unterwegs. Affekte sind seelische Abfuhren in das somatische Innere hinein, und dies ist nicht nur ein genetischer Vorläufer zur Konversion, sondern zu jeder Form von Somatisierung. Das Ich ist ursprünglich ein Körper-Ich. GREENACRE (25) äußerte sich zu frühesten körperlichen Anlagen der Abwehrmechanismen, und es ist wohlbekannt, daß zum Beispiel der seelische Abfuhrmechanismus der Introjektion auf der körperlichen Tätigkeit des Essens und der Einverleibung beruht, die Identifizierung auf dem inneren Metabolismus, die Verleugnung auf dem Erbrechen oder anderen Formen körperlicher Entladung usw. SCHUR nennt solche frühen körperlichen Reaktionen «Vorläufer der Abwehr» (44, Seite 143). Von den Triebabkömmlingen, mit denen wir es hier zu tun haben, sind Affekte und Handeln noch direkt mit Körpervorgängen verbunden, während der stärker psychische Triebabkömmling des Denkens immerhin noch als Probehandeln betrachtet werden kann und daher zwar indirekt, aber doch sicher letzten Endes mit körperlichen Vorgängen verknüpft werden kann.

Während also Körper und Seele in ständiger Wechselwirkung miteinander stehen, wirken sie bei der Beziehung des Organismus zur äußeren Welt als Partner zusammen. Zu Anfang ist die Verbindungslinie vom Soma zur äußeren Quelle noch ganz direkt; dann schaltet sich in den Austausch zwischen Haut, Gesicht, Körper, Mund, Stimme des Säuglings mit der Mutter ein zunächst einfacher, bald immer komplexer werdender seelischer Apparat ein, der diese Funktion der Kommunikation und Objektbeziehung übernimmt. Reifung und Entwicklung gehen Hand in Hand mit wachsender Ausgestaltung dieser seelischen vermittelnden Modalitäten von Kontakt und Abfuhr, bis schließlich die direkte Verwendung des Soma auf ein Minimum beschränkt ist. Diese wird dadurch aber natürlich nicht aufgegeben, sondern besteht ständig weiter und operiert im Zuge der Reifung und Entwicklung im allgemeinen mit verfeinerten, gemilderten Formen, ganz im Sinne der «Zähmung der Affekte» (FENICHEL, 10). Längs dieser differenzierten Ausdruckskanäle bieten sich somatische Wege zur Abfuhr weniger heftiger, neutralisierter Energie und erlauben sowohl den Ausdruck von Triebabkömmlingen als auch Möglichkeiten der Bewältigung durch das Ich, etwa durch Sublimierung und zweckentsprechendes Handeln.

Der Konversionsvorgang ist also gekennzeichnet durch eine regressive Bewegung, von der erworbenen seelischen Zwischenschaltung zurück zu primitiverer, direkter somatischer Abfuhr. An irgendeinem Knotenpunkt der genetischen Entwicklung kann es zu Fixierungen gekommen sein, die eine solche Entwicklung erleichtern, etwa durch erhebliche Versagung, verbunden mit somatischer Reaktion in einer sehr frühen, archaischen, präverbalen Periode, durch übermäßige somatische Erotisierung während der ödipalen Phase oder durch die konfliktschaffende Benutzung des Körpers zum Zwecke aggressiver Abfuhr in der analen Phase. GREENACRE (23) hat noch einige weitere Typen prägenitaler Bahnung beschrieben, die solche Fixierungen fördern. Wie auch beim psychosomatischen Geschehen ist eine solche Regression der «physiologischen Regression» vergleichbar, die von MICHAELS (39) beschrieben wurde und bei MARGOLIN (36) und GRINKER (27) ebenfalls als Bezeichnung vorkommt; sie ist auch dem von HENDRIK (30) beschriebenen «physiologischen Infantilismus» verwandt. Die von der Reifung dargebotenen Mittel werden fahrengelassen und statt dessen wird wieder zu den Werkzeugen des Höhlenmenschen gegriffen.

Dieser Regression, die übrigens auch mit SCHURS Begriff der «Re-Somatisierung mit Ich-Regression» (44) in Einklang steht, ist gekennzeichnet durch das Aufgeben zweckvollen Handelns im Dienste des Ichs und der adaptiven, realitätsgerechten Mechanismen bei gleichzeitiger Rückkehr zu triebgesteuerter Verwendung aller oder einzelner Teile des somatischen Apparates. Dieser leistet den primitiven Bedürfnissen Vorschub, es kommt zur Aufgabe der Sekundär- zugunsten der Primärfunktion, Verwendung infantiler Mechanismen und nichtneutralisierter Energie; es handelt sich, wie bei allen Symptomen, um einen Kompromiß zwischen Trieb und Abwehr. Übrigens schlägt diese Bewegung von

Triebimpuls zu somatischer Innervierung nicht den direkten Weg ein, sondern durchläuft entweder bewußt oder unbewußt eine Zwischenphase der Phantasie, eine Tatsache, die in der Literatur viel beachtet wurde. So hat FREUD schon früh auf die Rolle dieser unbewußten Phantasien bei der Entstehung der hysterischen Konversionen hingewiesen (18), während FENICHEL die Vorbedingungen der «Introversion» hervorhebt, das Abwenden von der Realität hin zur Phantasie als Vorläufer zur Konversion (11, Seiten 216/217). In neuerer Zeit hat ARLOW (2) die Analogie zwischen den bewußten Phantasien, welche die Onanie begleiten, und den bewußten oder unbewußten verdrängten Phantasien beschrieben, die der Konversion wie auch vielen anderen psychoneurotischen Symptombildungen voraufgehen.

Man möchte nun denken, daß die Rückkehr zur Körpersprache von einer vermehrten Tendenz zu verstärkter Aktivität begleitet sein müßte; dies ist jedoch interessanterweise gewöhnlich nicht der Fall. Wie in Träumen oder in der analytischen Situation, werden die «Schleusen zur Motilität» zuerst einmal geschlossen, bevor das Soma auf solche Weise benutzt wird. Wahrscheinlich ist die Fähigkeit, diese Wege zu blockieren, eine der Vorbedingungen für die Entwicklung mindestens einiger Typen der Konversion. Ein Konversionspatient agiert selten. Andererseits gilt das nicht allgemein, sondern nur für die «gebundenen» Konversionssymptome. Man könnte auch verschiedene triebhafte Neurosen, zum Beispiel die Kleptomanie, als unbewußte symbolische Aktivität und in diesem Sinne als Konversion ansehen. Wenn man zunächst versucht sein könnte, die Konversion auf gebundene Energie oder einen mehr oder weniger statischen Zustand zu beschränken, muß man sich erinnern, daß hysterische Krämpfe ein klassisches Konversionssymptom sind; somit sind sporadische, funktionelle Abfuhrprozesse, soweit der somatische Apparat benutzt wird, unbedingt mit einzubeziehen und damit auch gewisse nach außen gerichtete neurotische oder Triebhandlungen. FREUD betrachtete daher auch die Konversionssymptome als «entweder permanent festgehaltene oder *intermittierende* Besetzungsvorgänge» (20, Seite 140, Hervorhebung vom Ref.).

Bei weiterer Definierung des Wesens der Konversion erhebt sich die Frage, ob Konversion als ein Prozeß oder ein Symptom oder sogar als ein Abwehrmechanismus zu betrachten sei. FREUD neigte zu Anfang zu der letzteren Ansicht, nahm die Konversion jedoch später aus der Kategorie der Abwehrmechanismen heraus, darin auch von ANNA FREUD gefolgt (15). Meiner Meinung nach ist die Konversion ein *Prozeß in Richtung auf eine Symptombildung*. Sie ist nicht selbst Symptom, sondern nur der

Prozeß, der zur schließlichen Symptombildung führt. Das Symptom ist dann die Armlähmung oder das Erbrechen oder die Sehstörung, während Konversion derjenige Prozeß ist, der diese Störungen herbeigeführt hat. In ähnlicher Weise muß man die Konversion von den eigentlichen Abwehrmechanismen unterscheiden, da sie ein viel komplexerer Vorgang ist. Die Konversion besteht aus einer Anzahl einzelner, voneinander unabhängiger Abwehrmaßnahmen wie Identifikation, Verschiebung, Verinnerlichung, Symbolisierung, Wendung gegen das Ich und ganz besonders Verdrängung, und macht sich diese zunutze.

Hier entstehen gleich zwei Fragen, nämlich ob es eine Phasenspezifität für den Konversionsprozeß gibt (s. Fußnote 1 weiter oben), und wann die Vorläufer zu wirklichen Konversionen werden. Ähnliche Fragen kann und muß man natürlich bei jedem einzelnen Abwehrmechanismus stellen. Um das zweite Problem vorwegzunehmen, möchte ich sagen, daß die ursprünglichen direkten Verwendungen des Soma, die ich oben anführte, die Vorläufer darstellen, während von eigentlicher Konversion erst gesprochen werden kann, wenn es zu einer Regression, einer Entstellung, einer sekundären Rückkehr zum Soma von einer vorher versuchten oder phantasierten *psychischen* Lösung gekommen ist. Hinsichtlich der Frage der Phasenspezifität kann man vor der Entwicklung, zwar nicht unbedingt der Sprache oder Verbalisierung, aber doch mindestens eines gewissen Grades von Ausgestaltung der psychischen oder Ichentwicklung nicht von Konversion sprechen. Ich möchte annehmen, daß dies gegen Ende des ersten Lebensjahres einsetzt und sich während des zweiten Jahres festigt. Damit wäre ich in Übereinstimmung mit dem, was GREENACRE (25) über den Übergang von physischen Kernen zu psychischen Abwehrmechanismen im allgemeinen sagt, wobei sie die Bedeutung des Heraufkommens des Sekundärprozesses für diesen Übergang betont. Nebenbei möchte ich hier bemerken, daß die allgemeinere «Somatisierung» in SCHURS Sinn vielleicht einen früheren Ursprung hat, während die Konversion, das heißt die symbolische Form, erst etwas später Wurzel fassen kann. Der Mechanismus kann, sobald er einmal existiert, benutzt werden, um Triebe und Inhalte aus jeder Phase oder Richtung zu binden oder abzuführen, was jedoch nichts mit seiner ursprünglichen Entstehung zu tun hat. Zweifellos kommt es in der phallischen Phase im Zusammenhang mit dem allgemeinen Zuwachs an Erotisierung zu einer erheblichen Stimulierung für die Verwendung dieses Mechanismus; der Prozeß kommt dann so häufig vor, daß man ihn bisher völlig dieser Phase zugeschrieben hat. In Wirklichkeit ist es aber ein Prozeß, der, wenn er einmal etabliert ist, die ganze Skala hinauf- und hinabreicht, eine Formulierung, die mit unserer Hypothese und mit den hier vorgelegten klinischen Daten voll übereinstimmt.

Die Symptome selbst können entweder libidinöse oder aggressive Triebimpulse ausdrücken, und zwar in jeder Kombination, wobei das willkürlich innervierte ebenso wie das viszerale Organsystem benutzt werden kann. FENICHEL bemerkt, daß jeder Teil des Körpers zum Ort der Konversion werden kann, da jeder der Erotisierung unterworfen sei (11, Seite 216). Ebenso können spezifische Orte oder Organe als Exekutoren der Aggression dienen, wenn auch jeweils auf verschiedene Weise und gemäß der Anatomie beziehungsweise der individuellen genetischen Geschichte. Triebimpulse und Abwehrmaßnahmen werden dann in jedem Grade und in wechselnden Proportionen, je nach der betreffenden Symptomatologie, freigesetzt. Das einzelne Syndrom ist natürlich gewöhnlich überdeterminiert, wie jedes psychiatrische Symptom. Ein Tic zum Beispiel kann nicht nur der Abfuhr der sichtbaren aggressiven Impulse dienen, sondern kann auch libidinöse Befriedigung gewähren. Das Syndrom der allgemeinen *maladie des tics*, das von MAHLER und RANGELL (35) studiert wurde, zeigt die kaleidoskopartige Natur der symbolischen Bedeutungen hinter der dargebotenen Symptomfassade besonders deutlich, wobei die Impulse auf Fixierungspunkte und auf die Regression zu zahlreichen prägenitalen wie auch phallischen Stufen, und auf eine komplexe Kombination von Abwehrmaßnahmen wie Triebabkömmlingen hinweisen. Die Tics sind zugleich ein Festhalten und ein Weggehen, eine Abfuhr verschiedenster Impulse und Affekte und zugleich eine diffuse Abwehrreaktion dagegen, daß das alles erkannt wird. Sie erfüllen in jeder Hinsicht alle Erfordernisse von Konversionserscheinungen, obwohl man ihnen nicht gerecht würde, wenn man sie Konversionshysterien nennen würde.

«Der Sprung»

Nun kommen wir zu dem interessantesten, merkwürdigen Problem, das von Anfang an mit der Konversion verbunden war, nämlich dem «mysteriösen Sprung» vom Psychischen ins Körperliche. Dieses Phänomen innerhalb der Konversion, das in seiner ins Auge fallenden Dramatik unsere Phantasie seit langem gefangengehalten hat, zog wohl die Vorstellung des Geheimen und Wunderbaren auf sich, das allen psychischen Prozessen zugrunde liegt, eben weil es als erstes studiert und, wie oben beschrieben, als Modell für alles andere benutzt worden ist. Ohne dieses Geheimnisvolle oder Dramatische in seinem Wert verringern zu wollen, möchte ich doch die Frage aufwerfen, worin sich dieser Sprung denn so sehr von allen anderen Sprüngen in unserem Fach unterscheidet. Schon ALEXANDER bemerkte, daß dieser Sprung ja dasselbe sei, was sich bei jeder gewöhnlichen motorischen Innervation ereignete (1, Seite 40–41), und FENICHEL sagt auch, daß in diesem Umschalten von einer Sphäre zur anderen im Prinzip nichts Seltsames liege (11, Seite 216). Wir können dem nur zustimmen. Das klärt das Geheimnis natürlich nicht auf, sondern erhöht noch seine Bedeutung, da es sich auf alle anderen seelischen und übrigens auch alle körperlichen Prozesse erstreckt; der mysteriöse Sprung in der Konversion ist also nicht mysteriöser als viele andere psychophysische oder gar intrapsychische Ereignisse. Ist denn zum Beispiel der Sprung von der Seele zum Körper seinem Wesen nach interessanter oder problematischer oder erstaunlicher als die umgekehrte Erscheinung des Übergangs von Körperlichem zum Seelischen? Oder kann man den Sprung von körperlicher Stimulierung zu Denkprozessen oder Affekten besser verstehen? Oder weiß man mehr über den Sprung in den Wahn oder die Halluzination, der, obwohl es sich hier um den Übergang von einer psychischen Erscheinung zu einer anderen im Rahmen des gleichen generellen Bildes handelt, gewiß kein einfacheres oder verständlicheres Phänomen ist? Ferner sei an den Sprung in die Phantasie oder die Reise in den Traum erinnert. Vielleicht hat der «Sprung» in der Konversion eben nur alle diese Elemente des Staunenswerten auf sich gezogen.

FERENCZI mit seiner Formulierung «hysterische Materialisation» (13) und KATAN mit seiner «hysterischen Isolierung des Es» (31) haben das Geheimnis nicht zu klären vermocht. Es sind wohl Beiträge zu der einen oder anderen Seite dieser Kreuzung der Wege geliefert worden, aber es ist äußerst schwierig zu sagen, was an der «Synapse» selbst wirklich geschieht. Natürlich besteht das Problem der Konversion nicht allein in dem Sprung; es umspannt einen ganzen Bogen, beginnt mit der ersten Erschütterung durch den motivierenden Trieb und umfaßt auch den sekundären Gebrauch, der von den Symptomen gemacht wird. Die Psychologie hat zwar unser Wissen über den afferenten oder efferenten Zweig dieses Reflexgeschehens erweitert, aber die Ereignisse an der «Synapse» bleiben weiterhin ein Forschungsfeld für Neurophysiologien und Psychoanalytiker, auf dem sie sich vielleicht einmal begegnen werden. Diesem Ziel können feinste klinische Beobachtungen wie jene, die bei der Podiumsdiskussion (14) vorgelegt wurden, dienen. Wir brauchen vielleicht extensive Beobachtungen auf dem Gebiet der Mikropsychophysiologie, um diese dunkle, aber faszinierende Phase des menschlichen Verhaltens zu erklären.

Die Beobachtungen von Übergangszuständen oder von Patienten, bei denen die Vorgänge akut oder in statu nascendi sind, liefern gelegentlich einen Beitrag zum Verständnis im Fluß befindlicher klinischer Zustände. So hatte ich kürzlich Gelegenheit, einen Patienten zu beobachten, der nach einer langen Periode von Hyperacusis einen paranoiden Wahn entwickelte, wobei die Pathogenese dieses letzteren Symptoms direkt beobachtet werden konnte. Die Couch und die therapeutische Situation bieten ja oft Gelegenheit, transitorische, sich verschiebende Zustände zu sehen und psychische und sogar physiologische Ereignisse in statu nascendi zu studieren. Hier und auf diese Weise könnte die Hoffnung auf eine Mikropsychophysiologie sich gelegentlich erfüllen. Wenn unter diesen Bedingungen eine generell regressive Bewegung zur Undifferenziertheit und Primitivierung der Reaktionen fortschreitet, haben wir die Chance, sowohl primitivere Interaktionen zwischen Psyche und Soma zu beobachten als auch gelegentlich noch stärker somatische Reaktionen auf von außen kommende psychische Stimulierungen.

Im Rahmen einer solchen kontrollierten Regression ist unsere tägliche Sprechstunde ja voll von Beispielen und Demonstrationen symbolischer Körpersprache, einem Kommunikationsmodus und indirekten Ausdruck der seelischen Produkte, der so gewöhnlich ist, daß er stark mit dem differenzierten Ausdrucksmodus der verbalisierten Sprache konkurriert. So sehen wir sehr häufig Patienten, die sich am Schnittpunkt des Ausdrucks via Soma oder Psyche befinden und unfähig scheinen, sich von allein für das eine oder andere Medium zu entscheiden. Felix Deutsch (7) hat mit seinen Beobachtungen über Körperhaltungen in der Analyse hierzu manches beigetragen. Der schweigende Patient kann zum Beispiel ganz charakteristisch mit seinem Körper, mit seinem Muskeltonus, mit seiner allgemeinen oder spezifischen Haltung, mit dem Zustand seines Wahrnehmungsapparates, mit Gesichtsausdruck, Mimikry und Gefäßreaktionen sprechen. Dies ist ein weitläufiges Thema, zu dem wir nur eben einige wenige kurze klinische Beispiele beitragen können.

An einem Punkt seiner Analyse sahen die «freien» Assoziationen eines Patienten folgendermaßen aus: Mehr oder minder lange gespannte Schweigepausen wurden plötzlich von einem Schwall von Worten und *gleichzeitig* einer recht chaotischen Aktivität in Haltung und Motorik abgelöst. Während abgerissene, wirre Worte hervorsprudelten, die charakteristischerweise nicht viel Mitteilung enthielten, erlaubte er sich zugleich wahre Orgien rastloser Bewegungen, deren er sich gar nicht bewußt war, bis der Analytiker ihn darauf aufmerksam machte. Während er kaum Verständliches murmelte, gestikulierte er wild, warf den Kopf krampfhaft hin und her, knurrte und schnaufte, verdrehte den Körper nach allen

Richtungen, beugte und streckte abwechselnd die Beine, wandte den Kopf zum Analytiker und wieder fort, rieb sich die Hände, knackte mit den Fingerknöcheln usw. (seine Freunde nannten ihn «kinetisch»!). Diese ungezielte Abfuhraktivität war eine Art Körpersprache und drückte Bedeutungen aus, die dem Patienten nicht bewußt waren. Er stellte damit dar, auf welche ganz unterschiedliche Weise er in der Kindheit mit seinen Eltern in Kommunikation gestanden hatte. «Sprechen» konnte er nur mit der Mutter, während er dem Vater niemals irgend etwas in Worten mitteilte, wohl aber in Handlungen, die dann meistens trotzig auflehnend und widersetzlich waren. So stellte diese gleichzeitige Abfuhr via psychischer und somatischer Organinnervation die bisexuellen, beide Eltern betreffenden Übertragungsreaktionen dar. Man konnte mehrfach sehen, wie dieser Patient mit den Alternativen psychischer (verbaler) im Gegensatz zu somatischer Ausdrucksform rang. Dasselbe kann man vielleicht sogar häufig, wenn auch in geringerem Grade, in den inneren Kämpfen sehen, die im auf dem Rücken liegenden Patienten auf der analytischen Couch stattfinden. Die Regression, wenn sie nicht im Dienste des Ichs steht, begünstigt und erleichtert die Körpersprache, während das kräftige Ich mit leistungsfähiger Wahrnehmungsfunktion die Körpersprache zugunsten des einsichterzeugenden geistig-seelischen Apparates zurückdrängen würde. Interessanterweise war der jüngere Bruder dieses Patienten ein Stotterer. Die verbalen und motorischen Ausdrucksweisen des Patienten waren mir schon vorher wie Stationen auf dem Wege zur Entwicklung eines Tics oder von Stottern erschienen, als Vorläufer oder fehlgefahrene Äquivalente dieser prägenitalen Konversionen.

Bei einer Patientin in einer ähnlichen therapeutischen Situation konnte der Übergang zum Konversionssymptom in einem fortgeschritteneren Stadium gesehen werden. Sie entwickelte in Reaktion auf eine unlösbare seelische Situation das Symptom, daß ihr während der Analysestunde «die Hände einschliefen». Es war ein Konversionssymptom, das sich ganz leicht einstellte und das zu verschiedenen Zeiten auch verschiedene Bedeutungen auf unterschiedlichen Funktions- und Entwicklungsebenen hatte. In gewissen typischen Situationen hatte das Einschlafen der Hände eine libidinöse Bedeutung: sie selbst wollte schlafen – nämlich mit dem Analytiker. Auf einer anderen Ebene drückte es, aus einer früheren Entwicklungsphase herstammend, herablassende Verachtung für den Analytiker aus, der sie «mit seinen langweiligen, wirkungslosen Bemerkungen einschläferte». Das Symptom repräsentierte sowohl aggressive als auch libidinöse Triebe, sowohl Abwehr als auch Triebimpulse. In einem Sinne zog sie sich zurück, das heißt, sie begab sich auf abwehrende Flucht, in einem anderen Sinne lud sie den Analytiker ein mitzugehen, was natürlich spezifische Wurzeln in ihrer Vergangenheit hatte. Die einschlafende Hand stellte auch ihren Körper als ganzen und ihre Auffassung von sich selbst dar, wobei sie sich direkt und symbolisch als leer, dumpf, langweilig, einschläfernd kennzeichnete. Das Symptom, ein echtes Konversionsphänomen, war, wie alle psychischen Erscheinungen, in charakteristischer Weise überdeterminiert und bedeutete zu gleicher Zeit, daß sie hilflos und dem Leben nicht gewachsen, feindselig und sich zurückziehend, verführerisch und rebellisch war, was aus einem breiten Spektrum von Regressionspunkten herrührte. Man hätte diese vielfachen Bedeutungen in unzulässiger Weise eingeengt, wenn man das Symptom nur in seiner phallischen oder hysterischen Bedeutung verstanden und die vielen Schattierungen aus zahlreichen Facetten ihrer genetischen Vergangenheit übersehen hätte, die dieses relativ einfache Symptom darzustellen vermochte.

(Übersetzung: Käte Hügel, Frankfurt)

Bibliographie

1 ALEXANDER, F. (1951): Psychosomatische Medizin. Berlin (de Gruyter).

2 ARLOW, J. A. (1953): Masturbation and symptom formation. J. Amer. Psa. Assocn., 1, 45–58.

3 BAK, R. C. (1954): Podiumsgespräch: Perversion, theoretical and therapeutic aspects. Berichterstatter J. A. Arlow. J. Amer. Psa. Assocn., 2, 336–345.

4 BOWLBY, J. (1942): Personality and Mental Illness. New York (Emerson Books), S. 152–162.

5 BREUER, J., und S. FREUD (1895): Studien über Hysterie. Leipzig u. Wien (Deuticke).

6 CHODOFF, P., und H. LYONS (1958): Hysteria, the hysterical personality and ‹hysterical› conversion. Am. J. Psychiatry, 114, 734–740.

7 DEUTSCH, F. (1952): Analytic posturology. Psychoanal. Quart., 21, 196–214.

8 – (Hg.): (1953): The Psychosomatic Concept in Psychoanalysis. New York (Int. Univ. Press).

9 – (1959): Symbolization as a formative stage in the conversion process. In: On the Mysterious Leap from the Mind to the Body, hg. v. F. Deutsch. New York (Int. Univ. Press), S. 75–97.

10 FENICHEL, O. (1941): The Ego and the affects. The Collected Papers of Otto Fenichel, 2, 215–227. New York (W. W. Norton), 1954.

11 – (1945): The Psychoanalytic Theory of Neurosis. New York (W. W. Norton).

12 – (1954): Nature and classification of the so-called psychosomatic phenomena (1945). The Collected Papers of Otto Fenichel, 2, 305–323. New York (W. W. Norton).

13 FERENCZI, F. (1919): Hysterische Materialisationsphänomene. Bausteine z. Psychoanalyse, 3, 129–147.

14 FOX, H. M. (1955): Bericht über das Podiumsgespräch: The Theory of the conversion process. J. Amer. Psa. Assocn., 7, 173–181.

15 FREUD, A. (1936): Das Ich und die Ab-

wehrmechanismen. Wien (Intern. Psa. Verlag).
16 FREUD, S. (1894): Die Abwehr-Neuropsychosen. Ges. Werke, Bd. 1. Frankfurt (S. Fischer).
17 – (1905): Bruchstücke einer Hysterie-Analyse. Ges. Werke, Bd. 5.
18 – (1908): Hysterische Phantasien und ihre Beziehung zur Bisexualität. Ges. Werke, Bd. 7.
19 – (1910): Die psychogene Sehstörung in psychoanalytischer Auffassung. Ges. Werke, Bd. 8.
20 – (1926): Hemmung, Symptom und Angst. Ges. Werke, Bd. 14.
21 FROSCH, J.: Persönliche Mitteilung.
22 GIFFORD, S. (1959): Diskussionsbemerkungen beim Podiumsgespräch: The Theory of the Conversion Process. (s. Fox, 14).
23 GREENACRE, P. (1952): Pregenital patterning. Int. J. Psychoanalysis, 23, 410–415.
24 – (1953): Certain relationships between fetishism and faulty development of the body image. The Psychoanalytic Study of the Child, 8, 79–98. New York (Int. Univ. Press).
25 – (1958): Toward an understanding of the physical nucleus of some defence reactions. Int. J. Psychoanalysis, 39, 69–76.
26 GREENSON, R. R. (1959): Phobia, anxiety, and depression. J. Amer. Psa. Assocn., 7, 663–674.
27 GRINKER, R. (1953): Some current trends and hypotheses of psychosomatic research. The Psychosomatic Concept in Psychoanalysis, hg. v. F. Deutsch, New York (Int. Univ. Press), S. 37–62.
28 – (1953): Psychosomatic Research. New York (W. W. Norton).
29 –, und F. P. ROBBINS (1954): Psychosomatic Case Book. New York u. Toronto (Blakiston).
30 HENDRICK, I. (1953): Diskussionsbemerkungen in: «The Psychosomatic Concept in Psychoanalysis, hg. v. F. Deutsch. New York (Int. Univ. Press), S. 139–140.
31 KATAN, M., zitiert von E. V. SEMRAD und F. DEUTSCH: The mysterious leap problem: Freud's thinking on «conversion» – as symptom and as process. Unveröff. Ms.
32 KRETSCHMER, E. (1923): Über Hysterie. Leipzig (Thieme).
33 LEWIN, B. D. (1952): Phobic symptoms and dream interpretation. Psychoanal. Quarterly, 21, 295–322.
34 LUDWIG, A. O. (1959): The Role of identification in the conversion process. In: The Mysterious Leap from the Mind to the Body, hg. von F. Deutsch. New York (Int. Univ. Press).
35 MAHLER, M. S., und L. RANGELL (1943): A psychosomatic study of maladie des tics. Psychiat. Quart., 17, 579–603.
36 MARGOLIN, S. G.: Genetic and dynamic psychophysiological determinants of pathophysiological processes. The Psychosomatic Concept in Psychoanalysis, hg. v. F. Deutsch. New York (Int. Univ. Press), S. 3–36.
37 MARMOR, J. (1953): Orality in the Hysterical personality. J. Amer. Psa. Assocn., 1, 656–671.
38 MENZER-BENARON, D. (1959): Psychobiological study of the conversion process in women. In: The Mysterious Leap from the Mind to the Body, hg. v. F. Deutsch. New York (Int. Univ. Press), S. 155–181.
39 MICHAELS, J. J. (1953): Diskussionsbemerkungen in: The Psychosomatic Concept in Psychoanalysis, hg. von F. Deutsch. New York (Intern. Universities Press), S. 144–149.
40 NOBLE, D. (1951): Hysterical manifestation in schizophrenic illness. Psychiatry, 14, 153–160.
41 RANGELL, L. (1956): The Borderline state and the analytic attitude. Zusammengefaßt von L. L. Robbins. Bericht über das Podiumsgespräch: The borderline case. J. Amer. Psa. Assocn., 4, 550–562.
42 RAPAPORT, D. (1951): Organization and Pathology of Thought. New York (Columbia University Press), S. 689–691.
43 SCHUR, M. (1953): The Ego in anxiety.

In: Drives, Affects, Behavior, hg. v. R. M. Loewenstein. New York (Intern. Universities Press), S. 67–103.

44 – (1958): Comments on the metapsychology of somatization. The Psychoanalytic Study of the Child, 10, 119–164. New York (Intern. Universities Press).

45 – (1958): The Ego and the id in anxiety. The Psychoanalytic Study of the Child, 13, 190–220. New York (Intern. Universities Press).

46 Persönliche Mitteilung.

47 Silverman, S. (1959): The Role of the aggressive drives in the conversion process. In: The Mysterious Leap from the Mind to the Body, hg. v. F. Deutsch. New York (Intern. Universities Press), S. 111–130.

48 Wangh, M. (1959): Structural determinants of phobia: a clinical study. J. of the Amer. Psa. Assocn., 7, 675–695.

49 Zilboorg, G. (1941): A History of Medical Psychology. New York (W. W. Norton).

Das psycho-physiologische Korrelat

Franz Alexander
Grundzüge der psychosomatischen Forschung*

Psychogenese, Konversion, Spezifität

Obwohl die psychosomatische Forschung ein neuer Wissenschaftszweig ist, beschäftigt sie sich mit einem der ältesten wissenschaftlichen Probleme überhaupt – dem Leib-Seele-Problem. Dies mag vielleicht die Vorbelastung mit herkömmlichen Begriffen und Annahmen erklären, die ihre Entwicklung behindern. Zunächst werde ich das Konzept der Psychogenese im allgemeinen diskutieren, dann die hysterische Konversion im besonderen und schließlich die Frage der Spezifität emotionaler Faktoren, die an körperlichen Dysfunktionen beteiligt sind.

I. *Psychogenese.* Die Frage der Psychogenese ist eng verknüpft mit dem althergebrachten Leib-Seele-Dualismus. Als das *Journal of Psychosomatic Medicine* gegründet wurde, dachte unser Herausgeberteam, daß in der ersten Ausgabe eine klare Aussage zu dieser verwirrenden philosophischen Frage gemacht werden sollte, um zukünftige Autoren davon abzuhalten, endlose Diskussionen über diesen Punkt zu führen. Ich zitiere aus der Einführung der Herausgeber:

Es wird mit Nachdruck die These vertreten, daß es keine logische Unterscheidung zwischen Leib und Seele, Geistigem und Körperlichem gibt. Es wird angenommen, daß sich die komplexe Neurophysiologie von Stimmung, Trieb und Intellekt von der übrigen Physiologie zwar im Komplexitätsgrad, nicht aber in der Qualität unterscheidet. Einteilungen in medizinische Disziplinen, wie Physiologie, Neurologie, Innere Medizin, Psychiatrie und Psychologie mögen den Belangen der Akademischen Medizin angemessen sein, biologisch und philosophisch haben

* Erstveröffentlichung unter dem Titel «Fundamental Concepts of Psychosomatic Research» in: Psychosom. Medicine 5, 205–210

diese Einteilungen aber keine Bedeutung. Es ist selbstverständlich, daß seelische und körperliche Phänomene in demselben biologischen System stattfinden und nur zwei Aspekte desselben Vorgangs sind, daß psychologische Phänomene in ihrer psychologischen Kausalität mit speziellen psychologischen Methoden untersucht werden sollten und körperliche Phänomene in ihrer körperlichen Kausalität mit den entsprechenden Methoden der Physik und Chemie.

Trotz dieser Warnung erhalten wir immer noch Manuskripte, in denen sich die Autoren in einen hoffnungslosen Kampf mit diesem uralten Problem verwickeln. So gibt zum Beispiel ein Autor eine ausreichende Beschreibung der Wirkung psychologischer Faktoren auf ein klinisches Krankheitsbild, versucht dann aber, sich rechtfertigend, das ganze Thema der Psychogenese zu umgehen, indem er behauptet, daß man nicht von Psychogenese an sich sprechen sollte, sondern nur von der Koexistenz gewisser psychologischer Faktoren und gewisser körperlicher Symptome.

Es ist wichtig, daß die Frage der Psychogenese geklärt wird, indem man deutlich sagt, was damit gemeint ist. Schauen wir uns zunächst ein Beispiel an. Im Fall der emotional verursachten Blutdrucksteigerung heißt Psychogenese nicht, daß die Kontraktion der Blutgefäße durch einen nichtkörperlichen Mechanismus bewirkt wird. Die Wut selbst besteht aus physiologischen Prozessen, die irgendwo im zentralnervösen System ablaufen. Die physiologische Wirkung der Wut besteht aus einer Kette von Reaktionen – darunter auch der Blutdrucksteigerung –, von denen jedes Glied theoretisch zumindest mit physiologischen Termini beschrieben werden kann. Die besondere Wesensart psychogener Faktoren wie Emotionen, Vorstellungen und Phantasien besteht darin, daß sie auch psychologisch durch Introspektion oder durch Mitteilung der Personen, in denen diese physiologischen Prozesse stattfinden, untersucht werden *können.* Ein Auto, das einen Berg hochfährt, zeigt keinerlei Anzeichen von Anstrengung, Ermüdung und hat sich auch kein Ziel in den Kopf gesetzt. Im Gegensatz zu einer vom Menschen gebauten Maschine, wird sich ein lebender Organismus, der einen Berg besteigt, seiner inneren physiologischen Prozesse als Anstrengung, Ermüdung, Entmutigung, erneuter Anstrengung usw. bewußt. Weiter ist der Mensch im Unterschied zu tierischen Organismen in der Lage, diese inneren Wahrnehmungen anderen durch verbale Kommunikation mitzuteilen. Verbale Kommunikation ist deshalb eines der wichtigsten Instrumente der Psychologie und von daher auch der psychosomatischen Forschung. Wenn wir von Psychogenese sprechen, beziehen wir uns auf zentrale Erregungen im Nervensystem, die mit psychologischen Methoden studiert werden können, da sie subjektiv als Gefühle, Vorstellungen oder Wünsche wahrgenommen werden. Psychosomatische Forschung befaßt sich mit solchen Prozessen, in denen gewisse Glieder aus einer Ereigniskette sich beim gegenwärtigen Stand unserer Kenntnis leichter mit psychologischen Methoden untersuchen lassen als mit physiologischen Methoden, da die detaillierte Untersuchung von Emotionen als Hirnfunktionen noch nicht weit genug fortgeschritten ist. Ich nehme aber an, daß, auch wenn die physiologische Grundlage psychologischer Phänomene uns besser bekannt ist, wir trotzdem nicht auf ihre psychologische Untersuchung verzichten werden können. Es ist kaum vorstellbar, daß die unterschiedlichen Züge zweier Schachspieler in biochemischen oder neurophysiologischen Begriffen noch besser verstanden werden können als in psychologischen und logischen Termini.

II. *Konversion.* Das Konzept der hysterischen Konversion steht dem philosophischen Leib-Seele-Problem auch sehr nahe. Der Ausdruck selbst bezeichnet, daß ein psychologischer Prozeß in eine körperliche Manifestation verwandelt wird. Freud formulierte das Konzept der Konversion folgendermaßen: «Bei der Hysterie wird die unerträgliche Vorstellung unschädlich gemacht, indem die mit der Vorstellung verbundene Erregungsmenge in eine körperliche Ausdrucksform verwandelt wird, ein Prozeß, für den ich den Namen Konversion vorschlagen möchte.» Im wesentlichen ist ein hysterisches Konversionssymptom nichts anderes als eine ungewöhnliche Innervation; es unterscheidet sich im Prinzip nicht von anderen Willkürinnervationen oder von solchen Ausdrucksbewegungen wie Sprechen, Lachen oder Weinen. Wenn wir jemand schlagen wollen, werden unsere Arme in Bewegung gebracht; wenn wir sprechen, werden unsere Ideen in Bewegungen der Kehlkopfmuskulatur, der Lippen und der Zunge umgesetzt. Auch beim Lachen oder Weinen finden Emotionen körperlichen Ausdruck. Unglücklicherweise sprach Freud in bezug auf die hysterische Konversion von einem «rätselhaften Sprung» vom Seelischen ins Körperliche. Bei einem hysterischen Symptom, wie etwa einem hysterichen Krampf, ist dieser «Sprung vom Seelischen ins Körperliche» nicht rätselhafter als bei irgendeiner anderen gewöhnlichen motorischen Innervation, wie Willkürbewegungen oder Ausdrucksbewegungen, wie Lachen oder Weinen. Die Bedeutung eines Konversionssymptoms war ursprünglich sehr begrenzt: Ein Konversionssymptom war ein symbolischer Ersatz für eine unerträgliche Vorstellung. Es wurde angenommen, daß das Symptom, zumindest bis zu einem gewissen Grad, die durch die Verdrängung einer unerträglichen Vorstellung entstandene

Spannung erleichtert. Es wurde für eine Art körperliche Abfuhr oder Äquivalent einer unbewußten emotionalen Spannung gehalten. Von Anfang an bestand FREUD darauf, daß die unterdrückte Emotion letztlich immer auf eine sexuelle Spannung zurückgeführt werden kann. FERENCZI machte dies noch deutlicher, indem er formulierte, daß ein körperliches Konversionssymptom immer eine Art von Genitalisierung des betroffenen Körperteils bedeutet. Auf eine Diskussion des ausschließlich sexuellen Ursprungs des Konversionssymptoms werde ich hier nicht weiter eingehen.

Es sind wiederholt Versuche unternommen worden, das ursprüngliche Konzept der hysterischen Konversion auf alle Formen psychogener Körperstörungen, selbst an den viszeralen vegetativen Organen, auszudehnen. Es wurde behauptet, daß das Wesentliche aller psychogenen Störungen immer dasselbe ist. Eine verdrängte emotionale Spannung findet auf körperlichen Wegen ihren Ausdruck. Ob dies sich in Organen äußert, die durch das vegetative autonome Nervensystem reguliert werden oder in dem willkürlich innervierten neuromuskulären und sensorischen System, ist zweitrangig. Entsprechend diesem Konzept ist die emotionale Hypertonie die Konversion einer verdrängten Wut oder irgendeiner anderen Emotion in ein körperliches Symptom – die Blutdrucksteigerung. Die Befürworter dieses Konzepts gingen so weit, zu sagen, daß ein Magengeschwür als Konversionssymptom angesehen werden könnte. Irgendeine verdrängte Emotion, sagen wir Beißphantasien, finden körperlichen Ausdruck in Gewebeveränderungen des Magens. In früheren Arbeiten habe ich versucht, auf den gravierenden Irrtum hinzuweisen, der solchen oberflächlichen Generalisierungen anhaftet. Ich habe darauf hingewiesen, daß das ursprüngliche Konzept der hysterischen Konversion immer noch hervorragend aussagekräftig ist, wenn es auf jene Phänomene beschränkt wird, die ursprünglich den Beobachtungen FREUDS zugrunde lagen. Gleichzeitig habe ich das Konzept einer anderen Form psychogener Prozesse eingeführt, die bei vegetativen Störungen, wie emotionaler Hypertonie oder bei psychogenen Organkrankheiten wie Magengeschwüren zu beobachten sind. Seit der Veröffentlichung dieser Arbeiten bin ich zu noch präziseren Formulierungen gekommen, die ich bei dieser Gelegenheit darstellen möchte.

Ich bleibe bei meinem ursprünglichen Vorschlag, daß wir die hysterischen Konversionsphänomene auf Symptome des willkürlich innervierten neuromuskulären und sensorisch-perzeptiven Systems beschränken sollten und sie von psychogenen Symptomen unterscheiden sollten, die in vegetativen Organsystemen auftreten, deren Funktionen unter der Kontrolle des autonomen Nervensystems stehen. Die Begründung dieser Unterscheidung sieht etwa folgendermaßen aus: Hysterische Konversionssymptome sind Ersatzausdruck – Abfuhrreaktion – von emotionaler Spannung, die keine adäquate Entlastung durch motorische Aktivitäten finden kann. Zum Beispiel kann sexuelle Erregung, die normalerweise durch Geschlechtsverkehr befriedigt wird, im Fall der Verdrängung ihren Ausdruck in einer anderen motorischen Innervation, beispielsweise in Krämpfen, die die Muskelbewegungen des Geschlechtsverkehrs nachahmen, ihren Ausdruck finden. Oder Ärger, der keinen Ausdruck durch Schreien, Schimpfen, Anschuldigen, Schlagen findet, kann zu Konversionssymptomen an den Organen führen, die normalerweise zum Ausdruck von Wut eingesetzt werden – dem Kehlkopf oder den Extremitäten, in Form einer hysterischen Aphasie oder einer Lähmung. Wie FREUD ursprünglich betonte, bringen diese Ersatzinnervationen nie volle Entlastung; sie stellen nur Entlastungsversuche dar; die Symptome drücken gleichzeitig sowohl die verdrängte Emotion wie auch ihre Zurückweisung aus. Gerade weil sie die Spannung nicht voll abführen, entsteht ein pathologischer Zustand. Wichtig ist hier aber, daß die emotionale Spannung wenigstens teilweise durch das Symptom selbst entlastet wird. Im Bereich der vegetativen Neurosen haben wir es mit einer andersartigen psychodynamischen und physiologischen Situation zu tun, obwohl es auch einige Ähnlichkeiten mit den Konversionssymptomen gibt. Hier sind die körperlichen Symptome nicht ersatzweise Ausdruck einer verdrängten Emotion, sondern sie sind normale physiologische Begleiterscheinungen der Emotion. Zum Beispiel sind die emotionalen Zustände Wut und Furcht verbunden mit einem physiologischen Syndrom, das sich aus solchen vielfältigen vegetativen Prozessen zusammensetzt, wie der Stimulation des adrenalen Systems, der Mobilisierung von Zucker, der Blutdrucksteigerung, Veränderungen in der Blutverteilung, die vom Splanchnicusgebiet aus in den Muskeln, den Lungen und dem Gehirn bewirkt werden. Diese physiologischen Prozesse sind normale Korrelate von Wut und Furcht; sie entlasten die verdrängte Wut nicht, sondern sie begleiten sie. Sie sind Anpassungsreaktionen des Organismus auf bestimmte Anforderungen, mit denen er in gefährlichen Situationen konfrontiert wird: Kampf oder Flucht. Sie sind eine nützliche Vorbereitung und Anpassung der inneren vegetativen Prozesse für ein bestimmtes Verhaltensmuster, das vom Organismus verlangt wird. Der erhöhte Blutdruck oder die Zuckermobilisierung entlastet die Wut nicht im geringsten; diese Symptome treten nicht auf an Stelle der emotionalen Spannung; sie begleiten einfach die Emotion Wut; sie sind ein untrennbarer Bestandteil des Gesamtphänomens, das wir Wut nennen. Sie sind die systemische Reaktion des Körpers bei Wut. Allein die Chronizität einer emotionalen Spannung ist das, was einen solchen Zustand krankhaft macht. Das nicht-neurotische Individuum ist in der Lage, durch eine legitime Äußerung seine Wut loszuwerden. Einige neurotische Menschen können ihre verdrängten feindseligen Gefühle in Zwangssymptomen abführen. Die Pathologie des Hypertonikers besteht darin, daß er unter dauerhafter oder häufiger nicht-verdrängter, aber nicht-ausgedrückter emotionaler Spannung steht, die weder durch psychoneurotische Symptome, noch durch adäquate Ausdrucksmöglichkeiten verbaler oder körperlicher Art abgeführt werden können. Er hat nicht die Entlastung, die der wütende Mensch hat, der seinen Feind prügelt oder ihm zumindest die Meinung sagt. Der Unterschied zwischen einem Konversionssymptom und einer vegetativen Neurose liegt nun klar auf der Hand. Ein Konversionssymptom ist ein symbolischer Ausdruck eines genau definierten emotionalen Inhalts – ein Versuch zur Entlastung. Es wird durch das willkürlich innervierte neuromuskuläre oder sensorisch-perzeptive System gebildet, dessen ursprüngliche Funktion es ist, emotionale Spannung auszudrücken und zu entlasten. Eine vegetative Neurose wie die emotionale Hypertension ist kein Versuch, eine Emotion auszudrücken, sondern stellt die physiologische Begleiterscheinung eines konstanten oder periodisch wiederkehrenden emotionalen Zustandes dar.

Die gleichen Bedingungen wie bei der emotionalen Hypertension gelten auch bei allen anderen vegetativen Systemen. Gleichermaßen ist eine Magenneurose mit der chronischen Störung der sekretorischen und motorischen Funktion des Magens nicht Ausdruck oder Abfuhr einer emotionalen Spannung, sondern lediglich eine physiologische Begleiterscheinung. Diese Patienten, die geliebt und umsorgt werden wollen, können ihrem Wunsch wegen neurotisch gesteigerten Scham- und Schuldgefühlen keinen legitimen Ausdruck geben; sie stehen deshalb unter dem ständigen Einfluß dieser emotionalen Spannungen. Der Wunsch, geliebt zu werden, ist eng verknüpft mit dem Wunsch, gefüttert zu werden, da das Stillen die erste Situation ist, in der das Kind elterliche Liebe und Zuwendung erfährt. Wegen dieser frühen emotionalen Verknüpfung werden bei chronischer Sehnsucht nach Geliebt- und Umsorgtwerden die Magenfunktionen leicht stimuliert. Die Magensymptome sind die physiologischen Korrelate des passiven Erwartungszustandes nach Gefüttertwerden. Die Störung der sekretorischen und motorischen Funktionen des Magens ist kein Ersatzausdruck einer Emotion, sondern der physiologische Kontrapunkt einer Emotion, nämlich des Wunsches, umsorgt zu werden. Der Wunsch, umsorgt zu werden, kann verdrängt sein und in den Wunsch, gestillt zu werden, umgewandelt sein. Dies ist aber keine Konversion, sondern die Ersetzung eines Wunsches durch einen anderen. Entsprechend diesem Wunsch, gestillt zu werden, sind gewisse vegetative Innervationen kein Ersatz für den Wunsch, gestillt zu werden, sondern untrennbare physiologische Folgen. Wenn der Wunsch, umsorgt zu werden, zum Beispiel durch eine Behandlung in einem Sanatorium befriedigt wird, kann dieser drängende Wunsch aufhören und mit ihm können auch gleichzeitig die Magensymptome völlig verschwinden. Neurotische Magensymptome sind dennoch keine Konversion einer verdrängten Sehnsucht nach Liebe in Magensymptome; sie treten nicht an Stelle der Emotionen auf, sondern sind die physiologischen Begleiterscheinungen einer chronischen oder periodischen emotionalen Spannung. Im Gegensatz zur Magenneurose kann die Freß-Sucht als ein Konversionssymptom betrachtet werden. Hier wird der Wunsch, geliebt zu werden, Dinge zu bekommen oder zu nehmen, abgeführt, mit anderen Worten zumindest durch die Einverleibung von Nahrung bis zu einem gewissen Grad befriedigt. Das Essen wird sowohl Befriedigung als auch symbolischer Ersatz für Geliebtwerden, Geschwängertwerden oder für einen aggressiven Angriff. Es erfüllt alle Forderungen eines Konversionssymptoms. Auch Asthma hat Komponenten eines hysterischen Konversionssymptoms, da es als direkter Ausdruck und teilweise Ersatz für eine verdrängte Emotion, wie dem Wunsch zu weinen, dienen kann. Atmung – obwohl eine automatische Funktion – steht auch unter der Kontrolle der Willkürinnervation. Für die Säureausscheidung des Magens trifft das jedoch nicht zu. Atmung wird benutzt bei so ausdrucksvollen Funktionen wie Sprechen und Weinen; Magensekretion kann eine Begleiterscheinung eines emotionalen Zustandes sein, sie wird aber niemals als symbolischer Ausdruck benutzt wie beim Sprechen oder Weinen. Möglicherweise gibt es Mischzustände, bei denen beide Mechanismen nebeneinander bestehen. Der psychodynamische Hintergrund der meisten psychogenen Hautkrankheiten ist noch sehr unklar, aber es scheint, daß bei Hautkrankheiten sowohl Konversionsmechanismen, als auch vegetative neurotische Symptome vorkommen können. Die Haut ist teilweise ein sensorisch-perzeptives, aber auch ein vegetatives Organ. Erröten ist offensichtlich ein Konversionssymptom. Andererseits ist wahrscheinlich, daß der physiologische Mechanismus bei der psychogenen Urtikaria dem Muster der vegetativen Neurosen folgt. Psychosomatische Störungen, die Sphinkterfunktionen betreffend – die sowohl unter autonomer, als auch unter willkürlicher Kontrolle stehen –, wie Obstipation, Diarrhoe, Pollakisurie,

Harnverhaltung etc. stellen eine Kombination hysterischer Konversionssymptome mit vegetativen Neurosen dar.

Schließlich ist ein Magen*geschwür* weder ein Konversionssymptom noch eine vegetative Neurose. In manchen Fällen ist es das somatische Endergebnis einer schon lang bestehenden neurotischen Magendysfunktion, aber an sich hat es gar nichts direkt mit einer Emotion zu tun. Es ist nicht symbolischer Ausdruck eines Wunsches oder einer Selbstbestrafung. Es ist das sekundäre physiologische Endergebnis einer lange bestehenden Dysfunktion. Es ist eine organische Störung, die in vielen Fällen das Endergebnis einer psychogenen funktionellen Störung, einer vegetativen Neurose des Magens ist.

Zusammenfassend: Es scheint ratsam, zwischen hysterischer Konversion und vegetativer Neurose zu unterscheiden. Ihre Ähnlichkeiten sind ziemlich oberflächlich: Beide Zustände sind psychogen, das heißt, sie sind letztlich durch chronisch verdrängte oder zumindest nicht entlastete emotionale Spannung verursacht. Die beteiligten Mechanismen sind jedoch grundsätzlich sowohl psychodynamisch als auch physiologisch unterschiedlich. Die hysterische Konversion ist ein Versuch, eine emotionale Spannung auf symbolische Weise zu entlasten; sie ist symbolischer Ausdruck eines konkreten emotionalen Inhalts. Dieser Mechanismus ist beschränkt auf das willkürlich innervierte neuromuskuläre oder sensorisch-perzeptive System, dessen Funktion es ist, Emotionen auszudrücken und zu entlasten. Eine vegetative Neurose ist eine psychogene Dysfunktion eines vegetativen Organs, das nicht unter der Kontrolle des willkürlich innervierten neuromuskulären Systems steht. Das vegetative Symptom ist nicht ein Ersatzausdruck der Emotion, sondern seine normale physiologische Begleitkomponente. Wir nehmen an, daß es entsprechend jedem emotionalen Zustand eine bestimmte Verteilung vegetativer Innervationen gibt. Wenn wir kämpfen oder uns anstrengen müssen, sind die vegetativen Organe des Verdauungsapparates entspannt, während das muskuläre System und die Lungen sich in einem Vorbereitungszustand befinden. Die emotionale Haltung, die der Nahrungsaufnahme und Verdauung vorausgeht und sie begleitet, steht wiederum unter einer anderen Verteilung des vegetativen Tonus. In diesem Fall werden die viszeralen Organe hyperämisch, während der Skelettmuskeltonus abnimmt und die begleitende Müdigkeit das Anzeichen einer vorübergehenden Anämie des Gehirns ist. Wenn diese emotionalen Zustände chronisch unterhalten werden, werden die korrespondierenden vegetativen Innervationen auch chronisch. Das Kreislaufsystem des Hypertonikers verhält sich, als ob diese Person zu jeder Zeit kampfbereit wäre. Andererseits zieht sich der

Magenneurotiker, wenn er unter einem gesteigerten Verantwortungsbewußtsein zusammenbricht, von seiner gewohnheitsmäßigen Überaktivität zurück und nimmt die Stimmung des Zustandes an, der zur Verdauung gehört, worauf sein Verdauungstrakt mit kontinuierlicher Überaktivität reagiert. Dieses Aufgeben einer übertriebenen außengewandten Aktivität dürfen wir «vegetativen Rückzug» nennen. Es ist eine Gegenreaktion, eine Art Erschöpfung, die nach andauernder Anstrengung folgt. Nach allen Beobachtungen ist ein nach außen gerichteter aktiver aggressiver Zustand verbunden mit andauernder extremer Tonussteigerung des sympathisch-adrenalen Systems, von dem sich das Individuum in der Erschöpfung in den entgegengesetzten Zustand zurückziehen kann, indem der Tonus des vagal-insulären Systems zunimmt. Diese Zunahme des parasympathischen Tonus, möglicherweise mit gleichzeitiger Entspannung des sympathisch-adrenalen Tonus verbunden, ist das, was ich als «vegetativen Rückzug» bezeichne. Dies kann verschiedene Formen von Hyperaktivität viszeraler Organe annehmen, die durch parasympathische Erregung hervorgerufen sind, wie Hypersekretion und Hypermotilität des Magens, Diarrhoe oder psychogenen Hyperinsulinismus (psychogene Hypoglykämie): Wahrscheinlich ist der Zustand, den GOWERS als vagale Attacke beschrieben hat und den er dem epileptischen Anfall ähnlich auffaßte, das extremste Beispiel eines vegetativen Rückzugs.

III. *Spezifität.* Das bringt uns zu dem letzten kritischen Problem psychosomatischer Forschung, der Frage nach der Spezifität, die ich bei dieser Gelegenheit nur kurz berühren werde. Nach einer Schulrichtung gibt es keine spezifische Korrelation; jede emotionale Spannung kann jedes vegetative System beeinflussen. Die Symptomwahl kann von der Lebensgeschichte des Patienten und seiner Konstitution abhängen; wenn er einen schwachen Magen hat, wird ihm übel, wenn er sich ärgert; wenn er ein labiles vasomotorisches System hat, kann er unter dem Einfluß von Aggressionen ein Hypertoniker werden. Vielleicht hat eine frühe Atemwegsinfektion seine Lungen anfällig gemacht; dann wird er auf jede emotionale Aufregung mit einem Asthmaanfall reagieren. Die andere heuristische Annahme, die unsere Forschungsarbeit in dem Chicagoer Psychoanalytischen Institut begleitet hat, ist, daß die physiologischen Reaktionen auf verschiedene emotionale Spannungen verschieden sind; daraus folgt, daß vegetative Dysfunktionen aus spezifischen emotionalen Konstellationen resultieren. Wie ich betont habe, wissen wir aus Tier- und Humanexperimenten, daß verschiedene emotionale Zustände ihren spezifischen vegetativen Tonus haben. Das vegetative Syndrom, das Wut und Furcht korrespondiert, ist zweifellos anders als das der passiven Entspannung während der Verdauung; ein Zustand von Ungeduld oder angespannter Aufmerksamkeit hat körperliche Begleiterscheinungen in vegetativen und Skelettmuskelinnervationen, die deutlich anders sind als die in einem lähmenden Angstzustand. Die vegetativen Begleiterscheinungen verschiedener emotionaler Zustände sind ebenso voneinander unterschieden wie Lachen vom Weinen – der körperliche Ausdruck von Freude von dem der Trauer. Es ist von daher anzunehmen, daß, genauso wie die Art von chronischen, nicht entlasteten emotionalen Zuständen variiert, auch die entsprechenden vegetativen Störungen variieren werden. Die Ergebnisse neuester Forschungen unterstützen alle die Spezifitätstheorie. Magenneurotische Symptome haben eine andere Psychologie als die emotionale Diarrhoe oder Obstipation; Herzpatienten unterscheiden sich in ihrem emotionalen Hintergrund von Asthmatikern. Die emotionale Komponente bei der funktionellen Glykosurie hat ihre eigenen Besonderheiten, und es gibt gute Beweise dafür, daß der emotionale Faktor beim Glaukom auch seine spezifischen Besonderheiten hat. Diese emotionale Spezifität kann natürlich nur festgestellt werden durch sorgfältige minutiöse Beobachtung, für die die beste vorhandene Methode die ausgedehnte Interviewtechnik der Psychoanalyse ist. Dennoch zeigen auch kürzere, aber sorgfältige psychiatrische anamnestische Studien, die von gut trainierten Beobachtern durchgeführt werden, die spezifischen Persönlichkeitsfaktoren, die bei den verschiedenen Krankheitsbildern eine Rolle spielen. In welchem Ausmaß konstitutionelle Faktoren das Bild beeinflussen und in welchem Ausmaß eine schon existierende organische Pathologie oder Anfälligkeit verantwortlich ist, sind Fragen, die nur durch weitere sorgfältige klinische Studien entschieden werden können.

(Übersetzt von J. Greene und G. Overbeck)

Die psychosomatische Organsprache

Walter Bräutigam
«Organwahl» – «Organsprache» – «Organspezifität»*

Wenn die Frage der wissenschaftlichen Verbindlichkeit und der verifizierbaren Gesetzmäßigkeit psychosomatischer Zusammenhänge zum Problem wird, tauchen regelmäßig Begriffe wie «Organwahl», «Organsprache» oder «Organspezifität» auf. Diese Begriffe und die Bedeutungen, die man ihnen gibt, sind heftig umstritten. Mit einer einfachen Bejahung oder Verneinung der «Spezifität» ist wenig getan, denn es läßt sich sehr Verschiedenes mit dem Begriff der Spezifität verbinden. Die Erörterung dieser Probleme wurde nicht nur in die Vorträge der 12. Lindauer Psychotherapiewoche verlegt; ein Kolloquium und eine allgemeine Diskussion sollten zur Klärung beitragen.

Die Teilnehmer des Kolloquiums schickten

1. Thesen

dem Rundgespräch voraus. Die Stellungnahmen lagen zwischen einer vollkommenen Übernahme des genetischen und dynamischen Spezifitätsbegriffes aus der Neurosenlehre und Äußerungen, die zu einer Preisgabe des Spezifitätsbegriffes überhaupt rieten. Dazwischen lagen Stellungnahmen, die zunächst eine Differenzierung des Begriffes der Spezifität versuchten.

H. Meng (Basel), mit der Geschichte der Psychoanalyse seit Jahrzehnten verbunden, bezog in seine Spezifitätsdarstellung bewährte Begriffe und Prinzipien der Psychoanalyse ein:

* Kolloquium und allgemeine Diskussion auf der 12. Lindauer Psychotherapiewoche am 2. Mai 1962. Referiert und bearbeitet von W. Bräutigam.

Bei der Durcharbeitung von aktuellen Konfliktkonstellationen in Zusammenhang mit pathogenetischen Grundkonflikten aus Frühkindheit und Pubertät stellte sich u. a. folgende Frage: Was bedeutet der Ausbruch einer akuten, organisch nachweisbaren Störung im Bereich des Hals-Rachenrings, speziell der Ausbruch einer Angina tonsillaris? Die Frage tauchte zum erstenmal auf in der Zeit von 1928 bis 1932 während der Behandlung einer Magersüchtigen, deren Angina tonsillaris mit 40° C. Fieber über 5 Tage, kontrolliert von einem Internisten, psychogenetisch determiniert erschien. Die Patientin war in der Nachpubertät (17 Jahre alt), ihre Symptomatik fiel in den Bereich der Organpsychose. Die Art, wie die Patientin das pathogenetische Material, manifestiert in der Tonsillitis, zu verarbeiten bemüht war, erinnerte deutlich an die Technik der Traumarbeit im Sinne FREUDS. Der Traum gab nicht den Organreiz einfach wieder, er verarbeitete ihn symbolisch in der Entstellung. Hier und auch bei anderen Patienten ist die Organsprache abhängig vom seelischen Reifegrad und damit von der Entwicklung von Ich und Über-Ich in den verschiedenen Lebensaltern. Der sexuelle Beitrag kann ebenso zentral sein wie Tendenzen des Ehrgeizes und der Aggression. Die Organspezifität ist wahrscheinlich mitabhängig von einer objektiv nachweisbaren Organminderwertigkeit, wie von der subjektiven Überschätzung eines Organs oder eines Organsystems. Die Bedeutung früher abgelaufener Erkrankungen im Sinne des bedingten Reflexes (PAWLOW) muß, wie die Realangst und die neurotische Über-Ich-Angst, als Faktor der Organspezifität berücksichtigt werden.

Die Prinzipien der bei Neurosen beschriebenen Symptomentstehung, die *Verdrängung ins Leibliche, Symptombildung als Kompromiß* triebhafter und verdrängender Instanzen nach dem Vorbild der Traumarbeit, sind hier fruchtbar gemacht. Mit den Begriffen der Organminderwertigkeit und der Bahnung durch bedingte Reflexe wird das körperliche Entgegenkommen betont.

Eine die Spezifität im Grundsätzlichen bejahende These lieferte auch E. LINDEMANN (Boston):

Krankheiten sind psychosomatisch insofern, als sie persönlich integrierte, pathologische Reaktionsformen auf soziale und psychologische Anforderungen darstellen. Es wird postuliert, daß dies in wechselndem Grade auf alle Krankheiten zutrifft. Es gibt aber gewisse Konstellationen von äußeren Bedingungen und persönlichen Prädilektionen, die regelmäßig zu erkennbaren «psychosomatischen» Zuständen führen. Diese unterscheiden sich von den Neurosen dadurch, daß sie «organdestruktiv» sind, und von den Psychosen dadurch, daß die Reaktionsform sich somatischer Prozesse bedient, anstatt sich auf die krankhafte Veränderung cognitiver und conativer Prozesse zu beschränken. Für die Forschungsarbeit ist es fruchtbar, diese Zustände als Formen pathologischer Adaption zu verstehen.

In den Äußerungen von LINDEMANN, die methodisch unbelastet sind, ist die pragmatische Haltung amerikanischen Forschens spürbar. Bemerkenswert ist vor allem, daß der *spezifisch prägende Einfluß* nicht in individuellen, sei es körperlichen oder seelischen Faktoren, gesucht wird, sondern in den sozialen Lebensbedingungen.

Den differenzierten, sehr um begriffliche Klarheit bemühten Standpunkt der Tiefenbrunner Schule vertraten die Thesen von W SCHWIDDER:

Kritik des Ausdrucks «Organwahl»: In Wirklichkeit findet keine Wahl oder Auswahl statt. Frage: Unter welchen Bedingungen manifestieren sich pathogene Einflüsse in einem Organsystem oder an ganz bestimmten funktionellen Abläufen? Theoretisch und im Extremfall können die Einflüsse ausschließlich somatogen oder psychogen, die Bedingungen äußere oder innere Einwirkungen sein. Praktisch liegen regelmäßig eine Reihe von Bedingungen, Voraussetzungen und Einflüssen psychischer und körperlicher Art vor, die es zu eruieren gilt. Die Psychoanalyse hat sich bisher hauptsächlich mit psychischen Faktoren und den korrespondierenden körperlichen Funktionsabläufen befaßt und einige grundlegende Entdeckungen gemacht: 1. Von früher Kindheit an entwickeln sich mit der Prägung von Erlebnisverarbeitungen korrelierende körperliche Funktionsabläufe, die in gewissem Umfang strukturspezifisch sind (Beispiel: depressive, zwangsneurotische, hysterische Struktur). – 2. Bestimmte Lebenssituationen und Reizwirkungen stellen für die strukturspezifischen Reaktionen spezielle Belastungen dar und führen bevorzugt zu Fehlfunktionen (psychisch: «Konflikt», somatisch: «Funktionsstörung»). Beispiele: depressive und zwangsneurotische Organsyndrome. – 3. Neben spezifischen Zuordnungen zwischen bestimmten Triebimpulsen, Affekten und somatischen Funktionen (spezifische «Organsprache») gibt es organ-unspezifische Allgemeinreaktionen auf verschiedenartige psychische Reize (wechselnde, unspezifische «Organsprache»). Beiden Reaktionsformen liegen offenbar biologische Konstanten zugrunde. – 4. Die Ansprechbarkeit der verschiedenen Organsysteme auf psychische Einflüsse ist unterschiedlich (Vergleiche Herz-Kreislauf; Magen-Darm-System; Haut). – 5. Der menschliche Körper und seine Organe erhalten im Laufe der menschlichen Entwicklung eine veränderliche und subjektiv unterschiedliche Erlebnisbedeutung (phantasierte und symbolische Bedeutung, Körperschema, individuelle «Organsprache»). – 6. Spezifische und unspezifische Reaktionen sind im Zusammenwirken von Abwehrmechanismen und Funktionsstörungen zu beobachten (z. B. Verdrängung, Identifikation, Introjektion und korrespondierende Symptome). Von einer ausreichend breiten, gesicherten und übereinstimmenden empirischen Fundierung der psycho-physischen Zusammenhänge kann man bisher nur bei einem kleinen Teil der psychoanalytischen Ergebnisse sprechen (am weitgehendsten bei hysterischen Organsymptomen, einigen motorischen Störungen und Magen-Darm-Erkrankungen).

In dieser Stellungnahme SCHWIDDERS wird der genetische Aspekt der Psychoanalyse voll ausgeschöpft. Die *spezifischen Zuordnungen* liegen in den *frühkindlichen, prägenden Erlebnisverarbeitungen* und ihren körperlichen Korrelaten. Der psychophysische Parallelismus ist hier ganz in die Kindheit verlagert, wobei die klassischen Neurosentypen (hysterisch, zwanghaft, depressiv, schizoid) eine Affinität zu bestimmten Organsystemen haben. Doch wird auch hier neben dem Genetisch-Determinierten ein Bereich genetisch nicht festgelegter biologischer und lebensgeschichtlich-situativer Einflüsse anerkannt.

Den genetischen und psychoanalytischen Standpunkt vertrat auch B. STOKVIS (Leiden):

1. Die klinischen Aspekte der Psychosomatik bilden eine Disziplin, die ihren Platz neben der inneren Medizin und der Psychiatrie hat. – 2. Es gibt keinen Gegensatz zwischen der Psychosomatik und der Psychoanalyse; die Psychoanalyse ist eine der Untersuchungs- und Heilmethoden der Psychosomatik. – 3. Es ist vorsichtiger, in der Psychosomatik den Begriff «krankmachende Ursachen» zu vermeiden; ebenfalls ist es besser nicht von «krankmachenden Determinationen» zu sprechen. Statt dessen ist der Begriff «Multikonditionalität» mehr angebracht. – 4. Die Spezifitätshypothese bezieht sich auf: a) die Persönlichkeit, b) die frühkindlichen Konfliktsituationen, c) die Lebenssituation zur Zeit des Anfangs der Erkrankung, d) das Verhalten des Kranken. Diese vier Faktoren fallen gewissermaßen miteinander zusammen. Dies trifft besonders für die zwei erstgenannten Faktoren zu. – 5. Unsere statistischen Untersuchungen lehrten, daß man besser von einer Organsystemspezifität als von einer Organspezifität sprechen kann. – 6. Des öfteren wird behauptet, daß die unter 4 genannten Faktoren, namentlich die Persönlichkeit und die frühkindliche Konfliktsituation zu einer ganz bestimmten Symptombildung Anlaß geben. Wir wollen dies zwar nicht leugnen, möchten andererseits nachdrücklich darauf hinweisen, daß auf die Dauer die Erlebnisverarbeitung eines gewissen Symptoms zu gewissen Persönlichkeitsveränderungen und damit zu einer Persönlichkeitsstruktur führen kann.

Der Standpunkt von STOKVIS mildert die genetischen Spezifitätshypothesen in ihrer strengen Form, indem die Persönlichkeit – das heißt eine Unbekannte – an den *Anfang einer multikonditionalen Bedingungsreihe* gestellt wird. Ebenso wird hier erstmals der Begriff des Organs, der in manchen Fällen ein Glied einer Funktionseinheit ausgrenzt und vergegenständlicht, in Frage gestellt.

Das geschieht auch ausdrücklich in den Thesen von W. BRÄUTIGAM (Heidelberg):

1. Im Begriff «Organ» wird schon ein Baustein aus einem größeren Leistungsgefüge, das immer mehrere Organfunktionen umfaßt, ausgegliedert. Die Organfunktionen sind immer nur im Rahmen sinnvoller, auf die äußere Umwelt gerichteter (und von der inneren Stimmung getönter und mitbestimmter) *Leistungen* (v. WEIZSÄCKER) oder auch *Haltungen* zu begreifen (Abwehr, Angriff, regressiver Rückzug etc.). – Leib-seelische Zuordnungen spezifischer Art finden sich demnach in den typischen Haltungen, wobei aktuelle, affektiv bestimmte Erlebnisweisen (zum Beispiel «Ich wollte, ich wäre nicht hier», «Ich möchte nichts sehen und hören») mit bestimmten körperlichen Veränderungen (zum Beispiel Asthma-bronchiale-Anfall) verknüpft sind. Es gibt demnach spezifische Typen leib-seelischer Antwort, die eine subjektiv-erlebnishafte Sinnentnahme und leibliche Reaktionsweise darstellen. 2. Die Bereitschaft, Situationen der Anforderung und Belastung in bestimmten Haltungen zu durchleben und psychosomatisch zu beantworten, hat ihre Geschichte und manifestiert sich unter Umständen auch schon in der kindlichen Lebensgeschichte. Immer handelt es sich dabei aber um eine *Antwortspezifität*; aus äußeren Konstellationen, zum Beispiel einer overprotectiv-mother, läßt sich die spätere körperliche Reaktionsweise nicht ableiten. Wir sehen somit keine von außen dem Menschen aufgeprägte Spezifität, sondern nur eine Antwortspezifität, die die Erlebnisbereitschaft und die psycho-physische Reaktionsbereitschaft des Menschen als eine Unbekannte enthält. Diese Unbekannte kann sich während der gesamten Lebensgeschichte noch auswirken. Die sogenannten spezifischen infantilen Triebstrukturen sind immer schon persönlichkeitseigentümliche Verarbeitungen. Die Latenz der leib-seelischen Veranlagung wirkt sich in der ganzen Lebensgeschichte immer wieder als eine neu determinierende Unbekannte aus.

Indem hier die seelischen und körperlichen Verarbeitungsweisen der Kindheit schon als Manifestationen der Eigenart des Menschen genommen werden, wird versucht, das genetisch-deterministische Übergewicht der Psychoanalyse zu mildern.

J. H. SCHULTZ (Berlin), der den leiblichen Äußerungen und ihrer Behandlung von jeher seine Aufmerksamkeit geschenkt hat, nimmt gegen eine zu sehr vom Seelischen her determinierende Spezifitätstheorie Stellung:

Eine organismisch zentrierte Psychotherapie wird unablässig das Bild des lebenden Organismus in den Mittelpunkt stellen. Mehr und mehr erkennt die Biologie das organische Sein als «verlangsamte Funktion», mehr und mehr entfernt sie sich von der Hypothese gegenständlich bestandhafter Atomistik. Dies erweist nicht nur die Unzulänglichkeit einer allzu mechanistischen Betrachtung, sondern erlaubt weit besser als alte statisch-materialistische Anschauungen auch den Strom seelischen Erlebens in dies fließende, ganzheitlich lebendige Sein einzugliedern. In geziemender Ehrfurcht vor den Rätseln des Daseins wird jede gegenstandhafte Gegenüberstellung von «Leib» und «Seele» als überholt und unmöglich abgewiesen und vor einem Sich-Verlieren in einem «leeren» psychologischen Raum gewarnt. Von Funktionslust, Ausdruck und Gedächtnis des Organischen baut sich über Primitivreaktionen das Reich heutiger Psychotherapie auf, das wissenschaftlich nie voll überschaut werden kann, wenn die Grunderkenntnisse der physiologischen Psychologie zu kurz kommen.

In dieser Äußerung wird die *Leib-Seele-Problematik*, die im Hintergrund eigentlich jeder Diskussion über eine psychosomatische Organspezifität steht, in ihrem ganzen Umfang aufgeworfen.

Diese Körper-Seele-Problematik, ihre Sackgassen und die methodische Annäherung an diese Problematik steht im Mittelpunkt des Beitrages von H. Häfner (Heidelberg):

Die psychosomatische Forschung steht vor einer grundsätzlichen Schwierigkeit. Sie soll Aussagen über die inneren Zusammenhänge von Tatbeständen im «körperlichen» und «seelischen» Bereich machen. Die traditionellen Denkweisen der Medizin und der Psychologie haben jedoch Begriffsysteme geschaffen, die eine Abblendung weiter Erfahrungsbereiche mit methodischer Einseitigkeit und Unschärfe verbinden. Die tatsächlich vorhandenen Brücken zwischen den nur leiblich und den nur seelisch darstellbaren Funktionsgliedern im Verhalten und Erleben sind dadurch weitgehend verdeckt. Die Korrelation von derart inkommensurablen Fakten wie Organkrankheit und Charakterstruktur bleibt fragwürdig.

Die exakte Anwendung naturwissenschaftlich-verhaltensbiologischer Methodik führt zur Feststellung mehr oder weniger komplexer Verhaltensschablonen und ihrer Zusammenhänge mit bestimmten physiologischen Teilfunktionen. Diese empirische Sicht des Organismus umgreift bereits die «innere Situation» als Funktionsglied mit.

Von einem analog verstandenen, empirischen Zugang zur Erlebnisseite ist die phänomenale Gegebenheit des Leiblichen in den Ordnungen und Zusammenhängen der Lebensgeschichte und der verschiedenen Existenzweisen zu klären. Die auf solche Weise gewonnenen Strukturen bilden mit ihren spezifischen Leibbezügen eine Brücke zu den Ergebnissen der beobachtenden und quantifizierenden Methoden. Der unglückliche Begriff «Organspezifität» sollte preisgegeben werden. An seiner Stelle sollte beispielsweise danach gefragt werden, wo und auf welche Weise bestimmte physiologische oder biologische Funktionskomplexe in eine oder mehrere leibseelische Strukturen eingefügt sind.

Hier werden also vom Methodischen, nicht vom Empirischen her die traditionellen Denkweisen des Begriffes der Organspezifität am entschiedensten in Frage gestellt.

Zur Differenzierung bei der theoretischen Erfassung leib-seelischer Zusammenhänge fordert das Votum von L. Schlegel (Zürich) heraus:

Das durch die drei Begriffe des Kolloquiums umrissene Gebiet ist für mich persönlich so problematisch, daß es mir nicht möglich ist, eine bestimmte Ansicht darüber in Thesen vorzutragen. Es beginnt schon mit dem Begriff «Organ»: Wie ist unsere Weltsicht geartet, daß wir so etwas wie Organe erkennen und unterscheiden? Kann einem Organ im Leiblichen nicht nur etwas im Psychischen entsprechen, was wieder Organ ist? Gibt es das aber überhaupt?

Wenn ich bei einem Patienten *sehe*, daß er gewohnheitsmäßig die Schultern hochgezogen hält, wenn ich von einem *gesprächsweise erfahre*, daß er an anfallsweisem Herzklopfen leidet oder wenn ich bei einem andern *feststelle*, daß er ein Duodenalulcus hat, so handelt es sich allemal um einen anderen Zugang, um eine andere Art Symptom, um eine unvergleichlich andere Art «Ausdruck». Im ersten Fall handelt es sich nicht um eine Organspezifität, sondern um ein Verhalten, im zweiten handelt es sich um das leibliche Äquivalent einer Emotion, die nur von psychologischem Interesse ist, wenn der Patient nicht weiß, daß er zum Beispiel Angst hat. Wenn er weiß, daß er Angst hat, interessiert mich nicht das Herzklopfen, sondern die Angst. Im dritten Fall handelt es sich um eine strukturelle Veränderung in der Magenschleimhaut, Folge einer ganz bestimmten Reaktionslage, die durchaus nicht nur den Magen allein betrifft, sondern auch Darm, Haut, Körperkonstitution im allgemeinen. Wir sind nur in Versuchung, von «Organwahl» zu sprechen, weil wir gewohnt sind, einem deutlichen «schönen» Röntgenbefund mehr Beachtung zu schenken als weniger auffälligen Eigenheiten.

Die Weisen, in denen Leibliches vom Kranken erlebt und vom Arzt erfahren werden kann, sind also sehr verschieden; bei der Feststellung eines Symptomes oder dem Herausgreifen eines Organes ist das Umfassende der leiblichen Erscheinung des Menschen ganz in den Hintergrund gedrängt, während es beim Ausdruck ganz im Mittelpunkt steht.

Diesen Unterschied von ausdruckshaltigen leiblichen Äußerungen und von ausdrucksmäßigen, nicht faßbaren körperlichen Erscheinungen verfolgt auch H. Enke (Umkirch) in seinen Thesen:

«Organsprache» bezeichnet den Gedanken, daß die Organsymptomatik für einen dahinterliegenden psychischen Tatbestand «spricht». Eine «Organsprache» wäre prinzipiell auch rein kasuistisch denkbar. Von gleichermaßen praktischem wie wissenschaftlichem Interesse ist aber die Frage, ob die Lehre von der Organsprache einen Beitrag zu der These der Organspezifität zu liefern imstande ist.

Die Fragen sind: Kann eine körperliche Symptomatik Ausdrucksfunktion haben? und: Können die Maßstäbe der psychologischen Ausdruckskunde an das psychosomatische Geschehen angelegt werden? Die psychologische Ausdruckskunde beschäftigt sich in erster Linie mit Bewegungen im Bereich der Willkürmotorik. Von dort her leitet sie ihre Definitionen ab. Ein Teil dieser Begriffsbestimmungen trifft auch für das psychosomatische Geschehen zu, ein anderer Teil tut dies nicht. Sicher ist, daß eine Scheidung in willkürliche Bewegungen (= «Ausdruck») und unwillkürliche Bewegungen (= «vegetative Begleiterscheinungen») nicht möglich ist. Zur Entwicklung des hier mitgeteilten Grundgedankens sind verschiedene Abgrenzungen nötig, zum Beispiel Mitteilung – Appell – Ausdruck – Konversion – vegetative Irradiation. Bei dieser Erörterung ist es unabdingbar, auf die «präformierten psychosomatischen Beziehungen» zurückzugreifen.

2. *Kolloquium*

Der Leiter des Rundgespräches, P. Christian (Heidelberg), warf zunächst wieder die in den Begriffen «Organwahl» – «Organsprache» – «Organspezifität» liegende Problematik auf. Was ein Organ ist, zeigt sich für ihn darin, in den Dienst welcher Funktionen, Leistungen und Seinsweisen es gestellt ist:

Der Begriff «Organ» enthält bereits schon eine Art Vorauslegung. Das Organ «Lunge» ist zum Beispiel ja nicht nur ein abgegrenzter Teil des Körpers, ein morphologisches, anatomisches, gegenständliches Substrat. *Das Wesen des Organs liegt darin, daß es im Dienst vielfältiger Leistungen stehen kann* («organismischer Leistungen» im Sinne von J. H. Schultz, der in einem kühnen Bild von Organen als «verlangsamte Funktion» gesprochen hat). Was ein Organ ist, kann man vielleicht am sinnfälligsten an der Atmung exemplifizieren. Atmung ist nicht nur ein Funktionsträger des Gasaustausches, sondern steht im Dienst von Ausdruck, wie die Schreckapnoe oder das Stöhnen bei Schmerzen zeigen. Die Atmung kann weiter in den Dienst leiblich-existierten Verhaltens genommen werden, so im Seufzer oder in der verhaltenen flachen Atmung des niedergeschlagenen Menschen. Atmung ist hier, u. a. auch im Sinne von Häfner, leiblicher Modus einer spezifischen Seinsweise, nämlich des In-der-Welt-Seins des Niedergeschlagenen; oder umgekehrt ist sie als freie, strömende Atmung die leibliche Seinsweise des fröhlichen, sich aufschwingenden Menschen. – Wir dürfen nie vergessen: *Affekte sind nicht etwas nur Psychologisches, sondern jeder Affekt entfaltet sich auch leiblich.* Insofern ist der Affekt der Angst auch Atmung und Kreislauf. Atmung ist auch Funktionsträger einer ganz anderen Gruppe von Leistungen, zum Beispiel in der körperlichen Arbeit. Bemerkenswerterweise steigert sich die Atmungsgröße bei körperlicherArbeit nicht erst dann, wenn das vom Sauerstoffbedarf erzwungen wird, sondern schon im Vorlauf einer Arbeit, schon vom Start weg stellt sich die Atmung auf die Situation «körperliche Arbeit» ein.

Wenn man *das Organ* in diesen *größeren Zusammenhängen* und in seinen vielfältigen Bezügen sieht, erweitert sich auch der Begriff der Organspezifität:

Christian: «Die *Polyvalenz* als Wesen des Organs muß auch bei der Frage der Organspezifität gesehen werden. Im Asthma bronchiale antwortet die Lunge in charakteristischer, spezifischer Reaktionsform auf viele Möglichkeiten. Das Asthma bronchiale als psychosomatische Reaktionsweise wurde von BRÄUTIGAM bereits erwähnt. Es ist aber ebenso als hyperergisch-allergischer Vorgang, der für sich nicht psychologisiert werden kann, zu beobachten. Aber auch der durch Allergene erzwungene hyperergisch-allergische Anfall ist nie ein Binnenphänomen des Organismus, sondern steht immer in einer Situation, in einem bestimmten Jetzt und Hier. Der erste Anfall, die Urszene, steht in einer bestimmten Zeit, in einer bestimmten Situation, hat einen bestimmten biographischen Stellenwert. Das kann dann sekundär wieder aufgegriffen werden, wenn ähnliche oder gleichgelagerte psychologische Konstellationen zusammenkommen, so daß diese Urszene in einem Wiederholungszwang erscheint. Das Asthma bronchiale kann, wie J. H. SCHULTZ erwähnte, auch wie ein bedingter Reflex oder, besser gesagt, wie eine bedingte Reaktion einspringen.»

Die Polyvalenz als Wesen des Organs bestimmt auch die Auffassung von der Organminderwertigkeit:

CHRISTIAN: «Sicher ist ein sog. psychosomatischer Diabetes mellitus auch auf einer echten Organminderwertigkeit gegründet. Es gibt keinen Diabetes mellitus ohne Pankreasinsuffizienz. – Wie ist es dagegen bei einer Hypertonie? Es ist durchaus nicht ausgemacht, inweiweit die hypertone Reaktion schon auf einer Organminderwertigkeit oder Organentgleisungsmöglichkeit beruht oder ob diese nicht erst entsteht: Wenn auch eine gewisse Anlage dahinterstehen mag, so entsteht aus einer Situationshypertonie mit der Zeit aus der ständigen Perpetuierung des hypertonen Vorgangs und der Einwirkung pressorischer Noxen – unter dem Einfluß weiterer, noch nicht überschaubarer Faktoren – dann die endgültige, fixierte Hypertonie. *Die Ursache der Hypertonie ist also gewissermaßen die Hypertonie selbst und nicht eine vorausgegebene Organminderwertigkeit.* Jede hypertone Reaktion kann sich im Sinne eines Aufschaukelns auch von der seelischen Seite her aus einer bestimmten, die Hypertonie provozierenden Haltung langsam zu einer ernsten und fixierten Hypertonie emporentwickeln.»

Diese Auffassung der Organminderwertigkeit und die Vorstellung der Perpetuierung einer situativ bestimmten leiblichen Reaktion legt das Gewicht ganz auf die Seite des Leiblichen, treibt gewissermaßen Psychosomatik am «Leitfaden des Leibes».

Die weitere Diskussion ging zunächst andere Wege, indem das *Antriebserleben* und damit ein doch primär psychologisch konzipiertes Radikal und der Einfluß gewisser Charakterstrukturen auf psychosomatische Vorgänge in den Vordergrund traten.

AHLBRECHT (in Vertretung von SCHWIDDER): «Gehen wir davon aus, daß es im Menschen verschiedene Bedürfnisse gibt, die von ihm als Antrieb erlebt werden und auf Realisierung drängen. Diesen Bedürfnissen steht auf der anderen Seite eine *Steuerungsnotwendigkeit* gegenüber. Welche Steuerungsmöglichkeiten dem Menschen auf Grund seiner frühesten Kindheitsentwicklung ‹eingeprägt› werden, ist bestimmend für seine spätere *Charakterstruktur*. Dies läßt sich an der Hemmung oder auch teilweisen Realisierung bestimmter Antriebserlebnisse, vor allem ihrer motorischen Komponenten charakterisieren. Ein Beispiel: Ein hungriger Mensch geht an einer Hotelküche vorbei, das Wasser läuft ihm im Munde zusammen, die Erlebnismöglichkeit jetzt etwas zu essen, ist aber gehemmt. Der *Schizoide* wird nur sehr blaß erleben, daß Eßbares in der Nähe ist und nach innen sein Erleben nicht genau als Hunger beschreiben können. Er erlebt alles ‹wie durch Watte› und ist weitgehend distanziert. Beim *Depressiven* besteht eine ausgesprochene Lücke, das heißt der Depressive erlebt weder seinen Hunger noch die Möglichkeit, jetzt etwas essen zu können. Er spürt lediglich eine Leere in sich und eine unbestimmte Traurigkeit. Diese absolute Lücke im Erleben, das heißt dieser absolute Mangel an motorischem Anteil im Erleben macht sich bei ihm auch in einem schlaffen Muskeltonus bemerkbar. Der *Zwangsneurotiker* dagegen erlebt sowohl seinen Hunger als auch die Möglichkeit etwas zu essen. Ihm fehlt jedoch ein emotionaler Bezug. Der Impuls etwas essen zu können und die gegen diesen Impuls laufenden Steuerungen sind von etwa gleicher Intensität, was der Zwangsneurotiker als Spannung erlebt.»

CHRISTIAN: «Wie konkretisiert sich im Körperlichen eine depressive Struktur? Können Sie vielleicht ein Beispiel bringen?»

AHLBRECHT: «Ich würde gerne auf diese Frage genau antworten. Wenn ich das wollte, müßte ich noch spezifischer auf unsere Strukturlehre eingehen, denn die depressive Struktur ist in dem, was sie umfaßt, etwa vergleichbar mit dem, was man einen asthenischen Menschen nennt. Es gibt also auch innerhalb der depressiven Struktur noch Varianten, und das Spezifische liegt jetzt nicht im Allgemeinen, sondern liegt in den Varianten. Gerade auch die Frage der Spezifität einer Organerkrankung liegt in diesen Varianten und in der noch hinzukommenden auslösenden Situation, die wir einbeziehen müssen.»

LINDEMANN: «Wenn man in der traditionellen Art der Psychoanalyse auf das Körperliche hin denkt, kommt man von der Zwangsneurose klar zu den Vorgängen um die Darmentleerung. Die zwangsneurotische Charakterstruktur ist mit der analen Phase verbunden, bezieht sich auf Autorität, Schenken oder Festhalten. Aus der psychoanalytischen Persönlichkeitslehre würde man hier zur Verstopfung und zur Diarrhoe kommen.»

AHLBRECHT: «Das Wort ‹anal› hat zweifellos seine Berechtigung, wir gebrauchen es ebenfalls und sehen auch bei zwangsneurotischen Charakterstrukturen – unter Hinzukommen weiterer Bedingungen – Organstörungen, die sich vor allem im Bereich des Darmes abspielen. Doch darf das Wort ‹anal› nicht zu eng genommen werden; der Erlebnisbereich des Behaltenwollens und -könnens und des Hergebenwollens und -könnens ist hier im Spiel. Dieser Erlebnisbereich wird in der frühesten Kindheit wesentlich am Modell der Darmentleerung geprägt.»

HÄFNER: «Daß Leibfunktionen in einem ganzheitlichen mitmenschlichen Zusammenhang stehen, gilt nur für ganz wenige Bereiche und nur für sehr frühe Phasen. In der oralen Phase ist die Kind-Mutter-Beziehung ganz und gar mit der Esseneinnahme verknüpft. Seelisches und Leibliches sind noch nicht, wie im späteren Leben, auseinandergefallen, die Kind-Welt- bzw. Kind-Eltern-Beziehungen laufen ganz über bestimmte leibliche Funktionen. Aber sogar in den frühen Phasen gibt es schon Extremzustände, in denen körperliche Funktion und seelischer Zustand auseinanderfallen. Auch bei sehr depressiven Kindern kann sich die Nahrungsaufnahme wie ein Reflexmechanismus automatisieren, wenngleich der mitmenschliche Bezug, in den sie eigentlich hineingehört, schwer gestört ist. – Denken wir an den Depressiven, so ist es richtig, daß er in der Verstimmung meist über einen Appetitmangel klagt. Aber wir kennen sehr viele depressive Strukturen, bei denen der leibliche Vollzug der Nahrungsaufnahme und der Nahrungsabgabe völlig automatisiert ist – Menschen, die nie eine große Lust am Essen entwickeln, aber auch nie psychosomatisch erkranken. Es gibt also Fixierungen, in der die Beziehungen einseitig steckenbleiben und damit auch die Leibfunktionen. Normalerweise aber entwickelt und entfaltet sich das sehr differenziert weiter und geht auch auseinander. Auch ohne depressive Struktur gibt es viele Dinge, die uns im Leben später den Appetit verschlagen oder auf den Magen schlagen können.»

AHLBRECHT: «Zum Auftreten der Symptomatik gehört sowohl die Charakterstruktur wie auch die auslösende Situation. Beide stehen in einem reziproken Verhältnis zueinander. Je gesünder, das heißt, je stabiler die Charakterstruktur, um so massiver muß die auslösende Situation sein, um eine Symptomatik hervorzurufen. Wenn Herr HÄFNER sagt: ‹Das schlägt mir auf den Magen›, warum sagt er nicht: ‹Ich bekomme Herzklopfen›? Hier liegt das spezifische Problem und liegen Zusammenhänge mit der Charakterstruktur.»

STOKVIS: «Herr AHLBRECHT spricht über auslösende, spezifische Umweltsituationen, die zu gewissen Charakterstrukturen mehr oder weniger passen müssen. Ich möchte auf eine Untersuchung unseres Arbeitskreises hinweisen, über die wir 1960 mit AUBERGER auf dem Kongreß der Gastroenterologen berichtet haben. Wir haben Untersuchungen über die Lebenssituation psychosomatisch Kranker, die Erscheinungen auf dem Gebiet des Tractus digestivus boten, vorgenommen und statistisch ausgewertet. Wir konnten nun keine statistisch signifikanten Unterschiede der spezifischen, auslösenden Lebenssituationen finden. Das beweist natürlich nicht, daß es solche Zusammenhänge nicht doch gibt, doch haben wir sie jedenfalls nicht finden können. Was die mögliche *spezifische Persönlichkeitsstruktur* betrifft, ist darauf hinzuweisen, daß *es zwar statistisch signifikante Unterschiede von Persönlichkeitsmerkmalen bei Asthmatikern und Ulcus- oder Colitis-Kranken gibt; innerhalb der Gruppe der Asthmatiker gibt es jedoch noch weit stärker ausgeprägte Unterschiede.* Außerdem hat sich die Krankheitsdauer als wichtig erwiesen, denn durch die Verarbeitung des Krankheitserlebnisses können auf die Dauer Persönlichkeitsveränderungen auftreten. Ich möchte darauf hinweisen, daß die Ausführungen von Herrn AHLBRECHT *Arbeitshypothesen* sind, die sich uns bis jetzt noch nicht bewiesen haben, aber umgekehrt kann man auch nie beweisen, wie ich immer meinen Studenten sage, daß es nicht doch irgendeinen weißen Elefanten mit Flügeln gibt.»

AHLBRECHT: «Was haben Sie bei Ihren Untersuchungen statistisch verglichen? Es ist sehr schwer, auslösende Situationen statistisch zu erfassen. Die Situation ‹eine verheiratete Frau gebärt ein Kind› wäre eine Situation von großer Prägnanz. Welche durchaus verschiedene Relevanz kann aber die Geburt eines Kindes für das Erlebnis der Frau haben? Wurde ein Sohn geboren oder eine Tochter, das erste Kind oder ein Nachkömmling? War das Kind erwünscht oder unerwünscht? Mit dieser Aufzählung sind noch längst nicht alle Varianten angeführt. Jedesmal bedeutet die Geburt eines Kindes für das Erleben der Mutter etwas völlig anderes. Und gerade diese Verschiedenheit geht in einer Statistik unter der Rubrik ‹Geburt eines Kindes› verloren.»

ENKE: «Nach den Ausführungen von Herrn AHLBRECHT könnte man meinen, bei den verschiedenen Charakterstrukturen, die er uns vorstellte, handele es sich um eine *Typologie*. Die typologische Frage bezüglich der Organspezifität ist ja immer die, welche Krankkeiten oder welche Systemanfälligkeiten kommen bei bestimmten Typen vor. Die Frage wurde unter anderem auch von der *Kretschmer*schen Schule gestellt. Die Frage zum Problem der Organspezifität geht hingegen vom Organ bzw. von der erkrankten Persönlichkeit aus. Ist Ihre Strukturlehre also eine Typologie?»

AHLBRECHT: «Es würde jetzt leider zu weit führen, auf die Frage, ob es sich bei der Strukturlehre um eine Typologie handelt, nochmals näher einzugehen. Ich kann die Frage lediglich kurz mit ‹nein› beantworten.»

Bisher war die Diskussion bestimmt durch die theoretische Prägnanz und das Problem der empirischen Fundierung einer bestimmten Spezifitätstheorie, nämlich die von SCHULTZ-HENCKE konzipierte und von SCHWIDDER und der Tiefenbrunner Schule erweiterte von bestimmten, psychophysisch-korrelierten Antriebsschicksalen. – Die weitere Diskussion ging von einer *praktischen* und sehr *konkreten Frage* aus:

SCHLEGEL: «Wenn wir in der Praxis vor einem Ulcus-Kranken oder einem Kranken mit Colitis mucosa stehen und feststellen, daß er eine typische, das heißt lehrbuchmäßige Krankheit hat: *Wissen wir dann schon etwas über den Patienten, seinen Charakter, seine Reaktionsweise, die auslösende Situation seiner Erkrankung?* In der internistischen Praxis hat sich mir gezeigt, daß das nicht so ist. *Jeder Patient hat eine neue Psychologie*, an jedem ist eine neue Lehre zu entwickeln. Ist das so, weil wir noch nicht so weit sind in der Psychosomatik oder ist das grundsätzlich und prinzipiell der Fall?»

STOKVIS: «Zu dieser wichtigen Frage möchte ich zunächst bemerken, daß wir nie die *pluriforme Konditionalität* vergessen sollten und man zum Beispiel bei einem Kranken mit Colitis mucosa durchaus *nicht wissen kann, ob bei diesem Patienten die emotionale Bedingtheit überhaupt wichtig ist.* Aber auch wenn es sich um eine emotional bedingte Colitis handeln würde, so kann ich aus eigener Erfahrung Herrn SCHLEGEL nur beistimmen. Wir sehen jedesmal sozusagen eine neue Persönlichkeit, die vielleicht auch einen Herzfehler haben könnte.»

BRÄUTIGAM: «Die Frage von Herrn SCHLEGEL bedeutet ja u. a.: Kann man mit unserer akademischen Diskussion und mit unseren Forschungen über Spezifität in der Praxis überhaupt etwas anfangen? Zunächst möchte ich Herrn STOKVIS zustimmen, mit der Diagnose ‹Asthma bronchiale› oder ‹Ulcus› ist noch nicht erwiesen, daß es sich unbedingt um einen psychosomatischen und psychotherapeutisch auch zugänglichen Fall handelt. Haben wir aber einen psychosomatischen Fall vor uns, so verbinden wir mit jeder Krankheitsgruppe aus den gemachten Erfahrungen auch gewisse Vorstellungen, Befürchtungen und Hoffnungen, die den zukünftigen praktischen Umgang betreffen. *Wir sehen im voraus gewisse spezifische Haltungen*, die neben den persönlichen Stilbildungen *die psychotherapeutische Praxis, die Widerstände, die Übertragung usw. bestimmen werden.* Wir wissen von einer Magersüchtigen zum Beispiel, daß der extreme Eigensinn, die Neigung zum Agieren, ihre Fähigkeiten zur Abspaltung des Seelisch-Konflikthaften große äußere Schwierigkeiten schaffen werden, daß die Möglichkeiten der Einsichtsbildungen beschränkt sind. Von *Asthma-Kranken* umgekehrt erwarten wir mit einiger Wahrscheinlichkeit, daß, wenn die Panzerungen des ersten Widerstandes einmal gelöst sind, der Wunsch sich mitzuteilen die Therapie bestimmen wird und auch eine Symptombesserung relativ bald zu erwarten ist. Bei *Ulcus-Kranken* erwarten wir eine Übertragung vom Typ der oralen Abhängigkeit, bei *Brechneurosen* ausgesprochen agierende Oppositionstendenzen, ein widerspenstiges Verhalten. Bei *Colitis-Kranken* werden wir uns wohl in den meisten Fällen mit den selbstdestruktiven Tendenzen der Patienten in der Übertragung zu befassen haben. Wenn unsere Erfahrungen uns weiterführen, hoffen wir, noch deutlicher einen sich abzeichnenden bestimmten spezifischen Stil des Verhaltens und des Umgangs fassen zu können.»

SCHULTZ: «Um einem Mißverständnis vorzubeugen, möchte ich eine *kurze grundsätzliche Anmerkung* machen. Aus den schönen Darstellungen klingt hier immer wieder heraus: Psychosomatisch sind Funktionsstörungen, die der Psychotherapie zugänglich sind. Man muß aber dann sagen: der Psychoanalyse und verwandten Methoden. Denn es kann nicht nachdrücklich genug betont werden, daß *sicher nicht-psychosomatische Funktionsstörungen aktiv-klinischen Behandlungsmethoden* in weitem Umgang *zugänglich sind.* Dieser Bereich, der gerade für den Allgemeinpraktiker und für den Internisten wichtig ist, sollte hier nicht ganz vergessen werden. Es ist nicht so, daß wir auf der einen Seite die Psychosomatik mit all ihren Problemen und verdienstvollen Forschungen haben, auf der anderen Seite aber seelisch Gesunde, die keiner seelischen Behandlung bedürfen oder ihr nicht zugänglich sind. Es gibt vielmehr einen weiten Bereich von Funktionsstörungen ohne eigentlich psychosomatische Charakterisierung, bei denen im Gegensatz zu den analytischen die aktiven Methoden in Betracht kommen.»

Nach dieser Diskussion über den praktischen Nutzen und die therapeutischen Konsequenzen aller Spezifitätstheorien führte eine Äußerung von MENG wieder zu der Frage, was spezifisch determiniert sei. MENG ging bei seinen Gedankengängen zunächst von der Überlegung aus, wieweit *Neurosen spezifisch determiniert* seien und kam dann zur Frage, wo im psychoanalytischen Denkmodell der Seele die Vorprägung von Organstörungen in der frühen Kindheit zu plazieren wäre.

MENG: «Nach einem Bericht, den ein amerikanischer Forscher mir vor einiger Zeit übermittelt hat, wurde folgender Versuch gemacht: Erwachsene Neurotiker, Organiker und Psychotiker wurden untersucht, inwieweit die Anamnese ihrer ersten 6 Lebensjahre etwas ergibt, was die 20, 30, 40 oder 50 Jahre später auftretende Erkrankung schon erahnen läßt. Das Ergebnis ist, daß ein breitgestreutes Feld von Erlebnissen in den ersten Jahren vorliegt und daß sich keine spezifische Determinante in den ersten 6 Jahren finden läßt. *Die neurotische, organische und psychotische Manifestation scheint von Faktoren abhängig zu sein, die wir heute noch nicht wissenschaftlich beschreiben können.* Das Fatum, es muß ein Mensch Hysteriker, Zwangsneurotiker etc. werden, ist aus den ersten 6 Jahren anamnestisch noch nicht abzulesen. – Nach der modernen Entwicklung der Psychoanalyse muß man von einer *Differenz zwischen Libido-Entwicklung und Ich-Entwicklung ausgehen.* Die Konfliktneigung des Ich ist entweder angeboren oder in der Frühkindheit erworben. Wir können uns vorstellen, daß ein Ich-Kern vorhanden ist, der bereits nach der Geburt bestimmte Funktionen hat und zu gewissen pathogenen Verdrängungen disponiert ist. Sowohl das Ich wie die Libido sollen eine ganz bestimmte biologische, eine ganz bestimmte seelische Reifung haben. Der Prozeß der gleichzeitigen Reifung von Libido und Ich bedingt eine gewisse Konfliktkonstellation, die in Beziehung zu dem steht, was später mit dem Organ passiert. Die Situation bestimmter Menschen ist nun von vorneherein dramatischer als die anderer Menschen. Die Harmonisierung zwischen Ich und Libido ist bei gewissen Dramatikern mit anderen Verdrängungen ausgestattet, wie bei dem relativ durchschnittlichen normalen Kind. Diese dramatischer erlebenden Menschen können eine gewisse dispositionelle Geneigtheit für psychosomatische Reaktionen, etwa für bestimmte Formen des Hochdrucks, von denen Herr CHRISTIAN sprach, zeigen. Von dieser Hypothese des ‹Dramatikers›, bzw. einer zu einer bestimmten psychosomatischen Ausfaltung drängenden Formation des Ich-Kerns ist doch eine Art von Anlockung des Ulcus, des Asthmas, des Ekzems theoretisch denkbar, vielleicht auch klinisch zu belegen ... Nach Untersuchungen, die ich vor einigen Jahrzehnten durchführte, ist die Traumarbeit (das heißt die symbolische Bearbeitung des latenten Trauminhaltes) vergleichbar mit dem, was bei der Entstehung einer Organneurose oder irgendeiner anderen Organstörung geschieht. Praktisch versuchen wir ja beim Traum den latenten Trauminhalt aus dem manifesten Inhalt in irgendeiner Form herauszuarbeiten. Bei Untersuchungen, die wir bei organneurotisch, funktionell oder organisch Gestörten vornehmen, versuchen wir das gleiche. Wir suchen das, was das Symptom, die Betriebsstörung hervorgebracht hat, wir versuchen aus dem manifesten Organgeschehen das analytisch herauszuholen, was latent ist. Soweit mir das selbst klar wurde, haben sich nun gewisse Funde ergeben, die zeigen, daß das, was infantil, also relativ früh passiert ist mit dem Kind, sich an der Differenz von manifester und latenter Organstörung herausarbeiten läßt. Eine weitere Klärung ist von der Ich-Psychologie vielleicht zu erhoffen.»

Meng geht also von vorgegebenen oder früh übernommenen Spannungskonstellationen in der Ich-Reifung aus. Diese Ich-Reifung steht neben der Libido-Entwicklung, hat aber offenbar in der Dynamik von Bewußt-Manifest und Verdrängt-Latent gewisse Parallelen. Die dramatische Ausfaltung und Mitsprache des (offenbar körpernäher gedachten) Ichs hängt also auch mit dem Spannungsfeld Bewußt-Unbewußt zusammen und hat ein Analogon in der verhüllenden, verdeckenden Traumarbeit, bzw. der Arbeit des Analytikers an der Aufdeckung des Traums.

Die weitere Diskussion ging wieder auf die von Ahlbrecht vorgetragenen Thesen der Schultz-Hencke-Schule ein. Diese neopsychoanalytische psychosomatische Theorie ist sicher die am prägnantesten faßbare, weil formal und pragmatisch vereinfachende Theorie. Sie forderte aber eben darum im Laufe der Diskussion immer wieder zur Auseinandersetzung und zur Kritik heraus.

Bräutigam: «Es wurde von Herrn Stokvis und Herrn Meng schon darauf hingewiesen, daß die neopsychoanalytischen Spezifitätstheorien empirisch vorläufig nicht fundierbar sind, daß es vorläufig keinen Anhalt für eine von der frühen Kindheit her voraussagbare Spezifität der neurotischen oder psychosomatischen Erkrankung gibt. Diese Spezifitätstheorien sind alle aus der analytischen Behandlung, also aus der tendenziösen, selektiven Sicht des Patienten erschlossen; es sind von ihr keine objektiven Daten, sondern subjekthafte Äußerungen zu gewinnen. Könnte die neurotische Störung oder die psychosomatische Erkrankung einfach aus den äußeren Bedingungen erschlossen werden, müßten sich ja bei Menschen, die zum Beispiel als Kinder in Heimen in den ersten Jahren den gleichen Entbehrungen ausgesetzt waren, später gleichsam epidemisch die gleichen psychosomatischen Krankheiten zeigen. – Im ganzen verschieben die Äußerungen von Herrn Ahlbrecht die psychosomatischen Spezifitätsfragen auf eine Spezifitätstheorie der Persönlichkeitsstruktur. Diese hysterischen und zwangsneurotischen, depressiven und schizoiden Strukturen haben wir nun in den Extremformen, in den Hysterien und in den großen psychiatrischen Erkrankungen, Zwangsneurose, Depression, Schizophrenie vor uns. Daß es im Rahmen der Depressionen, im Rahmen der umfassenden Hemmungen aller vitalen Vollzüge zum Beispiel auch Appetitstörungen gibt, hat Herr HÄFNER schon erwähnt. *Wir finden bei Depressiven und Zwangserkrankungen aber keineswegs eine Häufung von Magengeschwüren, von Colitis oder Obstipation.*»

AHLBRECHT: «Zur Frage, ob alle Ulcus ventriculi-Patienten eine depressive Struktur aufweisen, ist zu sagen, das Ulkus-Persönlichkeiten nach unseren Erfahrungen eine Mischstruktur von zwangsneurotisch und depressiv aufweisen. Wir behaupten nicht, daß alle Ulcus-Patienten zwangsneurotisch-depressive Strukturen haben, wir behaupten aber, daß alle Ulcus-Patienten, deren Ulcus primär-psychogener Natur ist, diese erwähnte Charakterstruktur zeigen.»

HÄFNER: «In unserer Diskussion haben sich bestimmte Grundfragen herauskristallisiert:

1. Gibt es einen ‹spezifischen› Zusammenhang von Leibfunktionsstörungen bzw. Körperkrankheit einerseits und seelischen Erfahrungs- und Verhaltensweisen andererseits? Gewisse Leibfunktionsstörungen stehen mit einseitigen frühkindlichen Beziehungsformen, in denen das Leibliche eine bestimmte spezifische Rolle spielt, in einem Zusammenhang. Das ist mit der oralen oder analen Phase gemeint. Kritisch ist dazu zu sagen, daß in den Extremzuständen der Zwangsneurose oder der Depression solche leiblichen Veränderungen, das heißt psychosomatische Krankheiten nicht auftauchen. Auch muß man beachten, daß in den Keimsituationen der Kindheit, in denen die emotionalen Spannungen am größten sind, beispielsweise das Ulcus nicht aufzutreten pflegt. Offenbar muß vorher ein seelischer Reifungsvorgang ablaufen und es ist immer eine Frage, ob nicht noch etwas Körperliches dazukommen muß, damit es überhaupt zum Ulcus kommt. Das zweite Stück des Weges von der leiblichen Funktionsstörung bis zur eigentlichen Körperkrankheit ist, wie Herr CHRISTIAN unterstrichen hat, unter Umständen gar nicht allein seelisch determiniert.

2. Daß es eine Symptomwahl oder Organspezifität aus Identifikationen oder Imitationen, etwa mit Symptomen der Mutter oder des Vaters gibt, hat Herr SCHULTZ in seinem Vortrag unterstrichen.

3. Auch die sogenannte Organminderwertigkeit muß im Ganzen des Lebenszusammenhanges gesehen werden; sie kann sich nicht an der klassischen Organminderwertigkeit, wenn etwa ein Mensch mit einem verkrüppelten Glied geboren wird, orientieren. Alternde Menschen haben häufig eine Wirbelsäulendegeneration, bekommen Rückenschmerzen, und es kann dazu kommen, daß in diesem, im Grunde harmlosen Wirbelsäulenleiden das Überfordertsein einer Lebenssituation ausgetragen wird und daß es sich zu einer schweren Crux entwickelt. Herr STOLZE zum

Beispiel hat mit dem ‹oberen Kreuz› ein solches komplexes Prädilektionsgebiet umschrieben.

4. Es gibt aber *Leibfunktionsstörungen*, die mit bestimmten *Existenzweisen*, bestimmten menschlichen Erlebensweisen im Zusammenhang stehen. Denken wir beispielsweise an eine Herzneurose, so ist es höchst unwahrscheinlich, daß diese sich auf eine kindliche Situation bezieht. Aber man kann von der Herzneurose her gesehen sagen, sie hat mit einer ganz bestimmten gegenwärtigen Konfliktsituation oder menschlichen Notlage des Patienten zu tun. Die Konfliktsituation ist vieldeutig, sie kann mit Aggressionen, mit Liebe, mit Leere zusammenhängen; sie liegt aber anders als etwa bei der Obstipation. Das weist darauf hin: *Leibliche Störbarkeit ist etwas allgemein Menschliches. Jeder kann durch Extremsituationen in leibliche Funktionsstörungen gedrängt werden.* Die infantilen Situationen sind jedenfalls nicht ausschließlich Ursache der späteren leiblichen Funktionsstörungen.»

Christian: «Ich glaube, das waren zusammenfassende Hinweise, geeignet, unser Kolloquium abzuschließen. Zum Schluß haben sich die Positionen wieder etwas gegeneinander aufgerichtet. Übereinstimmungen wie Verschiedenheiten in den Standpunkten wurden dargestellt. Ich breche hier ab und danke allen Beteiligten für den guten Gang des Gespräches.»

3. Allgemeine Diskussion

Das zu sehr von den großen psychosomatischen Krankheiten bestimmte Kolloquium wurde durch die Einbeziehung der bisherigen Zuhörer, der Teilnehmer der Lindauer Psychotherapiewoche, ausgeweitet. In den ersten Voten wurde vor allem von den Organneurosen gesprochen. Im Laufe der weiteren Diskussion, die ebenfalls unter der Leitung von Christian stand, wurde dann der Unterschied von ausdrucksmäßig faßbaren neurotischen und organneurotischen Störungen und den durch die körperlichen Funktionskreise geformten psychosomatischen Reaktionsweisen noch einmal deutlich.

Römer (Tübingen): Warum ein so schwieriges Problem wie die «Organspezifität» vom Schwierigsten, nämlich von der Kernneurose her angehen? Wir kommen dem Verständnis näher, wenn wir von den einfachen Dingen ausgehen. In der gynäkologischen Praxis zum Beispiel handelt es sich sehr häufig um sogenannte Situationsneurosen, bei denen die Zusammenhänge überschaubar sind. Aus dieser Erfahrung kommen wir zu der *Auffassung, daß ein Symptom sehr wohl spezifisch sein kann.* Eine Beispiel: Eine Frau, die ein Kind erwartet und dieses Kind aus irgendeinem Grunde nicht wünscht, hat, wenn sie neurotisch erkrankt, stets eine *Hyperemesis.* Die Ausnahmen liegen bei 1 %. Was an Konflikt hinter diesem spezifischen Symptom steckt, das sagt uns das Symptom allerdings nicht. Es gibt damit zweifellos eine Organ- oder Organsystem-Disposition, in diesem Falle eine endokrine. Diese endokrinen Dispositionen kennen wir außerdem im Praemenstruum, und wir kennen sie im Klimakterium. Frauen mit psychogenen klimakterischen Beschwerden haben immer dieselbe Symptomatik oder fast immer. Auf die Frage von Herrn SCHLEGEL muß ich von meinem Fachgebiet her feststellen, daß uns das Symptom sehr viel sagen kann. Wenn ein junges Mädchen mit einer primären Dysmenorrhöe kommt, so weiß ich empirisch, daß es sich um eine ganz bestimmte pathogene Situation handeln muß, was sich auch statistisch nachweisen läßt. Es stehen nur zwei oder drei zur Auswahl: Etwa die Rivalität mit einem Bruder, der Wunsch, kein Mädchen zu sein, der Wunsch nicht erwachsen zu werden, usw. Je einfacher die Neurose strukturiert ist, um so typischer sind die Spezifitäten der Symptomatik. *Je mehr von der Persönlichkeit in die Neurose hineinspielt, je mehr es zur Kernneurose hingeht, um so schwieriger wird es auch mit der Aufklärung und der Spezifität.* Es ist nicht ohne weiteres zu klären, warum ein in der Pubertät neurotisch reagierendes Mädchen in einem Fall eine Dysmenorrhöe kriegt, im anderen eine Amenorrhöe und in einem schweren Fall vielleicht eine Anorexia nervosa. Wir postulieren eigentlich, daß das neurotische Symptom die via regia zum Komplex und zur Erkrankung überhaupt ist. Ich bin auch mit Herrn MENG davon überzeugt, daß das neurotische Symptom ebenso entsteht wie der manifeste Traum. Wenn wir nach einer Spezifität des Symptoms suchen, so müssen wir genauso vorgehen wie bei der Analyse eines manifesten Traumes, wenn wir den latenten Trauminhalt erkennen wollen. Beim Traum ist das um so komplizierter, je mehr Tagesreste hineinspielen. In Analogie würden bei der organneurotischen Symptombildung «Tagesreste» heißen: Beispiele der Umgebung, Vorstellungen der Frau über gewisse Krankheitssymptome und gewissermaßen auch die Organdisposition. Wir haben mit dem JUNGschen Assoziationsversuch nach den Traumata bei Dysmenorrhöen gesucht, es fanden sich nur zwei oder drei ziemlich komplexe Insultmöglichkeiten (die bei einer Kontrollgruppe signifikant weniger vertreten waren). Bei den *Situationsneurosen* gibt es also sicher eine *Organspezifität,* man sollte von dieser Art «Organwahl» oder «Organsprache» nicht abzurücken versuchen. Daß man aus einer Symptomatik auf eine Persönlichkeitsstruktur und auf das, was vorher sich ereignet haben soll, zu schließen versucht, das scheint mir ein Versuch am schwierigsten Objekt. Solche analytischen Aufklärungen einer Persönlichkeitsstruktur sind sicher wesentlich, sie sagen uns aber nicht, ob diese Ergebnisse auch wirklich bei der Krankheitsentstehung sich pathogen auswirkten.

HEYER (Nußdorf): Ich begrüße die durch den Beitrag von Herrn RÖMER gebrachte größere Wirklichkeitsnähe. Handelt es sich bei dem Erbrechen nicht um ein *Ausdrucksphänomen*? Das Erbrechen stammt nicht nur aus dem Digestionstrakt, sondern ist ein *Urphänomen,* es gehört zur urtümlichen Art des Menschen – meinetwegen in der frühesten Kindheit, nicht entstanden, sondern am deutlichsten manifest –, daß etwas, was ich nicht schlucken kann, wieder heraus muß.

Genügt es nicht, wenn man sagt: Die schwangere Frau, die aus irgendwelchen Gründen die unerwünschte Tatsache des Gesegneten-Leibes-Seins nicht wahrhaben will, der ist es zum Speien, und sie kotzt es aus. In einem anderen Fall wird ganz etwas anderes ausgekotzt. Das sind jedoch nur Stilfragen des gleichen Urphänomens. Motto meiner Zwischenbemerkung hier: *Laßt Bilder sprechen*, und glaubt nicht, man sei «exakt», wenn man sich auf dem Baum der Begrifflichkeit so hoch versteigt, daß man dort keine Nahrung mehr findet.

GÖPPERT (Freiburg): Nach einer Untersuchung aus den Jahren 1945/46 geht hervor, daß Frauen mit unehelichen Schwangerschaften, die in die Frauenklinik kamen und um Unterbrechung der Schwangerschaft baten, weniger Schwangerschaftserbrechen hatten als diejenigen, die verheiratet, zum Teil sogar glücklich verheiratet waren und den Wunsch hatten, ein Kind zu bekommen. Daraus sollte nicht geschlossen werden, daß das gegen irgendeine wesentliche psychische Beteiligung spricht. *Die Neurose ist in ihrer Struktur ambivalent*, es ist ein Ja- und Nein-Sagen im gleichen Sachverhalt. Es gehört das Wollen und das Nichtwollen des Kindes dazu. Insofern kann man auch das Erbrechen sicher nicht als ein bloßes Ausstoßen-Wollen dessen, was man eben da in sich auszutragen hat, interpretieren. Aus einer Traumanalyse einer 32jährigen Patientin mit schwerem Schwangerschaftserbrechen, auch in der dritten Schwangerschaft, zeigte sich mir, daß der Gegensatz von infantil-oraler Liebesbeziehung und pflichtreicher Ehe den entscheidenden Zwiespalt darstellte, zwischen dessen Polen das Schwangerschaftserbrechen auftrat.

ELSÄSSER (Bonn): Den Hinweis von Herrn RÖMER, daß die Neurosen, mit denen wir es zu tun haben, in ihrer Wertigkeit außerordentlich unterschiedlich sind, finde ich sehr wesentlich. Es gibt eine große Reihe von neurotischen Reaktionen, die in ihrem Zusammenhang relativ leicht auch als Ausdrucksphänomene zu verstehen sind. Die großen psychosomatischen Erkrankungen dagegen sind vergleichsweise viel unbewußter, beim Patienten und beim Therapeuten viel weiter der Verstehbarkeit entrückt. Der Patient lehnt es ja gewöhnlich auch mit Empörung ab, wenn man ihm bei solchen Erkrankungen eine Psychotherapie vorschlägt. Auch das Seelische ist hier viel schwerer durchschaubar. Die Kritik an der Systematik SCHULTZ-HENCKES stammt vielleicht gerade daher, daß in seinem System die Persönlichkeitsstrukturen zu durchschaubar und zu simplifiziert scheinen. Nach meiner persönlichen Erfahrung bleibt aber noch immer genügend Undurchschaubares und Schicksalhaftes, auch wenn wir uns den von der Tiefenbrunner Schule erarbeiteten Gegebenheiten ein wenig anvertrauen. – Im übrigen nützt man in der Praxis dem Patienten nichts, und es führt zu beiderseitigen Enttäuschungen, wenn man dem Ulcus- oder Asthma-Kranken zu schnell deutlich werdende Fehlverhaltensweisen an den Kopf wirft. Im Grunde handelt es sich dabei doch um *Reifungs- und Wachstumsvorgänge*.

BRAASCH (Bonn): Wurde bei Erörterung der Persönlichkeitsstruktur nicht zu sehr vom Statischen ausgegangen und dabei vielleicht das *dynamische Prinzip* vergessen? Liegt die Dynamik nicht viel mehr in bestimmten Affekten, bestimmten Formen der Erregung als in den Persönlichkeitsstrukturen? Bestimmte Erregungsvorgänge führen zu einer Herzbeschleunigung, bei Kranken, die in einer ständigen derartigen Erwartungsspannung leben, unter Umständen zur fixierten

Tachykardie oder auch zur Herzrhythmusstörung. Ganz andere Vorgänge wiederum schlagen auf den Magen. Bestimmte Formen eines frustrierten Ehrgeizes fressen sozusagen die Magenschleimhaut an, zunächst in Form des Katarrhs, später in Form lokalisierter Ischaemien und dann im Ulcus. Wenn der Ulcus-Patient später zum Kliniker und zum psychotherapeutisch eingestellten Internisten kommt, so ist die zugrundeliegende dynamische Situation unter Umständen längst abgeklungen und wuchert das Ulcus nach der Eigengesetzlichkeit des organischen Geschehens weiter. – Noch ein Wort zur Strukturlehre der Tiefenbrunner Schule: Es wurde heute doch sehr oft schon von *Mischstrukturen* gesprochen. Ich selbst habe noch keinen Patienten von Tiefenbrunn zurückbekommen, bei dem nicht eine Mischstruktur gefunden wurde. Schon das ständige Auftreten dieser Mischstrukturen spricht eigentlich gegen die Ausgangsthese.

Wiesenhütter (Würzburg): Ich möchte die Positionen der anthropologischen Medizin nicht umgehen, obwohl das unter dem Thema «Psychosomatik» zunächst vielleicht berechtigt erscheint. Ich glaube, daß die Positionen, die hier so gegeneinanderstehen, nicht gegeneinanderstehen müssen im Sinne eines gegenseitigen Ausschlußverhältnisses. Ist nicht jeder Patient wieder ein ganz eigener neuer Fall, der eine absolut neue Psychotherapie erfordert? Auch wir testen, auch wir treiben Statistik, auch wir beachten sehr Strukturen. Aber das sind nur Hinweise, Möglichkeiten, keine Wege, die determiniert sind, die absolut beschritten werden müssen. *Es gibt beides: Statisches und Dynamisches, Notwendiges und Freies, Berechenbares und Nichtberechenbares.* Gott sei Dank ist die menschliche Person unberechenbar, selbst wenn sie noch so determiniert erscheint. Bei einer Diskussion mit Hirnverletzten sagte mir einer ihrer Vertreter: «Muß man das eigentlich mitmachen, was in den Zeitschriften über das Schicksal., über die Beschwerden, über das Leben der Hirnverletzten drinsteht, oder muß man das nicht mitmachen? Ich habe das lange geglaubt und auch getan, bis mir eines Tages der Gedanke kam, das ist eigentlich eine Gemeinheit. Seitdem sehe ich meine Aufgabe darin, es gerade anders zu machen, als es da drinsteht.» – Diese Freiheit haben wir alle. Wir leben heute in einer Zeit, in der unser Verhalten mehr und mehr funktionalisiert, genormt und wissenschaftlich bestimmt wird. Glauben wir an die Statistiken, glauben wir an die Testergebnisse, glauben wir an das, was uns vorgelegt wird, dann werden wir es auch leben. Und dann werden wir uns mehr und mehr der Situation zuentwickeln, die alles vorher berechnen kann, auch statistisch alles beweist und die in den Testergebnissen sagt, was der Mensch bis in den letzten Grund ist. Auch im dynamischen Sinn wird vorhergesagt, was eintritt. Daran können wir glauben, und uns dahin entwickeln – wir können aber auch genau das Gegenteil.

Christian: Ich glaube, Sie haben das befreiende Wort gesprochen, daß der Mensch nicht nur seine Determination, auch nicht unbedingt seine Psychodynamik, auch nicht das Fatum der Konstitution exekutiert, sondern ein freiheitliches Wesen ist.

Langen (Tübingen): Ich habe den Eindruck gewonnen, daß sich die Probleme der Psychosomatik mehr und mehr auf den *aktuellen Konflikt* hin verschieben. Dem möchte ich beipflichten. Natürlich stehen die Konfliktsituationen nicht im luftleeren Raum, sondern haben eine innere Beziehung zu Dingen, die mit der frühen Kindheit zusammenhängen. – Dann scheint mir aber, daß die *vegetativen Irradiationen* vernachlässigt wurden. Wir erleben, auch wenn wir ohne völliges Verständnis der inneren Zusammenhänge ein derartiges vegetatives Störungsbild einfach einmal mit dem autogenen Training und evtl. mit der gestuften Aktivhypnose behandeln, damit eine gewisse Indifferenz dem kranken Organ gegenüber zeigen, wie die Symptomatik in sich zusammenfällt und die psychogenetischen Faktoren etwas deutlicher werden. Im weiteren Verlauf der Behandlung können sie dann erarbeitet werden. – Ein dritter Punkt, der mir am Herzen liegt, ist, auf die Gefahr hinzuweisen, daß der Patient das berichtet, was der Arzt erwartet. So wie viele Patienten auf ihren Arzt hinträumen, so können viele Patienten, entsprechend der Vorstellung, die der Arzt sich von vornherein gemacht hat, die Dinge dem Arzt bringen. Wir sollten zunächst einfach rein beschreibend und beobachtend an das einzelne herangehen; je schneller wir mit vielen Interpretationen kommen, um so schlechter verstehen wir den Kranken. Wie sollten, wie RÜMKE in seinem Vortrag in Montreal gesagt hat, *über der Tiefe nicht die Oberfläche vernachlässigen.*

v. SCHUMANN (Düsseldorf): Kommt nicht jeder Mensch mit bestimmten Grundgestimmtheiten, einer sogenannten psychischen Diathese, sei es depressiver, schizoider, anankastischer, aber auch heiterer Art zur Welt, einer Art, die nicht erst durch die Zuwendung der Mutter geprägt werden muß? Sind wir nicht alle genauso im Psychischen wie im Körperlichen von Geburt aus schon verschieden eingestellt? Die Bibel sagt, es kann niemand seiner Größe eine Elle zusetzen. Wenige Zentimeter kann man wahrscheinlich durch Leibesübungen doch zusetzen. Man kann sicher auch durch Selbsterziehung und durch analytische Arbeit an seiner Grundstruktur etwas ändern. Aber ich glaube, da sind uns auch Grenzen gesetzt. Ich möchte an das Wort von Seneca erinnern, auf das Professor LEIBBRAND am Anfang dieser Tagung schon hingewiesen hat: «Lenitur arte.»

WUNNENBERG (Hamburg): Ich habe die Frage nach der zeitlichen Fortdauer eines psychogen entstandenen Körpersymptoms. Wenn man sagt, der Leib rede die Sprache, solange er etwas zu sagen hat, und wenn die psychische Spannung ausgeräumt ist, verstumme auch diese Sprache, dann sei nichts mehr anzuzeigen, so zeigt die Praxis, daß es anders ist. Wie in der Psychiatrie, wo nach dem Abklingen der Schädigung bestimmte Psychosen noch jahrelang anhalten, können psychosomatische Störungen bestehen bleiben, wenn auch keinerlei Konflikt und keinerlei Spannung, die ursprünglich das Symptom erzeugt haben, mehr da sind. Ich denke dabei besonders an das grausame Massenexperiment des letzten Krieges, *an die Menschen, die aus politischen und rassischen Gründen den Konzentrationslagern ausgesetzt waren.* Diese Traumen rufen bleibende Schäden hervor, sie stellen eine übermächtige Umwelteinwirkung dar; die Anlage, die oft hypothetische frühkindliche Umstrukturierung, ist demgegenüber ohne Bedeutung. Hier haben wir also eine übermächtige Umwelteinwirkung vor uns. Bei diesen Häftlingen der Konzentrationslager hat man den Eindruck, daß, analog zu dem von VENZLAFF herausgestellten *erlebnisbedingten Persönlichkeitswandel*, hier ein traumatisch bedingter *Wandel der vegetativen Steuerungsfunktionen* eingetreten ist, der bestehenbleibt. Das auslösende Trauma ist lange weg, es handelt sich auch nicht um Menschen mit Wiederanpassungsschwierigkeiten, die Beschwerden aber bestehen fort. Anknüpfend an Herrn WIESENHÜTTER muß hier gesagt werden: *Diese Menschen haben zu ihrem größten Leidwesen nicht mehr die Freiheit, diese Störungen nicht zu haben, sie sind bleibend davon überwältigt.*

FRIEDEMANN (Biel): Ich möchte dem Praktiker einerseits und dem Psychotherapeuten, der gewohnt ist, große Psychotherapie zu treiben, andererseits, etwas sagen. *Der Praktiker ist in Gefahr zuviel zu deuten*, während die Deutung ja eigentlich *nur vom Patienten her kommen kann.* Auch wenn wir als Wissenschaftler die spezifische Reaktion eines Organs jetzt schon deuten wollen, so kommen wir zu früh. Keiner von uns kennt genug Patienten. – Wichtig scheint mir noch die Unterscheidung von Organdisposition und Organphysiognomik. An der *Organphysiognomik* knüpfen sich eine ganze Reihe für den Praktiker leicht zugänglicher, zudeckender Verfahren an; hier kann man von *außen nach innen behandeln.* Aber Organphysiognomik ist etwas anderes als eine Neurose im FREUDschen Sinn. Eine solche Neurose kann man nur von innen heraus behandeln.

4. Schlußworte

der Teilnehmer am Kolloquium, soweit sie bis zum Tage des Rundgesprächs schon Vorträge gehalten hatten.

HÄFNER: «Bisher habe ich so viel Einschränkendes zur Spezifitätshypothese gesagt, daß ich jetzt noch einmal die andere Seite etwas betonen möchte. Es ging mir in meinem Referat schon darum, aufzuweisen, daß es eine *Ordnung des Leibes* gibt, die in einem bestimmten, allerdings sehr schwierig zu klärenden *Zusammenhang mit unserem Leben* und unseren *seelischen Bezügen* steht. Wenn eine Frau eine Dysmenorrhöe hat, dann ist der Lebensbereich, in dem sich ihre Thematik abspielen muß, völlig klar. Denn die Dysmenorrhöe hat mit der Menstruation, die Menstruation mit dem Anspruch des Leibes auf Verwirklichung der Geschlechtlichkeit zu tun. Wenn eine vaginale Sekretionsstörung da ist, so haben wir den Bereich, in den sie gehört, sofort erschlossen. Das gilt auch für andere leibliche Bezirke, nur ist die Spezifität eine sehr unterschiedliche. – Auf die Bemerkung von Herrn WUNNENBERG möchte ich sagen, daß vegetative Störungen bei den früheren Häftlingen der Konzentrationslager nach unseren Erfahrungen in Heidelberg fast typisch sind. Es wurde vorhin versucht, vom Psychisehen etwas abzugrenzen, es wurde bemerkt, daß es sich hier um Menschen handelt, die in einer gesicherten Position stehen und bei denen sozial eigentlich alles in Ordnung ist. Wir haben die Leute in ihrer sozialen Umwelt untersucht. Selbst wenn sie äußerlich in einer sehr geordneten Position zu stehen scheinen, so sind die Jahre im KZ und im Vernichtungslager vor allem, die eine menschliche Extremsituation darstellen, an diesen Leuten nicht spurlos vorübergegangen. Sie haben alle einige Jahre ihres Lebens verloren, das Erlebnis einer katastrophalen

Ungerechtigkeit wirkt noch nach, die Menschen, unter denen sie leben und die sie immer noch mit ihren Verfolgern identifizieren, sind gut durch den Krieg und danach viel weiter gekommen. Das grauenhafte Geschehen der Verfolgung hat eine *Prägung der mitmenschlichen Bezüge* hinterlassen, die nur zum Teil in einer Anpassungshaltung bewältigt werden. Es kommt immer wieder zu schweren Mißtrauenskrisen, schwere Aggressionen sprechen sich in den Träumen immer wieder aus. Nach unseren Erfahrungen sind die *vegetativen Symptome leiblicher Geschehensanteil einer seelischen Gesamtsituation*, von der nur ein geringer Teil an die Oberfläche kommt, da er durch eine Anpassungshaltung zum großen Teil unterdrückt worden ist.»

AHLBRECHT: «Auf die Bemerkung von Herrn BRAASCH möchte ich sagen, daß unser Strukturbegriff keineswegs ein statischer ist, sondern sich ausgesprochen auf die *Dynamik* innerhalb seelischer Vorgänge bezieht. – Aus vielen Diskussionsbemerkungen, offizieller und privater Art, habe ich den Eindruck gewonnen, daß eine gewisse *Ängstlichkeit* besteht, das *Psychische etwas zu differenzieren*, gleichsam unter dem Mikroskop zu betrachten. Wir befinden uns in einem Stadium, wo wir uns im Gebrauch dieses Mikroskops langsam üben und schon durchaus zu Ergebnissen kommen. Wir sollten das Wagnis unternehmen, *weiter zu differenzieren* und die Ergebnisse dieser Differenzierungsarbeit untereinander zum Wohle unserer Patienten auszutauschen.

STOKVIS: «In der Diskussion wurde mit Recht gesagt, man müsse immer die *Bedeutung* eines Symptoms beachten. Es handelt sich dann hier aber um etwas anderes als um die *Spezifität* bei einer psychosomatischen Erkrankung. Wir sind davon überzeugt, daß ein Symptom etwas zum Ausdruck bringen kann, sogar mehrere Sachen. Bei einer psychosomatischen Erkrankung ist es aber doch komplizierter. Hier müssen wir das individuelle Erleben einbeziehen, um ein Symptom zu verstehen. Es handelt sich ja letzten Endes nicht um das traumatisierende Ereignis, sondern um das *Erleben* dieses Ereignisses. Wir sind in unserem Arbeitskreis vor allem bemüht, die dynamische Seite der Persönlichkeit in den Vordergrund zu schieben und zu untersuchen, inwiefern die Persönlichkeit eines psychosomatisch Kranken im Laufe des Krankseins sich ändert. Was die Organsprache betrifft, möchte ich auf einige Untersuchungen noch kurz hinweisen. Wenn man mit einem Polygraphen untersucht, wie eine bestimmte Person auf einen Streß reagiert, so sieht man etwa, daß sie psychologisch sehr stark reagiert, daß jedoch nicht alle Organsysteme gleichartig reagieren. Man kann sehen, daß ein Reiz, der sehr störend erlebt wird, sehr verschieden einwirkt, einmal mehr sich im Kreislaufsystem äußert als in den andern Organsystemen usw. Hier kommt mehr oder weniger heimtückisch wieder die Frage einer gewissen Organdisposition hervor.»

J. H. Schultz: Verzichtet auf ein Schlußwort.

Bräutigam: «In der heutigen Diskussion ist mir ein Unterschied noch einmal ganz deutlich geworden: der zwischen *Organneurose* einerseits, in der gestörte Lebensbezüge sich verleiblichen und *psychosomatischen Krankheiten* andererseits. Der organphysiognomische Ausdruck ist bei den Leiblichungen ablesbar, hier kann man Bilder sprechen lassen. Das bildhafte Ablesen und ausdrucksmäßige Verstehen ist bei den eigentlichen psychosomatischen Störungen, auf die ich in meinem Vortrag vor allem eingegangen bin, wie ich glaube, nicht möglich. Das Geschehen einer Hypertonie ist nicht als Ausdruck und unter dem bildhaften Begriff ‹unter Druck stehen› faßbar, zumindest ist das nur eine sehr äußerliche Annäherung, die den psychosomatischen Zusammenhang eher verdeckt. Für die Symptomentstehung auf neurotischer, organneurotischer und psychosomatischer Ebene sind aber noch andere Bedingungen, also Einflüsse der *Altersphase*, die *endokrine Lage* etc., auf die mit Recht hingewiesen wurde, immer beteiligt. Diese anderen Faktoren sollten wir nicht vernachlässigen und nur im Seelischen eine Disposition suchen. Es kommen immer mehrere Faktoren und bei neurotischen, organneurotischen und psychosomatischen Symptombildungen jeweils andere Faktoren ins Spiel. Robert Musil bemerkte einmal, es sei ein häufiges Wunschdenken, aber auch eine große *Täuschung* der Naturforscher, wenn sie meinen, das Geheimnis der Natur müsse *einfach* sein.»

Zweiter Teil
Ichpsychologische Modelle der Somatisierung

De- und Resomatisierung

Max Schur
Zur Metapsychologie der Somatisierung*

Kasuistik

Im Jahre 1946 untersuchte ich im Rahmen einer orientierenden Projektstudie, deren Ziel in der Erforschung verschiedener Hautkrankheiten mittels analytischer Behandlungen repräsentativer Fälle bestand, eine 22jährige Frau, die, im fünften Monat schwanger, unter der Diagnose eines generalisierten atopischen Ekzems (Neurodermitis) auf der dermatologischen Station des New Yorker Bellevue-Hospitals aufgenommen worden war. Extremitäten und Gesicht waren am stärksten von der Krankheit betroffen, aber auch sonst war kaum eine Körperregion ganz verschont geblieben. Es bestand eine ausgedehnte Lichenifikation und Sekundärinfektion, und die Haut war derart verdickt, daß kaum eine Vene für die Blutabnahme zu finden war. Die Kranke litt unter einem unerträglichen Juckreiz, der sich – und zwar meistens am Abend zwischen acht und elf Uhr – zu anfallartigen Paroxysmen steigerte, verbunden mit heftiger Angst, so daß nur noch mit sehr hohen Dosen von Chloralhydrat eine gewisse Linderung erzielt werden konnte. In der Familie waren keine Hautkrankheiten oder allergischen Manifestationen bekannt. Wann die Erkrankung begonnen hatte, vermochte die Patientin nicht genau anzugeben; sie erinnerte sich aber, daß sie bereits mit sechs Jahren deswegen behandelt worden war. Später stellte sich im Verlaufe der Analyse heraus, daß die ersten Hautveränderungen schon im zweiten Lebensjahr und die typischen neurodermitischen Effloreszenzen in den Ellenbeugen und Kniekehlen vom dritten Lebensjahr an aufgetreten waren. Mit neun Jahren wurde auch das Gesicht von der Krankheit mitbetroffen. Als sie 14½ Jahre alt war, kam es erstmals zu einem generalisierten Ausbruch des Ekzems. Seitdem hatte sie einen beträchtlichen Teil ihres Lebens in verschiedenen Krankenhäusern verbracht.

Zu Beginn der Probebehandlung bestanden starke Zweifel, ob diese Patientin überhaupt einer analytischen Behandlung zugänglich sein würde. Es erwies sich als

* Dargestellt am Beispiel analytischer Untersuchungen von Hautkranken. Aus dem Psychoanalytischen Institut der New York State University. Zuerst erschienen unter dem Titel: Comments on the Metapsychology of Somatization, in: The Psychoanalytic Study of the Child, Bd. 10, 1955, S. 119–164. Übersetzt von: Hermann Schultz.

überaus schwierig, sie überhaupt zum Sprechen zu bringen. Sie sprach in ganz primitiv formulierten kurzen Sätzen und mit einer eigenartig rauhen, bellenden Stimme. Sie war außerordentlich mißtrauisch und verfügte offensichtlich nur über eine beschränkte Intelligenz und sehr geringe Bildung. Es zeigte sich bald, daß sie jegliche positive Übertragung mit allen Kräften abwehrte. Sie war auch nicht in der Lage, sich an die analytische Grundregel zu halten.

Die letzte schwere Exazerbation des Ekzems war in zeitlichem Zusammenhang mit ihrer Heirat aufgetreten. Die Patientin hatte ihren Ehemann bei der Arbeit in einem Rüstungsbetrieb kennengelernt. Relativ lange beschränkte sich ihre Beziehung auf sporadische Verabredungen, bei denen es gelegentlich auch zu sexuellen Intimitäten kam – die sie stets verabscheute. Schließlich gab sie seinem Drängen nach und ließ sich auf einen Geschlechtsverkehr mit ihm ein. Sie empfand dabei keinerlei Befriedigung, vielmehr traten nun bald Juckreizattacken auf, und zwar jedesmal dann, wenn sie sich mit ihm traf. Dennoch heiratete sie ihn, in der Hoffnung, daß dieser Zustand sich im Verlaufe der Ehe bessern werde. Das Gegenteil war der Fall; es wurde wesentlich schlimmer. Der Ehemann arbeitete in der Spätschicht. Regelmäßig gegen Abend wurde die Patientin unruhig, und es traten neue Hautveränderungen oder zumindest Juckreizzustände auf. Häufig verweigerte sie ihm den Geschlechtsverkehr. Sie entwickelte nun auch Zwangsgedanken, sie könnte ihren Mann umbringen, ihn erstechen – verbunden mit heftigen Schuldgefühlen, «wo er doch so anständig zu mir ist». Bald war es so weit, daß sie wieder für mehrere Wochen stationär behandelt werden mußte, weil die Hautkrankheit sich mittlerweile so sehr verschlimmert hatte. Nach ihrer Rückkehr aus dem Krankenhaus überlegte sie sich, daß es ihr vielleicht besser gehen würde, wenn sie ein Kind hätte. Sie wurde schwanger, und erst seitdem steigerte sich die Neurodermitis zur derzeitigen Intensität.

Warum hatte sie nun solche Angst vor dem Ehemann? Aus Träumen und gelegentlichen Versprechern ergaben sich Hinweise auf ihren Vater. Nach vielen Wochen der Analyse kristallisierte sich allmählich folgende Vorgeschichte heraus: Die Patientin war das dritte von fünf Geschwistern, und zwar das einzige Mädchen. Ihre jüngeren Brüder wurden geboren, als sie drei bzw. fünfeinhalb Jahre alt war. Ihr Vater war Alkoholiker, häufig arbeitslos, die Familie lebte zeitweise von der öffentlichen Fürsorge. Wenn der Vater seinen Lohn bzw. seinen Scheck von der Fürsorge bekam, brachte er Schnaps mit nach Hause, betrank sich und verging sich an seiner Tochter. Nach ihrer Erinnerung war sie sechs Jahre alt gewesen, als der Vater sie zum erstenmal sexuell mißbrauchte. Im Verlaufe der Analyse korrigierte sie diese Angabe und stellte fest, daß der Vater schon früher damit angefangen haben mußte, nämlich als sie fünf Jahre alt war, und daß sie wahrscheinlich schon mit drei Jahren von ihm masturbiert worden war; diese Zeitangaben fielen mit den Schwangerschaften ihrer Mutter zusammen. Obwohl der Vater der Patientin gedroht hatte, er werde sie und ihre Mutter umbringen, wenn sie etwas davon verraten würde, wandte sie sich dennoch an ihre Mutter um Hilfe. Diese lehnte es jedoch ab, etwas dagegen zu unternehmen und meinte: «Das brächte nur Schande über unsere Familie und könnte den Jungen für alle Zeit ihre Zukunft verderben.» Es wurde bald klar, daß die Patientin ihre Mutter noch heftiger haßte als den Vater. Wenn die Mutter abends ausging, um sich mit Freunden zu treffen, flehte das kleine Mädchen sie an, doch zu

Hause zu bleiben, um sie zu schützen – aber vergeblich. Dann wußte sie schon, was nun wieder geschehen würde; sie lag zitternd in ihrem Kinderbett, während ihr Vater anfing, sich zu betrinken. Als sie etwa elf Jahre alt war, zwang ihr Vater sie erstmals zu einem regelrechten Geschlechtsverkehr. Er gab seine inzestuösen Annäherungen erst auf, als mit dreizehn Jahren ihre Menarche eingesetzt hatte.

Natürlich war auch die Möglichkeit zu erwägen, ob es sich hier nicht um hysterische Phantasien handelte. Die Patientin besprach aber während der Zeit der Analyse diese Angelegenheit noch einmal mit ihrer Mutter, worauf diese wiederum mit den gleichen Argumenten wie früher sich zu rechtfertigen versuchte; damit war die Wahrhaftigkeit der Angaben der Patientin wohl bestätigt.

Der Vater pflegte sie und ihre Brüder auch zu schlagen. So kam es beispielsweise vor, daß er einem der Jungen vorwarf, etwas gestohlen zu haben, und ihn dann erbarmungslos so lange verprügelte, bis er das angebliche Vergehen gestand. Seiner Tochter warf er sexuelle Spielereien mit ihrem ältesten Bruder vor und versuchte von ihr Geständnisse zu erzwingen. Er geriet in helle Wut darüber, daß sie niemals etwas zugab, was sie nicht getan hatte. In der Analyse reagierte sie noch jahrelang auf die Forderung der Grundregel und auf die Deutung unbewußten Materials mit der gleichen Ablehnung und Angst, wie sie sie damals empfunden hatte, so als handelte es sich noch immer darum, daß ihr Vater von ihr Geständnisse forderte. Nachdem die Mutter ihr die Hilfe versagt hatte, vermochte sie auch keinem anderen Menschen mehr zu vertrauen. Als Katholikin ging sie öfters zur Beichte, aber die inzestuöse Beziehung zum Vater hatte sie immer verschwiegen. Dennoch lebte sie in der ständigen Angst, «die Leute könnten etwas davon erfahren haben». Wenn sie zur Kirche ging, war oft ihr Gesicht gerötet und geschwollen, und mehrmals wurde sie in der Kirche ohnmächtig. Sie war ständig mit dem Gedanken befaßt, ihren Vater eines Tages umzubringen; meistens hatte sie dabei die Vorstellung, ihn mit einem Dolch zu erstechen. Auch in der Analyse tauchten häufig Träume dieses Inhalts auf. Als die Patientin vierzehn Jahre alt war, erlitt ihr Vater einen Schlaganfall mit einer rechtsseitigen Hemiplegie und starb kurz darauf. An der Beerdigung konnte sie nicht teilnehmen, weil sie akut erkrankt war, und zwar bezeichnenderweise mit Fieber, schweren Kopfschmerzen und einer länger anhaltenden Schwäche ihrer rechten Hand. Von da an hatte sie, wenn sie auf der Straße entlangging, mitunter plötzlich das Gefühl, ihr Vater sein noch am Leben, er könnte jeden Augenblick um die nächste Straßenecke biegen oder zu Hause auf sie warten. Sie konnte sich nicht damit abfinden, daß er eines natürlichen Todes gestorben war, noch bevor sie groß und stark genug geworden war, um ihn mit eigener Hand zu töten.

In den nächsten Jahren nach dem Tode des Vaters verschlimmerte sich ihre Hautkrankheit weiterhin; zudem traten nun auch neue Symptome hinzu. So kam es jetzt öfter vor, daß sie plötzlich auf der Stelle einschlief, gleichgültig wo sie sich gerade aufhielt, zum Beispiel in der Schule oder manchmal sogar auf der Straße. Es handelte sich dabei vermutlich um eine Narkolepsie; mit etwa siebzehn Jahren verlor sie dieses Symptom wieder. Daneben kam es auch zu längeren Phasen von Amenorrhöe, in denen sie erheblich an Gewicht zunahm.

Nach der Selbstschilderung der Patientin war sie in ihrer Kindheit ein jungenhafter Typ gewesen und hatte meistens mit ihren Brüdern und deren Freunden gespielt. Ihr Neid und Kummer darüber, kein Junge zu sein, waren ihr durchaus bewußt;

auch die üblichen unbewußten Quellen dieses Ressentiments ließen sich unschwer nachweisen. In der Schule lagen ihre Leistungen unter dem Durchschnitt, zum Teil wohl auch wegen der häufigen Krankenhausaufenthalte. In den Pubertätsjahren zog sie sich dann mehr und mehr von Jungen zurück und wurde immer schüchterner. Sie onanierte nur ein einziges Mal und stellte sich dabei in der Phantasie die Manipulationen ihres Vaters und ihren heftigen Wunsch, ihn zu töten, vor – offensichtlich ein Versuch, selbst die Rolle des männlichen Angreifers zu übernehmen –; der eintretende Orgasmus versetzte ihr aber einen solchen Schrecken, daß sie nie wieder wagte, das noch einmal zu versuchen. Mit sechzehn Jahren hatte sie einmal Geschlechtsverkehr mit einem Bauernjungen in einem Heuschober; sie empfand es als eine Vergewaltigung. Ansonsten hatte sie zu der Zeit kaum Kontakte mit Jungen. Als sie siebzehn Jahre alt war, heiratete ihre Mutter wieder; die Patientin war tief unglücklich darüber. Zu ihrem 19. Geburtstag hatte sie von niemandem etwas geschenkt bekommen. Am Abend dieses Tages ging die Mutter mit dem Stiefvater zusammen aus und ließ sie mit den jüngeren Brüdern allein zurück, ohne sich darum zu kümmern, ob die Kinder auch nur etwas zum Abendessen da hatten. Daraufhin lief die Patientin fort, trank ein ganzes Fläschchen Jodtinktur aus und wurde intoxikiert ins Krankenhaus eingeliefert. Kurz nach der Entlassung begann sie in einer Fabrik zu arbeiten und fühlte sich hier zum erstenmal in ihrem Leben ein wenig akzeptiert und behütet. An dieser Arbeitsstelle lernte sie auch ihren jetzigen Ehemann kennen. Der Geschlechtsverkehr mit ihm und überhaupt der Versuch, mit ihm erstmals eine positivere Objektbeziehung aufzubauen, erwiesen sich jedoch als zu starke psychische Belastungen und führten zu der jetzigen Krise.

Die Analyse dieser Patientin dauerte insgesamt etwa vier Jahre. Eine der beiden Hauptschwierigkeiten dieser Analyse betraf die Handhabung der Übertragungsneurose: Jede Regung positiver Übertragungsgefühle mit sexueller Konnotation rief bei ihr sofort massive Angst und vehemente Feindseligkeit hervor, wobei die Aggression auf der manifesten Ebene meistens gegen den Ehemann oder den Sohn der Patientin gerichtet war. Negative Übertragungsgefühle wiederum weckten Angst vor Strafe und besonders vor dem Verlassenwerden. Mit den Reaktionen der Patientin auf diese Konflikte hing noch eine zweite Schwierigkeit zusammen, nämlich ihre Neigung zum Agieren mittels ihrer Hautsymptome. Auf diesen zentralen Punkt soll aber erst später eingegangen werden, wobei ich dann auch Material aus anderen Analysen mitheranziehen werde.

Im weiteren sollen nun besonders folgende Phänomene diskutiert werden: (1) der Juckreiz; (2) das Kratzen (und sonstige Manipulationen an der Haut, wie sie bei anderen Dermatosen zu beobachten sind); (3) das Auftreten neuer Effloreszenzen und (4) die sekundäre psychische Verarbeitung der Hautsymptome[3].

Zum ersten Punkt: Ein *Juckreiz* kann u. a. als *Korrelat* (concomitant) oder als Äquivalent (equivalent) verschiedenster Affekte auftreten. Um den Unterschied zwischen «Korrelat» und «Äquivalent» zu verdeutlichen, müssen wir etwas weiter ausholen.

3 Vom Material her bestehen natürlich erhebliche Überschneidungen zwischen diesen Punkten.

Die Resomatisierung von Angstreaktionen

Betrachten wir zuerst den Affekt der Angst. Die bisher beste und zugleich einfachste allgemeine Definition der Angst ist nach wie vor die von FREUD in «Hemmung, Symptom und Angst» (1926) angeführte: «Angst ist die Reaktion auf eine Gefahr» – wir fügen hinzu: auf eine unmittelbar *gegenwärtige* oder auch auf eine *antizipierte* Gefahr. In FREUDS Definition impliziert der Begriff der Gefahr zugleich die Erwartung einer potentiell «traumatischen Situation», das heißt einer Situation, die für das betroffene Individuum mit der Erfahrung einer extremen Hilflosigkeit verbunden wäre. FREUD hat – mit gewissen Vorbehalten – diese Reaktion auf Gefahren dem Ich zugeordnet; mittlerweile wird sie allgemein als eine der wichtigsten Ichfunktionen angesehen. In meiner Studie «The Ego in Anxiety» (1953) habe ich versucht, verschiedene Typen von Angstreaktionen im Sinne einer Ergänzungsreihe mit entsprechenden Funktionszuständen des Ichs in Beziehung zu setzen.

Wie alle Ichfunktionen ist die Gefahrenreaktion das Ergebnis einer langen komplizierten Entwicklung, damit aber auch *anfällig für regressiven Funktionswandel.* Bei der Anwendung des genetischen Prinzips auf die Angst als Ich-Reaktion gilt es zu berücksichtigen, daß die Angst phylogenetisch aus einer biologischen Reaktionsform hervorgegangen ist, daß sie genetische Bezüge zu den Instinkten der Tiere aufweist und bei der Geburt bereits als angeborene Reaktionsweise vorhanden ist. Mit anderen Worten: die Gefahrenreaktion hat – genau wie andere Ichfunktionen auch – ihre primär-autonomen Wurzeln (vgl. HARTMANN 1950 und 1960/61).

Beim Säugling gibt es bereits Vorläufer von Angstreaktionen, die durch eine Tendenz zu diffuser Spannungsabfuhr und durch mangelhafte Koordination der motorischen Reaktionen gekennzeichnet sind. Solche Reaktionsformen treten beim Säugling vorwiegend bei Störungen der Homöostase auf, können dann ihrerseits aber auch das Ungleichgewicht noch verstärken.

Von diesem relativ undifferenzierten Zustand aus schreitet nun die Reifung in verschiedenen Richtungen fort. Zum einen kommt es zur Entwicklung immer besser koordinierter Muskelaktionen, andererseits zu einer zunehmenden Ausreifung des psychischen Apparats. Es besteht eine Parallelität und wechselseitige Abhängigkeit zwischen der Reifung des Zentralnervensystems und des motorischen Systems, der Stabilisierung homöostatischer Regelvorgänge und der Entfaltung des Sekundärprozeßdenkens als wesentlicher Komponente der Bildung des Ichs. Alle diese Entwicklungsprozesse sind mit einer zunehmenden *Desomatisie-*

rung der Reaktionen auf bestimmte Erregungen verbunden, das heißt die Tendenz der Entwicklung zielt auf eine immer bessere Nutzung und Integration automatisierter Muskelaktionen, wobei das Schwergewicht sich allmählich vom Handeln auf das Denken verschiebt und somatisch-vegetative Abfuhrprozesse immer mehr in den Hintergrund treten. Beim Erwachsenen besteht die Gefahrenreaktion des Ichs aus einer Reihe von mehr oder weniger simultan ablaufenden Komponenten, deren Unterscheidung eine eingehendere Analyse erfordert.

Eine der wichtigsten Ichfunktionen im Zusammenhang mit der Gefahrenreaktion ist die Realitätsprüfung, nämlich die Fähigkeit des Ichs, mittels Wahrnehmung und Einschätzung der gegebenen Situation zwischen einer nur möglichen (potentiellen) und einer tatsächlich drohenden (realen) Gefahr zu unterscheiden. Eine weitere Komponente ist sodann die Reaktion des Ichs auf eben diese Einschätzung der Gefahrsituation. Handelt es sich lediglich um eine potentielle Gefahr, so beschränkt sich diese Ich-Reaktion beim Erwachsenen normalerweise auf ein mehr oder minder deutliches Gewahrwerden der Gefahr. Diese Reaktionsform leitet sich zwar genetisch aus dem Angstaffekt ab, sie hat aber mittlerweile mehr die Kennzeichen eines Denkvorganges angenommen und stimuliert nun «Problemlösungs»-Prozesse (KRIS 1952). Mit dem Angstaffekt hat der Vorgang noch die Auslösung durch eine Gefahrsituation gemeinsam, mit den Denkprozessen andererseits teilt er das Merkmal, daß er im Unbewußten verbleiben kann und ohne äußerlich sichtbare Abfuhrerscheinungen verläuft[4].

Hier wollen wir nun eine Hypothese aufstellen, mit der wir an eine Überlegung von KRIS (1952) anknüpfen, die er allerdings in einem anderen Zusammenhang vorgebracht hat. KRIS kommt an einer Stelle auf FREUDS Einleitung zu dem Buch von VARENDONCK (1921) zu sprechen, insbesondere auf die von FREUD vorgeschlagene Unterscheidung zwischen freischweifendem phantastischem Denken[5] und vorsätzlich gerichteter Reflexion, und fügt an dieser Stelle hinzu (Seite 311): «Wir[6] nehmen an, daß dem Ich zwei Arten von gebundener Energie zur Verfügung stehen, nämlich einerseits neutralisierte Energie, andererseits Libido und

4 Was wir hier als «Gewahrwerden der Gefahr» im Sinne einer spezifischen Erlebnisreaktion des Ichs beschrieben haben, entspricht, wie wir noch sehen werden, den Begriffen der «Signalangst» (FREUD 1926), der «gezähmten Angst» (FENICHEL 1945 a) und der «strukturierten Angst» (RAPAPORT 1953).

5 RAPAPORT (1951 b) verwendet in seiner Übersetzung von VARENDONCKS Arbeit den Terminus «Phantasiedenken» (fantasy-thinking), der das Gemeinte präziser wiedergibt.

6 Das heißt HARTMANN, KRIS und LOEWENSTEIN (1949).

Aggression in nicht-neutralisierter Form. Beim freischweifenden phantastischen Denken wird im allgemeinen mehr Libido und Aggression und weniger neutralisierte Energie abgeführt . . . Das reflektierende Denken im Sinne FREUDS bzw. das Problemlösen, wie wir es lieber nennen möchten, dient dagegen in stärkerem Ausmaß den autonomen Ichinteressen; deshalb ist anzunehmen, daß hierbei die Abfuhr von Libido und Aggression weitgehend zurücktritt und demgegenüber die Verwertung von neutralisierter Ich-Energie die größere Rolle spielt.» In seinem Kommentar zu dieser Passage meint RAPAPORT (1951 b, Seite 487), es bestehe offensichtlich «eine Entsprechung zwischen dem Neutralisierungsgrad von Besetzungen und dem Grad der Organisation des Denkens gemäß dem Primär- bzw. Sekundärvorgang, wobei zwischen diesen Organisationsformen des Denkens fließende Übergänge anzunehmen sind». Wir können ergänzend hinzufügen, daß dementsprechend auch der Neutralisierungsgrad von Besetzungen in einem Kontinuum mit fließenden Übergängen variieren wird. Die Fähigkeit des Ichs, Triebenergien zu neutralisieren und diese neutralisierte Energie in seinen Reaktionen zu nutzen, stellt also ein weiteres Ergebnis der Ichreifung dar.

Meine Hypothese besagt nun, daß zwischen dem Vermögen des Ichs, auf Sekundärprozeß-Niveau zu operieren und Triebenergien zu neutralisieren, und der Desomatisierung von Reaktionsweisen eine wechselseitige Abhängigkeit bestehen muß. Damit verknüpft ist eine weitere Annahme, nämlich daß umgekehrt die Resomatisierung von Reaktionen mit einem Vorherrschen primärprozeßhafter Denkweisen unter Verwendung deneutralisierter Energieformen einhergeht.

Bei Angstreaktionen operiert das Ich mit den Energien, die es gerade zur Verfügung hat, also je nachdem entweder mit Libido und/oder Aggression in unterschiedlichen Mischungsverhältnissen oder auch mit mehr oder weniger stark neutralisierter Energie. Nehmen wir zuerst als Beispiel die schon beschriebene Reaktion des Ichs auf eine antizipierte Gefahr, wo der ganze Reaktionsablauf die Merkmale eines Denkvorgangs aufweist. *Entsprechend unserer obigen Hypothese nehmen wir an, daß hier das Ich im ganzen Verlauf der Reaktion mit Sekundärvorgängen operiert und durchwegs neutralisierte Energie verwendet, was uns wiederum zu erklären vermag, warum somatische Abfuhrmanifestationen dabei praktisch fehlen.* Eine solche Reaktionsweise entspricht wohl am ehesten unserer Vorstellung von der Reaktion eines «normalen» Ichs bzw. des «konfliktfreien» Ichanteils (im Sinne von HARTMANN 1960/61) auf die Antizipation einer äußeren Gefahr.

Als nächstes untersuchen wir jetzt die Reaktion des Ichs auf einen

Triebanspruch. Nehmen wir an, es handle sich um einen bewußtseinsfähigen Triebimpuls. Dieser erreicht nun mehr oder weniger ungehindert die Systeme Vbw und Bw (des Vorbewußten und des Bewußtseins – Anm. d. Ü.), das Ich unterzieht ihn der Realitätsprüfung – wozu auch die Prüfung der Überich-Reaktionen gehört – und gestattet oder verweigert ihm schließlich den Zugang zum motorischen Apparat und/oder zur Abfuhr auf anderen Wegen. Das Ich ist hier immer noch in der Lage, einen Triebimpuls je nach Einschätzung der Situation gegebenenfalls als eine potentielle Gefahr zu erkennen und – in einem anthropomorphen Bild ausgedrückt – damit genauso umzugehen, wie es normalerweise mit potentiellen *äußeren* Gefahren umzugehen pflegt, nämlich unter Verwendung neutralisierter Energie in seinen Reaktionen.

Die Konstellation ist aber eine andere, sobald es sich um einen *unbewußten* Triebimpuls handelt, der das Ich bedrängt. Als erstes wird auch hier wieder die Situation abgeschätzt. Wir wissen schon, daß das Ich solche unbewußten Triebansprüche automatisch als eine Gefahr beurteilt (weil sie mit Konflikten verbunden sind – jedenfalls solange diese noch nicht durch eine Analyse aufgehoben wurden). Sehen wir uns aber jetzt wieder die Ichfunktionen genauer an, so fällt uns ein grundlegender Unterschied zum vorigen Beispiel auf: Bei der Einschätzung *solcher* Triebgefahren verfügt das Ich nicht mehr über die Fähigkeit der Realitätsprüfung. Der betreffende Triebimpuls mag in Wirklichkeit seit Jahrzehnten seine Gefährlichkeit verloren haben, aber das Ich vermag in diesem Falle zwischen früher und jetzt nicht zu unterscheiden. Mit anderen Worten: Dieser Teil des Ichs operiert auf dem Niveau des Primärvorganges. Es handelt sich also um das bekannte Phänomen der Regression, das im einzelnen unter strukturellen, topischen und – wie wir sehen werden – auch unter physiologischen Aspekten untersucht und beschrieben werden kann. Im weiteren reagiert nun das Ich auf diese – regressive – Einschätzung der inneren Gefahr, mit anderen Worten es werden Abwehrmechanismen mobilisiert bzw. verstärkt.

Bei genauerer Analyse erkennt man jedoch, daß hier das Ich im Abwehrvorgang zwei verschiedene Ziele verfolgt. Das erste wurde schon genannt, nämlich die Beseitigung der Gefahr. Das zweite Ziel besteht darin, daß das Ich aus ökonomischen Gründen bestrebt ist, die Gefahrenreaktion in ihrem gesamten Verlauf auf einem Funktionsniveau zu halten, auf dem das Denken nach der Formulierung FREUDS (1932) einem «Probehandeln mit kleinen Energiemengen» entspricht. So besteht auch im Bereich der Abwehrvorgänge das Bestreben, nach Möglichkeit mit Mechanismen des Sekundärprozeßdenkens zu operieren, zum Beispiel indem Triebansprüche wie äußere Gefahren behandelt und dagegen Abwehrmechanismen wie Rationalisierung und Intellektualisierung eingesetzt werden (A. FREUD 1964). Gelingt dies, so kann auch hier noch – obwohl es sich, wie gesagt, um eine Triebgefahr handelt – die Erlebnisreaktion auf ein bloßes «Gewahrwerden der Gefahr» beschränkt bleiben, wobei das Ich vorwiegend mit neutralisierter Energie operiert und dementsprechend auch keine Resomatisierung und keine ausgeprägteren Abfuhrerscheinungen auftreten. Kurzum, es gelingt hier dem Ich, trotz regressiver Einschätzung der Gefahr eine regressive Reaktion darauf zu vermeiden. Diese Konstellation entspricht dem, was FREUD als «Signalangst» beschrieben hat.

Im folgenden wollen wir weitere Typen von Angstsituationen besprechen. Wir gehen wiederum vom «normalen» Reaktionstyp aus, nun aber in einer Situation nicht potentieller, sondern wirklich vorhandener Gefahr. Das Ich reagiert auch in diesem Falle zunächst mit einer raschen Abschätzung der Situation und einer Bereitstellung aller verfügbaren Mittel zu deren Bewältigung; FREUD (1917, Seite 409) sprach in diesem Zusammenhang von der «Erwartungsbereitschaft» bzw. «Angstbereitschaft». Das Angsterlebnis hat hier aber eine andere Tönung; es entspricht eher dem, was man als Schreck bezeichnet. Vermutlich sind dabei nichtneutralisierte Energien im Spiele, und zwar wohl vorwiegend aggressive Energie[7], denn wir beobachten hier auch somatische Abfuhrerscheinungen. Im Extremfall der sogenannten traumatischen Situation kann die Erlebnisreaktion des Ichs das Ausmaß eines Panikzustandes erreichen, verbunden mit vehementen körperlichen Reaktionen bis hin zum Schock. In solchen Fällen operiert das Ich nur noch mit nicht-neutralisierter Triebenergie, und zwar interessanterweise nicht nur mit Aggression, sondern gelegentlich wohl auch mit Libido, denn in Panikzuständen kann es neben anderen Abfuhrerscheinungen mitunter auch zum Orgasmus kommen.

Normalabweichungen dieser Ichfunktion im Sinne des Neurotischen betreffen also einerseits die regressive Einschätzung von Gefahren und zum anderen die regressive Reaktion darauf. Wir haben beschrieben, wie unter solchen Umständen Triebbedürfnisse als gefährlich erscheinen und wie nun diese lediglich potentielle Gefahr fälschlich als reale Gefahr oder

7 Das Ich kann nämlich in der Angstreaktion (wie in anderen Reaktionen) auch aggressive Energien verwenden. Damit ist aber nicht gesagt, daß es sich bei der Angst oder bei sonstigen Ichreaktionen, wo aggressive Energien mit im Spiele sind, letztlich um «an der Abfuhr verhinderte Aggression» handelt. Letzteren Standpunkt vertritt FLESCHER (1955), der besonders die ökonomischen Aspekte der Angst hervorgehoben hat.

gar als traumatische Situation eingeschätzt wird. Auch die anschließende Reaktion des Ichs auf diese Fehleinschätzung weist häufig die Merkmale einer erheblichen Regression auf. Ein typisches Beispiel hierfür ist der hungrige Säugling, der die Mutterbrust vermißt (FREUD 1926, RAPAPORT 1951 a). Genau besehen, handelte es sich in dieser Situation um eine Hierarchie von Gefahren: Die Abwesenheit der Mutter läßt eventuell auftretenden Hunger zu einer Gefahr werden, ist aber für sich genommen noch keine unmittelbare, sondern nur eine potentielle Gefahr, sozusagen die Gefahr einer Gefahr; erst wenn das Kind in so einer Situation wirklich Hunger bekommt, droht eine reale Gefahr, nämlich die einer traumatischen Situation. Trotzdem wird der Säugling auch auf die potentielle Gefahr, also auf die Abwesenheit der Mutter, so reagieren, als stellte diese für sich genommen schon eine reale Gefahr oder gar eine traumatische Situation dar. Das gleiche geschieht nun auch bei der neurotischen Fehleinschätzung von Gefahrensituationen. Bei solchen Gelegenheiten beobachtet man, wie infantiele Reaktionsformen mit den typischen diffusen Abfuhrerscheinungen wieder auftauchen. Ein langer und schmerzlicher Reifungsprozeß wird hier gewissermaßen in einem einzigen Moment wieder rückgängig gemacht. Das Ich verliert seine Fähigkeit zum Sekundärprozeßdenken, es operiert mit nicht-neutralisierten Energieformen und vermag die mühsam erreichte Desomatisierung seiner Reaktionen nicht mehr aufrechtzuerhalten. Diesen Typus von Regression mit Resomatisierung bezeichnen wir als «physiologische Regression» (MARGOLIN, 1953, SCHUR 1953)[8].

In meiner oben angeführten Hypothese habe ich die Resomatisierung mit dem Vorherrschen von Primärprozessen und dem damit verbundenen Versagen der Neutralisierungsfunktion in Zusammenhang gebracht. Die Fähigkeit zur Neutralisierung von Triebenergien spielt hier offenbar eine wichtige Rolle zur Vermeidung regressiver Reaktionen, die nicht nur die autonomen Ichfunktionen schädigen, sondern das ganze Selbst gefährden können. Wir vermuten, in Analogie zu anderen Ichfunktionen, daß es auch für die Funktion der Neutralisierung bestimmte Vorläufer in der undifferenzierten «psychosomatischen» Phase der Entwicklung geben muß. So wäre es zum Beispiel naheliegend, in der Wiederherstellung einer gestörten Homöostase durch automatische Ausgleichsregulationen und/oder durch objektvermittelte Bedürfnisbefriedigung das Modell für eine Funktionsweise zu sehen, die sich dann später zur Ichfunktion der Neu-

8 In der Terminologie von E. JACOBSON (1954 b) ist dieser Regressionstyp mit einem Wiederauftauchen «zentripetaler» Abfuhrprozesse verbunden.

tralisierung entwickeln wird (vgl. auch MENNINGER 1954). Aus dieser Sicht wäre also die Neutralisierung eine der vordersten Barrieren gegen physiologischen Stress (SELYE 1950).

Die Bedeutung dieser Überlegungen für das gesamte Gebiet der psychosomatischen Störungen liegt auf der Hand. Wenn die Neutralisierung tatsächlich aus einer Matrix homöostatischer Regelmechanismen hervorgeht, so würde man entsprechend bei Kindern mit angeborenen oder früh erworbenen Störungen dieser homöostatischen Mechanismen auch Entwicklungshemmungen der Neutralisierungsfunktion des Ichs erwarten. Beobachtungen von BENDER (1950) und GREENACRE (1952), wonach bei solchen Kindern eine Prädisposition für schwere Störungen bestehen soll, scheinen diese Annahme zu stützen.

Während eine physiologische Regression stets mit einem Überwiegen primärprozeßhafter Mechanismen und einem Versagen der Neutralisierungsfunktion verbunden ist, braucht umgekehrt noch längst nicht jede tiefgreifende Störung dieser Ichfunktionen mit einer physiologischen Regression einherzugehen. Denn dies hängt wiederum von einer ganzen Reihe angeborener und Umweltfaktoren ab, die in ihrer Wechselwirkung die jeweilige Konstellation der Es- und Ichentwicklung, eine eventuelle Prädisposition zur Angst bzw. genauer zu regressiven Angstformen (GREENACRE 1952, BERGMANN und ESCALONA 1949) und die Wahl der vorzugsweise reagierenden Organsysteme determinieren. Die Gesamtheit dieser Faktoren bezeichnen wir als die Gesamtkonstellation (total condition) eines Individuums (SCHUR 1950 a).[9]

Darüber hinaus wird die jeweilige individuelle Reaktionsform noch von einem weiteren Faktor mitbedingt: Das Ich vermag zwar eine selektive, kontrollierte Regression (KRIS 1952) zu tolerieren, ja sogar anzustreben und zu genießen (z. B. beim Orgasmus); regressive Angstreaktionen werden jedoch in jedem Falle vom Rest des Ichs als eine Gefahr eingeschätzt. Eine gründliche Analyse von Angstsituationen zeigt regelmäßig, wie das Ich bzw. der von der Angst noch nicht überwältigte Ichanteil alle verfügbaren Kräfte aufbietet, um das Gleichgewicht wiederherzustellen, also das Sekundärprozeßdenken wieder zu stärken und wieder mit neutralisierter Energie zu operieren. Gelingt dies, so sprechen wir von *kontrollierter Angst* – im Gegensatz zu einer Situation, wo eine vollständige Regression eingetreten und der beschriebene Restitutionsversuch mißlungen oder aufgegeben worden ist; im letzteren Falle handelt es sich um

9 GRINKER (1953) versucht diese Vielfalt von beteiligten Faktoren mit Hilfe seines «Feld»-Konzeptes aufzugliedern.

unkontrollierte Angst. Zwischen diesen beiden Extremen lassen sich die verschiedenen Reaktionstypen in einer kontinuierlichen Ergänzungsreihe ordnen. Die Zwischenstufen zwischen kontrollierter und unkontrollierter Angst unterscheiden sich wahrscheinlich nicht nur in quantitativer, sondern auch in qualitativer Hinsicht, zum Beispiel was die damit einhergehenden somatischen Abfuhrmanifestationen betrifft.[10]

Schließlich ist noch eine besondere regressive Konstellation anzuführen. In den bisher geschilderten Beispielen wurde stets vom Subjekt irgendeine Schattierung von Angst bewußt erlebt, wenn auch – und das gilt besonders für die neurotische Angst – der wirkliche Inhalt der Gefahr verborgen oder nur andeutungsweise erkennbar sein mochte. Manchmal kann man aber beobachten, wie bestimmte körperliche Reaktionen (das heißt Abfuhrmanifestationen), die man bei demselben Menschen schon als Begleiterscheinungen von Angstreaktionen kennengelernt hat, bei anderer Gelegenheit auch auftreten können, ohne daß der Betreffende sich dabei irgendeiner Gefahrensituation bewußt wäre oder subjektiv Angst verspürte. Eine sorgfältige Analyse der Situation erweist mitunter, daß hier eine Regression bis in ein präverbales, vorichhaftes Entwicklungsstadium stattgefunden hat, in dem die Reaktionen auf Reize noch ganz global psychosomatisch sind (vgl. auch Jacobson 1954 b) und das bewußte Erleben nur in dumpfen Empfindungen von Spannungsabfuhrvorgängen besteht, die genetisch als Vorläufer des eigentlichen Angstaffekts anzusehen sind. In solchen Fällen sprechen wir von *Angstäquivalenten.*

Nach diesem längeren Umweg über die Angsttheorie wollen wir nun wieder auf unsere Patientin zurückkommen. Es wurde schon erwähnt, daß der Juckreiz bei ihr sehr häufig als Angstkorrelat (concomitant of anxiety), das heißt als körperliche Begleiterscheinung des Angstaffekts auftrat.[11] Dabei handelte es sich aber, wie die Analyse regelmäßig zeigte, stets um Angstreaktionen, die mit einer mehr oder weniger ausgeprägten Ichregression verbunden waren. Der Juckreiz trat nämlich keineswegs in allen Gefahrensituationen auf, sondern – wie die Analyse erwies – immer nur dann, wenn eine Verbindung der aktuellen Auslösungssituation mit unbewußten Gefahrenquellen bestand. Allerdings war es charakteristisch für diese Patientin – wie überhaupt für viele Hautkranke –, daß in ihrem Alltagsleben sehr vieles für sie bedrohliche Züge annehmen konnte. Eine

10 Klinische Beispiele hierfür habe ich in meiner Arbeit «The Ego in Anxiety» angeführt.

11 Wenn ich hier den Juckreiz als Korrelat oder als Äquivalent von Angst, aggressiven Affekten (Zorn, Wut), libidinösen Impulsen etc. jeweils gesondert bespreche, so bin ich mir dennoch der Überschneidungen bewußt. Die separate Diskussion ist aus Gründen der Darstellung erforderlich.

Reihe dieser Patienten leidet sogar an ausgeprägten Phobien, die meisten weisen zumindest phobische Züge auf. In der Analyse erweist sich die Angst erwartungsgemäß oft als mehrfach determiniert.

Hierzu einige konkrete Beispiele: Der Juckreiz der Patientin pflegte sich besonders nach dem Zubettgehen maximal zu steigern, übrigens ein Phänomen, das man vielfach auch von anderen Kranken mit juckenden Dermatosen geschildert bekommt. Von den Patienten selbst und von Dermatologen wird als Erklärung dafür häufig der Wärmeeinfluß geltend gemacht. Bei unserer Patientin jedoch – und auch das ist typisch für viele dieser Kranken – begann das Hautjucken meistens schon, wenn sie nur daran dachte, daß es Zeit sei, schlafen zu gehen. In ihrem Bewußtsein verband sich dieser Gedanke sofort mit der Vorstellung, daß sie wieder einmal eine schlaflose Nacht vor sich hätte, daß sie sich wieder kratzen und damit die Hautkrankheit nur noch verschlimmern würde. Nachdem sie zu mir als ihrem Analytiker eine positive Übertragung entwickelt hatte, dachte sie zu solchen Zeiten auch an mich und die Sitzungen, sozusagen um sich magisch zu schützen. Daraus wurde dann bald eine Art Zwang: Sie mußte immer wieder meinen Vornamen wiederholen. Dies wiederum hing mit unbewußten sexuellen Phantasien und mit der inzestuösen Beziehung zu ihrem Vater zusammen, denn abends war ja immer die Zeit gewesen, zu der er sie sexuell mißbraucht hatte oder jedenfalls zu der er nach Hause kam. Einzuschlafen bedeutete für sie also auch, die Kontrolle zu verlieren, und auf der tiefsten Bedeutungsebene weckte es die Furcht vor oralem Verschlungenwerden.

Eine weitere auslösende Situation für den Juckreiz war ein bevorstehender Besuch ihrer Mutter. Hier war es das Hochdrängen aggressiver Impulse, was ihr starke Angst machte.[12] Die jeweils vor dem Geschlechtsverkehr aufgetretenen Angstzustände mit heftigem Juckreiz, die den Anlaß zur stationären Aufnahme gebildet hatten, wurden bereits erwähnt. In allen diesen Situationen empfand die Patientin auch bewußt eine mehr oder weniger starke Angst. Oftmals aber – später allerdings nicht mehr so häufig wie in den ersten Jahren der Analyse – trat der Juckreiz auch auf, ohne daß sie dabei bewußt irgendeinen Affekt verspürte. Erst als die Analyse schon weiter fortgeschritten war, fanden sich bei solchen Gelegenheiten Anhaltspunkte dafür, daß hier eine tiefe Ichregression bis auf eine präverbale Stufe stattgefunden hatte, wie wir das in der theoretischen Diskussion weiter oben schon beschrieben haben. Wenn die Patientin zum Beispiel morgens mit Juckreiz aufwachte, so konnte man schon vermuten – und die Analyse bestätigte es meistens auch –, daß das Hautjucken mit einem vergessenen Traum zusammenhing. Bei solchen Gelegenheiten war also der Juckreiz ein *Angstäquivalent.*

Alle diese Reaktionen weisen einen gemeinsamen Faktor auf: die physiologische Regression. Das heißt, die Ichregression bleibt hier nicht auf eine regressive Einschätzung der Gefahr beschränkt, sondern betrifft auch die regressive Reaktion auf die Gefahr, indem das Ich hierbei mit deneutrali-

12 Dies ist ein Beispiel für die Überlagerung von Angst und aggressiven Affekten.

sierter Energie operiert und dementsprechend somatische Abfuhrerscheinungen wieder stärker hervortreten. Im konkreten Fall einer juckenden Dermatose bedeutet das, daß im Verlaufe solcher resomatisierten Reaktionen irgendeine unbekannte Substanz freigesetzt wird, die an der Haut den Juckreiz bewirkt. Bei unserer Patientin mit der Neurodermitis trat der Juckreiz situativ in Verbindung mit allen möglichen Affektnuancen zwischen kontrollierter und unkontrollierter Angst auf. Bei anderen Patienten dagegen beobachteten wir den Juckreiz nur im Zusammenhang mit bestimmten phobischen Situationen, wo zumindest Ansätze einer Angstkontrolle festzustellen waren, wohingegen unkontrollierte Angst bei diesen Kranken nicht mit Juckreiz, sondern mit anderen körperlichen Reaktionen (Abfuhrphänomenen) verbunden war.

Da solche Patienten sich allenthalben von Gefahren bedroht fühlen, entwickeln sie allmählich eine Haltung ständiger Wachsamkeit (Vigilanz – LIDDELL 1949), das heißt, sie leben in dauernder «Angstbereitschaft» mit «frei-flottierender Angst» (FREUD, 1918, KUBIE 1941). Diese Abwehrhaltung des Ichs ist wahrscheinlich die Grundlage dessen, was man gemeinhin als «Gespanntheit» oder «Spannung» (tension) bezeichnet; sie kann sich auch in körperlichen Erscheinungen niederschlagen. Es ist anzunehmen, daß auch hier wieder aggressive Triebenergien mit im Spiele sind. Möglicherweise können die somatischen Komponenten dieser ängstlichen Gespanntheit bei Hautkranken auch zu Juckreiz führen.

Somatisierung und Aggression

Juckreiz tritt auch im Zusammenhang mit aggressiven Affekten auf. Überhaupt gilt das, was über die Angst gesagt wurde, großenteils ebenso für feindselige Affekte. HARTMANN, KRIS und LOEWENSTEIN (1949) haben den Aspekt der Neutralisierung ja hauptsächlich in bezug auf aggressive Triebenergien herausgearbeitet. Wo Zorn und Wut offen in Erscheinung treten, vermuten wir immer auch Veränderungen der Kontrollfunktionen des Ichs. Denn nur so läßt sich die Tatsache erklären, *daß in solchen Reaktionen nicht-neutralisierte oder jedenfalls minder neutralisierte Energie verwendet wird und daß – im Einklang mit meiner Hypothese – Zorn- und Wutaffekte immer mit somatischen Abfuhrerscheinungen verbunden sind.*

Analog zum Begriff der kontrollierten und der unkontrollierten Angst können wir auch von kontrollierter und unkontrollierter Aggression sprechen (MENNINGER 1954). Und wie im Falle der Angst läßt sich auch hier die Vielfalt aggressiver Reaktionsweisen wieder in einer Ergänzungsreihe ordnen. Denn auch bei der Aggression bestehen gewisse Parallelen zwischen dem Ausmaß an Kontrolle, dem Neutralisierungsgrad und der Ausprägung körperlicher Begleiterscheinungen (Abfuhrmanifestationen). Die entscheidende Rolle fällt dabei dem Ich zu. Je mehr es mit Sekundärprozessen operiert, desto «adäquater» fällt die Reaktion aus, was insbesondere heißt, daß sie sich auf die Bewältigung der momentanen auslösenden Situation beschränkt. Je mehr das Ich dagegen unter den Einfluß von Primärprozessen gerät, desto stärker werden seine Reaktionen durch vielfältige assoziative Verbindungen zwischen der aktuellen Situation und früheren Erlebnissen mitgeprägt.

Die somatischen Begleiterscheinungen der Aggression hängen – wie die der Angst – wiederum von der individuellen «Gesamtkonstellation» (total condition) ab, das heißt von der momentanen Gesamtheit aller angeborenen und Umweltfaktoren in ihrem komplexen Zusammenwirken.[13] Wir halten es für wahrscheinlich (wieder in Analogie zur Angst), daß die somatischen Manifestationen dieser vielfältigen Aggressionsformen sich nicht nur in quantitativer, sondern auch in qualitativer Hinsicht unterscheiden.

Die Sache ist aber noch etwas komplizierter: Jede Veränderung im «level» der Aggression, sei es in quantitativer Hinsicht oder in bezug auf ihren Neutralisierungsgrad oder beides, kann – und wird auch zumeist – vom Ich als eine Gefahr interpretiert werden. Inhaltlich bezieht sich diese Gefahr beispielsweise auf drohende Bestrafung seitens der Umwelt und/oder Mißbilligung seitens des Über-Ichs. Das Ich reagiert nun auf diese Gefahr mit irgendeiner Form von Angst, die aber ihrerseits auch wieder aggressive Impulse mobilisieren kann. Welcher von den beiden Affekten – Angst oder Aggression – im konkreten Falle dominiert, ist selbst bei genauer analytischer Untersuchung der betreffenden Situation oft nur sehr schwer zu entscheiden. Noch unsicherer sind wir häufig, wenn es um die Frage geht, ob bestimmte körperliche Reaktionen mehr der Angst oder mehr der Aggression zuzuordnen sind.

Wenn eine drohende Verstärkung und/oder Deneutralisierung aggressiver Triebtendenzen vom Ich erst einmal als Gefahr erkannt worden ist, so entwickelt sich leicht die weiter oben schon als «Vigilanz» bzw. «Angstbereitschaft» beschriebene Abwehrhaltung, die hier zur Verhütung aggressiver Triebdurchbrüche aufgerichtet wird. Man erkennt diese Ich-Haltung oft an einer besonderen Form von Gespanntheit.

13 Ebensogut – aber ohne erkennbare Vorteile gegenüber unserer Ausdrucksweise – kann man diese Zusammenhänge auch mit dem Begriff des «Gesamtfeldes» («total field» – GRINKER 1953) darstellen.

Kritische Bemerkungen zum Begriff der «verdrängten Aggressivität»

Erst wenn wir alle diese Faktoren in Rechnung stellen, kommen wir dem Ziel einer Pathophysiologie der Affekte und Abwehrvorgänge etwas näher und erkennen nun auch, wie naiv und simplifizierend in der bisherigen «psychosomatischen» Forschung häufig auf Grund von Ergebnissen der Tierphysiologie, insbesondere der Befunde von CANNON, gewichtige pathogenetische Hypothesen aufgestellt worden sind. CANNON (1920) selbst hat hauptsächlich untersucht, in welcher Weise die «großen» Emotionen – das heißt Emotionen von erheblicher Intensität – das vegetative Nervensystem stimulieren. Dabei stellte er aber fest (was häufig übersehen wird), daß verschiedene Tierspezies ganz unterschiedliche Reaktionen aufweisen – also zum Beispiel daß Hunde ganz anders reagieren als Katzen, die er für seine Experimente meistens benutzte –, und auch zwischen Tieren ein und derselben Art fand er erhebliche Reaktionsunterschiede. Etliche Hypothesen über die pathophysiologische Rolle der Aggression beim Menschen stützen sich jedoch hauptsächlich auf die Reaktionen von CANNONS Katzen, genauer gesagt: auf die Reaktionen der wilden, kampflustigen, nicht der zahmeren und sanfteren Katzen. Dementsprechend wird argumentiert: Wenn Aggression am vegetativen Nervensystem eine Sympathicus-Erregung bewirkt, so müßte folglich «verdrängte Aggressivität» zu einer «Stauung» von Aggression und damit zu einer chronischen Überstimulierung des Sympathicus führen. Damit wurde «verdrängte Aggressivität» in der Folgezeit bald zu einem Schlagwort, das zur Erklärung zahlloser somatischer Störungen herhalten mußte.

Historisch gesehen, gehen diese Vorstellungen auf die Hypothese von der «Libidostauung» als einer der Hauptursachen psychoneurotischer Störungen zurück, die in den frühen Schriften FREUDS noch eine zentrale Rolle spielte, während ihr heute nur noch ein begrenzter Stellenwert innerhalb der komplexen Gesamtheit ätiologischer Faktoren zuerkannt werden kann.

ALEXANDER und seine Mitarbeiter haben nun CANNONS Konzepte in folgender Weise erweitert und angewandt: Sie teilten die emotional bedingten Störungen vegetativer Funktionen in zwei Hauptgruppen ein, die zwei *emotionalen Grundhaltungen (basic emotional attitudes)*[14] entsprechen sollen, nämlich einerseits Bereitstellung zu Kampf oder Flucht,

14 Vom Autor hervorgehoben (Alexander).

andererseits Rückzug von aller nach außen gerichteten Aktivität. Eine Hemmung oder Verdrängung aggressiver Selbstbehauptungstendenzen führt nach ALEXANDER zu einer Dauerbereitstellung mit anhaltender Sympathicus-Erregung, da der sogenannte konsumatorische Akt – in diesem Falle die Kampf- oder Fluchtreaktion – nicht zustande kommen kann. Als typisches Beispiel für diesen Mechanismus werden Patienten mit essentieller Hypertension angeführt; ähnliche Mechanismen wurden aber auch für verschiedene andere Krankheitsbilder wie zum Beispiel rheumatoide Arthritis, Migräne, Urticaria etc. angenommen. Auf der anderen Seite vermutet man, daß Rückzugstendenzen im Sinne verstärkter Abhängigkeit und intensiver, aber verdrängter Anklammerungs- und Hilfebedürfnisse mit einer chronischen Erregung des parasympathischen Nervensystems einhergehen, wodurch dann u. a. peptische Ulcera entstehen könnten.

Dies ist nicht der Ort für eine eingehende Diskussion der zahlreichen Mängel, die diesen Konzepten allein schon unter physiologischen Gesichtspunkten anhaften.[15] Ich möchte hier nur generell betonen, daß jeder Versuch, tierexperimentelle Befunde der Affektphysiologie ohne weiteres auf die Pathophysiologie des Menschen zu übertragen, von vornherein zum Scheitern verurteilt ist, sofern dabei nicht die ganze Komplexität der Ichfunktionen mit in Rechnung gestellt wird. Denn das Ich ist es doch, was den Menschen vom Tier unterscheidet und die unendliche Vielfalt unseres Seelenlebens bedingt. Schon in Tierexperimenten lassen sich verschiedene Affektschattierungen nach quantitativen und qualitativen Kriterien voneinander unterscheiden (vgl. u. a. MAHL 1950); um so mehr noch ist es in experimentellen Untersuchungen über Angst und Aggression beim Menschen erforderlich, zusätzliche begriffliche Unterscheidungen wie die zwischen «kontrollierter» und «unkontrollierter» Angst bzw. «kontrollierter» und «unkontrollierter» Aggression einzuführen.

Auf diese Weise könnten psychoanalytische Konzepte zweifellos der experimentellen Forschung bestimmte Richtungen aufzeigen. Darüber hinaus aber stellt sich die Frage, ob wir Analytiker mit unserer Methode und unseren Konzepten nicht auch selbst einen *direkten* Beitrag zum Verständnis somatischer Manifestationen der Aggression leisten können.

Die Verfechter der Auffassung von der zentralen Bedeutung «verdrängter Aggressivität» – an erster Stelle, wie gesagt, ALEXANDER – betonen besonders die Rolle der Hemmung und Verdrängung aktiver Selbst-

15 Dies betrifft besonders den Wert solcher Konzepte für die Erklärung der essentiellen Hypertension.

behauptungstendenzen. Dementsprechend liest man zum Beispiel bei ALEXANDER (1971, Seite 114): «Häufig sinkt der mittlere Blutdruck wesentlich, sobald es in psychoanalytischer Behandlung gelungen ist, den Kranken selbstsicherer zu machen; und ein so weit behandelter Kranker kann sogar zu einem ernsten Problem für seine Umgebung werden.»

Ohne uns auf eine Diskussion über die wissenschaftliche Validität derartiger therapeutischer Ansprüche einzulassen, wollen wir hier nur fragen: Woher stammt denn – topisch und strukturell gesehen – diese Aggression? Wurzelt sie in prägenitalen oder ödipalen Konflikten? Welche Rolle spielt dabei das Ich? Haben wir es hier nicht mit einem Versagen der Kontrollfunktionen des Ichs zu tun, und welche Ichfunktionen sind im einzelnen daran beteiligt? Oder handelt es sich um unterschiedliche *Quantitäten* von Aggression?

In der Hoffnung, auf diese Fragen einige mögliche Antworten zu erhalten, kommen wir noch einmal auf unsere Patientin mit der Neurodermitis zurück. Ich erwähnte bereits, daß ihr Juckreiz u. a. auch als Korrelat (concomitant) aggressiver Affekte auftrat, und in der Tat war diese Patientin von einem enormen Haß erfüllt, der ihr durchaus bewußt war und sich gegen die meisten Menschen ihrer näheren Umgebung richtete. Es fiel ihr auch keineswegs schwer, diesen Haß ganz offen auszudrücken. Sie tyrannisierte ihren Ehemann, der völlig «unter ihrem Pantoffel stand»; sie stritt sich ständig mit ihrer Schwiegermutter, schrie oft ihren kleinen Sohn an und prügelte ihn sogar manchmal. Hätte die *offene Äußerung* aggressiver Gefühle tatsächlich die behauptete kathartische Wirkung und ließe sich damit wirklich die Spannung der «aufgestauten» Aggression lösen, so hätte die Patientin sicher keine somatischen Manifestationen von Aggression zu haben brauchen. Sie reagierte aber in den ersten Jahren der Analyse auf jedes Auftauchen aggressiver Regungen unweigerlich mit schwerem Juckreiz und/oder mit einer erneuten Exazerbation der Hautkrankheit und stellte überdies für ihre Umwelt ein erhebliches Problem dar. Dagegen konnte sie gegen Ende ihrer Analyse zwar immer noch mitunter sehr wütend werden und war auch nicht minder durchsetzungsfähig als zuvor, aber sie erschien jetzt kontrollierter, beherrschter, weniger lautstark, für ihre Umwelt war sie jetzt nicht mehr problematisch, und vor allem reagierte sie auf ihre aggressiven Gefühle nun auch nicht mehr mit Juckreiz und/oder neuen Hautveränderungen.

Was hatte sich nun bezüglich ihrer Aggression inzwischen geändert? Untersuchen wir doch genauer ihre Feindseligkeit, die sich u. a. gegen ihren Ehemann, ihren Sohn, ihre Schwiegermutter und ihren Analytiker richtete. Wir erwähnten ja schon die Zwangsgedanken der Patientin, sie könnte ihren Ehemann umbringen. Solche Gedanken traten besonders während und nach dem Geschlechtsverkehr in verstärktem Maße auf. In solchen Situationen erlebte sie den Ehemann in der Rolle ihres brutalen, vergewaltigenden Vaters. Die Patientin versuchte auch, die Beziehungen ihres Mannes zu seiner Mutter und seinen Geschwistern zu stören; in diesem Falle stand der Ehemann in ihrem Erleben für ihre älteren Brüder. Sie verlor oft die Geduld mit ihrem kleinen Sohn und ließ sich dann leicht zu Wutausbrüchen hinreißen. Dieser Sohn wiederum repräsentierte für sie das inzestuöse Phantasie-Kind, das sie sich von ihrem Vater gewünscht hatte, zugleich aber auch die jüngeren Brüder, denen gegenüber ein heftiger Geschwisterneid bestanden hatte. Die Schwiegermutter repräsentierte die eigene Mutter der Patientin, gegen die sie in allen Phasen ihrer Entwicklung einen starken Haß empfunden hatte. Der Analytiker stellte in der Übertragungssituation für sie hauptsächlich den Vater dar, aber solange die Hautkrankheit sich noch nicht wesentlich gebessert hatte – und dieser Zustand hielt während der Analyse noch gut drei Jahre an –, stand er zugleich auch stellvertretend für die Mutter, denn er vermochte sie nicht zu heilen und zu beschützen – ebensowenig wie die Mutter. Nur wegen der aggressiven Affekte gegen ihren Sohn und gegen den Analytiker empfand sie Schuldgefühle, aber die Hautsymptome verstärkten sich bei *jedem* Auftauchen von Aggression, gleich gegen wen die Aggression gerichtet war.

Alle soeben geschilderten Beispiele weisen eine Gemeinsamkeit auf: Das Ich der Patientin operiert hier auf Primärprozeß-Niveau, und deshalb wird die Wahrnehmung und Einschätzung der aktuellen realen Situation in starkem Maße durch assoziative Verknüpfungen mit infantilen Szenen mitbestimmt. Darum also war die Patientin nicht in der Lage, ihre aggressiven Reaktionen auf den jeweiligen aktuellen Anlaß zu beschränken, sondern sie reagierte jedesmal gleichzeitig auf *alle* Faktoren, die in der genannten Weise assoziativ miteinander zusammenhingen. Solche Reaktionen konnten also gar nicht adäquat sein, sondern mußten in ihrer Intensität und Dauer notwendigerweise übertrieben ausfallen.

Daraus läßt sich der Schluß ziehen, daß das Auftreten somatischer Erscheinungen an bestimmte Ichfunktionsweisen gebunden ist. Im Zuge einer Ich-Regression, besonders beim Überwiegen von Primärprozessen, kann es leicht zum Versagen einer anderen wichtigen Ichfunktion kommen, nämlich der Fähigkeit zur Neutralisierung von Aggression. Es scheint demnach eine Parallele zu bestehen zwischen dem Vorherrschen von Primärprozeßdenken, dem Versagen der Neutralisierungsfunktion und der Resomatisierung von Reaktionen.

Durch die assoziative Verknüpfung der aktuellen Anlässe mit infantilen Aggressionsauslösern wird jede «adäquate» Abfuhr dieser Aggression von vornherein zum Scheitern verurteilt; sie ist genauso unmöglich geworden wie etwa die Befriedigung sonstiger prägenitaler – zum Beispiel analerotischer – Triebe. Solange die Aggression unserer Patientin in Wirklichkeit den Objekten ihrer Kindheit galt, ließ sie sich nicht durch aggressives Verhalten erledigen – die Patientin konnte ja schlechterdings nicht ihre Schwiegermutter verschlingen, den Ehemann erstechen oder ihren kleinen Sohn kastrieren. Auf diese Weise kommt hier in die triebökonomische Situation immer schon ein Element der Frustration mit hinein. Das ökonomische Gleichgewicht wird aber noch zusätzlich durch die narzißtische Regression belastet, die im Gefolge der somatischen Symptombildung einzutreten pflegt. Das narzißtische Gleichgewicht dieser Patienten ist ohnehin außerordentlich labil, sie sind psychisch ebenso empfindlich wie in bezug auf ihre Haut. Alles was dieses Gleichgewicht ins Wanken bringt, löst sofort eine Welle von Aggression aus, die wiederum nicht ausreichend neutralisiert werden kann. Erst wenn man *alle* diese Aspekte in Rechnung stellt, wird erklärlich, warum die Aggression dieser Patientin mit somatischen Symptomen einhergehen mußte. Als sie dann mit Hilfe der Analyse ihre unbewußten Konflikte besser zu lösen vermochte und ihre wichtigsten Ichfunktionen wiederhergestellt waren, war sie auch in der Lage, bei betreffenden Anlässen auf dem Niveau der Sekundärprozesse zu reagieren. Ihr Ehemann war jetzt ihr Ehemann, ihr Sohn war ihr Sohn. Sie konnte auch jetzt noch mit ihnen schimpfen und sie anschreien – aber ihre Wut brauchte sie nicht mehr zu jucken.[16]

Die somatischen Auswirkungen der Aggression können demnach psychoanalytisch mit Hilfe des sogenannten «erweiterten ökonomischen Ansatzes» (HARTMANN 1953) untersucht werden.

Wenn also die Neutralisierung und andere Ichfunktionen in der psychischen Ökonomie der Aggression eine derartige Rolle spielen, so erhebt sich doch die Frage, ob das der Hydrodynamik entlehnte Modell der «aufgestauten Spannung» nicht als überholt gelten muß. MENNINGER (1954) hat bereits vorgeschlagen, eine homöostatische Funktion des Ichs anzunehmen. Ebensogut könnten wir ein etwas spezifischeres Modell aus der Physiologie heranziehen und vom Ich als einem Organ der Anpassung im SELYEschen Sinne sprechen, oder wir könnten – in Anlehnung an ein neueres physikalisches Modell – die explosive Freisetzung psychischer Energien nach dem Zusammenbruch bestimmter Ichfunktionen mit den Vorgängen bei einer Kernspaltung vergleichen.

Die Meinung, offene Äußerung von Aggression sei unter therapeutischen Gesichtspunkten wünschenswert, erinnert uns an die Fehlinterpretationen psychoanalytischer Prinzipien in manchen Phasen der sogenannten modernen Erziehung, wo es passieren konnte, daß Eltern von den Lehrern ihrer Kinder berichtet bekamen, wie herrlich aggressiv ihr Spröß-

16 Was hier an Hand unseres Fallbeispiels dargestellt wurde, gilt analog auch für die anderen Hautkranken, die wir im Rahmen dieser Studie untersucht haben. In dieser Arbeit geht es zwar hauptsächlich um Dermatosen, aber die hier entwickelten Konzepte lassen sich prinzipiell auf alle «psychosomatischen» Störungen anwenden.

ling geworden sei![17] Tatsächlich geht es in einer Analyse doch wohl mehr darum, das defekte Ich allmählich wieder zu einem «gekonnteren» Umgang mit Aggression zu befähigen.

Somatisierung und Sexualität

Kann Juckreiz auch als Korrelat oder Äquivalent libidinöser Impulse auftreten? Sehen wir, wie es sich bei unserer Patientin mit der Neurodermitis verhielt, bei der ja der Juckreiz anfallweise u. a. dann einsetzte, wenn sie an Geschlechtsverkehr mit ihrem Mann dachte oder wenn sie vor dem Einschlafen zwanghaft immer wieder den Namen ihres Analytikers wiederholte; – war der Juckreiz hier eine Abfuhrmanifestation von Angst oder von Libido? Leider wissen wir über die wirkliche Natur sexueller Triebimpulse im Grunde sehr wenig. Vielleicht führt ein Zitat von FENICHEL (1945 a) uns hier ein Stück weiter:

«Chemische Veränderungen im Körper bewirken eine sensible Stimulierung der erogenen Zonen; hierdurch werden Impulse von stark dranghafter Intensität geweckt, die nach geeigneten Handlungen drängen, deren Ziel in der Herbeiführung entsprechender Veränderungen am Ort der Reizung besteht. Das physiologische Korrelat sexueller Impulse wäre demnach vergleichbar mit den physiologischen Vorgängen, die solchen Empfindungen wie zum Beispiel Jucken oder Kitzeln zugrunde liegen. Denn auch hierbei kommt es zum Beispiel durch einen Insektenstich oder infolge bestimmter innerer physiologischer Bedingungen zu lokalen chemischen Veränderungen und damit zu sensiblen Reizen in der Haut, die mit Gefühlen von stark dranghafter Intensität verbunden sind; dadurch wird der Impuls zu kratzen erregt, und das Kratzen bewirkt schließlich eine entsprechende Veränderung an der Reizquelle. Die Wirkung des Kratzens mag mit einer Durchblutungsänderung im juckenden Bereich zusammenhängen. Es scheint jedoch, daß es sich beim Kratzen um das Residuum eines viel archaischeren biologischen Reflexes handelt, der auch für sexuelle Triebentladungen grundsätzlich bedeutsam ist: ich meine den Reflex, Organe, von denen störende Empfindungen ausgehen, abzustoßen ... Am Phänomen der Autotomie erweist sich der Gegensatz zwischen Triebbefriedigung und Triebabwehr als ein relativer; denn beide,

17 Ich habe zur Zeit einen Patienten in Behandlung, der – neben seiner «Charakterneurose» – unter essentieller Hypertonie, Spondylarthritis *und* einem Ulcus pepticum leidet (womit er sämtliche Hypothesen zur «Spezifität» psychosomatischer Störungen über den Haufen wirft!). Von einem früheren Therapeuten war ihm geraten worden, seiner «verdrängten Aggressivität freien Lauf zu lassen». Zu seinem Glück versuchte er wenigstens im Berufsleben seine Aggression immer noch zu «unterdrücken», aber zu Hause ließ er solche Hemmungen fallen. Als ich die Gründe für sein aggressives Verhalten, besonders gegenüber seiner Ehefrau, zu analysieren versuchte, war er baß erstaunt und meinte: ob es denn für seinen Blutdruck nicht schädlich sei, Aggressionen zu «unterdrücken»?

sowohl die Triebhandlung als auch die Abwehr dagegen, haben möglicherweise ihren gemeinsamen Ursprung im Autotomie-Reflex.» (Seite 56) (Vgl. auch FERENCZI 1964)

In seinem Artikel über «Die Verdrängung» stellt FREUD (1915 a) fest:

«Es kann vorkommen, daß sich ein äußerer Reiz, zum Beispiel dadurch, daß er ein Organ anätzt und zerstört, verinnerlicht und so eine neue Quelle beständiger Erregung und Spannungsvermehrung ergibt. Er erwirbt sich damit eine weitgehende Ähnlichkeit mit einem Trieb. Wir wissen, daß wir diesen Fall als *Schmerz* empfinden.» (Vgl. auch BONAPARTE 1952).

Solche Überlegungen lassen sich auch auf den Juckreiz bei Hautkranken übertragen. Wie wir später noch eingehender besprechen werden, ist die Sexualität dieser Patienten vorwiegend «prägenitaler» Art, sie ist daher eine beständige Quelle erheblicher Konflikte und weckt sehr leicht Angst und Aggression. Gerade das macht es ja auch in solchen Fällen so schwer, zwischen somatischen Manifestationen von Libido, Aggression und Angst zu unterscheiden. Sofern Juckreiz überhaupt in Verbindung mit libidinösen Trieben auftritt, ist er fast immer als Äquivalent, nicht als Korrelat derselben aufzufassen. Denn zumindest unanalysierte Patienten sind sich kaum jemals des sexuellen Charakters der Juckreiz-Empfindung bewußt – wie ja überhaupt oft der sexuelle Charakter einer Handlung leichter festzustellen ist als der einer Empfindung.

Kratzen und andere Manipulationen am eigenen Körper

Evidenter ist der Zusammenhang mit der Sexualität beim Kratzen, das in verschiedenen Formen ein wichtiges Symptom vieler Hautkrankheiten ist. Es kann sich zu außerordentlicher Heftigkeit steigern, so zum Beispiel beim Sulzberger-Garbe-Syndrom (vgl. SCHUR 1950 b), bei der Neurodermitis, beim Pruritus vulvae et ani, beim atopischen Ekzem und anderen Dermatosen. Mitunter wird das Kratzen sogar zum Leitsymptom, so zum Beispiel bei den sogenannten neurotischen Exkoriationen. Durch die Folgen des Kratzens wie Sekundärinfektionen, Lichenifikation und wahrscheinlich auch durch die Freisetzung von Stoffwechselprodukten im zerkratzten Bereich entsteht sehr leicht schon auf somatischer Ebene ein Circulus vitiousus.

Kratzen kann zu einer Art sexueller Befriedigung werden.[18] Auch der-

18 Vgl. das oben angeführte Zitat von FENICHEL (1945 a).

matologischen Beobachtern ist bereits der orgastische Charakter der Kratzorgien mancher Patienten mit Sulzberger-Garbe-Syndrom (= distinktive exsudative diskoide und lichenoide chronische Dermatose [SCHUR 1950 b], im folgenden meist abgekürzt: d. e. d. und l. c. D. –) Anm. d. Ü.) aufgefallen, wobei das Kratzen sich in einem ständigen Crescendo immer mehr steigert, um schließlich abrupt in einem Zustand völliger Erschöpfung zu enden. Die durch das Kratzen erlangte Befriedigung geht über eine bloße Beseitigung des unlustvollen Juckreizes hinaus; sie wird für viele dieser Patienten zur vorherrschenden, wenn nicht einzigen Form sexuellerBefriedigung. Es findet also eine Regression zur autoerotischen Phase der Hauterotik statt, was wiederum ganz im Einklang steht mit der analytischen Erfahrung, daß erkrankte Organe eine verstärkte Besetzung erlangen. Infolge seines (selbst-)destruktiven Charakters eignet sich das Kratzen besonders als Vehikel zur Abfuhr sadomasochistischer Triebspannungen.[19]

Es versteht sich von selbst, daß eine schon in der Kindheit aufgetretene Dermatose die psychosexuelle Entwicklung erheblich beeinflussen wird und daß wir in solchen Fällen von vornherein mit einem Überwiegen prägenitaler Faktoren zu rechnen haben. Man findet jedoch auch bei der Analyse mancher Patienten, deren Hautkrankheit erst viel später im Leben erstmals manifest wurde, ganz ähnliche Strukturen.

Unter solchen Voraussetzungen nimmt das Kratzen leicht einen masturbatorischen Charakter an. Die damit erreichte Befriedigung oder Erleichterung ist aber nur von kurzer Dauer, kürzer noch als die Befriedigung, die bei sonstigen prägenitalen Masturbationshandlungen erlangt wird. Infolgedessen besteht ein nahezu konstantes Bedürfnis nach Wiederholung, und oft wird das Kratzen zu einer Art Zwangshandlung. Bei den Patienten, von denen wir hier sprechen, geht die Fähigkeit zum Handlungsaufschub, die anfangs vielleicht noch bestanden haben mochte, offenbar sehr rasch verloren. Das Kratzen weist aber noch eine weitere Ähnlichkeit zur Masturbation auf: Der Patient weiß, daß es seiner Haut schadet, und fühlt sich schuldig und minderwertig, weil er es dennoch nicht lassen kann. Der innere Kampf gegen das Kratzen nimmt auf diese Weise alle typischen Merkmale des Kampfes gegen die Masturbation an. In der Analyse solcher Fälle sehen wir uns vor die Schwierigkeit gestellt, daß wir dem Patienten zwar den Realitätsaspekt aufzeigen müssen, nämlich, daß das Kratzen tatsächlich seiner Haut schadet – aber nicht wegen

19 Wir werden weiter unten bei der Besprechung der Hauteffloreszenzen und ihrer sekundären psychischen Verarbeitung noch einmal Gelegenheit haben, auf weitere Aspekte der Sexualität bei Dermatosen näher einzugehen.

seines sexuellen Charakters. Manche Patienten können das Kratzen überhaupt erst aufgeben, wenn sie es zunächst einmal erreicht haben, sich ohne Schuldgefühle zu kratzen. Die schädlichen Folgen des Kratzens werden häufig als Strafe für die Masturbation erlebt, aber damit können sie wiederum auf einer primitiveren Ebene als Rechtfertigung für weiteres Kratzen dienen. Besonders wenn das Kratzen nach dem Zu-Bett-Gehen einsetzt, ist es oft mit Phantasien verbunden, in denen wichtiges analytisches Material zur Darstellung kommt. Exhibitionismus und die Abwehr dagegen spielen hier eine ganz zentrale Rolle, und zwar sowohl als Partialtrieb wie auch als primitive Form von Objektbeziehung. Das Wegkratzen von Hautveränderungen, die dadurch aber gerade auffällig werden, stellt eine primitive Abwehrmaßnahme und gleichzeitig eine Selbstbestrafung dar.

Damit kommen wir auf den Zusammenhang zwischen Kratzen und Aggression zu sprechen. Bei allen diesen Patienten können wir beobachten, wie das Kratzen zu einer wichtigen Ausdrucksform für aggressive Spannungen wird. Bemerkenswerterweise tritt der *Juckreiz* selbst bei denjenigen Hautkranken, wo er das Leitsymptom der Dermatose ist, fast nie während der analytischen Sitzungen auf. Beobachtet man jedoch so einen Patienten genauer, während er gerade ein aggressionserregendes Thema ansteuert, so sieht man oft, wie seine Hände sich zu einer Art Klauenstellung verkrampfen, so als wollte er im nächsten Moment jemanden in Stücke zerreißen, oder man bemerkt, daß der Patient seine Fingernägel ins eigene Fleisch «eingräbt» oder daß er anfängt, sich zu kratzen, obwohl er gar keinen Juckreiz verspürt. Außerhalb der Sitzungen geschieht so etwas sogar noch häufiger. Oft stellt das Kratzen eine «gegen das eigene Selbst gewendete Aggression» dar; man macht es sich jedoch meistens zu leicht, wenn man nur diesen einen Aspekt sieht. Denn in unseren Analysen wurde deutlich erkennbar, daß diese Verhaltensweise mehrfach determiniert ist. Auf der einen Ebene mag das Kratzen Ausdruck von Selbstbestrafungstendenzen sein, aber gleichzeitig bedeutet es auf einer tieferen Ebene auch die Bestrafung eines äußeren Objekts, gewöhnlich der Mutter. Einer meiner Patienten verwandte den größten Teil einer Sitzung darauf, daß er sich über einen Arzt beschwerte, der ein paar Allergietests an ihm vorgenommen hatte; er schloß mit den Worten: «Und natürlich habe ich mich wieder die ganze Nacht gekratzt!» Auf die Frage, warum er das getan habe, kam die Antwort: «Ich mußte ihm doch zeigen, was er mir angetan hatte.» Im Anschluß daran kam er auf die Eßschwierigkeiten seiner frühen Kindheit zu sprechen. Er verhielt sich also wie ein kleines Kind, das seine Mutter straft, indem es die Nahrung verweigert. Auf einer noch tieferen Ebene ist die Haut – mit ihrer Doppelfunktion als schützendes Integument und Wahrnehmungsorgan[20] – zu einem Teil des eigenen Selbst und zugleich des äußeren Objekts geworden, das heißt, es kommt zu einer Wiederverschmelzung von Selbst- und Objektrepräsentanzen. Bei allen diesen Anlässen zum Kratzen zeigt sich auch immer wieder der schon erwähnte Defekt dieser Patienten in bezug auf ihre Fähigkeit zur Neutralisierung von Aggression.

Gerade in solchen tiefen Regressionszuständen fügen die Patienten sich den meisten Schaden zu. Infolge solcher regressiven Einbrüche kommt es auch leicht wieder zu lang anhaltenden Rückfällen. Es liegt auf der Hand, daß Juckreiz und Kratzen, sobald sie in den Dienst des Widerstandes treten, die Therapie ganz erheblich behindern können. Man muß mit solchen Schwierigkeiten rechnen und die Behandlungstechnik danach ausrichten. Tägliche Sitzungen sind unumgänglich. Es-Inhalte dürfen nur mit äußerster Vorsicht angesprochen werden. Man muß das Sekundärprozeßdenken unterstützen, indem man immer von der Peripherie ausgeht, also von denjenigen Bereichen, die weniger von Konflikten betroffen sind. Manchmal ist eine stationäre Aufnahme notwendig, aber dann sollte die Analyse möglichst auch während der stationären Behandlung weiter fortgesetzt werden. Ein wesentliches Erfordernis ist auch die ständige Kooperation mit einem verständnisvollen Dermatologen (vgl. die Ausführungen im letzten Abschnitt).

Häufig kratzen die Patienten sich im Schlaf; man findet dann Zusammenhänge mit Trauminhalten der betreffenden Nacht. In den Träumen unserer Patientin mit der Neurodermitis symbolisierte das Kratzen den Versuch, das Sperma ihres Vaters von ihrer Haut zu beseitigen; von hier aus ergaben sich wiederum Zusammenhänge mit sehr frühen Schwangerschaftswünschen während und nach den Schwangerschaften ihrer Mutter (als die Patientin zweieinhalb und als sie fünf Jahre alt war), mit ihrer Amenorrhöe nach dem Tode des Vaters und mit der Exazerbation der Hautsymptomatik während ihrer eigenen ersten Schwangerschaft.

Außer dem Kratzen gibt es noch zahlreiche andere Manipulationen an der Haut, die wiederum mit einem breiten Spektrum psychopathologischer Störungen in Zusammenhang stehen. Hierzu zählt u. a. das Aufstechen und Ausquetschen von Mitessern, Furunkeln, Rosacea- und Aknepusteln etc., manchmal auch unter Zuhilfenahme von Instrumenten wie zum Beispiel Nadeln, Pinzette, Schere usw. Das Gemeinsame an allen

20 In diesem Zusammenhang ist auch interessant, daß die Haut ebenso wie das Zentralnervensystem entwicklungsgeschichtlich aus dem Ektoderm stammt.

diesen Manipulationen betrifft ihren zwanghaft-impulsiven Charakter, ihre masturbatorische Funktion, die damit einhergehenden Schuldgefühle, die Selbstbestrafungstendenzen und häufig auch den Mechanismus der Bestrafung anderer Personen durch selbstdestruktives Agieren. Es handelt sich hier um ähnliche Mechanismen, wie wir sie schon im Zusammenhang mit dem Kratzen beschrieben haben, nur daß hier die subjektive Erleichterung und die unmittelbare Befriedigung weniger im Vordergrund stehen. Die Folgen solcher Manipulationen (Sekundärinfektion, Narben, Entstellungen) gewinnen auch wiederum die Funktion sowohl der indirekten Triebbefriedigung zum Beispiel exhibitionistischer Art wie auch umgekehrt der Abwehr dagegen. Auf Grund eines Projektionsmechanismus kommt es leicht zu dem bei Hautkranken so verbreiteten Gefühl, «mit diesem schrecklichen Ausschlag von allen angestarrt zu werden» (SCHUR 1950 b). Daraus entsteht schließlich der bekannte «Leprakomplex», der in der dermatologischen Literatur häufig erwähnt wird. Mit dem Ichdefekt dieser Patienten paßt auch zusammen, daß ihre Gegenbesetzungen weitgehend mit nichtneutralisierter aggressiver Energie operieren (HARTMANN 1953).

Für manche Fälle ist jedoch diese Interpretation noch unzureichend. Ich möchte an dieser Stelle FREUD (1915 b) zitieren:

«Ein Patient, den ich gegenwärtig beobachte, läßt sich durch den schlechten Zustand seiner Gesichtshaut von allen Interessen des Lebens abziehen. Er behauptet, Mitesser zu haben und tiefe Löcher im Gesicht, die ihm jedermann ansieht. Die Analyse weist nach, daß er seinen Kastrationskomplex an der Haut abspielt. Er beschäftigte sich zunächst reuelos mit seinen Mitessern, deren Ausdrücken ihm große Befriedigung bereitete, weil dabei etwas herausspritzte, wie er sagt. Dann begann er zu glauben, daß überall dort, wo er einen Comedo beseitigt hatte, eine tiefe Grube entstanden sei, und er machte sich die heftigsten Vorwürfe, durch sein ‹beständiges Herumarbeiten mit der Hand› seine Haut für alle Zeiten verdorben zu haben. Es ist evident, daß ihm das Auspressen des Inhaltes der Mitesser ein Ersatz für die Onanie ist ... Diese Ersatzbildung hat trotz ihres hypochondrischen Charakters viel Ähnlichkeit mit einer hysterischen Konversion, und doch wird man das Gefühl haben, daß hier etwas anderes vorgehen müsse, daß man solche Ersatzbildung einer Hysterie nicht zutrauen dürfe, noch ehe man sagen kann, worin die Verschiedenheit begründet ist. Ein winziges Grübchen wie eine Hautpore wird ein Hysteriker kaum zum Symbol der Vagina nehmen, die er sonst mit allen möglichen Gegenständen vergleicht, welche einen Hohlraum umschließen. Auch meinen wir, daß die Vielheit der Grübchen ihn abhalten wird, sie als Ersatz für das weibliche Genitale zu verwenden» (Seite 298 f).

FREUD führt dieses Beispiel an, um den Unterschied zwischen den Ersatzbildungen bei Schizophrenen und bei den Übertragungsneurosen zu verdeutlichen und um das Phänomen der hypochondrischen oder «Organsprache», wie er das in diesem Zusammenhang nennt, zu illustrieren. Nun litt allerdings FREUDS Patient an einer blühenden Schizophrenie, und seine Hautsymptome bildeten nur einen kleinen Teil der Manifestationen seines Wahnsystems. Man beobachtet aber erstaunlich häufig auch bei Hautkranken, die nach ihrem Gesamtverhalten und ihrer Symptomatik keineswegs psychotisch sind, ganz ähnliche Einstellungen gegenüber ihren Manipulationen, deren Folgen und überhaupt gegenüber den Hauterscheinungen.[21]

Ähnliche Manipulationen kommen aber auch bei Nicht-Hautkranken vor, nämlich in bezug auf die Hautanhangsgebilde, also die Haare oder Fingernägel. Sie wurden alle mit langen komplizierten Namen belegt: Trichotillomanie, Trichocryptomanie, Dermatothalasie, Onychotillomanie etc. Das Gemeinsame aller dieser Verhaltensweisen liegt wiederum in ihrem zwanghaft-triebhaften, selbstdestruktiven Charakter. Die Trichotillomanie – das heißt zwanghaftes Haarausreißen, häufig verbunden mit dem Verschlucken der ausgerissenen Haare – kommt hauptsächlich bei Kindern vor. Ich konnte die Entwicklung einer solchen Verhaltensstörung bei einem einjährigen Jungen in *statu nascendi* beobachten. Es begann mit einer übermäßig starken Besetzung der Haare seiner Mutter. Eine ganze Zeitlang mußte sie ihm immer erst eines ihrer Haare geben, bevor er sich ins Bett bringen ließ. Dieses Haar im Mund zu halten, ergänzte oder ersetzte ihm das Daumenlutschen. Später wurde auch dieses Verhalten wiederum erweitert und schließlich ersetzt dadurch, daß er nun seine eigenen Haare ausriß und in den Mund nahm. Die Mechanismen der Einverleibung des Objekts und der Verschmelzung des Objekts mit Anteilen des Selbst, aber auch die Fusion libidinöser und destruktiver Triebziele sind hier sehr deutlich zu erkennen. Die Symptome verschwanden wieder, als das Kind eine neue Entwicklungsphase erreicht hatte. In anderen Fällen, wo das Symptom bestehenbleibt oder sich erst in einem späteren Stadium entwickelt, beobachtet man ein zunehmendes Überwiegen destruktiver Triebziele. Das Verständnis der Mechanismen, die diesem Syndrom zugrunde liegen, kann vielleicht auch den Hintergrund mancher Fälle von Alopecia generalisata und areata etwas erhellen; wir kommen darauf noch einmal zurück.

21 Dies soll weiter unten im Abschnitt über die sekundäre psychische Verarbeitung der Hautveränderungen noch eingehender besprochen werden.

Bei Patienten mit einer Acarophobie (Dermatozoenwahn), die ständig irgendwelche Insekten aus ihrer Haut entfernen wollen, ist der wahnhafte Charakter ihrer Manipulationen ganz unverkennbar. So untersuchte ich zum Beispiel einen Apotheker, der mit immer stärkeren Salben und Lotionen eine imaginäre Pilzinfektion in seinem Gesicht und an seinen Extremitäten «ausmerzen» wollte; die Folge waren tiefe Hautverätzungen und eine schwere Dermatitis. Solche Patienten sind analytisch nicht behandelbar; sie sprechen aber manchmal, zumindest vorübergehend, auf «magische» Maßnahmen an. Wenn unsere Neurodermitis-Patientin das Sperma ihres Vaters aus ihrer Haut herauskratzen wollte, so kam das den psychotischen Mechanismen der Acarophobie zwar schon bedenklich nahe (vgl. die symbolische Gleichung zwischen Kindern/Insekten/Sperma); bei ihr handelte es sich aber nur um eine Assoziation auf der Ebene ihrer Träume und Phantasien, nicht um eine wahnhafte Überzeugung. Beim Wahn dagegen ergreift der Primärprozeß das ganze System Vbw, insbesondere die Wortvorstellungen (FREUD 1916, LEWIN 1954).

Das Auftreten spezifischer Effloreszenzen als Beispiel einer somatischen Symptombildung

Welches sind nun die psychologischen Bedingungen, unter denen wir das Auftreten von spezifischen Effloreszenzen – also nicht unspezifischen Sekundärveränderungen zum Beispiel durch Superinfektion oder Lichenifikation, sondern typischen Primäreffloreszenzen der betreffenden Dermatose – zu erwarten haben? In Einzelfällen finden sich häufig Anhaltspunkte dafür, daß der erste Krankheitsausbruch oder auch einzelne Rückfälle in engem Zusammenhang stehen mit einem traumatischen Erlebnis oder einer besonders konflikthaften Lebenssituation. Solche anamnestischen Zusammenhänge lassen sich allerdings nur sehr schwer mit ausreichender Genauigkeit feststellen und stoßen daher bei «organisch orientierten» Ärzten auf verständliche Skepsis. Unter den Voraussetzungen einer kontinuierlichen täglichen Beobachtung, wie die Analyse sie bietet, wird man sich schon eher davon überzeugen können.

Und selbst wenn feststeht, daß ein Exanthem durch «emotionale» Faktoren ausgelöst werden kann, so erhebt sich die weitere Frage, wie die auslösende Situation unter dynamischen und ökonomischen, topischen und strukturellen Gesichtspunkten zu beschreiben wäre und worin die Unterschiede zu anderen Situationen bestehen, in denen etwa «nur» Juckreiz auftritt.

Diese Fragen sind gar nicht leicht zu beantworten. Bei unserer Neurodermitis-Patientin zum Beispiel zeigte die Analyse, daß während der Zeiten, in denen *gehäuft neue Effloreszenzen* auftraten, die gleichen Faktoren sowohl Juckreiz wie auch neue Hautveränderungen hervorrufen konnten. Unterscheiden sich also die auslösenden Faktoren nur in quantitativer Hinsicht? Eine mögliche Antwort auf diese Frage ergibt sich aus Beobachtungen, die wir in Analysen von Patienten mit Sulzberger-Garbe-Syndrom (d. e. d. und l. c. D.) gewinnen konnten (nähere Einzelheiten in der Arbeit von Schur 1950 b). Bei diesen Kranken traten die ersten Hautveränderungen regelmäßig auf dem Höhepunkt eines unerträglichen Konflikts auf. Die Atmosphäre der auslösenden Situation war in etwa vergleichbar mit den «Zwangsdelirien» in Freuds unübertroffener Krankengeschichte des «Rattenmannes» (1909), nur fehlte beim «Rattenmann» die Bereitschaft zur physiologischen Regression.

Bei einem meiner Patienten mit Sulzberger-Garbe-Syndrom (d. e. d. und l. c. D.) kam es unter der Behandlung zu einer vollständigen Remission. Aber dann widerfuhr dem Patienten ein außerordentlich traumatisches Erlebnis, das mir wiederum die Gelegenheit zu einer quasi experimentellen Beobachtung bot: Sein Vater erlitt einen Herzinfarkt. Der Patient besuchte ihn im Krankenhaus und mußte ihm die Urinflasche reichen; dabei bemerkte er einen blutigen Katheter im Penis des Vaters. Er geriet in einen Zustand zunehmender unkontrollierter Angst. Trotz meiner angestrengtesten Bemühungen gelang es nicht, seine Ichkontrolle auch nur einigermaßen zu stabilisieren. Eine Serie von Träumen, die sich daran anschloß, zeigte nicht nur seine zunehmende Regression, sondern auch sein verzweifeltes Bedürfnis, irgend etwas zu tun, und veranlaßte mich dazu, einen Rückfall seiner Dermatose vorauszusagen. Schließlich unternahm der Patient gewissermaßen noch einen letzten Rettungsversuch und opferte seinen kostbaren Schnurrbart, der für ihn immer ein Objekt besonderen narzißtischen Stolzes gewesen war. Am folgenden Tage wachte er auf mit einer neuen Effloreszenz am Penis – übrigens eine Lokalisation, mit der diese Krankheit meistens beginnt und wo auch bei diesem Patienten die allerersten Hautveränderungen aufgetreten waren. Kurz darauf starb sein Vater, und bald danach kam es wieder – wie schon zu Beginn seiner Dermatose – zu einem generalisierten Exanthem.

Das Beispiel zeigt, daß die erste somatische Läsion in einer Situation auftritt, in der die Kontrollfunktionen des Ichs desintegriert sind, die Denkprozesse vom Primärvorgang beherrscht werden und die Neutralisierung von Affekten[22] und Trieben nicht mehr gelingt. Der unlösbar gewordene Konflikt verlangt nach irgendeiner wirksamen Abwehrmaßnahme, die unter diesen Umständen nur die Form einer ganz archaischen

22 Genauer: die Fähigkeit, für Affekte neutralisierte Energie zu verwenden.

Organhandlung annehmen kann. Der Terminus wird hier in Erweiterung des FREUDschen Begriffs der *Organsprache* (FREUD 1915 b) gebraucht. Im Falle des oben erwähnten Patienten bestand die Organhandlung in der symbolischen Opferung eines Teils an Stelle des Ganzen (*pars pro toto*): Er gab gewissermaßen einen Teil seines Penis auf, um so dem Schicksal der gefürchteten totalen Kastration zu entgehen. Zugleich wurden mit dem Ausbruch der Hautkrankheit sicher auch libidinöse (zum Beispiel exhibitionistische) und aggressive Triebkomponenten mitbefriedigt.

Wenn wir nun auf unsere schon mehrfach erwähnte Neurodermitis-Patientin zurückkommen, so zeigte auch ihre Vorgeschichte, daß nach einer Phase weitgehender Remission plötzlich wieder neue Krankheitsherde auftraten, die in Zusammenhang mit traumatischen Erlebnissen standen. Die letzte generalisierte Eruption kurz vor Beginn der analytischen Behandlung war durch die Heirat und Schwangerschaft ausgelöst worden. In den ersten beiden Jahren der Analyse war die Patientin nie ganz frei von Hauterscheinungen; während dieser Zeit war eine eindeutige Differenzierung zwischen den jeweiligen auslösenden Situationen für das Auftreten von Hautjucken und/oder von neuen Effloreszenzen praktisch kaum möglich. Nachdem die Analyse Fortschritte gemacht hatte, vergrößerten sich allmählich die Zeitabstände zwischen den Exazerbationen des Ekzems.

Im dritten Jahr der Analyse traten immer noch gelegentlich Juckreiz und Kratzen auf, und zwar regelmäßig unter den schon beschriebenen Bedingungen. Mittlerweile war es aber nun auch möglich geworden, im Unterschied dazu die Bedingungen abzugrenzen, unter denen das Auftreten *neuer Krankheitsherde* an der Haut zu erwarten war. Zum Teil ließen sich solche Exazerbationen jetzt – wie auch früher schon – auf eine plötzliche, unerwartete, massive Überlastung des emotionalen Gleichgewichts zurückführen, beispielsweise infolge eines massiven Durchbruchs unbewußter Impulse. Dies war zum Beispiel der Fall, als der Patientin anläßlich einer Erkrankung ihres Sohnes plötzlich ihr enormer Haß gegen den Jungen bewußt wurde, den sie unbewußt als ihren jüngeren Bruder und zugleich als das ihr vom Vater gezeugte Kind erlebte. Hier war es also die Kombination von quantitativen Faktoren und Plötzlichkeit der Belastung, was eine traumatische Situation schuf und die Ich-Barrieren durchbrach, so daß eine weitreichende Regression mit entsprechender Veränderung der ökonomischen Situation in Gang gesetzt wurde. Solche Rückfälle waren bei der Patientin meistens verbunden mit einer hartnäckigen, bockigen Widerstandshaltung, Verlust von Einsicht und neuen Zweifeln an der Wirksamkeit der Analyse bei solch einer «organischen» Krankheit.

In dieser Behandlungsphase brach das Ekzem aber gelegentlich auch unter andersartigen Umständen aus, die genau analysiert werden konnten. Häufig handelte es sich dabei um Anlässe, die sie an bestimmte Situationen ihrer Pubertätszeit erinnerten. Ich erwähnte bereits, daß die Patientin damals oft ihr Ekzem – und zwar besonders im Gesicht – bekam, wenn sie zur Kirche oder zu einer Party gehen wollte. Während einer bestimmten Phase ihrer Analyse erlebte sie gerade das ganze Ausmaß ihrer ursprünglich gegen die Mutter gerichteten Aggressivität in der Übertragung auf ihre Schwiegermutter, mit der allerdings wirklich nicht leicht auszukommen war. In dieser Zeit ergab sich nun zu ihrem größten Ärger die Notwendigkeit, ausgerechnet mit dieser Schwiegermutter zusammen einen Teil des Sommerurlaubs in einem kleinen Bungalow zu verbringen. In den meisten Behandlungssitzungen ging es damals nur um die Analyse dieser prekären Situation. Wenige Tage vor der Abreise brach prompt das Ekzem im Gesicht erneut aus.

Anläßlich solcher Beispiele pflegen analytische Beobachter den «Abwehrcharakter der Symptome» hervorzuheben, was aber in unserem Falle eine einseitige Darstellung wäre, denn die Analyse der Patientin erwies, was bei allen Symptomen dieser Art von vornherein zu erwarten ist, nämlich daß ihre Hautsymptome (1) als libidinöse (zum Beispiel exhibitionistische) und aggressive Triebäquivalente, (2) als Ausdruck eines Abwehrvorganges, in diesem Falle einer defensiven Organhandlung, und (3) als Affektäquivalente aufgefaßt werden mußten.

Für die weitere Klärung dieser komplexen Zusammenhänge wird es hilfreich sein, wenn wir einige Formulierungen von Freud (1937), Hartmann (1950), Rapaport (1951 b) und anderen heranziehen. Freud (1937, Seite 86) hat in seiner Arbeit über «Die endliche und die unendliche Analyse» hervorgehoben,

> «... daß das einzelne Ich von vornherein mit individuellen Dispositionen und Tendenzen ausgestattet ist ... Wenn wir von ‹archaischer Erbschaft› sprechen, denken wir gewöhnlich nur an das Es und scheinen anzunehmen, daß ein Ich am Beginn des Eigenlebens noch nicht vorhanden ist. Aber wir wollen nicht übersehen, daß Es und Ich ursprünglich eins sind, und es bedeutet noch keine mystische Überschätzung der Erblichkeit, wenn wir für glaubwürdig halten, daß in dem noch nicht existierenden Ich bereits festgelegt ist, welche Entwicklungsrichtungen, Tendenzen und Reaktionen es späterhin zum Vorschein bringen wird.»

In diesem Abschnitt wird hauptsächlich die Bedeutung genetischer Faktoren für die Ich-Entwicklung unterstrichen und betont, daß das Ich und seine Funktionen aus dem Es hervorgehen; das Ich weist demnach, ebenso wie das Es, auch angeborene Charakteristika auf. Die Vorläufer des Ichs wären somit nach ihren Merkmalen als Es-näher zu charakterisieren. Hartmann (1950) hat diese Vorstellungen weiter ausgearbeitet; er nimmt u. a. an, daß die Abwehrmechanismen nicht als solche fertig in Erscheinung treten, sondern ihr Vorbild und ihren Ursprung in triebhaften Verhaltensweisen bzw. in Instinkt- oder Reflexhandlungen haben. Ich möchte hinzufügen, daß die «Handlungen», von denen hier die Rede ist, nicht allein motorischer Art sind, sondern zum Teil auch in Veränderungen des inneren Milieus – etwa der Elektrolytverteilung, des Hormonhaushalts etc. – bestehen.

Auch RAPAPORT (1915 b) betont in seinem Ansatz zur Theorie des Denkens besonders den genetischen Aspekt. Als Paradigma nimmt er das Verhalten des Säuglings an der Mutterbrust mit der Verhaltenssequenz: Unruhe – Saugen an der Brust – Nachlassen der Unruhe, und entwickelt an Hand dieses Beispiels die sogenannten primären Modelle der Handlung, des Denkens und des Affekts. Unter einer «Handlung» versteht RAPAPORT eine Abfuhraktivität mit dem Ziel der Wiederherstellung eines Gleichgewichts. Das primäre Modell eines Denkvorganges wird folgendermaßen beschrieben: anwachsende Triebspannung – Abwesenheit des Triebobjekts – halluzinatorische Vorstellung des Triebobjekts.

Weiter oben habe ich bereits die Bedeutung der Ich-Regression in der Angst hervorgehoben und deren Auswirkungen auf die psychologische Struktur der Angstsituation und auf die dabei auftretenden körperlichen Abfuhrerscheinungen beschrieben. Es wurde festgestellt, daß der Juckreiz bei Dermatosen als Affektkorrelat oder als Affektäquivalent auftreten kann. Was nun die Bedingungen betrifft, unter denen eine Dermatose erstmals manifest wird oder nach einem längeren symptomfreien Intervall rezidiviert, so gehört dazu offenbar eine Regression zu den Vorläufern von Denkprozessen, Affekten, Trieben und Abwehrhandlungen, die aber hier ausschließlich auf somatischer Ebene zum Ausdruck kommen.[23] Ich möchte besonders betonen, daß, wenn wir hier von «Abwehr» sprechen, in Wirklichkeit diese Vorformen oder Vorläufer der Abwehr gemeint sind. Auf dieser Stufe besteht die Abwehr nicht nur in einem Vorgang an den Besetzungen, sondern schließt auch noch primitive Handlungen und ein gewisses Maß an Triebabfuhr mit ein.[24]

23 Die besondere Faszination analytischer Untersuchungen an Hautkranken rührt z. T. daher, daß man hier bestimmte Reaktionen unmittelbar «sehen» kann. Gerade wegen dieser Möglichkeit einer simultanen Beobachtung somatischer und psychischer Phänomene haben wir es hier mit einzigartigen, quasi experimentellen Untersuchungsbedingungen zu tun.

24 In meiner Arbeit «The Ego in Anxiety» (SCHUR 1953) habe ich den Begriff der *«Spannung»* (tension) als physiologisches Gegenstück zu den Ich-Einstellungen der Angstbereitschaft oder Vigilanz einzuführen versucht. Die Konzeption physiologischer Äquivalente zu Vorformen der Abwehr wäre möglicherweise ein weiterer Schritt in Richtung auf eine künftig zu entwickelnde «Physiologie und Pathophysiologie der Abwehrmechanismen» (vgl. o. Seite 349ff).

Diese Interpretation gilt jedenfalls für Rezidive der Hautkrankheit nach einem symptomfreien Intervall, wie wir sie während der analytischen Behandlung beobachten konnten, also unter Bedingungen, die es ermöglichten, die primäre Symbolik der Symptome klar zu unterscheiden von der sekundären symbolischen Verarbeitung, die bei allen Körpersymptomen und Funktionen noch hinzukommen kann. Solche direkten Beobachtungen während der Analyse berechtigen uns vielleicht dazu, auch in anderen Fällen bei der *rekonstruierenden* Deutung des ersten Krankheitsausbruchs ähnliche Mechanismen zugrunde zu legen.

Die Symptombildung bei Dermatosen und ihre Beziehung zur Konversion – Analogien und Unterschiede

An diesem Punkt unserer Überlegungen angelangt, müssen wir nun genauer auf die Beziehungen zwischen der Symptombildung bei Dermatosen[25] und der Konversion eingehen. Eine gründliche Diskussion des ganzen Hysterie-Problems würde den Rahmen dieser Arbeit sprengen. Ich möchte hier nur feststellen, daß wir, was dies betrifft, von vornherein eine mißliche Tatsache berücksichtigen müssen, nämlich, daß FREUD zwar die Psychoanalyse auf seinen Beobachtungen an hysterischen Patienten begründet hat, aber offensichtlich nie dazu kam, die späteren Erkenntnisse über die prägenitale und die Ich-Entwicklung, die metapsychologischen und strukturellen Konzepte, auf die Problematik der Hysterie in vollem Umfang anzuwenden. Er erwähnt das andeutungsweise selbst in «Hemmung, Symptom und Angst» (1926) sowie in seinen «Neuen Vorlesungen zur Einführung in die Psychoanalyse» (1932). FENICHEL (1945 a) hat diese Lücke teilweise zu schließen versucht, indem er den Begriff der «prägenitalen Konversion» einführte. In den frühen Schriften FREUDS, insbesondere in seinen Briefen an FLIESS (1887–1902) und überhaupt in der gesamten frühen analytischen Literatur wurden zahlreiche somatische Störungen unter dem Titel «Konversionshysterie» oder auch «Aktualneurose» beschrieben. In seiner Arbeit über die psychogene Sehstörung nahm FREUD (1910) an, daß eine Neurose durch «toxische» Einflüsse zu strukturellen Organveränderungen führen könne, und unterschied dementsprechend zwischen (aktual-)«neurotischen» und «psychogenen» Störungen. In dieser ersten Phase der Anwendung psychoanalytischer Hypothesen auf die somatische Medizin wurden die Begriffe der

25 Ich beschränke mich hier absichtlich auf den Symptombildungsprozeß bei Dermatosen, obwohl die folgenden Ausführungen möglicherweise auch für andere «psychosomatische» Störungen gelten.

«Körpersprache» und der «Organsymoblik» sehr weit gefaßt und zur Erklärung einer Unzahl funktioneller und organischer Störungen bemüht. Die Reaktion auf diese Tendenz setzte ein mit der Entwicklung «psychosomatischer» Konzepte; sie fiel übrigens zeitlich zusammen mit einem relativen Rückgang der typischen konversionshysterischen Fälle in unserer analytischen Patientenpopulation. Damit war nun auch eine gewisse Einschränkung des Konversionsbegriffes verbunden. Während FENICHEL (1945 a) noch definiert, bei der Konversion handle es sich «nicht einfach um den somatischen Ausdruck von Affekten, sondern um sehr spezifische Darstellungsformen von Gedanken, die sich aus der ‹Körpersprache› in die ursprüngliche Wortsprache zurückübersetzen lassen» (a. a. O., Seite 216), wurde der Konversionsbegriff später eingeengt auf «diejenigen Neurosen, bei denen die Somatisierung über eine Innervation des willkürlichen Nervensystems, also der Willkürmotorik und der sensorischen Systeme, vermittelt ist» (GRINKER und ROBBINS 1953, Seite 74). Ähnliche Kriterien legt wohl auch ALEXANDER (1971, Seite 21 f) zugrunde, wenn er schreibt: «Ein symbolischer Ausdruck psychologischer Inhalte ist nur auf dem Gebiet willkürlicher Innervationen wie der Sprache oder der Ausdrucksbewegungen wie Grimassieren, Gestikulieren, Lachen, Weinen usw. bekannt.»

Für den Fortschritt unseres Verständnisses war es gewiß notwendig, erst einmal die Tatsache hervorzuheben, daß es sich bei funktionellen Veränderungen im vegetativen Nervensystem und im Endokrinium sowie auch bei strukturellen Organveränderungen um somatische Äquivalente von Affekten, Konflikten und Neurosen handeln kann und daß diese Äquivalente keineswegs immer symbolische Ausdrucksformen unbewußter Vorstellungen sind. Ich habe aber den Eindruck, daß hier zugunsten eines eingängigen Schemas die Demarkationslinie zwischen Innervationen des willkürlichen und solchen des vegetativen Nervensystems doch etwas zu scharf gezogen wurde. Diese strikte Trennung erscheint mir wie ein Residuum der früheren scharfen Abgrenzung zwischen funktionellen und organischen Störungen. Interessanterweise findet man denn auch in ALEXANDERS Darstellung einige Irrtümer und spezielle Ausnahmen, so zum Beispiel wenn er das Weinen zu den Ausdrucksbewegungen zählt oder vom Erröten als einer «möglichen Ausnahme» spricht. Auch GRINKER und ROBBINS (1953) drücken sich etwas vage aus, wo sie auf das Erbrechen zu sprechen kommen. Sie betonen zunächst den Unterschied zwischen symbolisch determinierten Symptomen, die über das willkürliche Nervensystem vermittelt werden, und andererseits «vegetativen Neurosen», deren Symptome «das Endergebnis einer ganzen Kette physiologischer Vorgänge (seien), die durch den Konflikt nur ausgelöst wurden»; dann aber fahren die Autoren fort: «Beim Erbrechen ist die Pathogenese komplizierter, da dieses Symptom teils durch willkürliche und teils durch unwillkürliche Muskelaktionen zustande kommt. Im Einzelfalle wird jeweils die eine oder die andere Innervation vorherrschen, wobei alle möglichen Übergangsformen zwischen den beiden Extremen vorkommen können» (Seite 188). Noch verschwommener ist eine andere Stelle, wo diese Autoren die symbolische Bedeutung von Hautkrankheiten erörtern: «Der Stellenwert dieser Faktoren und die subjektive Bedeutung (der Symptome) sind im Einzelfalle nur durch eine sorgfältige und unvoreingenommene Untersuchung der individuellen psychischen Zusammenhänge genauer bestimmbar. Von Psychoanalytikern wurde häufig beobachtet, daß besonders die Lokalisation eines Juckreizes oder eines Krankheitsherdes an der Haut eine symbolische Bedeutung zu haben scheint. Einige dieser Beobachtungen deuten darauf hin, daß Effloreszenzen an der Stirn Schuldgefühle symbolisieren, solche an den Händen verbotene sexuelle oder aggressive Handlungen, solche in der Genital- oder Analregion verpönte sexuelle Befriedigungen etc.» (Seite 270).

Nun ist zum Beispiel das Erbrechen bei Säuglingen und Kleinkindern eine frühe Ausdrucksform für eine Ablehnung der Mutter, insofern also von symbolischer Bedeutung. Sollten wir etwa solche symbolischen Bedeutungen im neurotischen Symptom des Erbrechens einfach ignorieren? Schon Fenichel (1945 b) hat das Erbrechen als Symptom hysterischer Schwangerschaftsphantasien erwähnt und dieses Beispiel der allzu engen Alexanderschen Definition des Konversionsbegriffes entgegengehalten. Man könnte noch mehr solcher Widersprüchlichkeiten anführen. Sie würden alle erweisen, daß es hier wie anderweitig im Bereich des Psychischen keine starren Grenzen gibt. Das Ich und das Es sind ja nicht durch einen eisernen Vorhang getrennt. Das ganze Besetzungs-Konzept in bezug auf die drei Systeme Bw, Vbw und Ubw zeigt doch schon an, daß wir es mit fließenden Übergängen zu tun haben. Noch deutlicher erweist sich das, sobald man erst den genetischen Gesichtspunkt durchgehend auf alle psychischen Phänomene anwendet. Das Ich fängt ja nicht an einem bestimmten Stichtag an zu existieren; die Angst entwickelt sich nicht von heute auf morgen aus ihren Vorläufern; das Wiedererkennen und die Fähigkeit zur Antizipation treten sehr allmählich in Erscheinung, ebenso auch die Sprache. Und selbst beim Erwachsenen wird zum Beispiel der Gesichtsausdruck in seinem Bedeutungsgehalt von vielen unwägbaren Einflüssen mitbestimmt, die mit Willkürinnervationen gar nichts zu tun haben – was gibt zum Beispiel unseren Augen einen glücklichen oder traurigen oder liebevollen Ausdruck? In diesen Zusammenhang ist auch die Tatsache einzuordnen, daß die Haut sowohl als Ausdrucks- wie als Wahrnehmungsorgan fungieren kann. Die Haut dient ebensowohl der Trennung und Abgrenzung wie dem Kontakt zur Umwelt. Als Sitz der Berührungs- und Temperatursinne stellt sie zugleich in ihrer Gesamtheit eine potentielle erogene Zone dar, deren Erogenität sich bekanntlich vorwiegend in bestimmten Regionen konzentriert. Insofern ist es wohl auch keine phantastische Spekulation, wenn wir annehmen, daß die Haut unter bestimmten Umständen, wenn es zu einer tiefen Ich-Regression kommt, als Ausdrucksorgan für primitive Symbole des Denkens, Sprechens und Handelns dienen kann. Die Hautblutungen hysterischer Stigmatisierter wurden seit jeher als Konversionssymptome angesehen;[26] als weitere Beispiele einer solchen symbolischen, archaischen Organsprache bzw. Organhandlung im Sinne einer Vorform reiferer Abwehrmechanismen[27] können wir nun auch die Primäreffloreszenzen bestimmter Dermatosen mit anführen.

Solche Überlegungen unterstreichen die Ähnlichkeiten zwischen der Symptombildung bei manchen Hautkrankheiten und dem hysterischen Konversionsmechanismus. In beiden Fällen finden Trieb und Abwehr eine Ausdrucksform im Somatischen, die in einen verbalen Ausdruck «übersetzbar» und auf der Ebene des Bewußtseins als «sinnvolle» Äußerung «verstehbar» ist. Diese Ähnlichkeit beschränkt sich jedoch auf die Struktur des Symptoms «Hautausschlag», das ja nur einen Aspekt der vielfältigen Pathologie dieser Patienten ausmacht. Daneben findet man bei ihnen häufig ausgeprägte phobische und Zwangssymptome, ja sogar Symptome, die an eine echte Hypochondrie erinnern. Die Libidoregression reicht hier viel tiefer, wobei exhibitionistische und narzißtische Tendenzen dominieren. Die Differenzierung zwischen Selbst und Objekt verschwimmt; die Haut wird gleichzeitig als Teil des Selbst und als äußeres Objekt erlebt und behandelt. Das Überwiegen regressiver Angstformen und die Unfähigkeit dieser Patienten zur Neutralisierung ihrer Aggression wurden bereits ausführlich diskutiert und die Analogien dieser Störungen zu den Ichdefekten Schizophrener hervorgehoben.[28]

Ich möchte hier noch eine weitere Besonderheit erwähnen, die mir bei einer Reihe von Patienten, darunter drei Fällen von Psoriasis, aufgefallen ist. Bei ihnen fand sich nicht nur eine Verwirrung bezüglich der Geschlechtsun-

26 Man vergleiche auch die interessante Beobachtung einer urticariellen Reaktion bei einem Tätowierten (GRAFF und WALLERSTEIN 1954).

27 Ein phylogenetischer Vorläufer dieser «Organabwehr» ist die sog. Autotomie bei niederen Tierarten, wobei nach starken Schmerzreizen ganze Körperteile abgetrennt und aufgegeben werden; auch FERENCZI (1964) hat darauf bereits hingewiesen.

28 Wir kommen darauf in einem späteren Abschnitt noch einmal zurück.

terschiede und ein Nebeneinanderbestehen hetero- und homosexueller Triebstrebungen, wie wir das ja häufiger beobachten; sondern darüber hinaus bestand bei diesen Patienten – und zwar schon lange Zeit *vor* dem Ausbruch der Dermatose – eine tiefe Konfusion der eigenen Identität, die in einer archaischen und extrem ambivalenten Identifikation mit der Mutter gründete. Vor allem für männliche Patienten ist eine solche Identifizierung besonders verwirrend und macht spezielle Abwehrmaßnahmen erforderlich, durch die es zu einer mehr oder weniger ausgeprägten Spaltung in der Organisation des Ichs kommen kann, die an die von FREUD (1927) beschriebene Ich-Spaltung bei Fetischisten erinnert. Ich möchte in diesem Zusammenhang auch auf die Arbeiten von GREENSON (1954 a, 1954 b) und BYCHOWSKI (1954) hinweisen. Sobald das Exanthem erst manifest geworden ist, kann es seinerseits auf Grund seiner Art, seiner Lokalisation oder durch sekundäre symbolische Verarbeitung die bestehende Identitätskonfusion noch zusätzlich verstärken. Das gleiche gilt übrigens auch für manche Patienten mit Colitis ulceroa oder solche mit Magen- oder Darmfisteln. In allen diesen Fällen ist eine ausgeprägtere Identitätsdiffusion mit verschwommenen Selbstgrenzen und einer Tendenz zur Verschmelzung von Selbst- und Objektrepräsentanzen verbunden.

Sekundäre («pathoneurotische») Reaktionsweisen und Chronifizierung der Symptome

Als nächstes wollen wir nun versuchen, eine Erklärung für die auffallende Rezidivneigung und damit die Chronizität und Unheilbarkeit dieser Hautkrankheiten zu geben. Verschiedene Erklärungsebenen bieten sich an. Die geläufige Klischeevorstellung, die der Immunologie entlehnt worden ist, besagt, daß zahlreiche Faktoren eine Exazerbation der Hautkrankheit hervorrufen können, sobald die «initiale Resistenz» erst einmal durchbrochen ist. Mehr im Einklang mit moderneren Konzeptionen der Stress-Reaktion (SELYE 1950) steht eine andere Erklärung, nämlich daß eine spezifische Organläsion sowohl durch spezifische wie auch durch unspezifische Stresseinwirkungen ausgelöst werden kann. Die initiale auslösende Ursache muß zwar eine spezifische sein, aber sobald somatische Symptome einmal aufgetreten sind, können auch unspezifische Ursachen verschiedenster Art die spezifischen Reaktionen wieder hervorrufen. Bei vielen Hautkrankheiten wird vermutet, daß Rezidive zumindest in bestimmten Zeiten durch mannigfache Faktoren ausgelöst werden können, so zum Beispiel durch lokale oder generalisierte Infektionen, durch thermische Einflüsse (jahreszeitliche Schwankungen, Hitze, Kälte,

Feuchtigkeit), durch diätetische, metabolische oder sonstige Faktoren. Solche Argumente werden natürlich auch immer wieder angeführt, um die mögliche Mitwirkung psychischer Faktoren von der Hand zu weisen; auch in den analytischen Behandlungen solcher Patienten spielen sie eine große Rolle als Quelle ewiger Widerstände. Uns interssiert aber hier besonders die Frage, ob sich nicht auch *psychische* Faktoren finden lassen, die die Chronizität dieser Krankheiten erklären könnten.

Zur Beantwortung dieser Frage müssen wir wieder einen Umweg einschlagen und zunächst noch einmal auf das schon zitierte Beispiel Freuds (1915 b, Seite 298f) zurückkommen. Wie schon erwähnt, lassen sich ganz ähnliche Einstellungen gegenüber den Manipulationen an der Haut und deren Folgen, wie sie dort beschrieben wurden, auffallend häufig auch bei Patienten beobachten, die man sicher nicht als Schizophrene einstufen kann. Diese Kranken verbringen zum Teil Stunden vor dem Spiegel und untersuchen ihre Haut. Jede kleinste, noch so belanglose und unauffällige Hautveränderung wird genauestens registriert und allerlei Manipulationen und sonstigen Behandlungen unterzogen.[29] Sie sind fest davon überzeugt, ihr «entsetzlicher Ausschlag» oder auch die selbst-beigebrachten «grauenhaften Entstellungen» müßten jedermann sofort auffallen. Sie ruhen nicht, bis sie irgendeine Substanz aus ihrer Haut herausgequetscht oder -gekratzt haben, sei es Eiter, Mitesser oder zumindest Blut oder Serum. Alle diese Eigenarten sind offensichtlich symbolisch überdeterminiert und weisen einen unverhüllt triebhaft-masturbatorischen Charakter auf.

Man entdeckt bei solchen Patienten auch manche Züge, wie sie von der echten Hypochondrie her bekannt sind, besonders die narzißtische Überwertigkeit der Symptome, in unseren Fällen sogar der gesamten Haut. Das Syndrom findet sich häufiger bei hochgradig narzißtischen schönen Frauen; Freud (1931 a, 1932) hat diesen Typus sehr überzeugend beschrieben. Exhibitionistische Tendenzen spielen hier eine Hauptrolle; daneben sind auch Selbstbestrafungstendenzen und Strafbedürfnisse gegen andere Personen mit im Spiel, ähnlich wie beim Kratzen. Das Vorherrschen primärprozeßhafter Mechanismen in der symbolischen Verarbeitung der Hautsymptome und bei den geschilderten Manipulationen läßt sich als Folge der tiefen Ich-Regression, die in solchen Zuständen besteht, erklären. Dafür spricht auch eine weitere Besonderheit, nämlich daß diese Manipulationen in einem trance-ähnlichen Zustand vorgenommen werden, in dem die Umweltbeset-

29 Wie in anderen Bereichen menschlichen Verhaltens gibt es auch hier eine normalpsychologische Parallele, nämlich die große Anziehungskraft sogenannter «Schönheitskuren», und zwar nicht nur für den weiblichen Teil unserer Bevölkerung.

zungen weitgehend zurückgezogen sind und nur noch der Spiegel als einzige Objektrepräsentanz übrigbleibt.[30]

Es handelt sich also um eine ziemlich schwere Störung, die aber bei den meisten von uns untersuchten Fällen ganz umschrieben auf dieses eine Symptom beschränkt war. Im übrigen können diese Patienten ihr Leben durchaus hervorragend bewältigen und über eine gute Sublimierungsfähigkeit verfügen. Man kann sagen, es ist ihnen gelungen, ihr Symptom gewissermaßen abzukapseln, oder anders ausgedrückt: Der größere Teil ihres Ichs ist von der Störung relativ verschont geblieben und hat seine freie Aktionsfähigkeit behalten (vgl. HARTMANN 1960/61). Dennoch ist ein solcher pathogener «Fokus» nicht ganz harmlos.

Die Hautveränderungen, von denen diese Patienten derart irritiert sind, erweisen sich objektiv als ganz unscheinbar; sie haben auch ursprünglich mit der emotionalen Struktur wenig oder gar nichts zu tun. *Wenn jedoch so ein Symptom einmal vorhanden ist, wird es bald zu einem Sammelpunkt für mannigfache psychopathologische Mechanismen und damit zu einem pathogenen Fokus.* Ähnliches läßt sich auch bei vielen «organischen» Krankheiten beobachten. Jedes erkrankte Organ, jede gestörte Organfunktion zieht narzißtische Libido auf sich, was wiederum zu reaktiven Veränderungen in allen psychischen Strukturen führt. Jede länger dauernde oder chronische Krankheit, jeder irreversible Verlust einer wichtigen Körperfunktion (etwa bei Körperbehinderungen, Amputationen etc.) wirkt als psychischer Dauerreiz und macht komplexe Anpassungsreaktionen erforderlich, die insgesamt mit einer Zunahme narzißtischer auf Kosten objektgerichteter Libido verbunden sind. Die Hauptlast dieser Anpassungsaufgaben fällt bestimmten Ichfunktionen zu. Wir sehen, wie vielfältig und komplex die Reaktionen sind, von denen es abhängt, ob die Ausgangslage wiederhergestellt werden kann oder ob es zur Entwicklung einer «Pathoneurose» oder gar – um einen Begriff von MENG (1934) aufzugreifen – einer «Pathopsychose» kommt; im Einzelfall wird das Endergebnis dieser Anpassungsreaktionen irgendwo auf der Skala zwischen diesen Extremen liegen. Wie auch immer die Reaktion auf eine körperliche Krankheit ausfallen mag, wir haben es jedenfalls regelmäßig mit einer vorübergehenden oder dauerhaften Regression zu tun, von der alle psychischen Strukturen mehr oder weniger betroffen sind.

30 «Spieglein, Spieglein an der Wand, wer ist die Schönste im ganzen Land?» Ich verweise in diesem Zusammenhang auch auf die Bedeutung des Spiegels in der Symptomatik des «Wolfsmannes» während seiner psychotischen Episode, die ja auch durch eine dermatologische Affektion mitausgelöst und inhaltlich geprägt wurde (BRUNSWICK 1950; SCHUR 1950 b).

Wir wissen auch, daß das Resultat dieser Anpassungsvorgänge nicht allein vom Schweregrad der betreffenden Körperkrankheit, sondern in wesentlichem Maße auch vom psychischen Gesundheitszustand zum Zeitpunkt des Krankheitsausbruchs abhängt. Natürlich finden solche Anpassungsreaktionen auch bei allen Hautkrankheiten statt, gleichgültig was deren auslösende Ursache sein mag.

Weitere Faktoren, von denen die Art der Reaktion auf eine «organische» Krankheit abhängt, sind u. a. die Funktion und Bedeutung des betroffenen Organsystems für den psychischen Apparat sowie auch das Ausmaß an sensorischer Reizung, die von dem erkrankten Organ ausgeht (Schmerzen, Juckreiz etc.). So wird zum Beispiel eine stark juckende Hautkrankheit andere Reaktionen hervorrufen als eine schmerzhafte und/oder entstellende Dermatose. Man findet aber bei allen Hautkrankheiten eine mehr oder weniger stark ausgeprägte Tendenz zur Verstärkung narzißtischer Besetzungen und zur Verschärfung oder Wiederbelebung exhibitionistischer Konflikte. Ein starker Juckreiz aktualisiert wieder sämtliche Konflikte im Zusammenhang mit der Masturbation und belastet die Anpassungsfunktionen in besonderem Maße, zumal es in den meisten Fällen nicht gelingt, auf medikamentösem Wege eine ausreichende Symptomlinderung zu erreichen. Es kommt deshalb gerade bei diesen Patienten oft zu pathoneurotischen Reaktionen, die dann leicht zu einem Circulus vitiosus führen können.

Die Reaktionen des Ichs sind ja mit der Ausbildung des Symptoms noch nicht zum Abschluß gekommen. Schon Freud (1926), Fenichel (1939) und andere haben hervorgehoben, daß nicht nur gegen Triebe, sondern ebenso auch gegen Symptome und gegen Affekte Gegenbesetzungen errichtet werden können. Die Art dieser Gegenbesetzungen hängt u. a. von dem betreffenden Symptom ab; sie können ihrerseits die sogenannte «konfliktfreie Sphäre des Ichs» (Hartmann 1960/61) noch weiter einschränken. Dadurch wird wiederum die Ausbildung weiterer Symptome begünstigt, ähnlich wie bei schweren Phobien und Zwangsneurosen.

Nach diesen vorbereitenden Ausführungen wollen wir nun erneut die Frage aufgreifen, was bei einer durch ein psychisches Trauma ausgelösten Dermatose psychodynamisch vorgeht. Es handelt sich ja hier um Patienten, die auch schon vor dem Ausbruch ihrer Krankheit neurotische Symptome und Anzeichen einer in vielen Bereichen sehr labilen Anpassung aufwiesen. Unter diesen Voraussetzungen ist der Krankheitsausbruch als Ausdruck und als Folge einer tiefen Regression zu erklären, wie wir das bereits beschrieben haben.

Sobald nun die somatische Läsion erst einmal ausgebildet ist, kommt es zu einer weitreichenden Besetzungsverschiebung in Richtung auf den Krankheitsherd bzw. das betroffene Organ, noch allgemeiner auf das Selbst. Das Symptom bzw. die Läsion wird zum Fokus einer narzißtischen Regression. Dies wiederum kann zur Folge haben, daß unerträgliche Konfliktspannungen gegenüber ödipal oder präödipal erlebten Objekten der Umwelt vorläufig entschärft werden.[31]

Im Anschluß an den ersten Ausbruch der körperlichen Krankheit entwickeln diese Patienten mannigfache pathoneurotische Reaktionen, die in solchen Fällen übrigens viel häufiger und ausgeprägter sind als bei Patienten mit einer nicht durch emotionale Konflikte ausgelösten Dermatose. Im einzelnen handelt es sich vorwiegend um phobische und/oder anankastische Reaktionen, die in ähnliche Entwicklungen einmünden können, wie wir sie von anderen schweren Phobien und Zwangsneurosen kennen. Ich erwähnte auch schon, daß solche Patienten eine ständige Angstbereitschaft («frei-flottierende Angst») aufweisen, die sich auch somatisch manifestiert und wahrscheinlich als die Grundlage dessen anzusehen ist, was man gemeinhin als «Spannung» oder «Gespanntheit» bezeichnet. Dies ist nun ein sehr labiler Zustand, in dem die Patienten oft auf jede Veränderung der ökonomischen Situation mit Exazerbationen ihrer Krankheit reagieren und wo es praktisch unmöglich geworden ist, zwischen spezifischen Umständen, die nur verstärktes Hautjucken auslösen, und solchen, die zum Auftreten neuer Hautveränderungen führen, zu unterscheiden. Hier hat die Regression den Kern des psychosomatischen Kontinuums erreicht. Von einer primitiven symbolischen Organsprache oder Organhandlung, wie wir sie im Hinblick auf die Erstmanifestation der Krankheit beschrieben haben, kann hier keine Rede mehr sein. Allerdings können die somatischen Symptome ihrerseits wieder zum Ausgangspunkt für sekundäre symbolische Verarbeitungen werden. In diesem Circulus vitiosus liegt der Grund für die Chronizität solcher

31 Im Einklang mit einer weitverbreiteten Tendenz zu finalistischen Aussagen hört und liest man häufig die Formulierung, das psychosomatische Symptom sei eine Abwehrmaßnahme gegen einen psychotischen Zusammenbruch. Ich selbst kann mich leider von Äußerungen dieser Art auch nicht ganz freisprechen. Die Formulierung klingt so, als sei hier der Abwehrvorgang unmittelbar gegen den «psychotischen Zusammenbruch» gerichtet. Präziser wäre folgende Formulierung: Infolge der Umverteilung von Besetzungen und der narzißtischen Regression verlieren Konflikte mit äußeren Objekten einiges von ihrer Schärfe und Dringlichkeit. Dies wiederum kann, zumindest vorübergehend, eine erhebliche Entspannung der ökonomischen Situation bewirken, zumal wenn vorher das Ich von übermäßig starken Affekten überschwemmt war und die Gefahr einer psychotischen Dekompensation bestand. So lassen sich auch die – nicht allzu häufigen, aber doch immer wieder angeführten – Fälle erklären, wo umgekehrt nach dem Abklingen einer psychosomatischen Symptomatik eine psychotische Episode eintrat oder der Patient Selbstmord beging.

Krankheiten. Leider kommen die meisten Patienten erst in diesem Stadium zur Behandlung, was sicher auch ein Grund für die enormen technischen Schwierigkeiten ist, mit denen man es in solchen Fällen zu tun hat.[32]

Analogien und Unterschiede zwischen Patienten mit schweren Dermatosen und Schizophrenen

Auf dem Höhepunkt ihrer Hautsymptomatik sind solche Patienten sicherlich schwer gestört, manchmal sogar so schwer, daß man vom klinischen Erscheinungsbild her an einen schizophrenen Prozeß denken könnte. Ich habe weiter oben bereits einige Ichdefekte dieser Gruppe von Hautkranken beschrieben und die Ähnlichkeiten mit den Defekten Schizophrener betont. Fassen wir die wesentlichen Punkte noch einmal zusammen:

a) In beiden Fällen – also sowohl bei Patienten mit schweren Dermatosen wie auch bei Schizophrenen – wird durch das Überwiegen primärprozeßhafter Denkweisen die lebenswichtige Ichfunktion der Beurteilung von Gefahren beeinträchtigt. Es treten regressive Formen von Angstreaktionen auf, die vom Ich nur mangelhaft oder – im Falle der sogenannten unkontrollierten Angst – überhaupt nicht mehr unter Kontrolle gehalten werden können. In der Insuffizienz dieser Ichfunktion sehen wir die engste Analogie zur Schizophrenie (vgl. Mahler et al. 1949, Eissler 1953, Hartmann 1953).[33]

32 Die Entwicklung eines solchen Ciruculus vitiosus dürfte auch bei anderen psychosomatischen Krankheiten, etwa bei Colitis ulcerosa oder Asthma bronchiale, eine wichtige Rolle spielen.

33 Ich ziehe diese Formulierung der von Eissler und Hartmann vor. Letzterer (Hartmann 1953) schreibt: «Angst ist zwar ein allgegenwärtiges und zentrales Phänomen in der Schizophrenie, aber zugleich scheint es, als sei die Funktion der Angst als Signal zur Ankündigung und Verhütung von Gefahren hier auch am stärksten gestört» (Seite 182). Es wurde bereits ausführlich besprochen, daß man es in der Angstsituation mit einer komplexen Ichfunktion zu tun hat, die ich als biphasische Reaktion beschrieben habe: Die erste Phase besteht in der Wahrnehmung und *Einschätzung* der Gefahr durch das Ich, in der zweiten erfolgt dann die *Reaktion* des Ichs auf die solchermaßen eingeschätzte Gefahr. Beide Phasen laufen natürlich fast gleichzeitig ab. Handelt es sich um eine lediglich potentielle Gefahr und reagiert das Ich darauf vorwiegend auf Sekundärprozeß-Niveau, so ähnelt der ganze Prozeß einem Denkvorgang und entspricht dem, was Freud als Signalangst beschrieben hat. Wird dagegen die Gefahr schon regressiv (und damit inadäquat) eingeschätzt, so fällt auch die Reaktion auf diese Gefahreinschätzung häufig regressiv aus. Die Formulierung von Eissler und Hartmann hebt nicht deutlich genug hervor, daß eine «Angst, die das Ich nicht mehr als Signal zu benutzen vermag», ihrerseits auch schon in einer defekten Ichfunktion begründet

b) Die Ichfunktionsstörung dieser Patienten zeigt sich weiterhin in ihrer Unfähigkeit zur Neutralisierung von Aggression. Anzeichen hierfür finden sich nicht nur in der Somatisierung bestimmter Reaktionen, sondern auch in anderen Funktionsbereichen, wo vermutlich mit aggressiver Energie operiert wird, nämlich in der Art der Gegenbesetzungen und in einem archaischen strafenden Über-Ich. So beobachtet man archaische Abwehrformen wie etwa die «Opferung» und das «Talionsprinzip» (vgl. FENICHEL 1939, MENNINGER 1954, SCHUR 1950 b), die ihrerseits auch wiederum zu somatischen Erscheinungen führen können und vermutlich auch beim ersten Ausbruch und bei späteren Rezidiven der Hautkrankheit eine gewisse Rolle spielen.

Worin bestehen aber nun die Unterschiede zwischen solchen Fällen und Schizophrenen? Wir erkennen sie deutlich beim Vergleich zwischen einer meiner Patientinnen – einer jener «Damen vor dem Spiegel», wie ich sie genannt habe – und andererseits solchen Fällen wie zum Beispiel FREUDS Akne-Patient (vgl. FREUD 1915 b) oder meinem Patienten mit der Acarophobie. Die «Dame vor dem Spiegel» war ein narzißtischer Typ (FREUD 1931 b); sie hatte durchaus ihr gerüttelt Maß an Konflikten und Symptomen, und sie hatte bezüglich ihrer Haut eine pathologische Einstellung, die schon an eine echte Hypochondrie erinnerte. Und dennoch verfügte sie über ein gut strukturiertes und sehr leistungsfähiges Ich, ihre Fähigkeit zu abstraktem Denken war hoch entwickelt, und sie war völlig einsichtig – solange sie nur nicht vor dem Spiegel stand und an ihrer Haut manipulierte. Die Ichfunktionsstörung dieser Patientin entspricht also vergleichsweise derjenigen, wie wir sie bei einer Zwangsvorstellung finden – im Gegensatz etwa zum Ichdefekt eines Wahnkranken. Die Unterschiede zur Psychose sind allerdings bei manchen schwerer gestörten Patienten, besonders auf dem Höhepunkt des Exanthems, nicht mehr ganz so deutlich ausgeprägt. Denn hier finden wir eine Kombination von schweren psychopathologischen Störungen – regressive Typen von Affekten, Unvermögen zur Neutralisierung, narzißtische Regression und eine verwirrende Vielfalt von Symptomen und Abwehrmechanismen – verbunden mit einer schweren Einschränkung vieler Ichfunktionen, die, um eine Analogie aus der pathologischen Anatomie aufzugreifen, bis zur «Atrophie» mancher Ichfunktionen gehen kann. Und doch gewinnt man bei der Mehrzahl dieser Fälle wiederum den Eindruck, daß das Ich hier

ist, wohingegen mein Konzept vom biphasischen Charakter der Angstreaktion ausgeht und eine wechselseitige Abhängigkeit zwischen den Schädigungen verschiedener Ichfunktionen postuliert. Auf Grund solcher Überlegungen gelangte ich auch zu einer etwas anderen Formulierung des Signal-Konzepts (vgl. SCHUR 1953).

gewissermaßen nur paralysiert und vorübergehend außer Kraft gesetzt ist. Während der analytischen Sitzungen zum Beispiel, wenn durch Verbalisierung die Restitution von Sekundärprozessen gefördert wird und die Angst wieder den Charakter einer kontrollierten Angst annimmt, erkennt man plötzlich, daß dieses «gelähmte» und eingeschränkte Ich (mit einer Formulierung von EISSLER, 1953) nicht nur Struktur zu *bilden* vermag, sondern Struktur *besitzt. In dieser Fähigkeit zur Restitution von Sekundärprozessen liegt wahrscheinlich eines der wichtigsten Unterscheidungskriterien zur Psychose.*

Dementsprechend finden wir auch bei diesen Patienten selbst auf dem Höhepunkt des Exanthems nicht die für schizophrene Denkstörungen so typische Störung der Sprachfunktion. Ich zitiere FREUD (1915 b): «Bei der Schizophrenie werden die Worte demselben Prozeß unterworfen, der aus den latenten Traumgedanken die Traumbilder macht, den wir den psychischen Primärvorgang geheißen haben. Sie werden verdichtet und übertragen einander ihre Besetzungen restlos durch Verschiebung; der Prozeß kann so weit gehen, daß ein einziges, durch mehrfache Beziehungen dazu geeignetes Wort die Vertretung einer ganzen Gedankenkette übernimmt. Die Arbeiten von BLEULER, JUNG und ihren Schülern haben gerade für diese Behauptung reichliches Material ergeben» (Seite 297f). Bei unseren Fällen war die Spaltung zwischen «Wortvorstellung» und «Sachvorstellung» (FREUD 1915 b, Seite 300) niemals derart ausgeprägt nachzuweisen (vgl. auch HARTMANN 1953).

Die Unfähigkeit zur Neutralisierung von Aggression findet sich sowohl bei Schizophrenen wie bei psychosomatisch Kranken, wohingegen Zustände von nahezu vollständiger Triebentmischung nur bei Schizophrenen vorkommen. Die psychosomatische Krankheit erscheint zwar vom Resultat her gesehen als ein selbstdestruktiver Prozeß, aber das ist hier kein primäres Ziel, sondern eher eine unvermeidliche Folge der beteiligten Abfuhrprozesse.

Ein anderer ebenso wichtiger Aspekt betrifft den Typus und das Niveau von Identifizierungen; in dieser Hinsicht bestehen fließende Übergänge zwischen den beiden diagnostischen Gruppen. Als bei einem meiner Patienten mit Sulzberger-Garbe-Syndrom (d. e. d. und l. c. D.) ein Krankheitsherd am Penis auftrat und wenige Tage später sein Vater starb, reagierte er darauf mit einer zunehmenden Identitätsdiffusion. An die Stelle homosexueller Triebziele trat nun eine bisexuelle Orientierung, und auf einer noch tieferen Ebene akzeptierte der Patient sogar eine völlig weibliche Identität, die in seiner Identifizierung mit der Mutter gründete. Ausgelöst wurde dieser regressive Schritt möglicherweise durch folgenden Mechanismus: «Wenn mein Vater nicht nur kastriert werden, sondern sogar sterben kann – dann ist es sicherer, eine Frau zu sein.»[34] In den Fällen, wo schon vor Ausbruch der Krankheit eine erhebliche Identitätsdiffusion bestand, kann auf Grund eines solchen Mechanismus leicht eine Regression zu ganz archaischen Formen von Identifizierung eintreten (JACOBSON 1954 a). Sie sind mit einer Tendenz zur Verschmelzung von Selbst- und Objektrepräsentanzen und zur Auflösung der Selbstgrenzen verbunden, die eine erhebliche Gefährdung des Realitätsbezuges darstellt, und zwar bei weiblichen ebenso wie bei männlichen Patienten. Dem Schizophrenen mißlingt die Abwehr gegen solche ganz archaischen Identifizierungen; es bleibt bei kraftlosen, stereotypen und letztlich erfolglosen Versuchen einer Wiederherstellung äußerer Objekte.

Der Übergang vom präpsychotischen Zustand, in dem bereits eine Diffusion der Sexualziele und der Selbstidentität besteht, zu den primitivsten Stufen totaler Identifizierung und damit auch zur Ausbildung psychotischer Symptome läßt sich am besten an Patienten studieren, die sich bereits vor dem Eintritt dieser tiefsten Regression in Analyse befanden, wie es zum Beispiel bei dem zuvor angeführten Patienten der Fall war. Ein klassisches Beispiel für einen solchen Übergang bietet auch der «bestanalysierte von allen Patienten» – der Wolfsmann (FREUD 1918). Als er auf die Stufe einer totalen archaischen Identifizierung mit seiner Mutter regredierte, verlor er den Kontakt zur Realität und entwickelte seine psychotische Episode mit vorwiegend hypochondrischen und paranoiden Symptomen. In diesem Zustand verhielt er sich nicht nur *wie* seine Mutter, sondern in seinem Erleben *war* er seine Mutter (BRUNSWICK 1950, Seite 121).[35]

34 Als ich diesen Fall seinerzeit (1950 b) publizierte, war mir diese tiefste Bedeutung noch nicht bewußt.

35 Im thematischen Rahmen dieser Arbeit kann ich auf diesen Punkt zwar nicht ausführlicher eingehen, halte es aber für notwendig, darauf hinzuweisen, daß die obige Formulierung einen Gesichtspunkt enthält, den ich für eine wesentliche Ergänzung zu FREUDS (1911) Darstellung des Falles Schreber und zu KATANS zahlreichen Arbeiten (1949, 1950, 1952, 1954) hierüber, auch zu BRUNSWICKS (1950) Interpretation der psychotischen Episode des Wolfsmannes halte. In meiner Formulierung liegt das Schwergewicht nicht auf der homosexuellen Orientierung und der damit verbundenen starken Kastrationsangst, sondern vielmehr auf der totalen archaischen Identifizierung mit der Mutter. Interessanterweise wurde die Bedeutsamkeit einer solchen Identifizierung bereits von FREUD (1915 c) in seiner Arbeit über eine Patientin mit Paranoia und auch von BRUNSWICK (1950) hervorgehoben, aber immer noch mit dem Hauptakzent auf der Homosexualität. Man könnte spekulieren, daß die totale Identifizierung beim Wolfsmann vielleicht durch einen ähnlichen Mechanismus ausgelöst wurde wie bei meinem Patienten, nämlich dadurch, daß er FREUD als eine «kastrierte» Vaterfigur erlebte und ahnte, daß dieser vom Tode bedroht war; auf diese Weise mochte es für beide als sicherer erscheinen, zur Frau zu werden. Eine solche Erklärung

Fassen wir nun die Unterschiede noch einmal zusammen: Die Regression verläuft bei der Schizophrenie und bei den psychosomatischen Störungen in verschiedenen Richtungen. Bei der Schizophrenie führt sie im Extrem zu einer fortschreitenden Schädigung von Ichfunktionen besonders im Bereich der Denkprozesse, zu einer weitgenenden Triebentmischung und zum Auftreten totaler primitiver Identifizierungen. Bei den psychosomatischen Störungen dagegen führt der regressive Prozeß zu einer Resomatisierung verschiedener Reaktionen.

Ich habe versucht, unter analytischen Gesichtspunkten die pathogenetischen Mechanismen zu beschreiben, die beim atopischen Ekzem (Neurodermitis) und beim Sulzberger-Garbe-Syndrom (distinktive exsudative discoide und lichenoide chronische Dermatose) eine Rolle spielen, und zwar (1) zu Beginn eines akuten Rezidivs nach einem längeren symptomfreien Intervall und (2) im Stadium der Chronifizierung. Ähnliche Mechanismen sind nach meinen Beobachtungen auch bei manchen Patienten mit seborrhoischem Ekzem und mit allergischer Kontaktdermatitis im Spiel. Nach vorläufigen Eindrücken wäre wahrscheinlich auch die Psoriasis dieser Kategorie von Dermatosen zuzuordnen.[36] Auch bei der Alopecia

erscheint mir jedenfalls plausibler als jene andere Interpretation, nach welcher die Aktualisierung passiv-homosexueller Übertragungsgefühle als wichtigster auslösender Faktor aufgefaßt wird. Die unbestritten vorhandene Homosexualität erklärt zwar teilweise den *Inhalt* der Phantasien, aber der Bruch mit der Realität läßt sich viel überzeugender auf die totale archaische Identifizierung zurückführen. Ich möchte hierzu eine Patientin von E. Jacobson (1954 a) zitieren: «Kennen Sie den Unterschied zwischen Nahesein, Ähnlichsein, Gleichsein und Einssein? Nahesein, das ist so wie wir beiden uns nahe sind; wenn man jemandem ähnlich ist, dann ist man zwar *wie* der andere, aber ich und der andere sind noch zwei Personen; Gleichsein – da gleicht man völlig dem anderen, aber der ist immer noch der andere und ich bin ich; im Einssein aber, da gibt es keine zwei mehr, nur noch einen – und das ist grauenhaft» (S. 251). Auch Macalpine und Hunter (1953) haben in ihrer interessanten Studie über den Fall Schreber Kritik an Freud geübt, der die Homosexualität als auslösenden Faktor in Schrebers Psychose überbewertet habe. In dieser Studie finden sich mehrere wichtige Hinweise auf Schrebers totale Identifizierung mit einer Frau, wobei die Autoren aber ins Zentrum ihrer Interpretation eine «prägenitale archaische Zeugungsphantasie» stellen. Mit dieser Akzentverschiebung ist zwar für das Verständnis der Phantasie-*Inhalte* viel gewonnen, aber der Bruch mit der Realität – besonders auch bei Frauen mit paranoider Schizophrenie – ist damit immer noch nicht erklärt. Denn die Zeugungsphantasie ist doch eine *Folge* der totalen Identifizierung und des daran sich anschließenden Realitätsverlustes, sie ist nicht die Ursache für den Bruch mit der Realität.

36 Ich bin zur Zeit gemeinsam mit Dr. Coltrera und Dr. Dickes an der Durchführung einer Projektstudie des Psychoanalytischen Instituts der New York State University über Psoriasis beteiligt. Eine solche Studie erscheint mir sehr wichtig, und zwar nicht nur, weil die Psoriasis eine sehr häufige Hautkrankheit ist, sondern auch, weil Juckreiz und Kratzen hier eine viel geringere Rolle spielen als etwa bei der Neurodermitis, so daß die Psoriasis besonders geeignet ist, um die auslösenden Faktoren der spezifischen Primäreffloreszenzen zu untersuchen.

totalis oder areata kann man, jedenfalls zu Beginn der Krankheit, einen ähnlichen Mechanismus beobachten.

Sorgfältige Analysen weiterer Hautkrankheiten könnten ergeben, daß auch hier die Symptombildung auf ähnliche Weise verläuft.[37] Bei manchen ist offenbar bereits die Erstmanifestation «averbal», also nicht symbolisch zu verstehen, sondern als somatisches *Äquivalent* einer bestimmten ökonomischen Situation, die sich bei tiefer Regression einstellt. Ich muß an dieser Stelle nochmals betonen, daß nur eine sehr sorgfältige Analyse zu klären vermag, ob es sich im Einzelfall um eine primär-symbolische Störung oder nur um eine sekundäre symbolische Verarbeitung der Krankheit handelt.[38] Einige wichtige Hautkrankheiten wie zum Beispiel der Pruritus ani et vulvae wurden absichtlich in dieser Kategorie nicht mit aufgeführt, weil ihre Pathogenese nach meinen Erfahrungen anders verläuft. Der Ausgangspunkt ist hier zumeist eine zufällige lokale Dermatitis, die durch verschiedenste Faktoren ausgelöst worden sein mag. Sobald diese Dermatitis erst einmal entstanden ist, wird sie zum Fokus einer pathoneurotischen Reaktion. Die Überbesetzung der betroffenen Körperzonen, der unerträgliche Juckreiz, vielleicht auch eine Überdosierung der Medikamente, vor allem aber das Kratzen mit allen seinen Folgen führen zu einem Circulus vitiosus: Jede Verschlimmerung der lokalen Hauterscheinungen fördert die Regression. Zu solchen pathoneurotischen Reaktionen kommt es aber nur bei Patienten, die auch vorher schon psychisch sehr labil waren. Bei frühzeitiger Erkennung bessern sich solche Fälle häufig schon unter einer adäquaten lokalen Behandlung, zumal wenn diese mit irgendeiner Form von «oberflächlicher» Psychotherapie kombiniert wird. Chronifizierte Fälle dagegen weisen im allgemeinen schwere Störungen auf (MACALPINE 1953).

37 Ich fühle mich allerdings nicht berechtigt, allein auf Grund ausführlicherer Interviews und klinischer Eindrücke eine psychosomatische Genese zu behaupten. Gründlichere Untersuchungen wären u. a. bei Akne (simplex und rosacea), Pompholyx und gewissen Fällen von exfoliativer Dermatitis aussichtsreich.

38 Vgl. zum Beispiel die Beobachtungen von SPERLING (1953) bei Urticaria. Was die Bedeutung «emotionaler Faktoren» bei anderen Dermatosen anbelangt, so verweise ich auf das Buch von WITTKOWER et al. (1953), wo die relevante Literatur, insbesondere von dermatologischer Seite, sorgfältig referiert wird. Diese Autoren vertreten in ihrem Buch eine allgemeinklinische Sichtweise; im Vordergrund ihres psychologischen Ansatzes, auf den weiter unten noch näher eingegangen wird, steht das Bemühen um die Abgrenzung bestimmter «Persönlichkeitsprofile» für verschiedene Krankheitsbilder, wobei eine weitgehende «Spezifität» von Persönlichkeitsprofilen und Konflikttypen angenommen wird.

Das Problem der Spezifität

Der Leser wird bemerkt haben, daß ich zwar von spezifischen Läsionen (bzw. bei Hautkranken: spezifischen Effloreszenzen), aber nicht von spezifischen Konflikten, Abwehrformen, Persönlichkeitstypen, von spezifischen Typen von Müttern und dergleichen gesprochen habe. Was hier zur Debatte steht, ist natürlich das alte Problem der Symptomwahl. In der Literatur findet sich immer wieder die Tendenz, bestimmte Körperkrankheiten, die gewöhnlich als «psychosomatische» Störungen zusammengefaßt werden, mit *spezifischen* psychischen Ursachen in Verbindung zu bringen. Ich beschränke mich hier auf die Hautkrankheiten und möchte nur einige Beispiele zitieren, die meines Erachtens für einen bestimmten Ansatz als repräsentativ gelten können[39].

So hat etwa Spitz (1951, 1960) behauptet, daß die Mütter von Kindern mit Säuglingsekzem während der üblichen pflegerischen Maßnahmen (Stillen, Baden usf.) jeden engeren körperlichen Kontakt mit dem Säugling vermieden. Sie erschienen ungeschickt und überängstlich, schon wenn sie ihre Kinder nur im Arm hielten. Spitz fand überdies bei diesen Säuglingen schon kurz nach der Geburt eine ausgeprägte Steigerung der Hautreflexe im Vergleich zu normalen Kindern. Die Befunde von Spitz sind sehr bemerkenswert, müßten aber auch von anderen Untersuchern noch nachgeprüft werden.

Spitz nähert sich in seinen Untersuchungen dem Problem der Spezifität vom Aspekt der – tatsächlich sehr bedeutsamen – frühen Mutter-Kind-Beziehung her. Völlig verschieden davon ist der Ansatz einiger anderer Kliniker, die den Versuch unternommen haben, jedem Krankheitsbild einen spezifischen «Persönlichkeitstypus» zuzuordnen, der auf einen spezifischen Konflikt mit einer spezifischen somatischen Störung reagiert. Manche dieser Autoren begnügen sich für ihre ziemlich pauschalen Schlußfolgerungen mit statistischen Ergebnissen, deren Grundlage lediglich in ein paar psychiatrischen Interviews oder kurzfristigen Beobachtungen aus relativ oberflächlichen Psychotherapien besteht. Da ist dann die Rede von einer «offenen oder larvierten Ekzempersönlichkeit», einer «Rosacea-Persönlichkeit», vom «weinenden Ekzem» oder schließlich von der Urticaria: «Manche Autoren vertreten die Meinung, Urticaria-Eruptionen seien ein Äquivalent für unterdrücktes Weinen. Dies mag zutreffen; nur scheint es sich bei den Tränen, die hierbei in die Haut geweint

39 Zur Diskussion des Problems der «Spezifität» vgl. auch Deutsch (1939 a, 1939 b, 1953), Grinker (1953), Kubie (1953) und Schur (1955).

werden, eher um Tränen der Wut als um Traurigkeit zu handeln» (WITTKOWER et al. 1953, Seite 147).

Während ALEXANDER (1950) die Spezifität in der Vorherrschaft bestimmter Triebbedürfnisse begründet sieht, deren Befriedigung durch starke ebenfalls spezifische Abwehrhaltungen gehemmt sein soll, geht es bei anderen Autoren mehr um die Rolle bestimmter Affekte. Insbesondere aggressive Affekte (Zorn, Wut) und deren Folgeerscheinungen werden immer wieder für spezifische Krankheitsbilder verantwortlich gemacht (SAUL 1939, 1941; ZAIDENS 1950).

Bei meinen eigenen Untersuchungen fand ich in keinem Falle so etwas wie eine Spezifität hinsichtlich des Persönlichkeitstypus, des Konflikts, der Abwehr gegen sexuelle Triebregungen bestimmter Phasen oder auch der Aggression und der gegen sie gerichteten Abwehr. In dem untersuchten Kollektiv waren alle Neurosenformen vertreten. Selbst unter den Patienten mit der gleichen körperlichen Symptomatik fanden sich frappierende Unterschiede. Man kann jedoch – wohlgemerkt: ohne damit irgendeine Spezifität behaupten zu wollen – eine Reihe von Merkmalen angeben, die diesen Patienten gemeinsam sind und die – soweit sich das durch analytische Rekonstruktionen bestimmen läßt – großenteils auch schon *vor* dem ersten Krankheitsausbruch bestanden haben, es sei denn, die Krankheit reichte bis in die frühe Kindheit zurück. Im einzelnen handelt es sich um folgende gemeinsamen Züge:

1) Diese Patienten weisen mannigfache neurotische Symptome und Charakterzüge auf.

2) Bezüglich ihrer Libidoentwicklung überwiegen narzißtische und prägenitale Triebkomponenten, wobei vor allem exhibitionistische Tendenzen mit intensiven Konflikten verbunden sind (und zwar eindeutig schon vor dem ersten Krankheitsausbruch!).

3) Es besteht ein weitgestreutes Muster von Ichfunktionsstörungen (Angst, Aggression, Identifizierungen etc.).

4) Entsprechend der defizienten Libido- und Ichentwicklung dieser Patienten sind auch ihre Objektbeziehungen dürftig, vorwiegend von narzißtischen und prägenitalen Bedürfnissen her bestimmt und durch eine extreme Ambivalenz gekennzeichnet.

5) Alle diese Kranken haben ein ungewöhnliches Maß an frühkindlicher Traumatisierung erlitten.

Während die übrigen Merkmale bei vielen Neurosenformen vorkommen, erinnern doch die schweren Ichdefekte dieser Patienten eher an Zustände, wie man sie heutzutage oft als «Borderline-Syndrome» bezeichnet. Dem entspricht auch der Befund, daß in projektiven Tests häufig Antworten vom «Borderline-Typ» gegeben werden.

Die oben angeführten Merkmale ließen sich bei allen Hautkranken nachweisen, die ich selbst analysiert habe oder die durch mich oder meine Mitarbeiter in ausführlichen Interviews und in Psychotherapie unter Supervision untersucht und behandelt worden sind. Dennoch wollte ich damit keinesfalls behaupten, diese Faktorenkombination käme nur bei durch emotionale Faktoren ausgelösten Dermatosen vor. Ich würde es daher auch nicht wagen, allein auf der Grundlage einer schriftlichen psychiatrischen Anamnese eine Hautkrankheit zu diagnostizieren. Und selbst wenn man dabei außerdem noch wüßte, daß es sich um die Anamnese eines Hautkranken handelt, so wäre es immer noch nicht statthaft, nur auf Grund solcher Daten diagnostizieren zu wollen, um welche Dermatose es sich handelt. Ich kann hier nur einen Eindruck wiedergeben, der aber auch erst noch durch gründlichere Beobachtungen bestätigt werden müßte: Viele Patienten mit Neurodermitis, Urticaria und Dermatitiden vom Typ der Kontaktdermatitis weisen zwar sämtliche oben angeführten Merkmale auf, scheinen aber insgesamt psychisch doch nicht ganz so schwer gestört zu sein wie zum Beispiel Patienten mit einem Sulzberger-Garbe-Syndrom oder einer totalen Alopezie.

Wie läßt sich nun (1) die Spezifität der Organwahl und (2) die Spezifität der somatischen Läsionen erklären?

Unser allgemeiner Ansatz zur Beantwortung dieser Frage ist im Grunde noch derselbe, wie FREUD (1912) ihn formuliert und folgendermaßen zusammengefaßt hat: «*Daimon kai tyche* bestimmen das Schicksal eines Menschen; selten, vielleicht niemals, eine dieser Mächte allein. Die Aufteilung der ätiologischen Wirksamkeit zwischen den beiden wird sich nur individuell und im einzelnen vollziehen lassen. Die Reihe, in welcher sich wechselnde Größen der beiden Faktoren zusammensetzen, wird gewiß auch ihre extremen Fälle haben. Je nach dem Stande unserer Erkenntnis werden wir den Anteil der Konstitution oder des Erlebens im Einzelfalle anders einschätzen und das Recht behalten, mit der Veränderung unserer Einsichten unser Urteil zu modifizieren» (FREUD 1912, Fußnote Seite 364f). In seiner Arbeit über «Die endliche und die unendliche Analyse» (1937) ist FREUD auf das relative Gewicht von Erb- und Umweltfaktoren noch einmal ausführlicher eingegangen. Der genetische Faktor wird hier als ein quantitatives Moment eingeführt: Je pathologischer die genetische Ausstattung ist – und das gilt, wie FREUD betont hat, gleichermaßen für das Ich wie für das Es –, desto weniger ist an umweltbedingter Traumatisierung erforderlich, um eine Neurose hervorzurufen. Ich habe an anderer

Stelle die Berücksichtigung von Erbfaktoren mit der Einführung ökonomischer Faktoren in die Ätiologie der Neurosen verglichen (vgl. SCHUR 1955). BERGMANN und ESCALONA (1949), FRIES und WOOLF (1953) und andere Autoren haben in den Reaktionen von Säuglingen und Kleinkindern den Anteil angeborener Faktoren am Verhalten nachzuweisen versucht. GREENACRE (1952) hat betont, daß wir neben Erbfaktoren auch intrauterine und sehr frühe postnatale Traumatisierungen in ihrer Bedeutung für eine Prädisposition zur Angst – ich würde sagen: zu regressiven Typen von Angstreaktionen – mit berücksichtigen müssen. FREUD (1913) hatte ursprüngliche feste Beziehungen zwischen bestimmten Neurosenformen und bestimmten Phasen der Libidoentwicklung angenommen und gemeint, der genetische Faktor in der Neurosenwahl präge sich in bestimmten «libidinösen Typen» aus (FREUD 1913 b). Er sah jedoch bald ein, daß auch die Ichentwicklung den Neurosentypus mitbestimmt. Später (1937) erkannte er auch die Bedeutung genetischer Faktoren für die Ichentwicklung. ANNA FREUD (1964) hob hervor, daß es entscheidend darauf ankomme, in welcher Phase der Es- und Ichentwicklung ein Kind Traumatisierungen ausgesetzt ist. Dieser Faktor wurde auch von zahlreichen anderen Autoren betont, so zum Beispiel von GREENACRE (1952) im Hinblick auf Rekonstruktionen in der Erwachsenenanalyse und von KRIS (1950) im Zusammenhang mit Longitudinalstudien. Bei unseren Patienten spricht das gesamte klinische Bild für eine Kombination von angeborenen und sehr frühen Umweltfaktoren in der Ätiologie. Daß hier frühe Störungen der Mutter-Kind-Beziehung als wichtige Variable mit ins Spiel kommen, versteht sich daher von selbst. Nach der Auffassung von GRINKER (1953) und KUBIE (1953) ist anzunehmen, daß die Gesamtheit aller dieser Faktoren für die Spezifität der resultierenden Störung verantwortlich ist.

Aus diesen Ausführungen ergibt sich die Schlußfolgerung, daß wir es lernen müssen, sowohl hinsichtlich der allgemeinen wie auch der speziellen Ätiologie in «Konstellationen» (SCHUR 1955) von Kausalfaktoren zu denken,[40] das heißt, wir haben es jeweils zu tun mit bestimmten Typen der Trieb- und Ich-Ausstattung und -Entwicklung, mit einem bestimmten anlage- und entwicklungsbedingten Zustand der Organe und Organsysteme, wobei diese Faktoren wiederum in Wechselwirkung stehen mit bestimmten Umwelteinflüssen.[41] Bereits FREUD hatte festgestellt, daß zur

40 Einen solchen Ansatz habe ich bereits am Problem der Fettsucht konsequent anzuwenden versucht (SCHUR 1955).

41 Die Stabilität der homöostatischen Regulationen weist in der frühen Kindheit eine große Variationsbreite auf. Eine Instabilität dieser Regulationen kann sich in jedem Lebens-

Entwicklung einer Neurose um so weniger an Traumatisierung durch die Umwelt erforderlich bzw. hinreichend ist, je pathologischer die Anlagen sind. Für die «psychosomatischen» Störungen können wir nun ein ähnliches, aber noch etwas komplizierteres Wechselverhältnis ansetzen. Der Faktor der angeborenen Ausstattung ist auch hier wieder eine Determinante für die eventuelle Ausbildung einer Neurose; daneben aber hängt von diesem Faktor auch die Bereitschaft ab, mit einem bestimmten (spezifischen) Organ bzw. Organsystem zu reagieren. Die Neurose ist hier gewissermaßen zwischen der Traumatisierung durch die Umwelt und dem reagierenden Organ dazwischengeschaltet.

Wir hätten demnach folgendes Verhältnis anzusetzen: Je stärker eine bestimmte Organreaktion genetisch determiniert ist, desto geringer ist das relative ätiologische Gewicht der Neurose. Der jeweilige Anteil genetisch determinierter Organreaktionen variiert nicht nur zwischen verschiedenen Krankheiten, sondern ist auch innerhalb eines Kollektivs von Patienten mit derselben Krankheit von Fall zu Fall sehr verschieden zu veranschlagen. Ich möchte das am Beispiel der Hautkrankheiten, etwa der allergischen Dermatosen und der Psoriasis, verdeutlichen: Bei manchen Patienten überwiegt ganz der «organische» Faktor; im Falle der allergischen Dermatosen besteht dann gewöhnlich eine allgemeine Überempfindlichkeit gegen Noxen verschiedenster Art. Auch ein neurotischer Konflikt kann unter diesen Voraussetzungen gelegentlich als Auslöser in Frage kommen, indem er sozusagen die Rolle des Antigens übernimmt (dies gilt zum Beispiel für manche Fälle von Kontaktdermatitis). In anderen Fällen bestimmt der genetische Faktor (der bei Neurodermitis, Psoriasis, seborrhoischem Ekzem, Rosacea und anderen Dermatosen eine große Rolle spielt) zwar den Reaktionstyp, aber das Schwergewicht liegt innerhalb der Gesamtkonstellation beim neurotischen Konflikt.

Wir stellen also fest: Bei allen diesen Krankheitsbildern besteht die *Spezifität* – die, wie gesagt, von einer Konstellation verschiedenster Faktoren abhängt – in einer Bereitschaft zu bestimmten spezifischen Organreaktionen. In manchen Fällen ist nun diese Reaktionsbereitschaft derart stark ausgeprägt, daß die Krankheit durch mannigfache unspezifische Noxen ausgelöst werden kann. In anderen Fällen dagegen – und es scheint, als machten diese einen ziemlich hohen Prozentsatz aus – bedarf es nicht nur für die Disposition, sondern auch für die Auslösung der Krankheit wiederum einer spezifischen Konstellation, die neben anderen

alter beispielsweise in einer «neurozirkulatorischen Asthenie» oder in einer Neigung zu multiplen endokrinen Störungen anzeigen (vgl. J. BAUER 1945, BERGMANN 1932).

auch die erwähnten psychischen Faktoren mit einschließt. Alle diese Möglichkeiten lassen sich in einem übersichtlichen Schema darstellen, das sich nicht nur für die ätiologische Interpretation ganzer Krankheitsbilder, sondern auch für die entsprechenden Überlegungen am einzelnen Fall als hilfreich erwiesen hat.

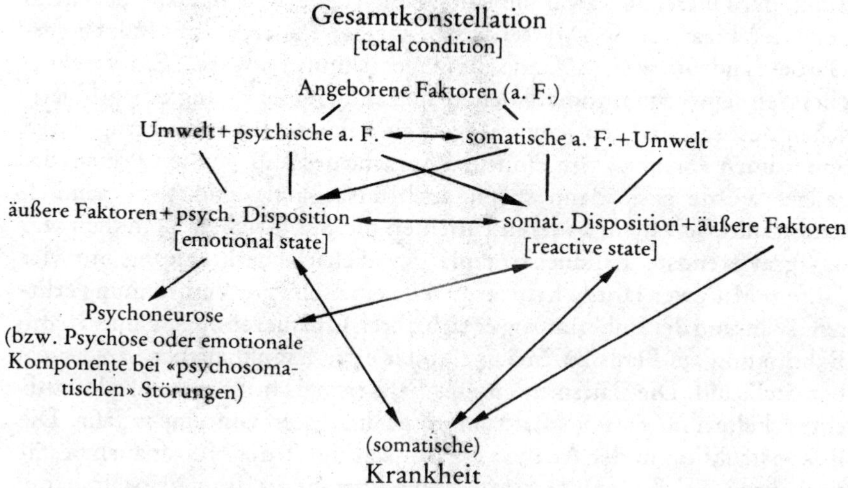

Zuoberst im Schema sind die angeborenen Faktoren angeführt, die sich zum einen im psychischen, zum anderen im somatischen Bereich manifestieren. Die Pfeile deuten deren Wechselwirkungen an. Durch die Interaktion zwischen somatischen angeborenen Faktoren und Umwelt – wobei auch psychische Faktoren mit hineinspielen (siehe die Pfeile im Schema) – entsteht das, was hier in Analogie zur allergischen Diathese («allergic state») als «somatische Disposition» («reactive state») bezeichnet wird, nämlich eine Bereitschaft zu bestimmten somatischen Reaktionsweisen. Analog dazu ist die «psychische Disposition» («emotional state») die Bereitschaft, eventuell mit einer Neurose oder Psychose zu reagieren oder auch die psychische Symptomatik einer sogenannten «psychosomatischen Krankheit» zu entwickeln. Die Pfeile im Schema sollen die wechselseitigen Einflüsse zwischen diesen verschiedenen Variablen andeuten.

Die beiden einzigen dermatologischen Krankheitsbilder, bei denen nach meinen Beobachtungen genetische Faktoren keine oder zumindest keine erkennbare Rolle spielen und wo dementsprechend der neurotische Konflikt als einziger ätiologischer Faktor erscheint, sind die totale Alopezie und die Sulzberger-Garbesche Krankheit (distinktive exsudative discoide und lichenoide chronische Dermatose).

In diesen Fällen erbrachte die Rekonstruktion in derAnalyse gewisse Anhaltspunkte dafür, daß die Organwahl möglicherweise durch lebensgeschichtliche Determinanten zu erklären ist. Bei zwei Patienten mit Alopecia totalis fand sich prämorbid eine Überwertigkeit (Überbesetzung) der Haare, und zwar in beiden Fällen der eigenen Haare, bei einem auch der Haare seiner Mutter. Einer meiner Patienten mit Sulzberger-Garbe-Syndrom war als Kind sehr mager (skinny) gewesen. Ein wesentlicher Teil seiner Symptomatik leitete sich ab aus einer zwanghaft-grüblerischen Besorgnis wegen seiner Magerkeit. Seit seiner Kindheit trug er den Spitznamen «Skinny». Im Sinne der Sprache des unbewußten Primärvorganges wurde er ja dann später auch tatsächlich «skinny» – nämlich hautkrank. Bei einem anderen Patienten mit der gleichen Krankheit war das gravierendste Kindheitstrauma eine Scharlacherkrankung mit vier Jahren. Mit zwei Jahren hatte er bereits eine schwere Verbrennung erlitten. Während der Pubertät zog er sich durch Onanieren eine schmerzhafte Exkoriation am Penis zu. Später trat der erste Krankheitsherd an derselben Stelle auf. Die Patientin unseres Fallbeispiels mit der Neurodermitis entwickelte ihre ersten Hautsymptome im Alter von einem Jahr. Die Rekonstruktion in der Analyse ergab – was durch die Mutter auch bestätigt wurde –, daß sie zu dieser Zeit eine Pneumonie durchgemacht hatte. Kurz vorher war zunächst ein schweres Windelexanthem aufgetreten, im Anschluß daran dann die ersten Symptome des atopischen Ekzems (der Neurodermitis).[42]

Behandlungstechnische Probleme

Ich möchte nun abschließend noch den weiteren Verlauf der Analyse dieser Patientin schildern. Im vierten Jahr der Behandlung war eine Phase erreicht, die sich von dem, was wir bei gewöhnlichen Neurosen sehen, nicht mehr wesentlich unterschied. Die Patientin brachte frühkindliches Material von der Art, wie es uns auch von anderen Patienten her vertraut ist. Sie hatte es allmählich gelernt, Affekte und Übertragungsphänomene auf einem fortgeschritteneren Niveau zu artikulieren; sie brauchte jetzt nicht mehr mittels ihrer Haut zu agieren und sich auszudrücken. Jetzt trat ein früher Haß auf ihre Mutter zutage, der aus der frühesten Mutter-

42 Die beiden zuletzt angeführten Fälle bestätigen die schon von Deutsch (1939 b) vertretene Auffassung, wonach Organe, die früher von einer «organischen Krankheit betroffen waren, später vorzugsweise zum Vehikel symbolischer Ausdrucksweisen werden können

Kind-Beziehung stammte und für ihre Entwicklung mindestens ebenso wichtig war wie die Traumatisierung durch den Vater. Die Mutter der Patientin hatte deren Bedürfnisse in keiner Entwicklungsphase adäquat befriedigt. Infolgedessen war die Patientin auch nicht imstande gewesen. Objektbeziehungen über die Stufe des bedürfnisbefriedigenden Objekts (ANNA FREUD 1954 a, 1954 b) hinaus zu entwickeln. Erst nachdem ihre Beziehung zur Mutter, ihre Geschwisterrivalität und ihr Penisneid durchgearbeitet worden waren, konnte die Patientin auch ihrem Ehemann gegenüber eine tolerantere Einstellung entwickeln. Sie erlangte nun eine normale Orgasmusfähigkeit. Bald darauf wurde sie wieder schwanger, und diese Schwangerschaft brachte eine Fülle neuen Materials in die Analyse. Die Patientin kam allmählich dazu – teilweise in einer Identifikation mit ihrem Analytiker –, das Verhalten ihrer Mutter nicht mehr so sehr als Ausdruck ihrer Bosheit, sondern eher als Anzeichen von Schwäche und neurotischen Problemen zu erkennen. Sie entwickelte Ansätze einer verzeihenden Einstellung gegenüber ihrer Mutter, und damit konnte sie nun auch ihre eigene Weiblichkeit und Mutterschaft besser akzeptieren. Im Verlaufe dieser Zeit heilte die Hautkrankheit vollständig ab, so daß die Patientin schließlich mit ihrem Teint für jede «Schönheitscrème» hätte Reklame machen können. Sie schloß die Behandlung gegen Ende ihrer Schwangerschaft ab. Ihr Ekzem ist seitdem nicht wieder aufgetreten.

Ich bin auf die Kasuistik dieser Patientin so ausführlich eingegangen, weil sie eine gute Gelegenheit bot, die am Symptombildungsprozeß beteiligten Faktoren zu studieren, wobei die Ichregression besonders hervorgehoben werden sollte. An diesem Fallbeispiel lassen sich außerdem auch bestimmte Probleme der Behandlungstechnik und der Forschungsmethodik verdeutlichen.

Ich erwähnte ja schon einige der technischen Probleme, denen man sich als Analytiker in solchen Fällen konfrontiert sieht, besonders dann, wenn der Patient hauptsächlich wegen seiner Dermatose analytisch behandelt werden will. Als ich damit anfing, solche Patienten in Behandlung zu nehmen, hatte ich noch keine klare Vorstellung vom Stellenwert emotionaler Faktoren in der Ätiologie und war hinsichtlich der Erfolgsaussichten der Behandlung, gelinde gesagt, zumindest skeptisch. Meine Zweifel verstärkten sich noch im Verlaufe der Therapie, wenn es immer wieder einmal zu stürmischen Rückfällen kam. Ich mußte den Patienten sagen, daß es in dieser Behandlung um ihre psychischen Probleme ginge; eine Besserung der Hautkrankheit konnte ich ihnen nicht versprechen.

Von welchen Faktoren hängt nun das Behandlungsergebnis ab? Wenn regressive Reaktionen im Zusammenhang mit bestimmten Affekten und

Trieben zur Symptombildung führen können, so muß umgekehrt alles, was einer solchen Regression entgegenwirkt, sich positiv auswirken. Daß die Patienten so selten während der Sitzungen über Juckreiz klagen, läßt sich gewiß nicht allein mit einer Angstminderung durch den Analytiker erklären. Der wirkliche Grund scheint vielmehr darin zu liegen, daß – vom Funktionssniveau des Ichs her gesehen – die Verbalisierung einer Ichregression entgegenwirkt. Verbal artikulierte Gedanken stehen dem Sekundärprozeß näher als Phantasien, Tagträume und dergleichen. Die Verbalisierung hat also mehr als nur kathartische Funktion. Auch eine durch «organische» Verfahren erzielte Besserung kann der Regression entgegenwirken und damit den Circulus vitiosus zu durchbrechen helfen.

Wir unterscheiden gewöhnlich in den Reaktionen unserer Patienten zwischen intellektuellem und emotionalem Verstehen. Wir wissen auch, daß Intellektualisierung zu einer sehr hartnäckigen Widerstandsform werden kann. Bei den Patienten, um die es hier geht, kann jedoch intellektuelles Verstehen, zumal in der Anfangsphase der Therapie, bereits einen Fortschritt gegenüber der tiefen präverbalen Regression bedeuten.[43] Der gezielte Einsatz auch solcher Mittel gehört zu den technischen Besonderheiten derartiger Behandlungen. In dem Maße, wie die Analyse im Aufdecken unbewußter Konflikte fortschreitet, verringert sich die Vorherrschaft primärprozeßhafter Denkweisen. Hatten die Patienten bis dahin die Neigung, mit ihrer Haut zu denken, zu fühlen und zu handeln, so lernen sie jetzt im Verlauf der Therapie, normalere Ausdrucksmittel zu benutzen.

Ich halte es infolgedessen grundsätzlich für möglich, auch solche Patienten dem vollen Prozeß einer Analyse zu unterziehen. Die Auswahlkriterien entsprechen denen bei anderen schweren Neurosen und «Borderline-Fällen» (Anna Freud 1954 a, Stone 1954). Der Analytiker sollte allerdings mit den besonderen Schwierigkeiten solcher Fälle vertraut sein und die Analyse falls notwendig auch während stationärer Behandlung fortsetzen. Nur bei den schwersten Fällen ist manchmal eine Behandlungstechnik erforderlich, wie sie Kaufman (1953) und Margolin (1953) als «anaklitische Therapie» beschrieben haben. In anderen Fällen muß der Analyse erst eine vorbereitende Therapie – somatische Behandlung und stützende Psychotherapie – vorausgehen. Die Mehrzahl dieser Patienten toleriert aber eine Analyse, zumal wenn mit der Behandlung relativ frühzeitig begonnen wird.

43 Freuds therapeutischer Erfolg im Falle des «Rattenmannes» ist sicher auch unter diesem Aspekt zu sehen.

Ich neige sehr zu der Auffassung, daß der richtige methodische Zugang zum Verständnis vieler Hautkrankheiten (und dasselbe gilt auch für alle anderen Bereiche der «psychosomatischen» Forschung) in der Analyse repräsentativer Fälle von jedem Krankheitsbild besteht. Es wäre außerordentlich zu wünschen, daß mit Hilfe dieser Methode sämtliche Dermatosen, die möglicherweise zu dieser Gruppe von Krankheiten gehören, eingehend erforscht würden. Die in den einzelnen Analysen gewonnenen Erkenntnisse können dann jeweils noch ergänzt und abgesichert werden durch weitere Beobachtungen aus gründlichen diagnostischen Interviews, projektiven Tests, analytisch orientierten Psychotherapien und longitudinalen Untersuchungen.

In dieser Arbeit sollte in erster Linie aufgezeigt werden, was ein rein analytischer Forschungsansatz zum Verständnis bestimmter pathophysiologischer Mechanismen beizutragen vermag. Besonders hervorgehoben wurde die Bedeutung ökonomischer Erwägungen unter dem Aspekt der Ichregression.

Bibliographie

ALEXANDER, FRANZ (1971), Psychosomatische Medizin, Berlin (erstmals 1950).

BAUER, JULIUS (1945), Constitution and Disease, New York.

BENDER, LAURETTA (1950), Anxiety in Disturbed Children, in: PAUL H. HOCH und JOSEPH ZUBIN (Hg.), Anxiety, New York, S. 119–139.

BERGMANN, PAUL, und SYBILLE K. ESCALONA (1949), Unusual Sensitivities in Very Young Children. in: The Psychoanalytic Study of the Child 3/4, S. 333–352.

BERGMANN, GUSTAV VON (1932), Funktionelle Pathologie, Berlin.

BINGER, CARL ALFRED LANNING, N. W. ACKERMAN, H. E. COHN, H. A. SCHROEDER und J. H. STEELE (1945), Personality in Arterial Hypertension, New York.

BONAPARTE, MARIE (1932), Some Biopsychical Aspects of Sado-Masochism, in: International Journal of Psychoanalysis 33, S. 373–384.

BRUNSWICK, RUTH MACK (1950), A Supplement to Freuds «History of an Infantile Neurosis» (erstmals 1928), in: ROBERT FLIESS (Hg.), The Psychoanalytic Reader, New York, S. 65–103.

BYCHOWSKI, GUSTAV (1954), The Structure of Homosexual Acting Out, in: Psychoanalytic Quarterly 23, S. 48–61.

CANNON, WALTER B. (1920), Bodily Changes in Pain, Hunger, Fear and Rage, New York (erstmals 1915).

COLEMAN, ROSE W., ERNST KRIS und SALLY PROVENCE (1953), The Study of Variations of Early Parental Attitudes, in: The Psychoanalytic Study of the Child 8, S. 20–47.

DEUTSCH, FELIX (1939 a), The Production of Somatic Disease by Emotional Disturbance, Baltimore.

– (1939 b), Choice of the Organ in Organ Neurosis, in: International Journal of Psychoanalysis 20, S. 252–262.

– (1953 a), Discussion, in: Felix Deutsch (Hg.), The Psychosomatic Concept in Psychoanalysis, New York, S. 158 ff.

– (1953 b) Hg., The Psychosomatic Concept in Psychoanalysis, New York.

EISSLER, KURT R. (1953), Notes Upon the

Emotionality of a Schizophrenic Patient and Its Relation to Problems of Technique, in: The Psychoanalytic Study of the Child 8, S. 199–251.
Fenichel, Otto (1939), The Counter-Phobic Attitude, in: International Journal of Psychoanalysis 20, S. 263–274.
– (1945 a), The Psychoanalytic Theory of Neurosis, New York.
– (1945 b), The Nature and Classification of The So-Called Psychosomatic. Phenomena, in: Psychoanalytic Quarterly 14, S. 287–312.
Ferenczi, Sandor (1964), Psychoanalytische Betrachtungen über den Tic, in: Bausteine zur Psychoanalyse, Bd. 1, Stuttgart, S. 193–234 (erstmals 1921).
Flescher, Joachim (1955), A Dualistic Viewpoint on Anxiety, in: Journal of the American Psychoanalytic Association 3, S. 415–446.
Freud, Anna (1954 a), The Widening Scope of Indications for Psychoanalysis. Discussion, in: Journal of the American Psychoanalytic Association 2, S. 607–620.
– (1954 b), Psychoanalysis and Education, in: The Psychoanalytic Study of the Child 9, S. 9–15.
– (1954 c), Problems of Infantile Neurosis. A Discussion, in: The Psychoanalytic Study of the Child 9, S. 16–71.
– (1964), Das Ich und die Abwehrmechanismen, München (erstmals 1936).
Freud, Sigmund (1887–1902), Aus den Anfängen der Psychoanalyse. Briefe an Wilhelm Fließ, Frankfurt/M. 1962.
– (1909), Bemerkungen über einen Fall von Zwangsneurose, in: Gesammelte Werke, Bd. 7, Frankfurt/M. 1966, S. 379–463.
– (1910), Die psychogene Sehstörung in psychoanalytischer Auffassung, in: Gesammelte Werke, Bd. 8, Frankfurt/M. 1964, S. 94–102.
– (1911), Psychoanalytische Bemerkungen über einen autobiographisch beschriebenen Fall von Paranoia (Dementia paranoides), in: Gesammelte Werke, Bd. 8, a. a. O., S. 239–320.
– (1912), Zur Dynamik der Übertragung, in: Gesammelte Werke, Bd. 8, a. a. O., S. 363–374.
– (1913), Die Disposition zur Zwangsneurose, in: Gesammelte Werke, Bd. 8, a. a. O., S. 441–452.
– (1914), Zur Einführung des Narzißmus, in: Gesammelte Werke, Bd. 10, Frankfurt/M. 1963, S. 137–170.
– (1915 a), Die Verdrängung, in: Gesammelte Werke, Bd. 10, a. a. O., S. 247–261.
– (1915 b), Das Unbewußte, in: Gesammelte Werke, Bd. 10, a. a. O., S. 263–303.
– (1915 c), Mitteilung eines der psychoanalytischen Theorie widersprechenden Falles von Paranoia, in: Gesammelte Werke, Bd. 10, a. a. O., S. 233–246.
– (1916), Metapsychologische Ergänzung zur Traumlehre, in: Gesammelte Werke, Bd. 10, a. a. O., S. 411–426.
– (1917), Vorlesungen zur Einführung in die Psychoanalyse, Gesammelte Werke, Bd. 11, Frankfurt/M. 1961.
– (1918), Aus der Geschichte einer infantilen Neurose, in: Gesammelte Werke, Bd. 12, Frankfurt/M. 1966, S. 27–157.
– (1926), Hemmung, Symptom und Angst, in: Gesammelte Werke, Bd. 14, Frankfurt/M. 1963, S. 111–205.
– (1927), Fetischismus, in: Gesammelte Werke, Bd. 14, a. a. O., S. 309–317.
– (1931 a), Über die weibliche Sexualität, in: Gesammelte Werke, Bd. 14, a. a. O., S. 515–537.
– (1931 b), Über libidinöse Typen, in: Gesammelte Werke, Bd. 14, a. a. O., S. 507–513.
– (1932), Neue Folge der Vorlesungen zur Einführung in die Psychoanalyse, Gesammelte Werke, Bd. 15, Frankfurt/M. 1961.
– (1937), Die endliche und die unendliche Analyse, in: Gesammelte Werke, Bd. 16, Frankfurt/M. 1961, S. 57–99.
– (1938), Die Ichspaltung im Abwehrvorgang, in: Gesammelte Werke, Bd. 17, Frankfurt/M. 1966, S. 57–62.
Fries, Margaret, und Paul J. Woolf (1953), Some Hypotheses on the Role of the Congenital Activity Type in Personality Development, in: The Psychoanaly-

tic Study of the Child 8, S. 48–62.

GRAFF, NORMAN I., und ROBERT S. WALLERSTEIN (1954), Unusual Wheal Reaction in a Tattoo, in: Psychosomatic Medicine 16, S. 505–515.

GREENACRE, PHYLLIS (1952), Trauma, Growth and Personality, New York.

GREENSON, RALPH R. (1953), On Boredom, in: Journal of the American Psychoanalytic Associtation 1, S. 7–21.

– (1954 a), On Moods and Introjects, in: Bulletin of the Menninger Clinic 18, S. 1–11.

– (1954 b), The Struggle Against Identification, in: Journal of the American Psychoanalytic Association 2, S. 200–217.

GRINKER, ROY R. (1953), Psychosomatic Research, New York.

GRINKER, ROY R., und FRED P. ROBBINS (1953), Psychosomatic Case Book, New York.

HARTMANN, HEINZ (1950), Psychoanalysis and Developmental Psychology, in: The Psychoanalytic Study of the Child 5, S. 7–17.

– (1953), Contribution to the Metapsychology of Schizophrenia, in: The Psychoanalytic Study of the Child 8, S. 177–198.

– (1960/61), Ich-Psychologie und Anpassungsproblem, in: Psyche 19, S. 81–164 (erstmals 1939).

HARTMANN, HEINZ, ERNST KRIS und RUDOLPH M. LOEWENSTEIN (1949), Notes on the Theory of Aggression, in: The Psychoanalytic Study of the Child 3/4, S. 9–36.

JACOBSON, EDITH (1954 a), Contribution to the Metapsychology of Psychotic Identifications, in: Journal of the American Psychoanalytic Association 2, S. 239-262.

– (1954 b), The Self and Object World, in: The Psychoanalytic Study of the Child 9, S. 75–127.

KATAN, MAURITS (1949), Schreber's Delusion of the End of the World, in: Psychoanalytic Quarterly 18, S. 60–66.

– (1950), Schreber's Hallucination about the «Little Men», in: International Journal of Psychoanalysis 31, S. 32–35.

– (1952), Further Remarks about Schreber's Hallucinations, in: International Journal of Psychoanalysis 33, S. 429–432.

– (1954), The Importance of the Non-Psychotic Part of the Personality in Schizophrenia, in: International Journal of Psychoanalysis 35, S. 119–128.

KAUFMAN, M. RALPH (1953), Problems of Therapy, in: FELIX DEUTSCH (Hg.), The Psychosomatic Concept . . ., a. a. O., S. 96–138.

KRIS, ERNST (1950), Notes on the Development and on Some Current Problems of Psychoanalytic Child Psychology, in: The Psychoanalytic Study of the Child 5, S. 24–46.

– (1952), On Preconscious Mental Processes, in: Psychoanalytic Explorations in Art, New York, S. 303–318.

KUBIE, LAWRENCE S. (1941), A Physiological Approach to the Concept of Anxiety, in: Psychosomatic Medicine 3, S. 263–276.

– (1953), The Problem of Specificity in the Psychosomatic Process, in: FELIX DEUTSCH (Hg.), The Psychosomatic Concept . . ., a. a. O., S. 63–81.

LEWIN, BERTRAM D. (1954), Sleep, Narcissistic Neurosis and the Analytic Situation, in: Psychoanalytic Quarterly 23, S. 487–510.

LIDDELL, HOWARD SCOTT (1949), The Role of Vigilance in the Development of Animal Neurosis, in: PAUL H. HOCH und JOSEPH ZUBIN (Hg.), Anxiety, New York, S. 183–196.

MACALPINE, IDA (1953), Pruritus Ani: A Psychiatric Study, in: Psychosomatic Medicine 15, S. 499–508.

MACALPINE, IDA, und RICHARD A. HUNTER (1953), The Schreber Case, in: Psychoanalytic Quarterly 22, S. 328–371.

MAHL, GEORGE F. (1950), Anxiety, HCl Secretion and Peptic Ulcer Etiology, in: Psychosomatic Medicine 12, S. 158–169.

MAHLER MARGARET S., I. R. ROSS, JR., Z. DE FRIESS (1949), Clinical Studies in Benign and Malignant Cases of Childhood Psychosis (Schizophrenia-like), in: American Journal of Orthopsychiatry 19. S. 295–305.

MARGOLIN, SIDNEY G. (1953), Genetic and Dynamic Psychophysiological Determinants of Pathophysiological Processes, in: FELIX DEUTSCH (Hg.), The Psychosomatic Concept ..., a. a. O., S. 3–36.

MARGOLIN, SIDNEY G., DAVID ORRINGER, M. RALPH KAUFMAN, ASHER WINKELSTEIN, FRANKLIN HOLLANDER, H. JANOWITZ, A. STERN und M. H. LEVY (1950), Variations of Gastric Functions During Conscious and Unconscious Conflict States, in: Proceedings of the Association of Research of Nervous and Mental Disease.

MENG, HEINRICH (1934), Das Problem der Organpsychose, in: Internationale Zeitschrift für Psychoanalyse 20, S. 439–458.

MENNINGER, KARL A. (1954), Psychological Aspects of the Organism under Stress, Teil 1 und 2, in: Journal of the American Psychoanalytic Association 2, S. 67–106 und S. 280–310.

RAPAPORT, DAVID, (1951 a), The Conceptual Model of Psychoanalysis, in: Journal of the Personality 20, S. 56–81.

– (1951 b), Organization and Pathology of Thought, New York.

– (1953), On the Psycho-Analytical Theory of Affects, in: International Journal of Psychoanalysis 34, S. 56–81.

SAUL, LEON J. (1939), Hostility in Cases of Essential Hypertension, in: Psychosomatic Medicine 1, S. 153–161.

SAUL, LEON J., und CLARENCE BERNSTEIN (1941), The Emotional Settings of Some Attacks of Urticaria, in: Psychosomatic Medicine 3, S. 349–469.

SCHUR, MAX (1950 a), Basic Problems of Psychosomatic Medicine, in: HANS HERMA und GERTRUD M. KURTH (Hg.), Elements of Psychoanalysis, New York, S. 237–266.

– (1950 b), Chronic, Exsudative, Discoid and Lichenoid Dermatitis (Sulzberger-Garbe's Syndrome): Case Analyses, in: International Journal of Psychoanalysis 31, S. 73–77.

– (1953), The Ego in Anxiety, in: RUDOLPH M. LOEWENSTEIN (Hg.), Drives, Affects, Behavior, New York, S. 67–103.

– (1955), Constitutional Aspects of Psychosomatic Medicine, in: Samiksa 8.

SELYE, HANS (1950), Stress, Montreal.

SPERLING, MELITTA (1953), Food, Allergies and Conversion Hysteria, in: Psychoanalytic Quarterly 22, S. 525–538.

SPITZ, RENÉ A. (1951), The Psychogenic Diseases in Infancy: An Attempt at Their Etiologic Classicifation, in: The Psychoanalytic Study of the Child 6, S. 255–275.

– (1960), Die Entstehung der ersten Objektbeziehungen, Stuttgart (erstmals 1954).

STERN, MAX M. (1951), Anxiety, Trauma and Shock, in: Psychoanalytic Quarterly 20, S. 179–203.

STONE, LEO (1954), The Widening Scope of Indications for Psychoanalysis, in: Journal of the American Psychoanalytic Association 2, S. 567–594.

VARENDONCK, J. (1951), The Psychology of Daydreams, in: DAVID RAPAPORT (Hg.), Organization and Pathology of Thought, New York, S. 451–473 (erstmals 1921).

WITTKOWER, ERIC, und BRIAN RUSSEL (1953), Emotional Factors in Skin Diseases, New York.

ZAIDENS, SADIE H. (1950), Three Cases Illustrative of Emotional Factors in Dermatology, in: Psychoanalytic Review 37, S. 221–234.

Die zweiphasige Abwehr

Alexander Mitscherlich

Anmerkungen über die Chronifizierung psychosomatischen Geschehens*

I

Wo immer zwischen Arzt und Patient das Wort «chronisch» ausgesprochen wird, entsteht die Stimmung der Resignation. Der Kranke erfährt, daß er sich mit einem chronischen Leiden oder Zustand abfinden, ihn zu tragen lernen muß; der Arzt sieht sich an der Grenze seiner Möglichkeiten; es mag ihm vergönnt sein zu lindern, heilen kann er nicht. Dieser Aura der Hoffnungslosigkeit, Einschränkung, Erwartung einer Zukunft, welche kaum mehr Fortschritt und Entwicklung verspricht, und die viele unserer Patienten mit sich in unser Sprechzimmer bringen, gelten die folgenden Gedanken. Kann man mit einiger therapeutischer Hoffnung den toten Punkt in manchen dieser Fälle überwinden?

Eine banale Feststellung zuerst: was chronisch ist, muß akut gewesen sein. Welcher Art sind die Krisen, die nicht vorübergehen, sich vielmehr für das Bewußtsein des Patienten als etwas Fremdes in ihm einnisten, das mit ihm mitlebt, aber gegen ihn lebt? Die Romanliteratur ist voll von einfühlenden Beschreibungen solcher endgültiger Dissoziationen. Es sind Beispiele einer intuitiven, aber rudimentären Phänomenologie. Ein aktuelles Geschehen, das nicht bewältigt wird – oder genauer, ein Kollaps der Erwartung, auf den nichts anderes folgt als Siechtum, Entfremdung des Schicksals, eine Wunde der Enttäuschung, die sich als körperliches Leiden offen, unvernarbt, unvergessen hält: all das findet sich oft überzeugend beschrieben. Der Dichter sieht darin den Werkstoff, den er für seine

* Aus der Psychosomatischen Klinik der Universität Heidelberg (Direktor: Prof. Dr. A. Mitscherlich).

Herrn Professor Dr. Paul Vogel in Dankbarkeit zum 60. Geburtstag gewidmet.

Teile des Manuskriptes lagen einem Vortrag auf dem III. Kongreß der Deutschen Gesellschaft für Psychotherapie und Tiefenpsychologie am 28.–30. April 1960 in Wiesbaden zugrunde.

Handlung braucht. Figuren, für die das Leiden zur unabänderlichen Tatsache geworden ist, sind ihm gleichsam Fixpunkte, auf denen er das bewegte Geschehen aufruhen lassen kann. Aber warum wird eine Szene, eine Konstellation, eine innere Erfahrung – alles, was wir im Wort «Krise» begreifen, so übermächtig, so ohne Aussicht erlebt, die Dinge zum Besseren wenden zu können? Und wann vollzieht sich hier der Umschlag von Enttäuschung, Ohnmacht in körperliche Krankheit? Vielleicht wäre es besser zu sagen: wann verschieben sich in der Niedergeschlagenheit, die immer den Menschen als ganzen trifft, die Bewältigungsversuche aus dem Bereich des Seelischen, der Auseinandersetzung mit den Objekten der Welt in den Bereich des eigenen Leibes und seiner Leistungen, so daß nun die Leistungen leiden und der Mensch daran krankt statt an der Last überstarker Erregungen, aus denen er keinen Ausweg findet? Aber es bleibt etwas von der ursprünglichen sozialen Krise erhalten. Der chronisch Kranke hält an ihr, sei es tatsächlich, sei es in seiner Phantasie, fest, nur eben als Kranker; als einer, der krank, schwach ist – und zugleich neue Macht gewonnen hat. Gerade das kann man an den Darstellungen der Dichter erkennen, wie die Entstehung chronischer psychosomatischer Leiden in die Dynamik eines Gruppengeschehens eingebettet ist.

Man könnte sich solche Schilderungen sehr gut um einen Arzt bereichert vorstellen, der den langsamen Verfall der Kräfte mit seinen Mitteln einzudämmen bemüht ist, aber im tieferen Grunde von der unbenannten Kraft, die dieses Geschehen lenkt und in Gang hält, ins Schlepptau genommen wird, der seine Besuche abstattet und Rezepte ausstellt, aber gegen die Dynamik und die Struktur des Leidens nichts auszurichten vermag. Jedem Arzt sind solche Situationen, in denen er zum gezwungenen Mitspieler wird, vertraut – auch wenn sich nicht jeder dies gern eingestehen wird.

II

Das Thema Chronifizierung ist systematisch kaum bearbeitet worden, vor allem auch nicht in der Organmedizin. In den meisten Lehr- und Handbüchern fehlt das Stichwort überhaupt. Das ist auch verständlich, wenn man sich an die Verschiedenheit chronischer Krankheitsprozesse erinnert. Was ist chronifizierend an einem essentiellen, was an einem nephrogenen Hochdruck, was macht die Chronizität einer Lungentuberkulose oder eines Lupus und was die eines Ekzems aus? Welcher Art ist sie bei einem periodisch wiederkehrenden Ulcus oder Asthmaanfall, gar bei einer Epilepsie? Manche Menschen sind chronisch schlaflos, andere klagen über einen ebensolchen Kopfschmerz, wieder andere kennen seit Jahrzehnten ihren Migränetag. Ist einfach die *Dauer* solcher Zustände schon ein Grund, daraus eine pathogenetische Kategorie ableiten zu können?

Gibt es überhaupt *eine* Verursachung für die Dauer der Erkrankung, oder sind es zahllos viele? Kann man erwarten, einige «ätiologische Formeln» (S. FREUD) zu finden, die chronisches Kranksein *spezifisch* erklären? So, daß man sagen könnte, es muß sich etwas im Gesamtgeschehen dieser individuellen psychobiologischen Einheit ereignet haben, das aus einem akuten ein chronisches Kranksein – sei es schleichend, sei es anfallsweise chronisch – entstehen ließ?

Ich muß bekennen, daß ich eine schlüssige Antwort darauf nicht besitze, obgleich ich einige Beobachtungen und Ideen, die in diese Richtung zielen, mitteilen möchte. Ob tatsächlich *ein* Vorgang für einen nephrotischen Prozeß und für die Schlaf-Wach-Rhythmusstörung einer schweren Asomnie gleichermaßen als chronifizierend herangezogen werden kann, möchte ich bezweifeln. Ich habe aber absichtlich diese so weit auseinanderliegenden Störungen gewählt, um, bevor ich eine Arbeitshypothese entwickle, eine Klärung im Hinblick auf die Vergleichbarkeit solcher Phänomene zu versuchen. Chronizität kann eine Funktionsstörung auszeichnen; trotzdem kann diese Leistungsanomalie reversibel bleiben. Andererseits verlaufen Prozesse chronisch, in denen eine irreversible Veränderung des Substrates und demzufolge auch der Funktionen sich vollzieht, z. B. arteriosklerotische Veränderungen. Auch die sogenannten primär chronischen Erkrankungen (z. B. die primär chronische Entzündung), also besonders maligne Formen, gehören hierher. Nun kann man zweifellos an diesen irreversiblen Verläufen nochmals eine Unterscheidung treffen: ob sie nämlich dem Entwicklungsalter zugehören oder «unzeitgemäß» sind, also Krankheitseinbrüche in die normale Lebenskurve darstellen. Ich möchte in diesem Zusammenhang nur von chronischen Krankheiten im engeren Sinne der *unzeitgemäßen Störungen* sprechen, sowohl der anhaltenden Funktionsanomalien ohne bleibende Veränderungen im organischen Korrelat wie der Verläufe mit Funktionsänderungen und -einbußen durch bleibende Entdifferenzierung der spezifischen Struktur. Dabei muß ich aber im Hinblick auf meine Hypothese noch weiter einschränken: Das psychosomatische Simultangeschehen ist durch hohe Integrationskraft (z. T. auch Reparationskraft) gegenüber Noxen ausgezeichnet. Die Homöostase (CANNON) wird von zwei Organisationsprinzipien (oder -kernen), dem somatisch-organismischen und dem psychischen, gewahrt, die ohne ihre wechselseitigen Beziehungen allein nicht funktionsfähig bleiben. Unter dem psychischen Organisationsprinzip verstehe ich aber nicht das ZNS mit seiner biologischen Differenzierung, sondern die Ordnung des Wahrnehmens, Verstehens, des Bewußtseins, Phantasierens, des unbewußt Gewordenen; das «System Ubw» im Sinne FREUDS scheint die psychisch erfahrbare Organisationsform dazustellen, die dem Organisationsbereich des Organismischen am nächsten steht, den wir nicht mehr als Psychisches unmittelbar, sondern *durch* Psychisches erfahren können.

Irreversible Störungen gibt es nun nach meiner Auffassung in den beiden polaren Bereichen der psycho-biologischen Einheit, und zwar können sie aus Noxen entstehen, die genuin die eine oder andere Organisationsform betreffen. Beispiele für Schädigungen, welche Teile der somatischen Struktur vernichten, erübrigen sich, weil sie allbekannt sind. Für die psychische Struktur ist der Nachweis sehr viel schwerer. Die einfachen Beispiele, die dann zugleich wieder auf die enge Verbundenheit der Organisationsprinzipien untereinander verweisen, könnte man der tierischen Verhaltenslehre entnehmen, etwa daß bei manchen Tieren, z. B. den Entenvögeln, die «Prägung» (K. LORENZ) auf Elterntiere auf eine begrenzte Frist beschränkt und dann unabänderlich ist; eine Fehlprägung in dieser kurzen Zeitspanne kann nicht mehr korrigiert werden. Oder ein besseres Exempel: daß das Verhalten und die körperliche Entwicklung in Sozialgruppen lebender Tiere von deren Stellung in der Rangordnung bestimmt ist, so daß ein ständig in niederen Rangstufen lebendes, also aggressiv gehemmtes Tier «mehr oder weniger infantil» bleibt, eine «psychologische Sterilisierung» erfährt (17). Ich muß an die Direktbeobachtungen von R. SPITZ (20) und J. BOWLBY über die Wirkung des Verlustes der Mutter im ersten Lebensjahr des Kindes erinnern und sie mit den Beobachtungen korrelieren, die wir in der analytischen Behandlung von Kindern und Erwachsenen machen, um zur Feststellung zu kommen, daß frühe Entbehrungssituationen, im Sinne des Verlustes der zentralen affektiven Beziehungsperson, einen bleibenden Einfluß auf die Art der affektiven Kontakte haben, die dieser Mensch in seinem späteren Leben anzuknüpfen in der Lage ist. Und zwar wiederum durchaus psychosomatisch. Eine Mutter, die den Hautkontakt mit ihrem Kinde affektiv abwehrt, wird im Kind eine Störung in der affektiven Besetzung dieser Leibregion begründen. Eine Störung der primären Zweierbeziehung (die Grundstörung BALINTS, das erschütterte Urvertrauen ERIKSONS), die in solchen Leiberfahrungen der Frühzeit erlebt wird, bestimmt unausweichlich alle späteren Beziehungen, die in ähnlicher Weise affektiv getönt sind. Ein von derartigen Erfahrungen betroffener Mensch vermag später vielleicht überhaupt keine tiefergehenden emotionellen Beziehungen anzuknüpfen und reziprok tragfähig zu machen. Es mangeln ihm dabei auch leibliche Erfahrungsmöglichkeiten. Vieles ist unserer Kenntnis hier noch verborgen, aber wir meinen, daß die psychoanalytische Unbehandelbarkeit (etwa die Unfähigkeit, eine Übertragung herzustellen oder sie zu nutzen) bei vielen Patienten nicht allein von unserer mangelhaften Technik, sondern von der zu irreversibler Starrheit veränderten Eigenart ihrer seelischen Reaktionen und Leistungen bestimmt ist. In diesen Fällen liegt eine Zerreißung des psychosomatischen Simultangeschehens, vom *Erlebnispol* ausgehend, vor, ebenso wie im Falle der Entdifferenzierung oder des Unterganges eines spezialisierten Zellverbandes dieser Bereich nicht mehr für die vom Erleben beeinflußte neuro-humorale Regulation erreichbar ist. Der betreffende Kranke ist nicht mehr reagibel für neue Erfahrungszusammenhänge, er vermag nicht mehr zu lernen, sich nicht mehr emotionell zu korrigieren; sein Wahrnehmungssystem ist durch unbewußte Projektionsmechanismen (Erwartungshaltungen) und ihre Stereotypie schwer behindert. Eine derartig irreversibel sich repetierende Verhaltensweise affiziert nicht nur die Seite des psychischen Organisationspols, sondern wirkt als rigide «Haltung» oder emotionelle Unfähigkeit, Gefühle leibhaft vollziehen und damit erst erleben zu können, natürlich auch auf die gesamte psychobiologische Homöostase wie ein schwerer Stress.

Die Chronifizierung einer Funktionsstörung kann sich rasch vollziehen und doch heilbar bleiben, oder sie kann sich einschleichen und irreversibles Geschehen ankündigen. Ein harmloser Prozeß wie das Wachstum eines Fibroms in der Subcutis oder ein zur letalen Dekomposition des Gesamtorganismus[1] führender wie ein Malignom können ihre Chronizität besitzen. Von diesen Zuständen *nach* der mehr oder weniger schwer wirkenden Zerreißung des psychosomatischen Simultangeschehens soll ebenfalls nicht die Rede sein. Hier sind vom Prozeß her gesehen die Würfel gefallen. Daß man ein Fibrom oder ein Carcinom operativ im rechten Moment beseitigen und damit heilen kann oder einen Diabetes mit Diät und Insulin kompensieren kann, interessiert in diesem Augenblick theoretischer Überlegung nicht. Unser Thema ist die «Chronifizierung» – also der Prozeß in statu nascendi. Was ist hier wirksam – das dann vielleicht gar keine Funktionsbedeutung mehr zu haben braucht, wenn es zur unwiderruflichen Zerreißung des psychosomatischen Simultangeschehens gekommen ist und eine partielle Autonomie somatischer oder psychischer Prozesse sich etabliert hat? In jedem Fall liegt aber ein partiel-

1 Op. cit., Seite 271.

les Autonomwerden eines Leistungsbereiches auch dem Beginn des Chronifizierungsvorganges zugrunde.

Dieses partielle Autonomwerden eines Organisationsprinzips vom anderen, des somatischen vom psychischen und umgekehrt, bedeutet, von den wenigen Fällen abgesehen, in denen diese Autonomie in der Gesamtorganisation vorgesehen, also «normal» ist, pathologische Entwicklung.

ROTHSCHUH (18) meint, es seien relativ wenige «Elemente und Betriebsglieder», die sich «der neurohumoralen Beeinflußbarkeit entziehen, vielleicht die Struktur des Eiweiß im Muskel, die fermentative Aktivität der Zellkerne und Mitochondrien, die intrazelluläre Ionenwirkung, die O_2-Bindung des Hämoglobins. Überall aber, wo neurohumorale Einflüsse auf dem Weg über Beeinflussung von Grenzflächen und Membranen bis in die intrazellulären Prozesse wirken können, ist noch eine ‹psychogene› Beeinflussung denkbar.»[1]

Die Grenze, bis zu der psychosomatisches Geschehen vorstellbar ist, läßt sich genau angeben. «Was sich der nervösen oder hormonalen Zentralbeeinflussung direkt oder indirekt entzieht, kann nicht ‹psychogen› entstehen.» Das gilt gleicherweise für normale wie für neurotisch determinierte Aktivitätszustände. Auch wenn man die Vielzahl der hormonellen Einflußmöglichkeiten und die bessere Kenntnis der Bahnen zwischen Neocortex und Hirnstamm, die wir seither erworben haben, in Rechnung stellt, bleibt das Grundproblem das gleiche wie zu FREUDS Zeiten: Wir wissen eine Menge über die Wege, auf denen Erlebnisse sich somatisieren, aber sehr viel weniger über die psychischen Strukturen, in denen die Sinneserfahrungen und Symbolwahrnehmungen ausgesondert und ihnen die jeweiligen Bedeutungen (ihr kollektiv oder individuell gültiger Symbolwert) zugeordnet werden. Von einer unangemessenen Einschätzung der «Nachrichten» mag aber schließlich der Anstoß zur Störung somatisch mit der Erregung gekoppelter Leistungsvorgänge ausgehen.

Das Problem, ob wir uns die psychosomatische Einheit aus einem einzigen Organisationskern – also monistisch – oder wenigstens zweipolig organisiert vorstellen sollen, ist schwer nur heuristisch zu behandeln. ROTHSCHUH meint – wie dies sicher auch der Auffassung FREUDS (3) in der Zeit des «Entwurfs einer Psychologie»[2] entsprochen haben dürfte –, daß das Seelische im Somatischen «keinerlei Reichweite» habe, «da es sich um ein Innewerden bzw. ein Erlebnis bestimmter zentralnervöser Aktivitätsformen handelt»[3]. Und diese Aktivitätszustände können, wie eben erwähnt, fast alle Körpervorgänge in ihrer Leistung beeinflussen. *Eine* Seite des Geschehens ist hier sicher unwidersprüchlich formuliert. Das eigentliche Problem erhebt sich aber doch dort, wo danach gefragt wird,

2 Op. cit. Seite 371 ff.
3 Op. cit.

wie diese «zentralnervösen Zustände, die sich an Umweltereignisse, Sinneswahrnehmungen, Worte usw. anschließen»[4], sich *dynamisch* gestalten. Hier würde man bereits in der Darstellung ROTHSCHUHS die eigentümlichen intrapsychischen Vorgänge (also die Affektrepräsentanz der Triebe, die kritischen Denkvorgänge, die Phantasie) vermissen, die doch ein entscheidender Anteil unseres Seelenlebens sind; es wird keineswegs allein durch die Bearbeitung äußerer Reize in Gang gehalten.

Für die gegenwärtige Überlegung, welche seelischen Konstellationen einen Krankheitsprozeß mit körperlicher Symptombildung chronifizieren mögen, ist es deshalb unerläßlich, sich dreierlei vor Augen zu halten: 1. daß eine Leistungsumstimmung aus «dem seelischen Erleben zugrundeliegenden Aktivitätszuständen»[5] via zentralnervöse und neurohumorale Beeinflussung an fast allen Vorgängen im Organismus möglich ist; 2. daß seelische Vorgänge die Eigenart haben, sich zu organisieren, und zwar nach Sinnzusammenhängen und auf Grund der Möglichkeit unsers Seelenlebens, Symbole zu verstehen und selbst Symbole zu bilden; 3. daß die Bildung psychischer Strukturen eine besondere Entwicklung durchmacht, die dadurch ausgezeichnet ist, daß vom jeweilig erreichten Stadium unter besonderer Belastung Rückfälle oder Rückgriffe auf primitivere Entwicklungszustände erfolgen können. Das heißt, es können progressive und regressive Prozesse in der Integration des seelischen Geschehens gleichzeitig stattfinden. Nach Auffassung der psychoanalytischen Forscher sind es die regressiven Akte, die sich in krankhaften Äußerungen, sei es des psychischen Verhaltens, sei es des somatischen Geschehens, manifestieren.

Nimmt man mit R. GRINKER (9) die Feldtheorie zur Erklärung der psychosomatischen Vorgänge zu Hilfe und stellt sich die vitalen wie die seelischen Prozesse in einem Kontinuum von Soma, Psyche, Gruppe, Gesellschaft, Kultur vor, in dem jedes Glied beeinflussende Umwelt für alle anderen ist, dann hat man einen noch besseren Zugang zum Verständnis der Doppelläufigkeit psychischer Dynamik; Soma, Gesellschaft, Kultur haben ein Fatum, das dem Ende, dem Tod zuläuft; innerhalb der psychischen Dynamik aber gibt es Erinnerung oder genauer Erinnerungsspuren. Unter dem Einfluß von Angst (Realangst wie insbesondere neurotischer Angst) können diese in einer der Zeit entgegenlaufenden Weise regressiv belebt werden, derart, daß sie mehr oder weniger intensiv alle anderen Erfahrungsmöglichkeiten überschatten und zur bestimmenden

4 K. F. ROTHSCHUH; Op. cit.
5 –: Op. cit.

Erlebnisrealität werden. Die Spannung, die sich aus physischem und sozialem Entwicklungsalter (äußerer Realität) und dem Zurückstreben nach archaischen Formen der Angstvermeidung oder der libidinösen und aggressiven Sättigung (phantasierter Erlebnisrealität) ergibt, schafft die Voraussetzungen der Funktionsstörung und pathologischen Strukturänderung.

Diese dynamischen Vorgänge des Aufbaus unserer seelischen Organisation, die mit der frühesten körperlichen Entwicklung synchron einsetzen, kann man – jedenfalls nach meiner Auffassung – nicht in der Analyse zentralnervöser Abläufe erfassen; vielmehr ist das Zentralnervensystem die unerläßliche *Matrix*, der Träger für diese Abläufe, aber nicht ihr *Organisator*. Damit wird nicht eine somalose Psyche postuliert, die der zentralnervösen Matrix sich bedient. Es soll vielmehr ausgedrückt werden, daß unsere gegenwärtige Fähigkeit, Hirnstrukturen und -funktionen zu beschreiben und zu messen, und unsere Fähigkeit, seelisches Geschehen zu beobachten und als sinnvoll zu verstehen, nicht zur Deckung gebracht werden können. Die Strukturierungsvorgänge des seelischen Geschehens verlangen ihre eigene Annäherungsweise; daß ihnen Funktionen der Hirnsubstanz entsprechen müssen, ist nicht bestreitbar, hilft aber im Verstehen nicht weiter.

Der Organisationsvorgang im Seelischen integriert sowohl Körpergefühle als auch die durch Sinneswahrnehmungen vermittelte Außenwelt, die aber vom Lebensbeginn an Bedeutung hat und nur mit solcher Bedeutung zu unserer «Welt» wird. Daß diese Bedeutung im bewußten und im unbewußten seelischen Bereich verschiedener Art sein kann, braucht kaum erwähnt zu werden. Für unser Verständnis stellt es sich demnach so dar, daß der psychische Apparat sich in einer bipolaren Einheit[6] mit den organischen Wachstums- und Reifungsvorgängen entwickelt. Er erlangt schließlich im Ich «eine durch eine konstante Energiebesetzung ausgezeichnete Organisation»[7], der es zufällt, zur somatischen Homöostase das «seelische Gleichgewicht» zu halten. Zwar bedarf es zu alledem der genetisch verankerten Entwicklung des Gesamtorganismus mit seiner zentralnervösen Integrationsleistung; aber diese stellt, um es zu wiederholen, nur die reagible Vitalvoraussetzung für den Aufbau der psychischen Organisation dar. Ich kann deshalb nicht sehen, wie man die psychosomatische Identität, die wir als lebende Wesen darstellen, anders

6 Eine ähnliche Idee findet sich bei L. S. Kubie (12). Er spricht von einem «bipolaren Symbol», dessen einer Teil aus dem neuralen System, dessen anderer aus den Erfahrungen der Wahrnehmung (perceptual experience) stammt.

7 Siehe E. Kris in (3), Seite 33.

als in einem Modell begreifen kann, in dem es sowohl genetisch verankerte und sich selbst steuernde Organleistungen (vom Körperwachstum über alle vegetativen Stoffwechselvorgänge bis zur Rhythmusbildung der Herzfrequenz) wie einen zweifellos auf somatischen Vorgegebenheiten arbeitenden «seelischen Apparat» (FREUD) gibt, dessen Werden einer eigenen Gesetzlichkeit unterliegt. Er ist den Feldeinflüssen der natürlichen Umwelt wie der sozialen Mitwelt ausgesetzt. Die Regeln der letzteren fordern unabdingbar eine «primäre Repression» von autistisch sich äußernden Triebansprüchen des Organismus. Gleichermaßen hängt aber die Entwicklung des Körper-Ichs, also die integrierte Wahrnehmung des Leibes und seiner Funktionen, besonders der Triebbedürfnisse, von einer Fülle «sekundärer Repressionen» ab, die der jeweilige Lebensstil fordert. Hierauf hat besonders HERBERT MARCUSE in seinem wichtigen Buch «Eros und Kultur» (13) hingewiesen.

Wie das Problem Leib–Seele–Einheit sich also auch metaphysisch ausnehmen mag, vom pragmatischen Standpunkt des Arztes aus kann ein monistisches Organisationsmodell nicht genügen. Die Anerkennung eines psychischen *und* eines somatischen *Organisationskerns* wird in dem Augenblick unerläßlich, in dem man die Organisationsform seelischer Abläufe *verstehen* will, und zwar über die Analyse des biologischen Funktionsträgers hinaus.

III

Ich muß wiederholen, daß ich keine Theorie der Chronifizierung, sondern, um der scharfsinnigen Kritik J. WISDOMS (22) zu folgen[8], bestenfalls Ideen zu einer solchen vorzubringen habe.

Vorwegnehmend seien ganz kurz vier Voraussetzungen genannt, von denen ich annehme, daß sie bei der Chronifizierung eines psychosomatischen Leidens eine bedeutsame Rolle spielen:

1. Ein chronisches psycho-somatisches Leiden sensu strictiori kann sich nur auf dem Boden einer neurotischen Fehlanpassung entwickeln. Chronische somatische Symptome, die wir psychosomatisch einordnen dürfen, sind uns ohne solche Vorgeschichte nicht begegnet.

2. In einem chronifizierten Symptom solcher Genese vollzieht sich die Resomatisierung eines Affektgeschehens, im Sinne einer Regression. Desomatisierte Bewältigungsformen des Affektes, die zur normalen Ent-

8 WISDOM übt hier Kritik an den «zwingenden Ideen» und den bestehenden Theorien der psychosomatischen Medizin.

wicklung und Reifung gehören, werden partiell rückgängig gemacht.

3. Als Auslöser wirkt ein realer oder phantasierter Objektverlust; und zwar der Verlust eines Objektes, das eine zentrale Rolle in der neurotischen Fehlanpassung spielte und das diese Anpassung, so eingeschränkt sie sein mochte, stabilisieren half.

4. Die nun entstehende Grundstimmung von Hoffnungslosigkeit und Hilflosigkeit ist nicht realitätsbezogen, sondern entspricht einer Projektion. Maßgebend für die Stimmung der Aussichtslosigkeit sind regressive Besetzungen innerer, und zwar archaischer Objekte, von der Art eines primitiven Überichs.

Zum ersten Punkt eine Beobachtung, die sich auf mehr als ein Jahrzehnt und eine große Zahl von Patienten, die wir in dieser Zeit gesehen haben, erstreckt:

Von den seltenen Fällen einer primär chronischen Erkrankung abgesehen, kann nach unserer Auffassung ein Geschehen, von dem vorausgesetzt werden darf, daß es «psychogen» beeinflußbar ist, sich nur auf dem Boden einer neurotischen Entwicklung der Persönlichkeit chronifizieren. Erst eine chronifizierte Störung des «seelischen Gleichgewichts» durch emotionelle Notlagen und Konflikte, deren das Ich nicht Herr werden kann, schafft ihrerseits die Vorbedingungen für den chronischen Druck (stress), unter dem sich eine körperliche Symptomatologie zu einer chronischen entwickeln kann. Es wird wohl kaum bestritten, daß die Neurosen der Schulfall chronischer Erkrankung sind, auch wenn ihre Symptome intermittierend oder variierend auftreten oder sich in den verschiedenen Lebensabschnitten mit ihren spezifischen Anforderungen in unterschiedlicher Heftigkeit zeigen. Je mehr wir uns von einer Neurosenauffassung entfernen, die zu eng auf ein jeweiliges Syndrom – eine Krankheitseinheit neurotischer Art – achtet, und die Neurose im Kontext der gesamten Charakterstruktur erkennen, desto klarer zeigt sich uns die Permanenz einer psychoneurotischen Fehlanpassung und ihr Bedeutungs- und Ausdruckswandel während eines Lebenslaufes; die Symptome markieren dann nur sozusagen die Stationen der mehr oder weniger eingeschränkten Entwicklung bis zum Versagen im Sinne klinischer Krankheit. In der langen Zeit, in der wir nun chronische Krankheitsbilder der klassischen Medizin beobachtet haben, hat sich uns diese Tatsache so eindeutig bestätigt, daß wir uns berechtigt fühlen, hier ein spezifisches ätiologisches Moment erkannt zu haben – womit allerdings noch nicht gesagt ist, daß wir die «ätiologischen Formeln» einfach zu dechiffrieren vermöchten. Dies besagt also, daß unsere Beobachtung vorerst das spezifische ätiologische Moment generell beschreibt, aber noch kein Beitrag zu einer Theorie der Spezifität der *Erkrankungen* ist. Diese hätte zu erklären, warum sich einmal Verwahrlosung oder antisoziales Verhalten, das andere Mal ein rein psychoneurotisches oder psychisches Geschehen oder schließlich eine psychosomatische Krankheit einstellt.

Hier möchte ich in Parenthese einem Einwand begegnen: Wir haben oft zu hören bekommen, daß die Fälle, die wir überwiesen erhalten, eben jene Kranken seien, die neben einer Organkrankheit an einer Neurose leiden, daß also die Auswahl unseres Krankengutes nicht signifikant für die jeweilige Krankheitsgruppe sei. Ich möchte insofern zustimmen, als eine weit umfänglichere und systematischere Beweisführung, als wir sie zu geben vermögen, unumgänglich notwendig erscheint. Andererseits muß ich hervorheben, daß leider der Arzt der üblichen Vorbildung nicht in der Lage ist, eine sichere neurosenpsychologische Diagnose zu stellen, von ihm also nicht verlangt werden kann, daß er die nichtneurotischen von den neurotischen Kranken seiner Klientel zu trennen vermag. Je mehr es uns gelungen ist, Ärzte für die psychosomatische Fragestellung zu gewinnen und je mehr wir ein unausgelesenes Krankengut zur Behandlung erhielten, desto klarer bestätigte sich die Richtigkeit unserer soeben dargestellten pathogenetischen Auffassung. Was sich allein änderte, war der Grad der Behandelbarkeit der Kranken. Hatten wir anfänglich hauptsächlich die allerschwersten und inveterierten Fälle gesehen, so jetzt eher die sogenannten typischen Krankheitsbilder, ehe sie in ein irreparables chronisches Siechtum übergegangen waren. Aber die neurotische Fehlentwicklung boten eben beide Gruppen.

Freud unterschied in einer frühen Arbeit (4) drei Kategorien «ätiologischer Momente»: «a) Bedingungen; b) spezifische; c) konkurrierende oder Hilfsursachen». Unter «Bedingungen» versteht Freud «jene Momente, die zur Erzielung des Effektes zwar unentbehrlich sind, diesen aber nicht für sich allein erzielen können, sondern der spezifischen Ursachen hierzu bedürfen». Als Bedingung wirkt wohl in erster Linie, so auch die Vorstellung Freuds, das hereditär-genetische Moment. Wobei man zu bedenken hat, daß die «Konstitution», wie sie sich entfaltet, nur als psychosomatische gedacht werden kann, eine mit Beginn des Lebens einsetzende kreisförmige Ursache-Wirkung-Verknüpfung (feed-back) somatischer und psychischer Dynamismen.

Auf dieses konstitutionelle Entwicklungsgeschehen pfropft sich das neurotische auf und wird in den feed-back mit einbezogen. Was nun die Kategorie der spezifischen Ursachen für die Chronifizierung einer psychosomatischen Organkrankheit betrifft, so liegt sie, wie schon erwähnt, in der Störung des psychobiologischen Reifens durch Fixierung an emotionelle Notlagen, Konflikte und deren Bewältigungsversuche in den frühen Entwicklungsstufen des Individuums. Die später reifenden integrativen Ichleistungen vermögen die Fesselung an derartige stereotypisierte Erlebnis- und Reaktionsweisen nicht zu lösen. Im Ganzen der Reifungsvorgänge wirken sie alsbald als schwere Belastung, als chronischer Druck (stress). Er mag je nach der Intensität der affektiven Besetzung und je nach den vom Ich angewandten Abwehrmechanismen zu einer sich dauernd etablierenden Störung von Organleistungen führen.

Die spezifischen Ursachen, sagt FREUD aber, «unterscheiden sich von den Bedingungen dadurch, daß sie nur in wenigen ätiologischen Formeln auftreten». Wir glauben zwar, in der generellen Vorbedingung einer neurotischen Fehlentwicklung eine allen spezifischen ätiologischen Formeln gemeinsame Komponente angeben zu können – die einzelnen «Formeln» ahnen wir vorerst aber mehr oder weniger vage. Wir können deshalb nur davon sprechen, Ideen zu einer Theorie der Spezifität zu besitzen, nicht diese selbst.

IV

Vor der weiteren Erläuterung der genannten Voraussetzungen der Chronifizierung möchte ich kurz einen Fall skizzieren, um wenigstens ein Anschauungsfragment als Stütze zu haben.

Ein 55jähriger Landwirt leidet seit 3 Jahren an einem Analekzem. Bis vor einem Jahr hat ihn das wenig gestört. Seither fühlt er sich schwach und depressiv. Das Ekzem breitet sich weiter aus, ergreift Genitale, Bauch, Leistenbeuge, Oberschenkel, juckt stark. Ein progressives und sich chronifizierendes Geschehen, das der Therapie trotzt.

Der Patient hat nach seiner Rückkehr aus Kriegsgefangenschaft den, wie er sagt, sehr vernachlässigten Hof seines Schwiegervaters übernommen und ihn «hochgebracht». Das war bei der altmodischen und Neuerungen abholden Einstellung seiner Frau nicht einfach. Er hat viel gearbeitet. Überhaupt schildert er sich als sehr ordentlich und gewissenhaft. Seine Ordnung demonstriert er mit der Bemerkung, daß er nachts im Dunkel alles finden könne, was er suche. Seit er sich erinnern kann, verrichtet er morgens nach dem Erwachen seinen Stuhlgang.

Zu dieser sozialisierten Seite seiner analen Charakterstruktur gehört aber eine aggressive Gehemmtheit auf Grund unbewußter Schuldgefühle von ausgesprochen neurotischem Ausmaß. Der Patient gibt um des lieben Friedens willen in allem nach, auch wo er eindeutig im Recht ist und seine soziale Rolle zu verteidigen hätte. Das erste Beispiel einer Kränkung, gegen die er sich nicht zu wehren vermochte, das er uns mitteilt, hat nicht nur charakteristischerweise mit Geld zu tun, sondern läßt auch komplex die verdrängte und schuldhaft besetzte sadistische Komponente der Analität mit anklingen. Seine Frau war vor 5 Jahren auf der Landstraße angefahren worden und erlitt einen Schädelbruch. Der Prozeß zog sich zwei Jahre hin, dann erfolgte eine Abfindung in Höhe von 4000 DM. Der

Patient hatte landwirtschaftliche Maschinen angeschafft und diesen Betrag einkalkuliert. Seine Frau gab jedoch der ältesten der drei Töchter 1000 DM, ohne seine Widerrede zu beachten. Das hat ihn tief gekränkt. Nach diesem Ereignis begann das Analekzem.

Dann starb die Mutter des Patienten. Bei ihr war er sehr anerkannt. Als der älteste Sohn vertrat er im Ersten Weltkrieg den eingezogenen Vater und habe schon damals, mit 12 Jahren, mustergültig gerade Furchen beim Pflügen gezogen. Er sei ganz der Art der Mutter nachgeschlagen. Seit ihrem Tod hatte er niemanden mehr, mit dem er sich aussprechen konnte.

Der Kranke hat sein ganzes elterliches Erbe allmählich in den Hof, der das Erbe seiner Frau ist, investiert. Er wollte mit ihr einen Ehevertrag zu gleichen Hälften des Besitztums schließen und den Hof später als ganzen dem Erben vermachen. Die Frau stimmt in den Besprechungen zu, der Vertrag wird aufgesetzt; als der Notar kommt, lehnt sie es kategorisch ab zu unterschreiben. Nun war der Patient hoffnungslos gekränkt, wiederum ohne sich zur Wehr setzen zu können. Jetzt ließ er alles laufen. Er sei in ganz kurzer Zeit «grau und faltig» geworden, vergeßlich und depressiv, «eben altes Eisen». Unmittelbar nach dem gescheiterten Vertrag setzt die Ausbreitung und Intensivierung des Ekzems ein.

Aber noch ein Erlebnis verstärkt die Hoffnungslosigkeit. Bis vor 2 Jahren war der Patient der einzige Mann auf dem Hof. Kurz vor dem Tod der Mutter heiratete die zweite der Töchter, und der Schwiegersohn zog ein, jung, tüchtig, energisch, aber unerfahren. Jedoch stand die Frau des Patienten auf seiner Seite; und auch hier kapitulierte der Patient.

Die intensivste Mitteilung, die der Patient im Gespräch – verbal und nichtverbal – macht, ist seine Hoffnungslosigkeit. Nicht nur wurden seine Lebenspläne durchkreuzt, erlebte er Erniedrigungen, von denen er das Gefühl hat, er könne sie nie mehr ausgleichen, er erfuhr auch den Tod der geliebten Mutter. Alle Erfahrungen, nicht nur diese letztgenannte, haben in seinem Urteil einen definitiven Charakter; er sieht sich als gebrochenen Mann an, «altes Eisen».

Sucht man die psychodynamische Formel für diese äußerste Hoffnungslosigkeit, so kann man zwei Momente herausheben: der Verlust eines äußeren Objektes von zentraler Bedeutung für den Kranken (der Tod der Mutter) korrespondiert dem Zusammenbruch seines Ich-Ideales. Dieses Ich-Ideal ist nun seinerseits abhängig von oder hat teil an einer Vielzahl innerer Objekte, die sich im Laufe der libidinösen und Ich-Entwicklung bilden. Wir haben den Preis, um den der Patient eine libidinöse Beziehung speziell zur Mutter aufrechterhalten konnte, kennengelernt, eben die Analität seines Charakters («Ordentlichkeit, Sparsamkeit, Eigensinn» (Freud [6]); diese Reaktionsbildung hat aber nicht ausgereicht, die Intensität seiner libidinös-aggressiven Es-Regungen zu entschärfen. Ein sehr archaisches introjiziertes Objekt – also ein frühes

Über-Ich – blockiert jeden Weg, auf dem er eine libidinöse Befriedigung mit aggressiven Mitteln erreichen könnte, das heißt, der damit drohende Konflikt mobilisiert neurotische Angst, die zur Aggressionshemmung führt und nach dem klassischen Modell zur Symptombildung.

Die Hoffnungslosigkeit, in die der Patient gestürzt ist, hängt also mit der Fortdauer infantiler Entwicklungsrelikte zusammen, an die er fixiert blieb und die eine libidinöse Reifung wie eine zureichende Stärkung des Ichs (d. h. der Entwicklung einer «konfliktfreien Zone des Ich» [H. Hartmann] und die Neutralisierung von Triebenergie im Ich, welche es gegen den Einbruch von Es-Regungen sichern) vereitelt hat. Nur diese vorzeitige Erstarrung der Charakterstruktur in Reaktionsbildungen und Verleugnung der aggressiven Möglichkeiten bildet den Boden für seine Art der Verarbeitung des *äußeren* Objektverlustes und das Erlebnis des verlorenen Eigenwertes, der wesentlich auf der tätigen Nutzung der anderen Charakterzüge beruht und von der Ehefrau so nachdrücklich vereitelt wird.

Diese gewiß unzureichende Strukturanalyse läßt aber doch das Folgende erkennen: Die Beziehung zu äußeren Objekten und die Fähigkeit, mit ihnen produktiv im Sinne der Realitätsbewältigung umgehen zu können oder nicht, hängt für den Kranken von den Forderungen ab, die frühe introjizierte Objekte stellen und wieweit sie ungeschwächt einer weiteren psychischen Strukturierung durch neue Modi der Erfahrung und Realitätseinschätzung im Wege geblieben sind. Ist dies in einer für die Gesamtentwicklung sehr einengenden Weise der Fall, dann wirkt wie bei unserem Kranken der Verlust des äußeren Objektes, das den verbleibenden Rest der libidinösen Befriedigung garantierte, katastrophal, weil es zur Aufrechterhaltung des infantil gebliebenen Modus der Kommunikation mit der Welt unersetzbar ist. Von hier aus nimmt dann die Kaskade weiterer Enttäuschungen ihren Lauf.

Genau dieses Modell scheint uns aber charakteristisch als Beschreibung eines spezifisch ätiologischen Momentes, das zur Chronifizierung psychosomatischer Krankheit führt. Die Frage der psychodynamischen Bedeutung des Hoffens, in seinen Schattierungen von realitätsgerecht zu unrealistisch, ist in der Literatur wenig untersucht. In gröbster Fassung könnte man sagen, daß die Hoffnung als Vorentwurf der Libido ein echter Gegenspieler der Vorhersage der Destrudo, nämlich des Todes, ist. Was nicht ausschließt, daß der Tod libidinös besetzt werden und Hoffnung auf Erfüllung aggressiver Wünsche am Leben erhalten kann. Für die psychosomatische Forschung allein wichtig ist die Bedeutung innerer Objekte, von denen abhängt, wie der einzelne Realität zu erleben in der Lage ist.[9] Das Problem spitzt sich dann folgendermaßen zu: Kann das Ich unausbleibliche Frustrationen tolerieren, letztlich die sichere des Todes, oder unterliegt es dem Vorgang von Projektion, Introjektion und Reprojektion in der Ebene der Primärprozesse? Was zu einer zunehmenden Realitätsentfremdung (und korrespondierend Ich-Entfremdung) führen muß, die schließlich so groß wird, daß Anpassung an die Außenwelt endgültig mißlingt. Dann fällt der Krankheit die Aufgabe zu, einen chronisch defizienten Ausgleichsversuch zwischen Binnen- und Außenwelt zu leisten.

V

Die Zusammenfassung unserer bisherigen Überlegungen kann lauten, daß der biologische Leistungsverlust in der Krankheit mit einem Realitätsverlust korrespondiert, und zwar mit einem Verlust von Wirklichkeit, der im Erleben des Kranken Schlüsselbedeutung zukommt. Beide Verlustformen – Leistungsverlust und Objektverlust – stehen aber jetzt nicht mehr

9 Die Rolle der inneren Objekte für die Charakterentwicklung und ihre Bildung durch Introjektions- und Projektionsvorgänge hat besonders MELANIE KLEIN in ihren Untersuchungen zu erhellen versucht. JAMES STRACHEY (21) hat dieses theoretische Konzept sehr prägnant dargestellt: «Das Individuum ... introjiziert und projiziert fortgesetzt die Objekte seiner Es-Regungen, und der Charakter seiner introjizierten Objekte hängt von dem Charakter der Es-Regungen ab, die sich auf die äußeren Objekte richten. So werden zum Beispiel die Gefühle eines Kindes in der Phase seiner libidinösen Entwicklung, in der es von oraler Aggression beherrscht wird, gegen das äußere Objekt oral-aggressiv sein. Es wird dann das Objekt introjizieren, und das introjizierte Objekt wird nun (in der Art eines Über-Ichs) in oral-aggressiver Weise gegen das Ich des Kindes vorgehen. Der nächste Vorgang ist die Rückprojektion dieses oral-aggressiven introjizierten Objekts auf das äußere Objekt, das jetzt seinerseits als oral-aggressiv erscheinen wird. Die Tatsache nun, daß das äußere Objekt jetzt als gefährlich und destruktiv empfunden wird, veranlaßt wiederum die Es-Regungen, zum Zwecke der Selbstverteidigung eine noch aggressivere und destruktivere Haltung gegen das Objekt einzunehmen. So ist ein Circulus vitiosus errichtet. Dieser Vorgang sucht die außerordentliche Strenge des Über-Ichs bei kleinen Kindern zu erklären, ebenso wie ihre sinnlose Furcht vor äußeren Objekten. In der Entwicklung eines normalen Individuums erreicht die Libido schließlich die Genitalstufe, auf der die positiven Regungen vorherrschen. Seine Haltung den äußeren Objekten gegenüber wird dadurch viel freundlicher werden und demgemäß sein introjiziertes Objekt (oder Über-Ich) weniger streng, der Kontakt seines Ichs mit der Realität weniger entstellt sein. Beim Neurotiker jedoch wird aus verschiedenen Gründen – ob infolge Versagung oder Unfähigkeit des Ichs, Es-Regungen zu ertragen, oder zufolge einem angeborenen Übermaß der destruktiven Komponente – die Entwicklung bis zur Genitalstufe nicht eintreten, sondern das Individuum wird auf seiner Prägenitalstufe fixiert bleiben. Sein Ich bleibt also dem Druck eines ungezähmten Es einerseits und einem ebenso ungezähmten Über-Ich andererseits ausgeliefert, und der Circulus vitiosus, den ich eben beschrieben habe, ist für immer geschlossen.»

in einem unüberbrückbaren Gegensatz, sondern repräsentieren sich gegenseitig. Das wäre die zentrale Aussage unserer Hypothese.

In der Einschätzung des Zustandes der Hoffnungslosigkeit als eines Momentes, welches pathologisches Geschehen aktiv zur Chronizität hin beeinflußt, finden wir uns in Übereinstimmung mit GEORGE L. ENGEL[10], der folgendes schreibt: «Fünfzehn Jahre Studium unausgewählter Patienten in einer Medizinischen Klinik haben es uns klargemacht, daß in einem hohen Anteil der Entwicklung somatischer Krankheit eine Periode psychologischer Belastung (stress) vorangeht, und zwar von einer recht bestimmten Art ... (nämlich) ein realer oder drohender oder phantasierter Objektverlust ..., auf den affektiv mit Hilflosigkeit und Hoffnungslosigkeit geantwortet wird ... Wir machen die Annahme, daß diese affektiven Zustände (Hilflosigkeit und Hoffnungslosigkeit) eine *psychobiologische Voraussetzung* widerspiegeln, in der organische Prozesse sich entwickeln können.»

Begriffe wie Hoffnungslosigkeit und Hilflosigkeit müssen dem Untersucher, der nach «Schlüsselreizen» für definitive Krankheitsgruppen wie Asthma, Colitis, Hypertonie fahndet, relativ vage erscheinen. Sie sind es, und unsere Beobachtung beansprucht auch keineswegs, die «ätiologischen Formeln» im Sinne der spezifischen Verursachung gefunden zu haben. Zu bedenken ist aber, daß Hoffnungslosigkeit und Hilflosigkeit *Stimmungen* darstellen, die, wie M. PFLANZ und TH. v. UEXKÜLL (15) hervorhoben, «alle Teile der Persönlichkeit integrativ durchdringen». Die psychosomatische Auswirkung einer Verstimmung, die aus der Bedrohung oder Vernichtung von Erwartungen entsteht, welche als unbewußte Vorstellungen für das Individuum eine zentrale Rolle spielen und die jetzt zugunsten einer Realitätseinsicht aufgegeben werden sollen, darf nicht unterschätzt werden. Denn diese Realitätseinsicht und -anpassung kann in der ersten Etappe nur Frustration, Hilflosigkeit, Angst bedeuten. Daß häufig von dieser überwältigenden Stimmung der Hoffnungslosigkeit noch ein Teil bewußt erlebt wird – wie im geschilderten Fall –, beweist, daß die Krise nicht völlig durch das sich ausbreitende chronische Symptom abgewehrt werden konnte, daß viel Angst ungebunden geblieben ist und, sei es depressiv, sei es aggressiv fordernd, beantwortet wird.

Zudem muß noch in Rechnung gestellt werden, daß die Symptombildung und ihre Chronifizierung eine Änderung in den Besetzungsenergien mit sich bringt. Statt der neurotisch getönten Bezogenheit auf ein äußeres Objekt zentriert sich die affektive Aufmerksamkeit (libidinös und aggressiv) auf das Symptom, den eigenen Körper. «Sie werden zum Fokus einer narzißtischen Regression» (19).

10 Zitiert nach (8).

VI

Mit diesen Beobachtungen ist aber noch immer nicht geklärt, warum es unter dem Druck das seelische Gleichgewicht schwer bedrohender Konflikte zu einer *Somatisierung* gekommen ist – und zwar nicht nur zu den allgemeinen Anzeichen der depressiven Verstimmung, die unser Kranker mit den Worten wiedergibt, er sei in kurzer Zeit «grau und faltig» geworden, sondern zu einer umschriebenen Krankheit, erst dem lokalisierten Analekzem, dann dem sich generalisierenden Ekzem.

Dazu erst die Frage nach der *Qualität* des Symptoms. Ist es ein Konversionssymptom, ist es ein Affektäquivalent, ist es ein Stress-Begleiter? Bei dem letzteren Begriff denke ich an F. ALEXANDERS Unterteilung in Ausdruckssymptome und solche, die keine symbolische Aussage enthalten, sondern somatische Anzeichen einer dauernden Überbelastung unter einem chronischen emotionellen Erregungszustand sind. Die rasche Alterung, die der Patient an sich erlebt hat, würde eher in diesen ätiologischen Zusammenhang sich einfügen lassen als das Ekzem.

Die Einteilung in Symptomgruppen ist ohnehin eine idealtypische, die Realität zeigt Mischformen der verschiedensten Kombination. Es fällt nicht schwer, das Analekzem mit der Fixierung des Kranken auf der analen libidinös-aggressiven Entwicklungsstufe in Zusammenhang zu sehen.

Trotzdem bleibt ein missing link von der Besetzung einer Körperzone mit Es-Regungen bis zum Krankheitszeichen. Sieht man am Ekzem die nervöse Überregbarkeit einer Haut- und Schleimhautpartie, die den entzündlichexsudativen Vorgängen den Weg bereitet, so hat man das somatische Korrelat des Besetzungsvorgangs durch affektive Erregungen beschrieben, die sich früh mit Funktionen der gleichen Körperregion (als erogene Zone) verquickt haben.

Nun hat aber eine affektive Erregung, deren Verlaufsgestalt ungestört ist, die also das Bewußtsein erreicht, keine bleibenden und pathologischen somatischen Erregungsvorgänge zur Folge; das entspricht der «Lehre vom psychischen Konflikt und von der pathogenen Natur der Verdrängung» (7). Schon OTTO FENICHEL (2) hatte darauf verwiesen, daß sich die physischen Erscheinungen unbewußter Affekte *qualitativ* von denen unterscheiden, die mit bewußten Affekten verbunden sind. Sie pflegen zudem von intensiverer Art zu sein (Schwitzen, Schwindel, Tachycardie, Verstopfung, Durchfälle, Schlaflosigkeit, Heißhunger usw.) und durch ihren Fremdheitscharakter sekundäre Angst zu mobilisieren.

Wir können davon ausgehen, daß Erregungen den Menschen mit der

Umwelt verknüpfen. Entweder findet ein Erlebnis mit der Außenwelt Anschluß an triebhaft libidinös-aggressiv gespeiste Bereitschaft zur Reaktion oder umgekehrt, ein endogen entstandenes Triebbedürfnis sucht die Kommunikation mit einem Objekt, um sich an ihm zu entspannen. Jedenfalls braucht die Erregung zu ihrer vollen Verlaufsgestalt ein Ich, das sie ganz oder teilweise akzeptiert und auf sie gestaltend Einfluß zu nehmen vermag. Das Ich ist der Vermittler zwischen den Triebbedürfnissen und den zu respektierenden Bedürfnissen der Objekte. Es sucht einen beiden Seiten gerecht werdenden Weg zu bahnen, auf dem es die eigene Triebspannung der Realität anzupassen bestrebt ist und andererseits die Realität durch das eigene Verhalten diesen Triebwünschen geneigt macht, also die Realität sich anpaßt. Jedenfalls wäre das eine ideale Schlichtung. So banal die Erwähnung dieses Vorganges ist, so wichtig ist dieses Modell. Da ein solcher Ausgleich in der Wirklichkeit nur in seltenen Fällen vollkommen gelingt, haben wir für alle diejenigen Fälle, in denen das Ich seinen Aufgaben nicht gewachsen ist, gleichsam den Drehpunkt, um den sich das Schicksal des weiteren Erregungsverlaufes entscheiden muß, gefunden. Gelingender Triebaufschub, bewältigter partieller Verzicht. Sublimierung (Neutralisierung), Lernen, Kritik stehen auf der einen Seite und bezeichnen die Leistungen des Ichs *in Kooperation* mit dem Es: die mannigfachen Vorgänge andererseits, die wir unter dem Begriff der Abwehrmechanismen zusammenfassen, sind charakteristisch für eine Ich-Arbeit *gegen* das Es. Ein triebhaft motiviertes Verhalten, das die Zustimmung der Ich-Instanz findet (und sich dem Ich unterwirft), wird zum Teil in Aktivität sich umsetzen, zum Teil intrapsychisch erlebt werden, zum Beispiel in aggressiven oder libidinösen Phantasien. Je stärker und reifer die Ich-Funktionen entwickelt sind, desto mehr werden sich auch diese Phantasien mit kritischer Realitätseinschätzung, also mit Denken vermengen. Ein solcher Erregungsablauf wird keine bleibenden pathologischen Zustände bewirken. Die Wichtigkeit des Lernens kann hier kaum überschätzt werden. Lernen als Ich-Leistung heißt u. a., daß bedrohliche Trieb- oder Welterfahrungen der ich-fremden Reaktion entzogen und kontrollierbar werden. Realitätsbewältigung wird demnach zur Bewältigung aktueller Situationen, entsprechend ihrer *eigenen* Qualität. Neurotisches Geschehen ist nun dadurch ausgezeichnet, daß das Ich der unbewußten Reaktionen sich nicht zu erwehren vermag. Es überschatten dann die Assoziationen an traumatisch erlebte Vorerfahrungen das Begreifen einer gegenwärtigen Realsituation nach ihren eigenen Sinnzusammenhängen. Das Ergebnis ist Realitätsverzerrung im Erlebnis, Störung der Kommunikation. Die Erwartungshaltung ist vorbestimmt durch frühere Erlebnisse, deren Gefühlsbegleitung nicht bewältigt wurde und die als Erinnerungssymbole assoziativ leicht erweckbar bleiben (projektive Realitätsentstellung).[11]

Wenn die normale Reaktion dadurch ausgezeichnet ist, daß Affektregungen a) ein Stück weit motorisch befriedigt werden, b) in Gefühls- und Gedankenspiel ausgelebt und c) schließlich mit der Wirklichkeit in Einklang gebracht werden, so ist die neurotische Reaktion grundsätzlich durch die Abwehr der Affektrepräsentanzen charakterisiert. Wie nun der Abwehrmechanismus im einzelnen aussehen mag, in jedem Fall wird die Erregung vom bewußten Ich abgespalten; das bedeutet aber zweierlei: 1. sie ist nicht mehr im Gefühls-Gedankenspiel manipulierbar, bis ihre Intensität abklingt; die erwähnte doppelte Realitätsanpassung bleibt aus. 2. Die Erregung verliert ihre Repräsentanz im Bewußtsein, aber nicht ihre Intensität der Besetzung durch die unbewußten Triebbedürfnisse. Dem ökonomischen Gewinn, daß eine das Ich gefährdende Triebregung verdrängt, verleugnet oder sonst abgewehrt wird, steht als Verlust gegenüber, daß damit eine Bahn der Zuwendung zu Objekten in der Welt verloren wird. Damit findet aber die entscheidende Entdifferenzierung in der psychischen Struktur statt. Der Sekundärvorgang des Erlebens im Bewußtsein, der doch eine befriedigende Erledigung unter dem Realitätsprinzip, wenn auch unter Anstrengung, in Aussicht stellte, wird an dieser Stelle abgebrochen. Die Erregung nimmt jetzt den Zustand des Primärvorganges, der Es-Regung an, und je bedrohlicher dieser ist, desto mehr von der dem Ich verfügbaren Energie wird zu seiner Abwehr aufgewendet werden müssen. Die Folge ist eine Schwächung des Organisationskerns des Psychischen (im Sinne der integrierenden Ich-Leistung), eine Regression zu früheren Entwicklungsphasen der psychischen Organisation. Und diese sind doch dadurch ausgezeichnet, daß Erregungen sich globaler im motorischen wie im autonom vegetativen Bereich auszubreiten vermögen.

Wenn also psychische Reifung durch eine weitgehende *De-somatisie-*

11 Vergleiche dazu auch den interessanten Gedanken von L. F. Chapman, L. E. Hinkle und H. G. Wolff (1): «Die spezifische Fähigkeit des Menschen, auf Symbole zu reagieren, als wären es Ereignisse von Bedeutung, erhöht sein Wahrnehmungsvermögen für Gefahr, vermehrt aber auch seine Befriedigungsmöglichkeiten. Wie er also seine unmittelbare Umwelt wahrnimmt, hängt sowohl von seinen angeborenen Anlagen und früheren Prägungen wie auch einer Fülle von Lebenserfahrungen ab. Wie Schmerz und Verwundung von Geweben kräftige generalisierte und lokale Schutzreaktionen hervorrufen, können auch die Symbole der schädigenden Erlebnisse solche Reaktionen erzeugen, oft in einem Maße, das sehr viel kostspieliger für das Individuum ist als die tatsächliche Auswirkung der Schädigung.»

rung charakterisiert ist und ein Vorherrschen der Gedankenarbeit, so enthält die neurotische Entwicklung entweder Phantasieleistung ohne Realitätsbezug (im Sinne der primären Halluzination und Omnipotenzphantasie) oder – im Falle der psychosomatisch akzentuierten Symptomatologie – *Re-somatisierung* des Affektes. MAX SCHUR hat diese Theorie sehr klar formuliert. Er setzt ein «Wechselverhältnis zwischen der Fähigkeit des Ichs, Sekundärprozesse zu benützen und Energie zu neutralisieren, und der Desomatisierung der Reaktionen voraus». Andererseits muß dann «Resomatisierung der Reaktionen verknüpft sein mit dem Vorherrschen eines Denkens in Primärprozessen unter Anwendung von deneutralisierter Energie.»[12] Zugleich – und das scheint von besonderer Wichtigkeit – ist der Entlastungseffekt der im Symptom auf Entspannung drängenden resomatisierten Affekte verringert. Im Symptom wird also weniger Spannung gemindert als im bewußt erlebten Affekt.

Hier liegt demnach eine Bedingung für die *Wiederholung* des Entlastungsversuchs und damit ein spezifisch ätiologisches Moment der Chronifizierung. Vom Ich abgelehnte Affekte (und ihre Strebungen) verlaufen anders als ein vom Ich akzeptierter Affekt und Triebwunsch. Die Ichentfremdung überläßt ihn unbewußten Phantasien, die dann unbewußte (realitätsunabhängige, das heißt neurotische) Ängste und Schuldgefühle erregen mögen, so daß die «Äquivalenz» eigentlich keine mehr ist, die man sich zu einem *bewußten* Affekt gehörend vorzustellen hat, sondern zu einem komplexeren und globaleren, primitiv psychischen Erregungszustand. Wobei hinzuzufügen wäre, daß eine solche «primitive» psychosomatische Erregung eben nicht in einem infantilen Organismus verläuft, sondern auf Schranken einer späteren definitiven Einordnung der Organfunktionen in einem vielseitig mit seiner Umwelt verbundenen Gesamtorganismus stößt. Es könnte sein, daß diese endgültige Leistungseinordnung den Ansprüchen der Primärvorgänge große Schwierigkeiten bereitet, so daß diese nur unter Herstellung pathologischer Bedingungen in Erscheinung treten können – und damit auf eine Ersatzbefriedigung angewiesen bleiben.

Damit wäre dann die Brücke oder Überschneidung von unbewußten Affektäquivalenten und ausdruckssymbolisch zu verstehenden Krankheitszeichen angedeutet.

12 MAX SCHUR, op. cit., Seite 124.

VII

Ich kann hier nur in Kürze auf zwei in diesem Zusammenhang wichtige Beobachtungen verweisen. Zuerst: Das Studium der Konversionssymptome hat gezeigt, daß es nicht nur Wurzeln in der klassischen ödipalen Entwicklungsphase besitzt, welche die Hysterie wesentlich charakterisieren, sondern daß man, wie LEO RANGELL (16) in einer sehr gründlichen Studie dargestellt hat, «den Konversionsmechanismus als einen Prozeß sehen kann, der unter dem Konfliktdruck einer oder aller Phasen (der libidinösen und Ich-Entwicklung) in Wirksamkeit gesetzt werden kann». Der Prozeß der Konversion, meint RANGELL, ist also «unabhängig vom Inhalt, den er ausdrückt, und die beiden müssen klar unterschieden werden».

Zweitens: Die Umkehr der Affektrichtung von einer Strömung zum äußeren Objekt in eine zum eigenen Organismus hin mag noch Anschluß an früheste «Befindlichkeiten» des Lebens finden bzw. früheste Formen der Affektentledigung wiederbeleben. Besonders EDITH JACOBSON (10) hat darauf hingewiesen, daß in den frühesten Perioden des Lebens, in denen eine sichere Abgrenzung des Körper-Ichs von der Umwelt noch nicht vollzogen ist, also noch keine umschriebenen Objektbeziehungen bestehen, die aus somatischer Triebquelle stammenden Spannungen «zentripetal», nach innen, entladen werden. Intensive Leibgefühle und Halluzinationen ihrer Befriedigung bilden den Erlebnisumkreis des Kleinkindes. Diese «affektive Organsprache» ist exquisit psychosomatisch und scheint geleitet von den konstitutionellen Bedingungen, den besonderen Empfindlichkeiten, aber natürlich auch der Art und Weise, wie auf sie von der Umwelt her eingegangen wird. So ist es sehr wahrscheinlich, daß das, was MAXWELL GITELSON den besonderen «idiosynkratischen somatischen Stil» des Einzelindividuums genannt hat, hier seine erste Prägung und Fixierung erfährt. Mit idiosynkratisch-somatischem Stil sind die Reaktionen auf mehr oder weniger unbewußtes Affekt- oder Angsterleben gemeint, das «den einen zittern läßt, dem anderen Herzklopfen verursacht, wieder einem anderen Schwindel und Übelkeit bereitet oder Anlaß für eine Polydypsie oder Hyperpnoe wird, noch ein anderer fällt in Ohnmacht oder entwickelt eine Harnflut oder Diarrhoe»[13]. Alle diese Affektäquivalente und Konversionsvorgänge mögen determinierend mitbestimmen (im Sinne der Hilfsursachen), wenn sich unter einem schweren Konflikt ohne Lösungshoffnung Regression und Resomatisierung vom Charakter einer chronischen Krankheit entwickeln.

13 M. GITELSON, op. cit., Seite 167.

Um nochmals auf die Bedeutung des Lernens für die Lösung der Realitätsanpassung zurückzukommen: Im Finden und Festhalten einer pathologischen Lösung, die aber doch für einige Zeit Konflikten, die um äußere Objekte sich zentrieren, etwas von ihrer «kritischen Dringlichkeit»[14], wie SCHUR sagt, zugunsten der Krankheit nimmt, ist ein Lernvorgang enthalten. Und zwar derart, daß gelernt wird, jene Erfahrungen, welche die Angst oder die Triebspannung vermehren, durch die Umkehr der Affektströmungen in narzißtischer Regression zu vermeiden oder zu verleugnen. Besonders deutlich ist dies bei den anfallsartig auftretenden chronischen Leiden (Ulcus, Asthma, Schlaflosigkeit usw.). Die infantile Gefahrensituation, welche durch die Benützung des erlernten Lösungsweges neu evoziert wird, braucht dabei weder in der Realsituation noch im Bewußtsein auffindbar zu sein. Sie kann mehr oder weniger ausschließlich von der Unruhe der Primärvorgänge im Unbewußten heraufbeschworen sein. Das macht es auch verständlicher, warum solche Beobachter, die nach motivierenden Ursachen in der Umwelt, nach Belastungs- oder Bedrohungssituationen, denen der Patient vor dem Ausbruch eines Anfalls ausgesetzt war, Ausschau halten und dabei keinen «vernünftigen», einleuchtenden Anlaß finden können, so irregeleitet werden. FREUD (5) hat diesen Sachverhalt schon früh in der Traumdeutung beobachtet, wo er davon spricht, daß die verdrängten Inhalte sich selbst überlassen sind und daß das Unlustprinzip es verhindert, daß sich die vorbewußten Gedanken mit den Vorstellungen oder Erinnerungen beschäftigen, «von denen aus der unbewußte Wunsch die Affektentbindung hervorruft»[15]. Eine Untersuchungsmethode (sie ist unablösbar von der Behandlungsmethode), die nicht das Ich gegen das «Unlustprinzip» zu stärken vermag, wird der Phantasien, welche das pathologisch wirksame affektive Geschehen motivieren, nie ansichtig werden können.

VIII

Mit dem Wort «Resomatisierung» wurde die letzte der Ideen zu einer Theorie der Chronifizierung ausgesprochen, von denen hier die Rede sein soll. Wenn man von Resomatisierung spricht, muß eine *De-somatisierung* vorangegangen sein. Damit ist gemeint, daß die motorischen und vegetativen Korrespondenzen affektiver Erregung im Vorgang der psychosozialen Reifung gemildert und durch Gedankenarbeit ersetzt werden. Desomatisierung in diesem Sinn ist geradezu die kritische Kategorie, an der

14 M. SCHUR, op. cit., Seite 149.
15 S. FREUD, op. cit., Seite 609.

Reifung gemessen werden kann. Die neurotischen und psychosomatischen Erkrankungen sind andererseits ausgezeichnet durch Blockierung der gedanklichen Ich-Leistungen und einer derart modifizierten Bewältigung oder Gestaltung des Affektes.

So dominieren also bei der *neurotischen* Affektbewältigung die Phantasieleistungen ohne Realitätsverknüpfung – im Sinne der primären Wunscherfüllungshalluzinationen und Omnipotenzerlebnisse. Andererseits geht der Weg in der *psychosomatischen* Symptombildung über diese phantasierten Erfüllungen hinaus, es kommt zu einer Resomatisierung des Affektes. Ich habe diesen Vorgang früher mißverständlich und zu eng als zweiphasige Verdrängung bezeichnet und möchte jetzt präzisierend sagen, daß es sich um einen *zweiphasigen Abwehrvorgang* handelt, in welchem der konflikterregende Affekt entschärft werden soll dadurch, daß er im Symptom ersatzhaft befriedigt wird; das heißt, die Befriedigung des libidinösen Anspruchs verschmilzt mit dem Strafbedürfnis für diese Befriedigung. Das ist im Analekzem unseres Kranken sehr deutlich: die analaggressive Lustbefriedigung einerseits und das autoplastische Leiden an der ekzematösen Irritation andererseits, wobei dem Jucken eine eminente Rolle in diesem Doppelgeschehen, Lust und Schmerz, zukommt.

IX

Die Resomatisierungshypothese SCHURS läßt sich genereller am Beispiel der Angstreaktion darstellen. Behält in einer angsterweckenden Situation das Ich die Herrschaft, dann ist seine Reaktion auf die nahende Gefahr «gedanklich» (thought-like). SCHUR meint, daß «das Ich durch die ganze Reaktion hindurch mit Sekundärprozessen arbeitet und neutralisierte Energie verwendet, und daß dies erklärt, warum somatische Erregungsentlastungen fehlen»[16]. Im Falle einer «normalen» Bewältigung der Angst tritt also die vegetative somatische Komponente im psychosomatischen Simultangeschehen zurück. Dies charakterisiert die reife Entwicklungsstufe. Es erfolgt nun nicht mehr, wie in den anfänglichen Entwicklungsphasen, eine Besetzung vegetativsomatischen Geschehens – oder diese hält sich nur in mäßigen Grenzen –, die Realitätsbewältigung erfolgt vielmehr, um den Begriff HEINZ HARTMANNS zu verwenden, durch den «konfliktfreien Teil des Ich» mit seiner neutralisierten Energie, durch die psychische Instanz des realitätsgerechten Denkens und Handelns.

«Resomatisierung» würde umgekehrt anzeigen, daß die Integrations-

16 Op. cit., Seite 124.

leistung des Ichs versagt hat, daß «Primärprozesse vorherrschen und gleichzeitig der Neutralisierungsvorgang (der psychischen Energie[17]) mißlingt». Resomatisierung in diesem pathologischen Sinn bedeutet aber, wie Regression, den Versuch, das Unmögliche möglich zu machen. Es wird eine Befriedigungs- oder Schutzsituation angestrebt, die weder entwicklungsphysiologisch noch entwicklungspsychologisch der erreichten Entwicklungsstufe oder dem erreichten Lebensabschnitt entspricht. Zugleich ist es aber nach der Eigenart der psychischen Struktur, nämlich erinnern und Erinnertes affektiv neu besetzen zu können, möglich, solche archaischen Spannungsentlastungen anzustreben und zu erreichen.[18]

Verbindet sich nun diese Resomatisierung mit – beim erwähnten Patienten beispielhaft angedeutetem – Objektverlust und der regressiven Besetzung innerer entwicklungsfeindlicher (oder vielleicht besser: der aktuellen Realität feindlicher) Objekte, so ist die Konsequenz Hilflosigkeit und Hoffnungslosigkeit. Das Ich ist weitgehend vom Einfluß auf das Geschehen ausgeschlossen, es hinkt gleichsam den vollendeten Tatsachen, welche das unbewußte Primärgeschehen schafft, nach und interpretiert die äußere Welt als unversöhnlich feindlich, verständnislos und, entsprechend seiner Machtlosigkeit, überwältigend, vernichtend. Es erlebt also

17 Bezüglich der Verwendung des Begriffs «psychische Energie» darf angemerkt werden, daß es klar ist, daß dieser Terminus ein Analogiebegriff ist, den FREUD der HELMHOLTZschen Physik entlehnte. Das gleiche gilt für den «psychischen Apparat» als geschlossenes physikalisches System. FREUD selbst hat öfter auf den provisorischen und groben Charakter dieses Konzepts hingewiesen, etwa: «Die Unbestimmtheit all unserer Erörterungen, die wir metapsychologische heißen, rührt natürlich daher, daß wir nichts über die Natur des Erregungsvorganges in den Elementen des psychischen Systems wissen und uns zu keiner Annahme darüber berechtigt fühlen. So operieren wir also stets mit einem großen X, welches wir in jede neue Formel mit hinübernehmen.» (Ges. Werke XIII, Seite 31.) Wenn also die Verständigung in dieser Terminologie auch nur heuristische Bedeutung hat, so bleibt andererseits das Faktum, daß von sonstigen Transpositionen von Ideen in Begriffssprache vorerst nicht gesagt werden kann, sie hätten das *dynamische* Element seelischen und personellen Geschehens mit gleicher Deutlichkeit erkennbar werden lassen wie die von FREUD gewählte Anlehnung an eine physikalische Begrifflichkeit. So befinden wir uns in einer Notlage. Es ist klar, daß wir eine «dem Verhaltensaspekt organismischer Leistungsformen» angemessenere Ausdrucksweise finden müssen, daß wir sie aber vorerst noch nicht besitzen. Mit der Einführung wohltönender (oder zweifelhaft sprachschöpferischer) voluminöser Wortbilder ist jedenfalls kaum geholfen, mehr Verständnis für die bipolare Organisationseinheit der menschlichen Natur zu gewinnen und zu erfahren, wie Verhalten zustande kommt. Als Beispiel einer fairen Kritik der gegenwärtigen Situation sei verwiesen auf JOSEF NUTTIN (14).

18 Es kann also durchaus sein, und dies entspricht unseren klinischen Beobachtungen, daß sich im Vorgang der Resomatisierung Vorgänge, die als primitive und unbewußte Affektäquivalente anzusprechen sind, mit solchen einer ebenso frühen und primitiven Symbolsprache (präödipale Symbolbildung auf der Ebene einer primitiven Organsprache) vermengen. Vor allem für das Asthma bronchiale und die Erkrankungen des Verdauungstraktes ist dies erkennbar geworden.

ein Spiegelbild des eigentlich determinierenden intrapsychischen Geschehens, eine Projektion. Das Chronifizierende, Ausweglose daran ist die Spaltung zwischen Ich und Es, der Rückzug vom Objekt, das keine Erfüllung mehr erwarten läßt. Das Fatale andererseits ist die energetische Schwächung des Ichs, das unter der Herrschaft der archaischen inneren Objekte zu keiner neuen Realitätsprüfung und Arrangierung der inneren Bedürfnisse mit den potentiellen Möglichkeiten der Realität ansetzen darf. Der Verlust dieser Potentialität bedeutet Permanenz des Leidens. Die inneren Objektrepräsentanzen zwingen den Teil der Außenwelt, der zugänglich geblieben ist, nämlich den eigenen Körper, sich nach ihren Zwecken zu deformieren.[19] Entdifferenzierung der psychischen Organisation bedeutet einen Partialverlust der erreichten Desomatisierung – des Denkens im Sinne des Probehandelns –, bedeutet schließlich Resomatisierung des Affektgeschehens auf primitiver Ebene.

Es zeigt sich also – so schwierig die Beobachtungen in diesem präverbalen Entwicklungsabschnitt auch sein mögen –, daß die «biologisch» (genetisch-konstitutionell) erscheinenden Verlaufsgestalten der Erregung einem kernhaft archaischen, psychosomatischen Simultangeschehen entsprechen. Sie sind sozusagen die erste Stufe der psychobiologischen Einheit, jenes Ineinanderwirkens des somatischen und psychischen Organisationskerns. Soweit nun die fortschreitende Entfaltung der Lebensvorgänge von diesen primitiven Anfangsformen auch weggeführt haben mag, durch die erzwungene Regression werden sie wiederbelebt, so daß also eigentlich einem verzerrten Realitätserlebnis nunmehr ein von der Entwicklung her gesehen unzeitgemäßes, verzerrtes biologisches Geschehen korrespondiert.

Natürlich kann man die definitive Krankheit nicht so beschreiben, aber – so die Hypothese – die psychosomatischen Stimmungslagen, die sie bahnen.

X

Es ist überdeutlich, daß diese fragmentarischen Mitteilungen sich nicht mühelos zu einem theoretischen Konzept fügen lassen. Im folgenden

19 Dieser Vorgang mag auch in KARDINERS (11) «Action Syndrom» anklingen; das somatische Symptom soll an die Stelle einer verhinderten Aktion (frustrated motor acitivity) treten, deren Ausführung für den Kranken von entscheidender Wichtigkeit gewesen wäre. Das Symptom ersetzt also die ursprünglich intendierte Aktion. Wiederum ist die Entdifferenzierung der psychischen Organisation, der Verlust der Desomatisierung, das Hauptmerkmal.

wiederhole ich zusammenfassend die vier eingangs erwähnten Faktoren, die zur Chronifizierung im psychosomatischen Geschehen beitragen können, ergänzt um ihre psychodynamischen bzw. metapsychologischen Aspekte.

1. Eine spezifische Bedingung für die Chronifizierung psychosomatischer Krankheit ist die vorausgehende neurotische Fehlentwicklung. In den seltenen Fällen einer von früher Kindheit an bestehenden «Krankheitsdisposition» kann diese sich als primäres Ausdruckssymbol einer primitiven affektiven Körpersprache anbieten und erhalten. Nichtintegriertes, primär-prozeßhaftes Geschehen findet sein pathologisch wirkendes Ausdruckskorrelat.

2. Regression im Sinne der Resomatisierung bedeutet partielles Rückgängigmachen erreichter Affektbewältigung durch Gedankenarbeit – also *der* Reifungsvorgänge, welche Desomatisierung affektiver Vorgänge mit sich bringen.

3. Auslöser dieses Geschehens ist ein realer oder phantasierter Objektverlust, der das Gefüge von Reaktionsbildungen und Abwehrvorgängen endgültig stört, das bisher relativ stabil war und die aktuellen Forderungen der sozialen Anpassung mehr oder weniger eingeschränkt zuließ.

4. Die Stimmung der Hoffnungslosigkeit und Hilflosigkeit ist Ausdruck der Ich-Verarmung durch die regressiven Vorgänge, welche durch den Objektverlust und die mit ihm verbundene neurotische Angst ausgelöst wurden. Das Welterlebnis der endgültigen Feindseligkeit und des Gescheitertseins entspricht einem Projektionsvorgang. Das Diktat liegt bei den inneren Objekten von der Art eines archaischen Über-Ichs.

Ganz unberücksichtigt blieb in dieser Darstellung das Faktum, daß diese auf so tiefe Störung hinweisenden chronischen Krankheitsbilder häufig trotzdem große Bereiche der Ichleistung unangetastet lassen. Darin liegt eine nicht geringe therapeutische Chance. Denn es gelingt nicht selten, eine Übertragungsbeziehung von annähernd der Stärke der regressiven Tendenzen herzustellen und durch die Fährnisse einer langen Therapie aufrechtzuerhalten. Erstaunlich ist die manchmal verblüffende initiale Symptombesserung, die eher ein signum mali ominis ist – ein Pendant der Resignation, die diese Kranken ausstrahlen; in beiden, in Resignation und Symptombesserung, haben wir Mittel zur Abwehr der Außenwelt kennengelernt, als einer Störungsquelle des absurden Lust-Unlustzirkels, den die chronisch stabilisierte Krankheit trotz allem darstellt, und der erhalten bleiben soll, sosehr diese Kranken zugleich nach Linderung ihrer Leiden verlangen mögen.

Bibliographie

1 CHAPMAN, L. F., L. E. HINKLE und H. G. WOLFF: Human Ecology, Disease, and Schizophrenia. Am J. Psychiatry 117 (1960).

2 FENICHEL, O.: The Psychoanalytic Theory of Neurosis. New York 1945.

3 FREUD, S.: Aus den Anfängen der Psychoanalyse. Eingeleitet von E. KRIS. London (Imago) 1950.

4 – Zur Kritik der «Angstneurose». Wiener klinische Rundschau, 1895. Vgl. Bibliographie und Inhaltsangaben der Arbeiten Freuds bis zu den Anfängen der Psychoanalyse, Intern. Zschr. f. Psychoanal. und Imago XXV (1940), 88f.

5 – Die Traumdeutung. Ges. Werke Bd. II/III.

6 – Charakter und Analerotik. Ges. Werke Bd. VII.

7 – Kurzer Abriß der Psychoanalyse. Ges. Werke Bd. XIII.

8 GITELSON, M.: A Critic of Current Concepts in Psychosomatic Medicine. Bulletin of the Menninger Clinic, Bd. 23 (1959) 167.

9 GRINKER, R. R.: Some Current Trends and Hypotheses of Psychosomatic Research, in F. DEUTSCH (Hg.): The Psychosomatic Concept in Psychoanalysis. New York 1953.

10 JACOBSON, E.: The Self and the Object World. Psychoanalytic Study of the Child, Bd. IX, 1954.

11 KARDINER, A.: The Traumatic Neurosis of War. Psychosom. Med. Monogr. Suppl. 1, 1941.

12 KUBIE, L. S.: Some Implications for Psychoanalysis of Modern Concepts of the Organisation of the Brain. Psychoanal. Quart. 22 (1953).

13 MARCUSE, H.: Eros und Kultur. Stuttgart 1957.

14 NUTTIN, J.: Human Motivation and Freud's of Theory of Energy Discharge. Canadian J. of Psychology 10 (1956) 167–178.

15 PFLANZ, M. und TH. v. UEXKÜLL: Begriff und Problem der Stimmung im Rahmen der psychosomatischen Medizin. Psycholog. Rundschau 5 (1954) 110.

16 RANGELL, L.: The Nature of Conversion. J. Amer. Psychoanal. Ass. 7 (1959) 632ff.

17 REMANE, A.: Das soziale Leben der Tiere. Hamburg 1960, S. 158.

18 ROTHSCHUH, K. F.: Theorie des Organismus. München/Berlin 1959.

19 SCHUR, M.: Comments on the Metapsychology of Somatization. The Psychoanalytic Study of the Child, Bd. X, 1955.

20 SPITZ, R. A.: Die Entstehung der ersten Objektbeziehungen. Stuttgart (Klett) 2. Aufl. 1960.

21 STRACHEY, J.: Die Grundlagen der therapeutischen Wirkung der Psychoanalyse. Intern. Zschr. f. Psychoanal. XXI (1935) 495.

22 WISDOM, J. O.: On a Differentiating Mechanism of Psychosomatic Disorder. Intern. J. Psycho-Anal. XL (1959) 134ff.

Die psychosomatische Struktur

Michel de M'Uzan
Zur Psychologie der psychosomatisch Kranken*

Vor mehr als fünfzehn Jahren begannen Ch. David, M. Fain, P. Marty und ich selbst, uns als Psychoanalytiker für Patienten zu interessieren, die an bestimmten somatischen Krankheiten (Zwölffingerdarmgeschwüre, Koronarsklerose, Bluthochdruck, rheumatische Arthritis, Colitis ulcerosa usw.) leiden.

Weshalb? Weil uns gleich zu Beginn unserer Untersuchungen die Tatsache beeindruckte, wie sehr diese Patienten sich von den Neurotikern, mit denen wir täglich zu tun hatten, unterschieden. Ihre soziale Anpassung war meistens gut oder gar ausgezeichnet, sie zeigten nur wenige neurotische Symptome, manchmal sogar gar keine. Nur durch ihre somatischen Störungen unterschieden sie sich von der Norm. Dennoch erregte ein besonderer Charakterzug unsere Aufmerksamkeit: Die meisten dieser Patienten schienen unfähig, frei zu phantasieren. Seither betrachten wir diesen Defekt der Phantasietätigkeit als ein wesentliches klinisches Zeichen.

Unsere weiteren Beobachtungen an dieser Patientengruppe wichen vollkommen von denen ab, die allgemein an psychosomatisch Kranken gemacht werden. Die an dieser Art von Kranken interessierten Autoren interpretieren gewöhnlich das somatische Symptom im Rahmen des Konversions-Modells, verstehen es also mehr oder weniger als Materialisation einer unbewußten Phantasie. Im Rahmen dieser Konzeption schien uns keine geeignete Erklärung möglich – weder für die Symptombildung, noch dafür, was den Menschen neurotisch oder psychosomatisch erkran-

* Vortrag im Frankfurter Sigmund-Freud-Institut am 19. 11. 1976. – Der Originaltitel der Arbeit lautet: A propos du fonctionnement mental des malades psychosomatiques.

ken läßt, und auch nicht für die Besonderheiten des psychischen Funktionierens unserer Patienten. In der Überzeugung, hier einen neuen klinischen Sachverhalt entdeckt zu haben, sind wir seither bestrebt, im Rahmen der psychoanalytischen Theorie das Spezifische dieses Sachverhalts zu präzisieren.

Unsere Forschungen waren übrigens nicht ganz ohne historische Referenzen. Schon FREUD hatte neben den *Psychoneurosen* (Angsthysterien, Phobien, Zwangsneurosen) die sogenannten Aktualneurosen (Angstneurose, Neurasthenie) beschrieben. Für ihn waren die Symptome der letztgenannten (Asthenie, Tachycardie, diverse Schmerzerscheinungen, Störungen der Darmtätigkeit) nicht als symbolischer Ausdruck psychischer Konflikte zu betrachten; sie resultierten nicht aus einer komplexen seelischen Arbeit, die zu einem Kompromiß führte, sondern entstammten einem Scheitern der Ich-Tätigkeit. Daraus konnte man schließen, daß es hier eine durch eine besondere psychische Aktivität gekennzeichnete Sphäre gab, die es verdiente, daß man sie näher erforschte.

Bevor ich mein eigentliches Thema, das psychische Funktionieren unserer psychosomatischen Patienten, erörtere, werde ich kurz auf das zurückkommen, was mir am Anfang unserer Forschungen so sehr aufgefallen ist. Im Laufe des Erstinterviews scheinen sich diese Kranken – im Gegensatz zu den Neurotikern – nicht sehr für ihre Beziehungen zum Analytiker zu interessieren, der offenbar auf eine wenig nuancierte und differenzierte Weise wahrgenommen wird; man hat den Eindruck, daß jeder beliebige Arzt ihnen dasselbe bedeuten würde. Der Kranke zeigt oft keinerlei Interesse für uns. Er wartet ganz einfach die Fragen ab, die er fast mechanisch, ohne jeglichen Ansatz zum Assoziieren, beantwortet. Da er keinerlei Anstrengung macht und das Gespräch nicht spontan verläuft, muß mehrmals ein «energetischer Beitrag» eingebracht werden, muß man durch Fragen und Ermutigungen ein Versanden des Gesprächs verhindern. Im Gegensatz dazu dekompensiert der Kranke zuweilen auf abrupte, unerwartete Art; dann müssen wir ihm Hilfestellung leisten. Das *Verhalten* dieser Patienten, die weder Neurotiker noch eigentlich Psychotiker sind, hat uns dann zu der Einsicht gebracht, daß es sich dabei um den Ausdruck einer besonderen Art psychischen Funktionierens handelt. Anläßlich des Psychoanalytiker-Kongresses der romanischen Sprachen 1962 in Barcelona haben P. MARTY und ich zum erstenmal das *operative Denken* als Hauptcharakteristikum der seelischen Funktionsweise der psychosomatisch Kranken dargestellt; es rückte nun ins Zentrum unserer Forschung.

Nach diesem historischen Abriß komme ich nun zu den Charakteristiken des psychischen Funktionierens dieser Patienten, die seit ihrer Kindheit – oder vom Beginn des Erwachsenenalters an – an einer sogenannten psychosomatischen Krankheit leiden.

Um Verwirrung zu vermeiden: die psychische Tätigkeit, um die es sich handelt, ist weder mit der Intelligenz im eigentlichen Sinne noch mit dem Zusammenspiel der intellektuellen Vorgänge gleichzusetzen. Was ich im Sinne habe, ist der psychische Prozeß, der mit der Beziehung zu äußeren Objekten zusammenhängt, vor allem der Vorstellungs- und Symbolisierungsvorgang, der eine wichtige Rolle bei der Integration des Trieblebens und der Verarbeitung von Konfliktsituationen zu spielen scheint.

Um die Sache so deutlich wie möglich zu machen, werde ich zunächst einen psychosomatisch Kranken mit einem klassischen neurotischen Patienten vergleichen:

Zu der Zeit, als ich Louise in Behandlung nahm, war sie ein junges, achtzehnjähriges Mädchen, das an einer sehr schweren Colitis ulcerosa litt, mit Läsionen aller drei Colon-Teile, die selbst auf den Dünndarm übergriffen und mit starken Veränderungen der Blutwerte verbunden waren, was eine akute Lebensbedrohung darstellte und einen langen Krankenhausaufenthalt zur Folge hatte. Einige Jahre zuvor hatte Louise eine gewisse Neigung für das Zeichnen bekundet, ohne sie jedoch besonders zu nutzen. Banale Enttäuschungen affektiver Art, die freilich jedesmal unbewußt wie ein narzißtisches Trauma erlebt wurden, führten sie dazu, diese kaum begonnene künstlerische Arbeit plötzlich abzubrechen. Anstatt zu zeichnen, widmete sie sich nun einer rein motorischen Aktivität – dem Reiten –, der man gewissermaßen den Wert einer topischen Regression zuschreiben kann. Sie ritt – jedoch ohne besondere Beteiligung ihrer Phantasie. Hierdurch brachte sie sich selbst auf ein Niveau der Motorik zurück, wo sie sich mit mehr oder weniger Glück – denn sie war ungeschickt – damit begnügte, Bewegungen aufeinander abzustimmen, was trotz des mechanischen Charakters des Ganzen die beste Gestaltung ausmachte, die sie damals zu leisten imstande war.

Die Colitis ulcerosa war nach dem schwerwiegenden Abbruch einer Liebesbeziehung klinisch manifest geworden. Bei diesem jungen Mädchen, das von einer totalen Colectomie mit einem Anus praeter bedroht war, wurde die Psychotherapie zunächst als eine anaklitische Behandlung angewendet; über diese erste Phase möchte ich mich aber nicht weiter äußern, weil mir die zweite, die ich eine pädagogische nennen würde, weit wichtiger ist.

Zwei Jahre lang bezweckte die Psychotherapie, nach und nach, aber ganz systematisch, die Vorstellungstätigkeit zu fördern, wozu auch das Zeichnen ein schüchterner Versuch gewesen war. Diese zweite Phase wurde durch einen bei dieser psychosomatischen Kranken sehr charakteristischen Traum eingeleitet: Sie sah sich vor einem weißen Blatt. Während der verbale Austausch äußerst dürftig blieb, begann sie, Pferde zu zeichnen. Das Ergebnis war ziemlich schlecht, denn es war ihr unmöglich, die Hufe und Beine wiederzugeben. Diese Pferde stellten Louise doppelt dar: sie waren sie selbst, insofern sie zum Beispiel mit einer Mähne versehen wurden, die ihrem eigenen Haar glich; gleichzeitig aber veranschaulichten sie den Verlauf und die Wechselfälle ihrer Genesung, insbesondere die diffusen Eiterherde, die ihre Beine befallen hatten. Von Mal zu Mal lebendiger und reicher, stellten diese durch meine Aufmerksamkeit wertvoll gemachten Zeichnungen für Louise einen wichtigen Faktor narzißtischer Wiederherstellung dar, was ja nicht verwunderlich ist, wenn man – mit Tausk – die enge Abhängigkeit des organischen vom psychischen Narzißmus annimmt. Nach einer dreieinhalbjährigen Behandlung konnte man sagen, daß die Vorstellungstätigkeit sich ununterbrochen entwickelt hatte. Seither hat sich Louise für die Akademie der Schönen Künste und ein Zeichen-Lehramt vorbereitet; sie hat sich sogar in der Bildhauerei versucht. Einige ihrer Kompositionen zeigen noch Pferde, die heute vollständig und zuweilen mit Reitern dargestellt sind.

Das Wesentliche an diesem Falle war während des ganzen Verlaufs die äußerst langsame Evolution zu einer ökonomisch wirksamen Vorstellungstätigkeit, einer Aktivität, deren volle Entwicklung, meiner Meinung nach, eine große Rolle bei der Verhütung von Rückfällen spielt.

Louise, deren Phantasietätigkeit sich langsam, mit Mühe und unter Anwendung besonderer Hilfsmittel entwickelte, steht im schärfsten Gegensatz zu einer Phobikerin, die in einer einzigen Sitzung, sozusagen auf einen Schlag, ihre Phantasien in einer szenischen Darstellung ihrer Situation mobilisierte:

Jeanne, die im Laufe ihrer Analyse zwei Romane veröffentlichte, obwohl sie vorher nicht einmal daran gedacht hatte, sich literarisch zu betätigen, verdrängte seit einiger Zeit Aggressivität, die offensichtlich durch meine Entschlossenheit in einer disziplinarischen Frage der Analyse freigesetzt wurde. Sie legte sich auf die Couch und erklärte nach einer Pause: «Als ich zu Ihnen ging, war ich nicht feindselig eingestellt, und ich hatte weder Lust noch Unlust, und als Sie mir dann die Tür öffneten, dachte ich: ‹Wenn ich mir vorstelle, daß ich mich wieder mal von diesem Scheißer anöden lassen muß.›» Erneutes Schweigen, und dann sagte sie: «Mir ist, als ob Sie soeben irgend etwas gegessen hätten . . . ja, ich möchte mit Ihnen eine buchstäblich vegetative Intimität haben, in Ihnen sein, mit Ihnen essen. Aber das genügt nicht, mit Ihrem Mund essen, ja, das ist es.» Wiederum Schweigen, dann fuhr sie spontan fort: «Das erinnert mich an das Buch, an dem ich zur Zeit schreibe. Die Frau, das bin ich, an einen Baum gedrückt. Ich dringe buchstäblich in den Baum ein, und ich bin der Stamm und die Zweige. Nein, nicht um weh zu tun, sondern um mich vom Wind bewegen zu lassen, von der Sonne beschienen zu werden, assimiliert zu sein . . . Das ruft bei mir diese vegetative Situation, die intensivste Verschmelzung hervor: im Bauch der Mutter zu sein.» Am Ende der Sitzung kam sie auf das zurück, was sie vegetative Verschmelzung nannte, und sagte: «Das ist tiefer als nur in Teilen, zusammen auf die Toilette zu gehen. Nein, das kann man nur mit einem Mann tun; im Innern einer Frau ist das schmutzig. Die Frau hockt sich hin zum Urinieren, sie ist widerlich ... Außer vielleicht, mit ihrem Mund zu essen ...»

Ich werde hier nicht den ganzen Inhalt der Sequenz analysieren, deren Modus sich häufig wiederholt. Vor allen Dingen möchte ich Jeannes bemerkenswerte Fähigkeit hervorheben, einen Konflikt über die unmittelbare Vorstellung seiner Elemente zu bearbeiten. Die plötzliche Konfrontation mit dem Objekt durch den Abbruch einer Art von narzißtischen Träumen – dessen defensiver Charakter ebenfalls deutlich ist – mobilisiert Jeannes ganze Aggressivität, die sie sofort auf anale Weise in Szene setzt. Auf oraler Ebene folgt sogleich eine regressive Regung, während sich ein Versöhnungsversuch einstellt (mit dem Baum einswerden, die Sonne aufnehmen usw.). So wird das Objekt beschützt, und das Subjekt kräftigt sich dank dieser dynamischen Vorstellung, die tatsächlich im erwähnten Roman der Anlaß zu einer neuen Verarbeitung wurde, wo das Einswerden – das Verschmelzen mit dem Baum – die Heldin auf den Weg des Lebens zurückbringt. Im letzten Moment der Sequenz zeigt sich, daß die Verschmelzungs-Phantasie dennoch keine dauerhafte Lösung ist; sie verlangt neue Formgebungen, deren jede einen Versuch der Beherrschung und des Fortschreitens darstellt.

Jeanne verkörpert die uns vertraute, typische Neurose; Louise habe ich deshalb ausführlich vorgestellt, weil sie unbedingt typisch für jene Kategorie von Kranken ist, die uns veranlaßt hat, den neuen Terminus des «operativen Denkens» zu prägen. Terminologisch stellt er uns zwar nicht ganz zufrieden, weist aber auf eine klinische Realität hin, die für uns ganz und gar unbestreitbar ist. Dieses «operative Denken» und die damit zusammenhängende Beziehungssituation kommen übrigens nicht erst im Laufe der Zeit zum Ausdruck, sondern drängen sich uns gleich beim Erstinterview auf.

Der Patient, der an irgendwelchen somatischen Symptomen leidet, bringt sie uns gleichsam als vereinzelte Dinge dar, die wir fast unabhängig von ihm betrachten sollen. Er unterbreitet uns seine Symptome, erwartet von uns, daß wir handeln, und damit soll Schluß sein. Läßt man ihn sein Denken assoziativ entwickeln, so zeigt er sehr bald die größte Hilflosigkeit. Nach ganz einfacher Darlegung der Fakten hört er auf zu reden, oft plötzlich, sieht uns an und bittet uns, ihm Fragen zu stellen. Bei den reinsten Fällen antwortet er gleich ohne Zurückhaltung und erwartet nichts anderes als ein automatisches Spiel von Fragen und Antworten. Das geringe Interesse, das er seiner Beziehung zu uns entgegenbringt, ist wirklich verblüffend, offenbar sieht er uns nicht als differenzierte Person, sondern sozusagen «en bloc». Das oft dürftige Gespräch muß immer wieder genährt und belebt werden, sonst kommt es leicht ins Stocken. Wird es etwas reichhaltiger, dann nur, um eine Art Aufzählung oder Bestandsaufnahme zu liefern, wo die Anzahl und die materielle Beschaffenheit der Elemente wichtiger ist als ihre Organisation. Die Beziehung wird nicht wirklich bearbeitet, sondern bleibt statisch und mangelhaft. Ein weiterer Zug, dem wir große Bedeutung beimessen: Der Kranke verhält sich so, als wolle er den Interviewer mechanisch auf eine bloße Funktion reduzieren, womit er ja implizit die Person als solche abtut. Das heißt nicht, daß sich der Patient mit seinem unausgesprochenen «Du bist nur dazu da, um mich zu heilen, sonst nichts» einer aggressiven Abwehr bedient, wie der Neurotiker es tun würde. Vielmehr kann er sich den Arzt nicht anders als in seiner Therapeutenfunktion vorstellen. Obwohl der Kranke zweifellos zutiefst interessiert ist, ist das, was ihn ganz in Anspruch nimmt – sein inneres somatisches Objekt im Gegensatz zum inneren Objekt des Neurotikers –, gar nicht deutlich zu fassen. Es widersteht gleichsam der Deutung und kann schwer in eine bewußte Phantasie oder Denktätigkeit übernommen werden. Die ganze Stimmung des Gesprächs gibt das Gefühl, der Kranke verhalte sich zum Arzt genauso wie zu den nackten Tatsachen, zum reinen Ereignis, er vermöge nur ein derart unmittelbares Verhältnis zu realisieren. Da kein echter Kontakt sich einstellt, ist es nicht zu verwundern, daß der Forscher zuweilen Unbehagen oder Unzufriedenheit empfindet. Um diese Situation zu bezeichnen, sprechen wir von einer «relation blanche», das heißt von einer ton- und farblosen Beziehung, die übrigens nicht nur im Verhältnis zum Therapeuten sich herstellt, sondern für den Patienten allgemeine Gültigkeit hat, da er auch die Menschen seiner nächsten Umgebung wie bloße, mehr oder weniger manipulierbare Dinge behandeln muß.

So sieht also die Beziehungssituation aus, in der wir das «operative Denken» feststellen. Scheinbar handelt es sich hier um eine Art bewußten Denkens, die, ohne organische Verbindungen mit einer wahrnehmbaren Phantasietätigkeit, nur dazu dient, die Handlungen zu verdoppeln und zu veranschaulichen. Allerdings gibt es auch hier klinische Formen, die dazu veranlassen, gewisse Nuancen in das Bild einzutragen. Im ganzen aber bleibt das operative Denken so schematisch, daß man nicht allzu große Mühe hat, es zu erkennen. In allen Fällen ist es assoziationsarm, ohne Abstand zu den Dingen und zeugt von mangelnder Freiheit. Hier ist die Sprache nicht das, was die Handlung *bedeutet*, vielmehr ist sie nur dazu da, um die Geste zu wiederholen, ohne jegliche Umwandlung oder Verarbeitung.

Ein psychosomatisch Kranker war sich während seiner Analyse, allerdings auf schmerzliche Art, dieser Aktivität bewußt geworden, deren Wert als Abwehr, allem Anschein zum Trotz, gering ist. Nachdem er schließlich den affektiven Wert der analytischen Situation und den Sinn der Assoziationsregel erkannt hatte, sagte er immer wieder: «Nein, schließlich und endlich habe ich nichts im Kopf . . . es fällt mir nichts ein . . . mein Kopf ist leer . . . ich habe den Eindruck, an einem Arbeitstisch zu sein, und nehme Geräusche wahr . . . Ich sehe mich auf der Straße, während ich zu Ihnen gehe . . . Ich sehe den Verkehr, die vorbeifahrenden Autos . . .»

Gewiß, man könnte hier an eine neurotische Zwangsabwehr denken und muß zugeben, daß in einigen Fällen die Zuordnung schwer ist. Der Kontext aber und die Stimmung während des Gesprächs oder während der Sitzung geben zu der Annahme Anlaß, daß sich der Patient nicht im klassischen Sinn im Widerstand befindet. Er versucht nicht, seine Distanz im Hinblick auf das Objekt abzustimmen, indem er sich zum Beispiel an ein lebendiges Objekt bindet, sondern er legt einen Status dar, eine persönliche Art zu existieren, die einzige, über die er verfügt. Und wenn etwa das Gespräch für ihn einen traumatischen Charakter annimmt, ist man versucht zu sagen, daß ihn das Trauma mit voller Wucht trifft. Oft merkt er das nicht, denn er überläßt die adaptive Funktion einem somatischen Verhaltenssystem. Der Kranke ist gleichgültig, oft reagiert er nur durch das Erröten eines Ohrläppchens oder zum Beispiel durch das Anspannen eines Körperteils, ohne bewußten Affekt. Er benutzt wenig oder gar keine Abwehrmechanismen, und ich glaube, daß das ein wichtiger Punkt ist, weil wir zum Beispiel bei einem Gefäßkranken wissen müssen, daß unter der Maske der Gleichgültigkeit kolossale Spannungsschwankungen stattgefunden haben. Sich von dieser Fassade täuschen zu lassen oder das allmähliche Versinken des Kranken in die Materialität und Werkzeughaftigkeit der Objekte (wie es für das Krankheitsbild spezifisch ist) als übliche, neurotische Abwehr zu deuten, wäre in einem solchen Fall sehr schlimm. Die Deutung im Sinne einer Abwehr wäre sowieso wirkungslos, denn der Kranke ist frei von jeglicher Berechnung und jeglichem bewußten oder unbewußten Hintergedanken; die unmittelbare Realität, die auf ihre mechanischen Komponenten reduzierte Handlung stellen für ihn eine Evidenz dar, die ihm zugänglich ist. Daraus ergeben sich ganz besondere Beziehungen zur Zeit, weil es dem psychosomatisch Kranken nicht möglich ist, zurückzugehen, abzuwarten oder vorzugreifen. Ein Kranker (Geschwür am Zwölffingerdarm), den ich kürzlich sah, erklärte mir, daß die Vergangenheit für ihn nicht existiere und wie ausgelöscht sei, und er fügte hinzu (es sei angemerkt, daß der Mann weit davon entfernt ist, dumm oder ungebildet zu sein), nicht verstehen zu können, daß Geschichte ein Unterrichtsfach sei, denn was zähle, sei einzig die Gegenwart. Wenn etwa ein solcher Kranker sich in die Zukunft projiziert oder in die Vergangenheit zurückkehrt, so tut er es, indem er sie in Stücke von Gegenwart umwandelt, die durch einfache Anreihung miteinander verbunden sind. Realität und Gegenwart stellen faktisch einen Zwang dar, denn sie werden nicht erlebt, sondern hingenommen. Ein anderer Kranker äußerte: «Ich denke nicht, ich warte ab.»

Dennoch sollte man nicht annehmen, daß das operative Denken zwangsläufig rudimentär oder aber von schlechter Qualität sein muß. Dieser Modus der psychischen Funktion kann im Gegenteil im Bereich der Abstraktion oder der Technik oft fruchtbar sein. Er wird übrigens bis zu einem gewissen Grad von den modernen Gesellschaften geschätzt, die die Effizienz über alles stellen und den Wert von Fehlleistungen nicht anerkennen. Schließlich soll noch hervorgehoben werden, daß, wenn sich das operative Denken zur Phantasie hin öffnet, dies stets im Verhaltensbereich geschieht.

Unsere Darstellungen des operativen Denkens fanden im allgemeinen bei den französischen Analytikern ein gutes Echo. Dasselbe gilt für die USA; Autoren wie NEMIAH und SIFNEOS haben vor einigen Jahren ähnliche Feststellungen gemacht. Einige andere haben jedoch versucht, das operative Denken mit dem Zwangsdenken zu vergleichen, das sich in einem breiteren Zeitspektrum bewegt, wobei symbolische Vorstellungen in analem Modus behandelt werden und die wohlbekannten Abwehrmechanismen deutlich zum Ausdruck kommen.

Die beiden anderen mit dem operativen Denken assoziierten Erscheinungen aber haben zu gewissen Einwänden geführt. Es handelt sich um die *projektive Reduplikation* und die *Hemmung der Phantasietätigkeit*. Die *projektive Reduplikation* resultiert aus der Tendenz des Patienten, sich ganz im anderen wiederzuerkennen. Der andere scheint in derselben Form gegossen wie er selbst und keine eigenen Merkmale zu besitzen. So verleiht er dem anderen sein eigenes System des operativen Denkens. Bei der Untersuchung drückt sich die projektive Reduplikation oft durch formelhafte Sätze aus wie: «Ich bin wie jedermann», was bedeutet: «Jedermann ist wie ich.» Hier kommt die Unfähigkeit zum Vorschein, die Eigenschaften des Objekts zu erkennen, das Scheitern der Identifikationsversuche, die oberflächlich bleiben oder sich im mimischen Ausdruck erschöpfen. Zuweilen findet die Identifikation auf einer impulsiven, hauptsächlich motorischen Ebene statt, so als veranstalte der Patient eine massive Übertragung von sich auf den anderen. Hierzu noch weitere bezeichnende Sätze, die im Laufe von Interviews notiert wurden: «Fragen Sie mich, ob ich Kopfschmerzen habe»; oder: «Sie betrachten das, was ich betrachte, um mir Fragen zu stellen»; oder: «Ich habe eine Wohnung, drei Zimmer, wie jedermann; wer in der Wohnung ist? Nun, Möbel, wie (bei) jedermann.»

Zu den Kranken, die nach meiner Erfahrung diesem Zwang am meisten unterliegen, zählen die Gefäßkranken (Hypertoniker und junge Coronar-Kranke). Dem Objekt gegenüber verweigert der Patient völlig die Introjektion. Besitzt der andere eine nicht zu reduzierende Eigenheit, so verliert er jeglichen Wert als Objekt; bei diesen Kranken muß der jeweilige andere ähnlich sein, darf darum keine differente Persönlichkeit besitzen. In gewissen gebildeten Kreisen ist es sich der Kranke freilich schuldig, eine sozusagen konventionelle Originalität zu übernehmen, das heißt eine solche, die in seiner begrenzten Umgebung geachtet wird. Also macht er aus sich eine Art nivellierten, unendlich reproduzierbaren Menschen. Das Verständnis für den einzigartigen und unersetzbaren Charakter der Person ist bei ihm nicht vorhanden. Und hier wird das Schicksal dieser Kranken deutlich: abgespalten von ihrem Es, das ihr Innenleben weder belebt noch bereichert, oder aber, was auf dasselbe hinausläuft, einem Triebausbruch schutzlos ausgeliefert, der ohne «früher» und «später» gleichsam an ihnen vorbeigeht, sind die psychosomatisch Kranken letztlich allein ihrem Über-Ich preisgegeben, wodurch schließlich ihr Bewußtsein mehr und mehr zu einem direkten Ausdruck dieses Über-Ichs wird. Es handelt sich um ein schematisches Über-Ich, das nicht integriert ist und eher Konformismus als eine wirkliche Moral erzeugt. Da das Es abgeblendet bleibt und hauptsächlich in den somatischen Störungen sich durchsetzt, scheint das Selbst (darunter verstehe ich die Einheit der Person, jenseits aller topischen Unterscheidungen) darum mit dem Über-Ich unlösbar verbunden, ihm assimiliert zu sein. Dieses Über-Ich wird global projiziert. Deshalb begreift der Kranke den anderen nur von seinem eigenen Modell her.

Kommt es vor, daß der andere mit dem Selbst-Über-Ich nicht konform ist oder auf Grund einer offenkundigen Eigenheit nicht darauf reduziert werden kann (zum Beispiel in der psychosomatischen Untersuchung), so gibt es keinen anderen Ausweg als den Abbruch der Beziehung oder aber die Auslösung von somatischen Störungen, denn die Eigenheit als solche ist niemals annehmbar oder nutzbar zu machen. Man sieht, wie sehr sich die Projektion hier von der des Neurotikers unterscheidet. Der Projektion eines Teils des Es beim Neurotiker steht eine massive Translation eines schematischen und dennoch polypenartigen Über-Ichs bei den somatisch Kranken gegenüber. Man kann sich vorstellen, daß die menschlichen Kontakte im Laufe des Lebens dieser Personen, die regelmäßig um sich herum eine eintönige Welt ohne Charme und Offenheit schaffen, immer ärmlicher werden.

Gegen die These von der *Hemmung der Phantasietätigkeit* wurde zum einen eingewandt, daß ein derartiger Mangel nicht denkbar sei, dann wiederum, daß die psychosomatisch Kranken ein Phantasieleben haben müßten, da doch manche Künstler unter ihnen besonders reichhaltige Tagträume haben. Diese Differenz ist zweifellos darauf zurückzuführen, daß man die Kompliziertheit des Phänomens nicht genügend berücksichtigt. Es tritt effektiv unter verschiedenen Aspekten zutage: die Charakterzüge sind zuweilen vollzählig vorhanden, zuweilen treten sie isoliert auf. In den charakteristischsten Fällen stellt man eine totale Abwesenheit von Tagträumen fest, sowie das totale Unvermögen, die geringste Traumaktivität im Gespräch wiederzugeben. Es handelt sich hierbei um einen für den Patienten so fremden Bereich, daß er überhaupt nicht versteht, warum er danach gefragt wird. Diese extremen Fälle sind keinesfalls außergewöhnlich. Der Analytiker, der Gelegenheit hatte, verhältnismäßig lange in einer Inneren Abteilung zu arbeiten, weiß das sehr gut, zumal er dies Phänomen oft bei noch jungen Kranken (Zwölffingerdarmgeschwüre) oder bei an einer schweren Gefäßkrankheit leidenden Kranken antrifft.

Daneben gibt es tatsächlich weniger spektakuläre Fälle, bei denen eine gewisse Traumtätigkeit vorhanden ist. Allerdings handelt es sich dann meist um einfache Reproduktionen tatsächlich erlebter Situationen. Die Tagesreste werden gewissermaßen so, wie sie sind, unverarbeitet nachvollzogen. Diese Art Traumtätigkeit kann jener anderen Form zur Seite gestellt werden, die nach tatsächlich traumatischen Situationen auftritt, deren Verbindung mit der Kastration sehr lose ist. An diese Fälle, bei denen die Affektivität nicht in die Sprache übergeht, scheint MITSCHERLICH in «Krankheit als Konflikt» zu denken, wenn er schreibt: «Offenbar finden nicht wenige Menschen in ihrem Verhalten einen unmittelbaren Gefühlsausdruck, sind aber nicht fähig, ihre Notlage, wenn sie frustriert werden, in sprachlichen Symbolen zu reflektieren.»

Schließlich kann das Bild ganz anders aussehen, obschon man ihm auch in den eben geschilderten Fällen nicht selten begegnet. Archaische Bilder tauchen plötzlich in der Rede des Patienten auf; der Vorgang wird beherrscht von primären Mechanismen, von aggressiven Vorstellungen, deren eindeutige Grausamkeit von dem Patienten nicht erkannt wird. Während im ersten Fall die verschiedenen Systeme des psychischen Apparats durch dichte Scheidewände getrennt zu sein scheinen, brechen hier die Kräfte des Es in die höheren Systeme ein, um so rasch wie möglich eine Abfuhr im Verhalten oder im Körper zu erlangen.

Wie man sieht, sind sehr wohl gewisse Phantasiebildungen möglich; entscheidend ist aber ihre Struktur. Die Vorstellungskomplexe sind elementarer, linearer Art und ganz auf die rasche Abfuhr ihrer Besetzung ohne Umwege und Vermittlung gerichtet. Der Triebanspruch kommt direkt zum Ausdruck, fast ohne Umwandlung, ohne jegliche neurotische «Schwindelei». Der Ausdruck ist gewiß oft glänzend, reich an Bildern, die den Stoff für ein Gedicht liefern könnten, aber funktionell zu minderwertig sind, um sich zur Verarbeitung und Integration des Triebes zu eignen. Diese «brillanten» Fälle, die uns oft entgegengehalten werden, sind es gerade, die unsere Konzeption – berücksichtigt man nur die Begriffe der Struktur und den funktionellen Wert – aufs beste bestätigen. Die immer häufiger werdenden Fallbeispiele erlauben, das soeben Dargelegte zu präzisieren: Unserer Meinung nach handelt es sich um ein Erscheinungsbild, dessen Genesis nicht eindeutig ist. In einigen Fällen scheint es sich in der Tat um eine tiefgehende Determiniertheit zu handeln, als sei das Schicksal des Patienten sehr früh, das heißt von Beginn seiner Entwicklung an, entschieden worden. In anderen, allerdings weniger charakteristischen Fällen, scheint sich der operative Funktionsmodus später entwikkelt zu haben, vielleicht erst im Erwachsenenalter, was zweifelsohne einen besseren Zugang zur Psychotherapie eröffnet. In beiden Fällen spielt aber der ökonomische Faktor eine entscheidende Rolle.

In theoretischer Hinsicht ist die Forschung weit davon entfernt, abgeschlossen zu sein. Selbst wenn die Stichhaltigkeit unserer Beschreibungen anerkannt ist, werden sie sicherlich zu verschiedenen Theorien anregen. Die Zukunft wird beweisen, ob unsere Konzeption noch genauer dargelegt oder berichtigt werden muß. Einstweilen werde ich versuchen, meine Konzeption in aller Kürze darzulegen. Das bringt mich zu einer etwas schematischen Beschreibung, die wenigstens den Vorteil haben wird, leichter lesbar zu sein.

1. Mit irgendeiner Konfliktsituation konfrontiert, reagiert der typische Patient auf stereotype Art und Weise. Anstatt den mobilisierten Triebanspruch zu verdrängen oder gar einen Teil der Außenwelt zu verleugnen, wie es Psychotiker und selbst bis zu einem gewissen Grade Fetischisten praktizieren, kommt es zu einer Überbesetzung des *Handgreiflichsten*,

Konkretesten und Faktischsten in der Realität. Ausgiebig wird das operative Denken benutzt, das das einzige Instrument des Patienten darstellt; er tut so, als seien ihm alle Bereiche, in denen das Realitätsprinzip nicht absolut vorherrscht, unbekannt.

2. Unserer Auffassung nach findet diese Überbesetzung des Faktischen als Reaktion auf einen unbewußten Eindruck hin statt, der die Realitätswahrnehmung in Frage stellt bzw. mit halluzinatorischer Überwältigung bedroht. Folglich messen wir dem operativen Denken den Wert eines Mechanismus bei, der infolge einer dynamischen Notwendigkeit eingesetzt wird.

3. Dieser Mechanismus ist vermutlich kein primärer. Das operative Denken könnte eher eine ursprüngliche Form der «Abwehr» darstellen, die gegen die Folgen einer sehr archaischen Abwehr gerichtet wird und sich der «Verwerfung» zuordnen läßt. «Verwerfung» besagt, daß vom Unbewußten nicht integrierte Inhalte in die Realität einbrachen, was halluzinatorische Erscheinungen erzeugt. Andererseits geht die Dominanz der motorischen Wahrnehmung mit dem Erfordernis einher, die Energie zu binden oder sie auf schnellstmöglichem Wege abzuführen. Wir sind der Meinung, daß hier eine buchstäblich teratologische primäre Gegenbesetzung eine entscheidende Rolle spielt.

4. Unter anderer Perspektive läßt sich sagen, daß das Realitäts-Ich das Lust-Ich definitiv besiegt hat. Wir haben gesehen, daß die Vorstellung der äußeren Realität im Verhältnis zur Phantasietätigkeit bei diesen Patienten unmäßig hypertrophiert war. So, wie sich jedoch der Fetischist nicht ganz von der äußeren Realität ablöst, trennt sich auch der psychosomatisch Kranke niemals ganz von dem Teil der Traumwelt, der diesem Prozeß entgangen ist, wie die Mischformen zeigen.

5. Es bleibt die Frage nach Natur und Ursprung der Energie, mittels derer das operative Funktionieren in Gang kommt. Unserer Meinung nach handelt es sich um eine Energie, die von jeglichem libidinösen Wert frei ist und sich auch von der sogenannten neutralen Energie unterscheidet, die aus dem Reservoir der narzißtischen Libido stammt. Man kann sie auch nicht mit der Aggressionsenergie identifizieren (soweit eine solche überhaupt existiert), die ja stets in enger Verflechtung mit der Libido vorkommt. Sie käme also einer reinen Erregung nahe. Wir glauben, ein Äquivalent dazu in dem Verhalten mancher Säuglinge gefunden zu haben, bei denen Erfahrungen des Unbefriedigtseins die halluzinatorische Wunschbefriedigung vereiteln, die von nun an nicht mehr ihre Protektions- und Kompensations-Rolle spielen kann. Auf diese Art und Weise entstehen Spannungen, dann eine übermäßige Unruhe und motorische

Abfuhr ohne libidinösen Charakter, die allein durch körperliche Erschöpfung beendet wird.

Die theoretische Relation, die ich soeben zwischen dem operativen Denken und der Erregung aufgestellt habe, wird durch klinische Argumente bestätigt. Das erste Argument stützt sich auf die besondere Affinität des psychosomatischen Patienten zu den rein praktischen Bereichen, dort, wo das erstrebte Ziel das rasche Erreichen eines greifbaren Ergebnisses ist, ohne den geringsten Umweg über den Sadomasochismus. Dem zweiten Argument liegt die Existenz symptomatischer Handlungen zugrunde, die, obwohl sie Fehlhandlungen ähneln, nicht symbolisch determiniert sind, sondern durch ein dringendes Verlangen nach Abfuhr. Ziel ist hier also nicht, das Erregungsniveau konstant zu halten, sondern die Erregung ganz abzuführen, das heißt sie auf Null zu bringen. So ist einerseits die Rolle des Lustprinzips stark verändert, während andererseits das Nirwana-Prinzip immer bedeutender wird. Dazu paßt die enorme Bedeutung des Wiederholungszwangs.

Bevor ich zum Schluß komme, möchte ich noch einige kurze Bemerkungen machen: Das von mir charakterisierte psychische Funktionieren betrifft gewiß vor allem die psychosomatisch Kranken, obwohl es auch bei anderen Kranken zu beobachten ist. Es kann selbst bei Neurotikern in Erscheinung treten, wenn eine Regression nicht zur Resexualisierung einer Funktion, sondern zu einer Desexualisierung führt – ohne neue Identifikation oder Umwandlung der Objektlibido in narzißtische Libido. Das ist für den Analytiker ein echtes Alarmzeichen, denn das Auftreten des operativen Denkens kündigt mögliche somatische Störungen an. Das operative Denken geht organischen Krankheiten derart regelmäßig voraus, daß die Gastroenterologische Abteilung, in der ich gearbeitet habe, den Begriff des «Duodenal-Ulcus ohne Ulcus» inzwischen voll und ganz akzeptiert hat.

Ich habe einen Aspekt des Problems lediglich gestreift, der dennoch für uns von unbestreitbarem Interesse ist und die analytische Praxis betrifft. Es wird allgemein beobachtet, daß die Analytiker immer häufiger mit atypischen Fällen konfrontiert werden. Unter diesen Fällen, die große Schwierigkeiten (besonders auf der Ebene der Gegenübertragung) mit sich bringen, gibt es viele, für die die von mir gegebene Darstellung zutrifft – typische Operative, die niemals eine wirkliche Übertragungs-Neurose entwickeln, sondern nur Übertragungs-Reaktionen, und deren Leiden man aus diesem Grunde recht gut als «Verhaltensneurose» bezeichnen könnte.

Am Ende meiner Ausführungen angelangt, die selbstverständlich viele

Fragen unbeantwortet lassen, fällt mir auf, daß ich mit der symptomatischen Trias (operatives Denken, projektive Reduplikation, Hemmung der Phantasietätigkeit), die den psychosomatisch Kranken u. E. kennzeichnet, einen Menschen beschrieben habe, dessen Hauptcharakterzüge recht negativ erscheinen. Ich möchte diesen Eindruck korrigieren, denn wenn es auch stimmt, daß dieser körperlich kranke Mensch (oft farblos und im engen Sinne realistisch) seinen Gesprächspartner enttäuscht, so kann man doch nicht übersehen, daß hinter der Fassade, dem Patienten und uns gleichermaßen entrückt, eine dunkle Zone existiert, in der lebendige Kräfte des Menschen durchaus vorhanden, aber gefangengehalten sind. Das ist unsere therapeutische Chance, und es ist wichtig, sie nicht zu unterschätzen, weil wir doch mehr und mehr mit diesem psychosomatischen Schicksal zu tun haben, das als Problem unserer Zeit zutage tritt. Habe ich so das abstoßende Bild, das ich zuerst dargeboten habe, etwas korrigiert, so liegt mir doch andererseits daran, es in seiner ganzen Schwärze aufrechtzuerhalten, denn es soll die besondere Wachsamkeit stärken, die wir im Hinblick auf unsere Gegenübertragung nötig haben und die bei diesen Fällen gerade das Hauptproblem ist. Denn das Unbehagen, das der psychosomatisch Kranke bei dem Analytiker hervorruft, hat nichts mit der Angst zu tun, die manchmal der Psychoneurotiker oder der psychotisch Kranke auszulösen vermag. Wie ich glaube dargelegt zu haben, befindet sich der Analytiker hier in einer eigenartigen Situation, in der er sich als Person ausgeschlossen fühlt, während er andererseits einen Patienten, der gar nicht oder nur auf der Ebene der Realität assoziiert, durch Verbalinterventionen immer wieder energetisch unterstützen muß.

In diesem Fall wird das Reden zu einem Verhalten, das dem Analytiker nicht nur eine unheimliche, peinliche Arbeit auferlegt, sondern ihn auch ratlos werden läßt. Es ist fast so, als ob die neurotischen Symptome, die dem Patienten fehlen, nun bei dem Analytiker zum Vorschein kommen oder sich ökonomisch äußern sollten. Hat der Analytiker in dieser ungewöhnlichen Situation keine richtige Einsicht, so kann er sich leicht dazu verleiten lassen, sich die Sache irgendwie erträglicher zu machen, sei es, daß er unangemessene technische Änderungen vornimmt, sei es, daß er sich seines Patienten zu entledigen sucht.

Bibliographie

FREUD, S. (1895): Über die Berechtigung, von der Neurasthenie einen bestimmten Symptomenkomplex als «Angstneurose» abzutrennen. GW I, S. 313–342.

– (1898): Die Sexualität in der Ätiologie der Neurosen. GW I, S. 489–516.

MARTY, P., und M. DE M'UZAN (1963): La pensée opératoire. Revue française de Psychanalyse, N° spécial 27.

DE M'UZAN, M. (1974): Psychodynamic mechanisms in psychosomatic symptoms. Psychotherapy and Psychosomatics, 23, 103–110.

Das Körper-Ich

Willie Hoffer
Die Entwicklung des Körper-Ichs*

In den jüngsten Überlegungen zur Genese der psychischen Struktur treten HARTMANN, KRIS und LOEWENSTEIN für eine Modifikation der von FREUD in «Das Ich und das Es» dargelegten Ansicht über den Ursprung des Ichs ein. Sie argumentieren überzeugend, daß das Ich nicht länger als Ergebnis einer Differenzierung aus dem Es betrachtet werden sollte, sondern daß sowohl das Ich als auch das Es aus einem undifferenzierten Stadium hervorgehen.

HARTMANN, KRIS und LOEWENSTEIN machen absichtlich keine Angaben darüber, «zu welchem Zeitpunkt der frühen Kindheit die sukzessiven Schritte stattfinden, die zur strukturellen Differenzierung führen», aber sie sagen, daß der erste und fundamentalste Schritt, der dazu führt, «sich auf die Fähigkeit des Säuglings bezieht, zwischen dem Selbst und der äußeren Welt zu differenzieren». Dies stimmt mit FREUDS Ansicht über die Ich-Bildung überein, nach der «das Ich der Teil des Es ist, der durch direkten Einfluß der äußeren Welt über das Wahrnehmungs-Bewußtsein modifiziert worden ist».

Nach FREUD gibt es aber ein anderes Differenzierungsmoment, das im Gegensatz zur Stimulierung von außen auf innerhalb des Organsystems entstehende Stimuli reagiert. Unter bestimmten Bedingungen wirken Triebe nicht nur auf den körperlichen und psychischen Apparat ein, sondern sie verursachen durch ihr bloßes Wirken im Organismus Veränderungen von Spannungszuständen, Bedürfnisforderungen und Entspannungen, die innerhalb des Körpers in bezug auf ihre Intensität und Lokalisation registriert werden. Ich meine damit die allerersten Sensationen und

* Erstveröffentlichung unter dem Titel «Development of the Body Ego» in: The Psychoanal. Study Child V, 18–23

die frühesten Abfuhrvorgänge, die der Erregung folgen. FREUD sprach von internen Wahrnehmungen, die im Gegensatz zu den externen fundamentaler und elementarer sind.

Das Selbst, der Körper und das Objekt

Die Wahrnehmungsapparate zum Sehen, Hören, Riechen stehen in direkter Beziehung zu unserem Interesse für die äußere Welt, welche – einfach ausgedrückt – das Nicht-Selbst darstellt. Darauf konzentrieren sich die Environmentalisten unter uns, wenn sie die Ich-Funktionen studieren. Nach FREUD dagegen scheint die innere Wahrnehmung zunächst auf den Wechsel von Lust-Unlust bezogen zu sein. Mit anderen Worten: Die Erfahrung von Lust und die Erfahrung des Selbst gehen aus der Entlastung von Unlust hervor (Reizentlastung, die den vorangegangenen Zustand wiederherstellt oder Entlastung von der Zunahme innerer Bedürfnisforderungen). Diese Entlastung vollzieht sich in zwei Schritten: 1. Durch einen Entlastungsversuch im Anschluß an einen innerpsychischen Akt, «negative Halluzination» genannt, 2. durch einen körperlichen Entlastungsakt, welchen wir zunächst nur als einen Versuch des Organismus interpretieren können, den Reizüberschuß (oder die inneren Bedürfnisanforderungen) loszuwerden.

Negative Halluzination bedeutet vorübergehende Reizaufhebung innerhalb oder außerhalb des Körpers, nicht aber die Aufhebung der psychischen Repräsentation solcher Stimuli wie bei der Verdrängung. Negative Halluzination ist daher im späteren Leben verwandt mit pathologischen Zuständen der Derealisation (Entfremdungsgefühl) und bezeichnet einen der frühesten und primitivsten psychischen Vorgänge.

Wir stehen jedoch auf festem Boden, sobald wir an psychische Vorgänge denken, die die Ausdehnung des Selbstgefühls über den ganzen Körper des Säuglings charakterisieren, den Körper, der das Selbst umschließt. Wenn der Körper gesehen wird – nachdem das Sehen ausreichend entwickelt wurde –, wird er wahrgenommen wie alle anderen Objekte, die den kindlichen Geist über das Sehorgan erreichen. Ganz anders ist die Wirkung der wahrgenommenen Erfahrung, wenn der Säugling seinen Körper berührt. Hier erzeugen zwei Sensationen gleichzeitig eine Erfahrung, was sehr früh im Leben entstehen kann, vielleicht sogar im intrauterinen Stadium. Unsere eigene Erfahrung bei Berührung des Körpers veranlaßt uns, zu denken, daß ein Teil unseres Körpers, zum Beispiel die Hand, sich aktiv einem anderen Teil nähert, welcher die Berührung passiv erfährt. Es gibt keine einfache Rechtfertigung für die Annahme, daß dasselbe in der frühen Kindheit stattfindet. Das In-Kontakt-Kommen mit dem eigenen Körper bringt zwei Sinnesempfindungen gleicher Qualität hervor und diese beiden führen zur Unterscheidung zwischen dem Selbst und dem Nicht-Selbst, zwischen Körper und dem, was später Umgebung wird. Daher trägt dieser Faktor zum strukturellen Differenzierungsprozeß bei. Abgrenzung zwischen dem Selbst-Körper und der äußeren Welt, der Welt, in welcher die Objekte zu finden sind, wird so eingeleitet.

Das Mund-Ich

In der Psychoanalyse definieren wir das strukturelle Wesen des Ichs nach seiner Funktion. In unserer klinischen Arbeit manifestiert es sich in hoch organisierten und differenzierten psychischen Aktivitäten. In der Kindheit und insbesondere in der frühen Kindheit haben sie eine bestimmte körperliche Konnotation.

Bei anderer Gelegenheit habe ich den Unterschied zwischen einer Trieb(Instinkt)-Befriedigung als solcher und einer Befriedigung, die durch ein funktionierendes Ich interferiert, beschrieben. Um es noch einmal zusammenzufassen: Es gibt einen auffallenden Unterschied zwischen Säuglingen bis zu 10 Wochen verglichen mit Säuglingen von 12 bis 16 Wochen. Ein Säugling von 4 Wochen, der leicht hungrig ist und auf die Fütterung wartet, mag einige orale Aktivitäten zeigen, begleitet von Bewegungen des Kopfes, der Arme und Hände. Die Hände können noch in einer Position gehalten werden, die der uterinen Position ähnelt, wobei die Hände dem Mund am nächsten waren. Während die Hand sich über das Gesicht bewegt, kann es sein, daß die Hände zufällig vom Mund geschnappt werden und das Fingerlutschen beginnt. Bis zum Alter einiger Wochen macht es keinen großen Unterschied, ob die ganze Hand oder ein oder zwei Finger in den Mund hineinrutschen, oder ob dem Baby eine Flasche oder ein Schnuller angeboten worden ist. Das Verhalten, was es zeigt, ist a) motorische Erregung, höchstwahrscheinlich wegen Hunger und beeinflußt von früheren Fütterungserfahrungen (Suchen nach der Brust) und b) Versuche zur Entlastung von Erregung durch Mundaktivitäten, die zum Fingerlutschen führen können.

Ganz anders ist das Verhalten bei einem 16 Wochen alten Säugling. Befriedigung bleibt weniger dem Zufall überlassen. Während des Erwartungszustandes vor der Fütterung oder nach erfolgreicher Fütterung besteht der Säugling auf einer bestimmten Form oral-lutschender Befriedigung und die Aktivitäten, die zu dieser Befriedigung führen, entsprechen allen Kriterien, durch die wir auf ein Funktionieren des Ichs schließen.

Diese sind:

1. *Echte Wahrnehmungsaktivität.* Der Säugling von 3 Monaten sieht seine Hand, fokussiert den Blick auf sie und folgt mit den Augen den Bewegungen der Hände zum Mund. Wenn die Augen des Säuglings einen anderen visuellen Reiz einfangen, insbesondere etwas Bewegliches, können sie abgelenkt werden, werden aber zur Hand zurückkehren, die sich zum Mund bewegt. In der beschriebenen Situation herrscht echte Wahrnehmung vor.

2. *Motorische Kontrolle.* Die Bewegung der Hand zum Mund kann nur mit großer Schwierigkeit vollzogen werden; Zufallsbewegungen sind entweder unmöglich oder der Säugling versucht sie einzuschränken; er versucht der Hand zum Gesaugtwerden zu verhelfen. Wenn die Augen an der Kontrolle der Bewegung zum Mund teilhaben, scheint es eine angenehme Realisation des Raumes innerhalb der Reichweite der Arme und Hände zu sein. Das Mund-Ich hat sich ausgeweitet zum Raum, der von der Reichweite der Arme definiert wird.

3. *Die Funktion des Gedächtnisses* wird angeregt durch die spezifische Art der Befriedigung, die durch das Fingerlutschen erreicht wird. Aus einer unbegrenzten Anzahl von möglichen Positionen der Hände und Finger entwickelt der Säugling eine Anzahl von Saugmustern, die entweder die Hand und die Finger oder seinen Mund oder beides umfassen, und bleibt schließlich dabei.

4. *Realitätsprüfung* kann auf die peinlich genaue Wahl des Säuglings hinsichtlich dessen, was er in seinen Mund einführen will, zurückgeführt werden. Wenn er die Finger benutzen will, wird er den Löffel oder den Schnuller oder die Brust zurückweisen. Einige Säuglinge zeigen eine selten erwähnte geringgradige Schwierigkeit beim Füttern, indem sie darauf bestehen, während der Fütterung weiterhin an ihren Fingern zu lutschen. Diese Konkurrenz zwischen Fütterung und Fingerlutschen scheint ein weiterer Beweis für Kenntnis und Verständnis des Säuglings von Mund und Hand in ihrer Beziehung zueinander zu sein. Im allgemeinen ist keine solche Spezifität für die Beziehung des Säuglings zur stillenden Mutter, der Brust oder der Flasche angenommen worden und bis zu diesem Alter scheint kein bestimmtes individuelles Bild eines «Objektes» in der Vorstellung des Kindes entwickelt worden zu sein. Es sollte jedoch möglich sein, diese Probleme zu untersuchen, indem die Realitätsprüfung des Säuglings in bezug auf Objekte, die kein Gefühl des Selbst vermitteln, experimentell überprüft wird.

5. *Die synthetische Funktion des Ichs.* Es kann kein genauer Vorschlag über die Arbeitsweise der synthetischen Funktion in der frühen Kindheit

gemacht werden, der das charakterisiert, was ich Mund-Ich genannt habe. Dies mag aber auf einen Mangel beobachtbarer Beweise zurückzuführen sein oder auf die Aktivität der stillenden Mutter, die in diesem frühen Stadium diese Funktion überflüssig machen kann.

Mund-Ich und Körper-Ich

Mit Hilfe der Hand unterzieht sich der orale Saug-Trieb einer Transformation von einer triebhaften Bedürfnisforderung zu einer ich-kontrollierten Aktivität. Im Laufe dieses Prozesses wird die Hand wie auch der Mund als Teil des Selbst wahrgenommen und die Differenzierung zwischen Selbst und Nicht-Selbst wird auf diese Weise fortgesetzt. Alle diese Prozesse sind bis jetzt auf die orale Phase der Trieb- und Ich-Entwicklung beschränkt worden.

Mit der Entstehung des oralen Mund-Ichs erwirbt die Hand die Eigenschaften eines Werkzeugs zur Ausführung von Bedürfnissen, welche den Interessen des Selbst dienen. Um ein Beispiel zu geben: Eine erfolgreiche Fütterung wird in den ersten Wochen des Lebens fast unmittelbar von Schlaf gefolgt sein; wenn das Mund-Ich aufgerichtet ist, wird die Sättigung von zwei Bedürfnissen, nämlich Lutschen und Schlafen, gefolgt sein; so wird der Säugling seine Finger aktiv in den Mund einführen und wird sich auf diese Aktivität so lange konzentrieren, bis sie vollendet ist. Damit wird auch dem Schlafbedürfnis gedient. Wir nehmen also an, daß es keine Konkurrenz zwischen den beiden Bedürfnissen gibt; die Befriedigung des einen Bedürfnisses führt zur Befriedigung des anderen. Auf diese Weise setzt sich das Selbst zur Kontrolle seiner Bedürfnisse ein, eine Form von Unabhängigkeit und eine Fähigkeit, die Triebe entsprechend früheren Erfahrungen zu kanalisieren.

Die Folge davon ist, daß die aggressiven Impulse in der oral-sadistischen Phase schon vom Körper abgelenkt werden und, wie ich annehme, in oral-beißende Aktivitäten überführt werden, die das Selbst nicht beeinflussen. Kurz, das Selbst versucht sich gegen seine eigenen aggressiven Gefühle, die aus Triebbedürfnissen hervorgehen, zu schützen, indem sie mit Hilfe der Körperorgane gegen das Nicht-Selbst, gegen die äußere Welt gerichtet werden. Dies umfaßt eine progressive Libidinisierung des Körpers und bereitet den Weg vor für die Integration der folgenden Triebstadien in die Ich-Organisation. Ich glaube, es gibt eine Kontinuität der Ich-Entwicklung und integratives, z. T. sehr erfolgreiches Bemühen darum.

Das Schicksal der Aggression während der Entwicklung des Körper-Ichs

Progressive Libidinisierung des kindlichen Körpers und Entwicklung des Körper-Ichs kann nur angenommen werden, wenn entweder innerhalb des Körpers mit den selbstdestruktiven Trieben umgegangen wird oder wenn dieselben vom Körper weg nach außerhalb abgelenkt werden. Die Tatsache, daß es einen Zuwachs motorischer Aktivität von der zweiten Hälfte des ersten Lebensjahres an gibt, unterstützt die zweite Alternative. Es ist hauptsächlich die Schmerzgrenze, welche den Säugling vor den auf sich selbst gerichteten destruktiven Trieben schützt. Zudem: wegen der stillenden Aktivitäten, aber auch auf Grund der Mund-Hand-Beziehung erwächst aus dem Prozeß der Körperlibidinisierung die Selbstliebe. Die Zunahme des Primärnarzißmus bildet eine zweite schützende Grenze aus. Dies findet in der oral-sadistischen Phase statt, die durch das Auftreten der Zähne und gesteigerte oral-sadistische Stimulation gekennzeichnet ist. Der Säugling tut sich selbst nicht weh, weil er sich selbst so liebt. Diese Aussage widerspricht nicht dem Konzept des erogenen Masochismus, aber wenn wir hier von Selbstdestruktivität sprechen, soll das wörtlich verstanden werden. Wenn diese Schritte zur Ablenkung der Selbstzerstörung mißlingen, sei es, daß das Subjekt sich selbst Schaden zufügt durch Beißen, Nahrungsverweigerung und Verhungern, dann ist der Weg frei für die Pathologie des Körper-Ichs.

Klinische Implikationen des Körper-Ichs

Von dem, was über den Ablauf der frühen Ich-Entwicklung gesagt worden ist, scheint es mir vorstellbar, daß – abgesehen von der Geburtserfahrung – der Säugling mit Mitteln ausgerüstet ist, die ihn instand setzen, ein Gleichgewicht seiner inneren Bedürfnisse ohne notwendige Traumatisierung zu erreichen. Trotzdem, Säuglinge können Zustände traumatischer Natur durchlaufen und ihnen ausgeliefert sein in dem Sinne, daß die Quantität der Erregung die kindliche Bewältigungsfähigkeit übersteigt. Drei mögliche Quellen der Traumatisierung sind vorstellbar:

1. *Erregungs-(Stimulations-)zunahme.* Als Beispiel erwähne ich den Prozeß des Zahnens. Dies bringt inner-perzeptive Aktivitäten hervor, mit denen das Selbst umgehen muß durch a) negative Halluzination, die von kurzer Dauer sein wird (der Sinnesempfindung wird die Besetzung entzogen); b) Verlust der oralen Saugaktivität und des Appetits, was dem Entzug der Besetzung vom Organ und den begleitenden Aktivitäten entspricht (Aufgabe oral-erotischer Wünsche); c) nach Innenwenden ora-

ler Aggression, die im Fütterungsprozeß nicht gebraucht und verweigert wird; d) Versuche zur Ich-Kontrolle der Stimulation durch Beißen in die Finger oder die Hand mit dem Zahnfleisch, welches in der Tat Versuche zur Integration von Schmerz mit Hilfe der Hand sind; e) Mißlingen dieser Versuche und Beendigung der Selbstkontrolle werden durch Weinen und krampfartige Aktivität ausgedrückt.

Die von a) bis e) gefundenen Lösungen können paradigmatisch werden für folgende Zustände gesteigerter Erregung (Pathologie des Körper-Ichs).

2. *Unzulänglichkeit des Selbst im Umgang mit Erregung (Stimulation).* Das Selbst entsteht als Funktion der Interaktion zwischen dem inneren Trieb (Stimulation) und dem Apparat (Körperorgane wie der Mund), durch den der Trieb ausgeführt wird. Manchmal scheint diese Interaktion unwirksam, obwohl genügend Anzeichen für Stimulation vorhanden sind. Der Trieb trifft auf einen Körper und auf ein Selbst, welches nur langsam antwortet. Dies kann eine bloße Verzögerung der Ich-Entwicklung bedeuten, welche keine klinische Bedeutung zu haben braucht, dies kann aber auch heißen, daß die Ich-Entwicklung in einem solchen Ausmaß retardiert ist, daß sie mit der Triebentwicklung nicht mehr Schritt halten kann. Übertragen auf das Stadium des Zahnens – während die Zähne, begleitet von enormer Steigerung oral-sadistischer Stimulation durchbrechen –, bedeutet das, daß weder der Magen noch der Verdauungstrakt noch Mund, Zunge und Hand einen ausreichenden Grad von Körper-Ich-Reife erreicht haben, der gebraucht würde, um die Quantität der oral-sadistischen Erregung – die an sich normal ist – zu bewältigen.

3. *Mängel des «Nicht-Selbst».* Ich meine damit die Defekte oder Exzesse, die die pflegende Mutter (nursing mother) zeigt, deren Aufgabe es ist, das, was die ruhige Entwicklung des Selbst behindert, so lange fernzuhalten, bis das Kind sich dem Objekt als solchem zuwendet. Von der inneren Ökonomie des Säuglings aus gesehen führt diese Unterlassung entweder zu einer Steigerung der Erregung oder zu einem inadäquaten Umgang des Selbst mit normaler Erregung. Zu wenig Milch steigert die Forderung nach Stillung des Hungers; genügende Nahrungsaufnahme, aber inadäquate Darreichung, bewirkt das gleiche. Unter beiden Bedingungen wird der Säugling reagieren, als ob nur seine innere Erregung gesteigert wurde. Seine Fähigkeit, Erregung zu kontrollieren, ist gering, aber innerhalb seiner Reichweite macht das Selbst Gebrauch von dem Körper und dem Ich-Apparat, als ob es planvoll und mit Voraussicht handeln würde.

(Übersetzt von J. Greene und A. Overbeck)

Dritter Teil
Objektbeziehung und psychosomatische Krankheit

Selbst-Objekt-Differenzierung

Melitta Mitscherlich
Die Bedeutung des Übergangsobjektes für die psychosomatische Theorie*

WINNICOTT beschäftigte sich in seinem 1953 erschienenen Werk «Übergangsobjekte und Übergangsphänomene» mit Gegenständen, die für Kinder von 6 Monaten an wichtig werden. Es handelt sich zum Beispiel um die Zipfel des Bettuches, kleine Stoffstücke oder Teddybären, die für das Kind insbesondere dann wesentlich werden, wenn es sich einsam und von seiner Mutter verlassen fühlt. Das Übergangsobjekt kann im Laufe der Zeit wechseln und u. U. nicht mehr beachtet werden.

WINNICOTT sagt vom Übergangsobjekt, daß es der erste, nicht zum Selbst gehörende Besitz ist. Er betont nachdrücklich, daß seine Existenz real ist und daß es vom individuellen Selbst unabhängig ist. Ursprünglich gehört die mütterliche Brust zum Selbst des Kindes; mittels seiner Omnipotenzphantasie übt der Säugling magische Macht über sie aus. An dieser Stelle besteht eine Vorstellungseinheit von Selbst und Objekt. Wenn das Übergangsobjekt auftritt, wird diese Einheit aufgelöst, und eine realitätsorientierte Entwicklung setzt ein. Herrschaft über das Übergangsobjekt wird nicht durch magische Omnipotenzphantasie ausgeübt, sondern durch muskuläre Manipulationen. Das Übergangsobjekt ist ebenso eine kreative Errungenschaft des Kindes, wie auch eine Illusion, so wie die Ideen, die die Basis der Religion und der Kunst bilden. Illusionen versöhnen die innere und äußere Welt. Sie sind Formen von Konfliktlösung. In diesem Fall besteht die Konfliktlösung darin, daß das Übergangsobjekt dem Kind die mütterliche Brust bedeutet. Das Baby symbolisiert im

* Vortrag in englischer Sprache anläßlich der 11th European Conference on Psychosomatic Research «Toward a Theory of Psychosomatic Disorders» (14.–17. Sept. 1976; Heidelberg) unter dem Titel «The Significance of the Transitional Object for Psychosomatic Thinking» in: Psychother. Psychosom. 28, 272–277.

Übergangsobjekt die mütterliche Brust, solange sie als Teilobjekt existiert, später dann die Person der Mutter als ganzes Objekt.

WINNICOTT verbindet das Übergangsobjekt mit dem Ursprung der Symbolisierung, aber er führt diesen Gedanken nicht weiter aus. Hier beginnen die eigenen Überlegungen der Autorin.

Der Begriff «Symbol» wird hier nicht so verwendet, wie er von der Psychoanalyse definiert wurde, sondern in Anlehnung an ERNST SIMMEL und SUSANNE LANGE. Er unterstellt die Fähigkeit, den Dingen eine Bedeutung zu geben, das heißt sie zu symbolisieren. Auf höchstem kognitivem Niveau wird diese Fähigkeit in der Sprache realisiert. Das Übergangsobjekt ist eine Manifestation dieses menschlichen Potentials.

Aus dem Gesagten geht hervor, daß das Übergangsobjekt ein wertvolles diagnostisches Mittel ist, um die psychische Entwicklung in der frühen Kindheit festzustellen. Es trägt dazu bei, das Verhältnis des Subjekts zum Objekt zu klären, und es zeigt die erste realitätsgebundene Trennung zwischen der Repräsentanz des Selbst und des Objekts; ferner weist es darauf hin, daß die Phase der magischen Omnipotenzphantasien überwunden werden wird; es zeigt eine Entwicklung an, die an dem was real ist, orientiert ist und klärt das Feld für aktive, individuelle Anstrengungen. Kurz, es bedeutet eine erste Separation von der Mutter und die beginnende Autonomie des Kindes.

Überdies macht das Übergangsobjekt den erfolgreichen Versuch zur Konfliktlösung möglich. Der Konflikt entsteht, wenn die Bedürfnisse des Kindes nicht erfüllt sind und die Mutter dem Kind nicht immer zur Verfügung steht. Diese Deprivation ermöglicht es, zwischen halluzinierter magischer Omnipotenz und objektiver Realität zu unterscheiden, das heißt zwischen dem realen und dem halluzinierten Objekt.

Die oben erwähnte Deprivation ist auf der einen Seite die conditio sine qua non, um sich auf die Realität einzustellen, andererseits ist sie die Ursache für einen Spannungszustand, der als Trauer, narzißtische Kränkung, Irritation, Zorn und Aggression differenziert werden kann. Je frustrierender die Mutter-Kind-Interaktion ist, desto stärker wird die gegen die Mutter gerichtete destruktive Aggression sein. Weil aber die Mutter eine vitale Bedingung für das Kind darstellt, erzeugen diese Aggressionen Angst. Mit Hilfe des Übergangsobjektes gelingt es, die drohende Angst und die archaischen Aggressionen abzuwenden. So gewinnt es entscheidende Bedeutung für die Konfliktlösung des Kindes. WINNICOTT nimmt an, daß das Übergangsobjekt ein normales, ubiquitäres Phänomen im Leben eines jeden Babys ist. Wenn das Übergangsobjekt fehlt oder wenn es zu lange weiterbesteht, kann man annehmen, daß die oben genannte Entwicklung nicht stattgefunden hat. Eine auf Realität beruhende Trennung zwischen dem Subjektiven und dem Objektiven hat sich nicht herausgebildet – eine Trennung, die die Voraussetzung dafür ist, sich auf die Realität einstellen zu können.

Die therapeutische Relevanz des Übergangsobjektes soll an Hand einer Fallgeschichte diskutiert werden. Eine 30jährige verheiratete Studentin, Mutter von 2 Kindern, kam zu einem jungen Kollegen (Dr. GRÜTTNER), nachdem sie dreimal versucht hatte, Selbstmord zu begehen. Sie klagte darüber, daß sie ihr Abschlußexamen nicht ablegen könne, weil sie sich nicht in der Lage fühlte, schriftliche Arbeiten zu erledigen. Der junge Kollege führte den Fall unter meiner Supervision durch. Er hatte enorme Schwierigkeiten, mit der Patientin zurechtzukommen. Sie wies alle seine Interventionen mit dem Argument zurück, daß sie nichts verstehe, daß sie dumm und passiv sei und daß sie nicht wisse, was außen und innen sei. Erst nach einem einstündigen Gespräch über ihr Übergangsobjekt in Verbindung mit der Beziehung zur Mutter und Großmutter fing eine fruchtbare Phase in der Behandlung an.

Sie sagte, sie habe niemals Halsschmerzen gehabt, aber wenn sie kläglich geschrien habe, sei ihre Mutter gekommen und habe ihr einen kleinen wollenen Lappen gegeben. Diesen habe sie vollgeseibert, ausgelutscht und weggeworfen. Daher lagen gegen Abend bis zu 6 oder 7 Tücher um ihr Bett. Sie gab ihnen den Namen «Ladl». Nachdem die Patientin von dem «Ladl» berichtet hatte, konnte der Kollege mit ihr besser als vorher sprechen. Er verstand ihre orale Gier und ihre grenzenlose Anspruchshaltung sowie den Mangel an Objektbeständigkeit besser. Er verstand ihre Einstellung, daß es nur Sinn habe, mit jemandem zu sprechen, der bereit sei, Tag und Nacht bei ihr zu sein. Ganz offensichtlich war es ihm nun möglich, mit der Patientin in Worten zu sprechen, die ihr zugänglich waren. Das wurde deutlich, als die Patientin zur nächsten Sitzung eine Liste mit Vor- und Zunamen mitbrachte. Die Namen waren zum Beispiel Fridolin, Franziskus, Anselm, Erdmann, Nestmann, Balsam. Sie hatte die Namen aus dem Telefonbuch abgeschrieben. Sie schien den Analytiker nicht mehr nur als Funktion zu erleben; vielmehr versuchte sie ihn in Gestalt einer Person wahrzunehmen. Sie suchte nach Namen für ihn, und er gewann eine neue Bedeutung, obwohl sie noch nicht fähig war, ihn bei seinem Namen zu nennen. Ihr Verhalten erinnert an das zu ihrem Übergangsobjekt, und das Wesen ihres Ladl wird hier spürbar. Das Verhalten der Patientin im analytischen Prozeß konnte in Zusammenhang mit dem Übergangsobjekt vom Therapeuten neu verstanden werden und seine Interventionen konnten darauf abgestimmt werden. Eine neue Übertragungs-Gegenübertragungsbeziehung kam zur Wirkung. Die Analyse konnte in befriedigender Weise fortgesetzt werden.

Eine 31jährige Patientin mit einem sehr schwer einzustellenden juvenilen Diabetes und schwerem Erbrechen kam zur Behandlung. Innerhalb von 2 Jahren überwand sie das Erbrechen durch Teilnahme an einer psychoanalytischen Gruppentherapie. Nach zwei weiteren Jahren begann sie eine psychoanalytische Einzelbehandlung. In der 5. Sitzung brachte sie einen kleinen Lappen mit, den sie die ganze Zeit festhielt. Sie versuchte, eine Vertiefung in die Mitte zu machen und sie danach wieder mit großer Anstrengung aufzurollen. Gleichzeitig erzählte sie mir, daß sie als Kind in der Bettritze zwischen Vater und Mutter liegen mußte. Als eine Tante sie adoptieren wollte, lehnte ihre Mutter kategorisch ab, indem sie sagte, sie müsse zu Hause bleiben, um den alten Bock – gemeint war der Ehemann – davon abzuhalten, sie zu bespringen. In der ersten Zeit beschrieb sie die schmerzliche Beziehung zu ihrer Mutter; sie war ein uneheliches Kind und mußte täglich erfahren, daß ihr jüngerer, ehelich geborener und an Diabetes leidender Bruder ganz anders von der Mutter behandelt wurde. Als sie dies erzählte, war sie außerordentlich erregt und konnte kaum sprechen. Sie rang nach Luft, keuchte, schrie und weinte. Schließlich sagte sie, sie glaube, verrückt zu werden. Ihr Körper war nicht ihr eigener Körper, sondern der ihrer Mutter, oder ein Phallus, mit dem sie in den Körper der Mutter eindrang, um ihn zu zerstören; gleichzeitig war sie extrem angewidert.

Sie erlebte ihren eigenen Körper als Teil des mütterlichen Körpers. Eine Trennung zwischen ihrem Körper und dem der Mutter hatte nicht stattgefunden. Die Patientin identifizierte sich mit der Funktion, die die Mutter ihr zugewiesen hatte. Sie identifizierte sich mit dem Aggressor. In derselben Sitzung äußerte sie tief verwurzelten Haß, den sie vorher noch nie gezeigt hatte. Der Haß war auf die Zerstörung der Mutter gerichtet und richtete sich in der Übertragung auf den Therapeuten.

Könnte es nicht möglich sein, daß diese destruktive Aggression ein Ausdruck dafür ist, daß die Patientin nicht als autonomes Selbst, sondern als Funktion betrachtet wurde? (Wird es nicht weiterhin für den Therapeuten sehr schwierig sein, diesen Haß längere Zeit auszuhalten?)

Schließlich möchte ich über einen Patienten berichten, der an einer Myasthenia gravis (Pseudoparalytica) litt und der zwar kein Übergangsobjekt hatte, aber – nach dem was er sagte – schon im zweiten Lebensjahr ein imaginäres Objekt, das er «Buck» nannte. Dieses imaginäre Objekt war das genaue Gegenteil von einem Übergangsobjekt.

Während das Übergangsobjekt ein materiell-sichtbares Ding ist, das angefaßt werden kann und eine reale Existenz hat, war das imaginäre Objekt ein psychisches Phänomen, das vom Patienten selbst geschaffen wurde und vorwiegend kontrollierende Funktion ausübte.

Buck saß auf Schornsteinen, in den Zimmerecken, war unsichtbar und durfte auch nicht gesehen werden. Aber seine kontrollierende Macht wurde ständig vom Patienten gespürt und weckte Angstgefühle in ihm ähnlich denjenigen, die die Mutter in ihm erweckte. Buck symbolisierte die magische und omnipotente Kontrolle, das heißt die Mutter. Aber gleichzeitig war Buck auch seine eigene Schöpfung und dadurch kontrollierte er selbst seine eigene gefährliche Mutter, das heißt, es gab eine Einheit zwischen Subjektivem und Objektivem. Buck gehörte in den Bereich der magischen Omnipotenz, die das Kind am Anfang seines Lebens kontrolliert. Ich habe dieses Phänomen schon erwähnt. Der Patient war dadurch in seiner Entwicklung fixiert, daß schon in seinen frühesten Entwicklungsphasen die Realitätserfassung versagte.

Mein Vortrag zum Thema «Der interaktionelle Ansatz psychosomatischen Denkens, dargestellt an einer Myasthenia gravis Pseudoparalytica» wird einen detaillierten Bericht über dieses Problem geben.

Frau GADDINI hat mit ihrer Arbeit «Das frühe psychosomatische Symptom und die Tendenz zur Integration» den Beweis dafür erbracht, daß Kinder, die an psychosomatischen Krankheiten leiden, kein Übergangsobjekt in der frühen Kindheit hatten. HOPPE fand heraus – obwohl an einer geringeren Anzahl von Fällen – daß der psychosomatisch Kranke kein Übergangsobjekt hat oder aber eines, das viel später gebildet wird.

Wenn diese Behauptung an einer größeren Anzahl von Patienten verifiziert werden kann, dann wäre die folgende Hypothese möglich.

Das Übergangsobjekt gibt uns Information über die kognitive und emotionale Entwicklung und über die Entfaltung der Subjekt-Objekt-Beziehung des Babys und die Beziehung zu seinem eigenen Körper, der in Analogie zum Übergangsobjekt als unabhängig vom mütterlichen Körper erlebt wird und der genau wie das Übergangsobjekt durch die eigenen Aktionen, mit Hilfe muskulärer Bewegung beherrscht wird. Wenn das Übergangsobjekt fehlt, dann fehlt auch die Trennung zwischen dem eigenen Körper und dem Körper des mütterlichen Objekts. Der Körper als solcher wird nicht in das Selbst integriert und ist ihm nicht unterworfen. Er gehört zur äußeren Welt und wird durch magische Omnipotenzphantasien kontrolliert, so wie sie am Lebensbeginn und bevor die erste Trennung stattfindet, normal sind. Das Übergangsobjekt bildet offensichtlich eine nützliche Gegenregulation gegen die Verdrängung auf diesem ersten symbiotischen Niveau. Wenn es darüber hinaus deutlich wird, daß den psychosomatisch Kranken Übergangsobjekte fehlen, oder daß sie über ihre Zeit hinaus fortbestehen, so kann angenommen werden, daß diese Personen einen bestimmten Schritt in ihrer Entwicklung nicht abgeschlossen haben, nämlich den der Symbolisierung, der Separierung von und Wiedervereinigung mit der Mutter, dem ersten Objekt. Das heißt, daß Trennung und Wiedervereinigung nicht auf der Ebene des Symbols stattfinden, das heißt im Hinblick auf das Übergangsobjekt, sondern auf der Ebene körperlichen Geschehens. Damit ist nun deutlich geworden, daß psychosomatische Krankheit als die Inkorporation eines tief verhaßten Objektes betrachtet wird, wobei mit der Vernichtung des Objekts auch der eigene Körper zerstört wird.

(Übersetzt von A. Overbeck)

Die mechanistische Objektbeziehung

S. Stephanos* unter Mitarbeit von Ute Auhagen

Analytisch-psychosomatisches Setting zur Behandlung internistischer Erkrankungen

Die analytische Psychosomatik verstehen wir als eine Erweiterung der Psychoanalyse, von deren metapsychologischen Konzepten sie sich herleitet. Während sich diese in erster Linie mit den psychischen Strukturen und deren Kommunikationen untereinander beschäftigt, will die analytische Psychosomatik die Zusammenhänge dieser Strukturen mit dem Körper und seinen Funktionsweisen erfassen. In jüngerer Zeit haben deutsche Internisten wie v. Weizsäcker, Jores und v. Uexküll versucht, basierend auf der humanistisch-philosophischen Tradition, das Konzept der Leib-Seele-Einheit in die heutige Medizin zu integrieren. Ihre Arbeiten stellen die Grundlagen für die Psychosomatik dar.

Die moderne Objektbeziehungspsychologie gab uns Aufschluß darüber, daß sich die Umwelt entscheidend auf die Differenzierung von Körper und Psyche im Laufe des menschlichen Wachstums auswirkt. Die Erkenntnisse solcher psychoanalytischen Forscher – wie u. a. Bion, Balint, Winnicott und Loch – motivierten uns, in unserem analytisch-psychosomatischen Konzept dem Einfluß der Interaktionen Subjekt-Objekt auf die somatische Pathologie zentrale Bedeutung einzuräumen.

Körperliche Erkrankung befällt einen Menschen dann, wenn Veränderungen in seinem interpersonalen Beziehungsfeld sein inneres Sicherheitsgefühl aufgeben und seine basale Ökonomie erschüttern. Dabei kann sich das traumatisierende Verlusterlebnis sowohl in der Interaktion mit einem äußeren als auch mit einem internalisierten Objekt abspielen. Hat der Zusammenbruch der psychischen Abwehrkräfte das komplexe Gesche-

* Arbeitsgruppe Psychosomatik (Leiter: Prof. Dr. S. Stephanos) im Zentrum für Innere Medizin der Universität Gießen (Geschäftsf. Direktor: Prof. Dr. H. G. Lasch)

hen der Desorganisation eingeleitet, bestimmen organische Faktoren Art und Ablauf der Erkrankung. Bei den sogenannten klassischen psychosomatischen Erkrankungen wie Asthma bronchiale oder Colitis ulcerosa lassen sich Aufeinanderfolge von traumatisierendem Objektverlust und krankheitsfördernder Veränderung in der Immunitätslage deutlich zeigen. (Krause, Stephanos, 1978) – Wir hatten erörtert, daß diese Patienten frühkindliche psychische Defekte haben, woraus sich eine erhebliche Anfälligkeit für minimale Traumata bietet. Schwieriger, weil auch seltener, sind diese Wechselwirkungen bei rein neurotischen oder seelisch gesunden Menschen wahrzunehmen. Ihnen stehen vielfältigere und reifere psychische Mechanismen zur Bewältigung von Konflikten unter Umgehung von körperlichen Erkrankungen zur Verfügung. Ergibt sich jedoch bei ihnen eine situativ bedingte extreme Einengung ihrer Gefühls- und Phantasiewelt, regredieren sie auf archaische, im Physiologischen verankerte Interaktionsmuster und sind nun nicht mehr in der Lage, eine akut einsetzende Erkrankung abzuwehren. Die drohende somatische Desorganisation zwingt den Patienten, sich vorübergehend in ein regressives Leben auf «Sparflamme» zurückzuziehen. Dabei nimmt er Abstand von ihn belastenden Objektbeziehungen. Somit gibt er sich durch selektive Reduktion von äußeren und inneren Reizen größere Chancen zur Mobilisierung seines primären Abwehrreservoirs und zu einer Vitalreorganisation. Bricht er jedoch im Laufe seiner Rückzugsbewegungen die Kontakte mit seiner Umwelt völlig ab, engt sich sein seelisches Leben zunehmend ein. Die daraus resultierende maligne Isolierung trägt entscheidend zur Chronifizierung des Krankheitsgeschehens oder zur fortschreitenden Desorganisation bei. In einer solchen Regression dynamisieren sich die pathologischen, im Physiologischen verankerten Interaktionsmuster aus der frühkindlichen Entwicklungszeit. Wenn sie unkoordiniert weiter ablaufen, sind sie lebensbedrohlich. Ihr Korrelat auf der psychischen Ebene ist eine totale Abhängigkeit vom primären mütterlichen Objekt, die mit archaischer Hilflosigkeit einhergeht. Ist ein Mensch in einen solchen Ausnahmezustand geraten, so zeigt er mit den somatischen Störungen den seelischen Befund des psychosomatischen Phänomens.

Unter dem von uns beschriebenen psychosomatischen Phänomen verstehen wir einen jeweils unterschiedlich ausgeprägten Mangel an emotionalen Kontakten, Phantasien, psychischer Erlebnis- und Verarbeitungsfähigkeit. Dieses Phänomen stellt sich in der Untersuchung als charakteristische innere Leere des Patienten dar.

Bei klassischen psychosomatischen Erkrankungen mit entsprechend frühkindlicher psychischer Defizienz weist es sich meist deutlich aus. Anders bei eher neurotischen und seelisch stabilen Individuen, die internistisch erkranken, z. B. an Diabetes mellitus oder an Herzinfarkt. Hier tritt der Mangel diskret als Ausdruck der Isolierung kurz vor Ausbruch der Erkrankung oder als Vorläufer von Verschlechterungen auf. Hält sich das psychosomatische Phänomen hinter noch funktionierenden Anpassungsmechanismen und neurotischer Abwehr verborgen, muß der Kliniker gezielt danach suchen. Ein echter Kontakt mit solcherweise somatisch erkrankten Patienten gelingt dem Arzt nur, wenn er sich, nachdem er das psychosomatische Phänomen wahrgenommen hat, als einfühlsames Objekt auf der Ebene dieser primitiven Beziehungsmuster mit seinem Patienten einläßt. Hat der Patient ihn dadurch als Partner angenommen, ja eingelassen, überwindet er seine pathogene Isolierung und öffnet seinen inneren Raum.

Auf der Suche nach einem adäquaten analytisch-psychosomatischen Therapiekonzept errichteten wir eine Modellstation (STEPHANOS, 1973). Diese gestalteten wir als facilitating environment (fördernde Umwelt). Mit diesem Behandlungsarrangement, einem Setting, sollte allen 3 Determinanten eines Individuums Umwelt–Psyche–Körper für die Therapie Rechnung getragen werden. Den Begriff facilitating environment entliehen wir den Arbeiten Winnicotts (D. W. WINNICOTT, 1965). Er bezeichnet damit Voraussetzungen, die für die Entwicklung eines Säuglings wichtig sind; vor allem eine solche Mutter, die zur primary maternal preoccupation (primäre Mütterlichkeit, WINNICOTT, 1956, 1960) gefunden hat. Auf unserer Station verwirklichten wir diesen Ansatz durch Bildung eines Therapeutenteams, das den Patienten einfühlsam tragen und ihm Anstöße zum emotionalen Wachstum geben soll. Die Effizienz dieses Teams wird dadurch gewährleistet, daß seine Mitglieder dem Patienten gegenüber eine gemeinsame innere Einstellung erarbeiten und ihm behutsam zur Herstellung von Objektbeziehungen verhelfen. Das Team diskutiert und ringt aus den verschiedenartigen Informationen um einen für den Patienten jeweils stimmigen Konsens, entsprechend der inneren Befindlichkeit und des Entwicklungsstadiums des Patienten. Dieser Konsens bietet sich um so fundierter an, als er sich gründet auf die Originalität, die fachliche Kompetenz und die Einfühlsamkeit der Mitglieder im Team (Psychoanalytiker, Internist, Krankenschwester und Gestaltungstherapeutin). Dabei bewahren und vertreten sie ihren jeweiligen Bereich qualifiziert (STEPHANOS, 1973, 1978). Zeigt ein Patient zum Beispiel körperliche Labilisierungen, entscheidet sich das Team ad hoc ihm gegenüber für ein vorwiegend somatisches »taking-care«. Entsprechende organmedizinische Maßnahmen des Internisten und intensive Zuwendung seitens der Krankenschwester bringen ihm ein ihm gemäßes basales Sicherheitsgefühl entgegen. Das Team ist darauf eingestellt, den Patienten – vor allem in der Visite – über den Ernst seines körperlichen Zustandes zu informieren und ihm dosiert zu helfen, die Verleugnung des Krankheitsgeschehens zu überwinden.

Hat sich der Zustand des Patienten gebessert, kann der Psychoanalytiker in den Visiten mehr aufdeckend arbeiten. Dies geschieht in erster Linie durch das Verbalisieren von «Episoden» (LOCH, 1970) aus seinem Alltagsleben auf der Station. Weil und damit sich die Therapeuten miteinander auf solche Episoden, die Einblick in die Empfindungen und die Objektbeziehungen des Patienten geben, voll einstimmen können, werden sie in den Konferenzen besprochen und durchsichtig gemacht. Gelingt es dem Analytiker dann in der Visite, den Patienten in einer solchen Episode aufs neue emotional zu involvieren, ereignet sich ein «flash» – blitzartig angerührt werden (BALINT, E; J. S. NORELL, 1973). Indem der Analytiker dem Patienten bei der Visite die Episode als etwas Bedeutsames, jedoch in ihren tiefen Zusammenhängen noch nicht voll Verstandenes angeboten hat, weckt er in diesem eine Ahnung von der Komplexität seiner Interaktionen und gleichzeitig ein Bedürfnis, von dem Analytiker begriffen zu werden. Mit dem flash wird eine maximale Nähe Arzt-Patient, fast eine Verschmelzung, ausgelöst, von beiden erlebt. Jetzt kann der Analytiker dem Patienten deuten, welche Ängste und Hemmungen er in seinen Beziehungen hat. Die nun entstehenden Identifikationsprozesse im Patienten lassen ihn den Psychoanlytiker, von dem er sich verstehend angenommen fühlt, und mit ihm die anderen Mitarbeiter des Teams, libidinös besetzen. Damit ist die Basis für die Entdeckung der Drei-Personen-Beziehung gegeben. Da ihm also der Analytiker als integrierender Teil einer Gruppe entgegentritt, nimmt der Patient zugleich auch die Therapeutengruppe als Ganzes an.

Der Entwicklung unseres analytisch-psychosomatischen Konzepts liegen zwei Einsichten zugrunde. Wir erkannten in Anlehnung an Arbeiten von BALINT und LOCH, daß das entscheidende Moment für das Einsetzen des Heilungsprozesses in der Herstellung von Bedingungen liegt, die dem Patienten einen «Neubeginn» (BALINT, 1952) ermöglichen. Das bedeutet in unserer Terminologie, ihm Möglichkeiten zu differenzierten libidinösen Besetzungen und damit zu psychischer Reifung zu eröffnen. Dies gilt besonders für Patienten mit prägenitalen Störungen, sowie wenn sich frühkindliche Objektbeziehungsschemata aktualisieren wie beim Auftreten des psychosomatischen Phänomens. Hierfür muß der Patient so viel Vertrauen zum «diskreten» (MASUD KHAN, 1972) und «unaufdringlichen» Therapeuten gewinnen, daß er ihn als Objekt «gebrauchen» (to utilise; WINNICOTT) kann. So erfährt er «primäre Liebe» (BALINT) und traut sich zu, Frustrationen auszuhalten und sich der Welt der Gefühle zuzuwenden. Mit dieser Einsicht folgen wir LOCH, wenn er in Anlehnung an Arbeiten von RACKER und MASUD KHAN formuliert: «Die Psychoanalyse ist eine Technik der menschlichen Entwicklung oder Verwandlung und nicht ein Verfahren, in dem es um die Enthüllung der Einstellungen eines ‹je schon gebildeten psychischen Apparates› geht» (LOCH, 1974; RACKER, 1958; MASUD KHAN, 1970). Die Enthüllung findet in der klassischen psychoanalytischen Kur über Deutungen statt, die frühkindliche Konflikte rekonstruieren oder psychopathologische Reaktionsweisen dynamisch-biographisch erklären.

In unserem Konzept dagegen geht es um die Vermittlung eines neuen Raumes an den Patienten. Dabei stellt der Analytiker dem Patienten seinen eigenen objektiven kulturellen Raum und seine subjektiven Lebenserfahrungen zur Verfügung – immer wieder «Maß um Maß», jedoch nicht kontinuierlich. In der für den Patienten unausweichlichen Konfrontation mit diesen, ihm weitgehend fremden Räumen, die er immer wieder findet und immer wieder abgeben muß, ist die Errichtung eines eigenen inneren Weltbildes seine Überlebenschance. So hat er seine neue Identität nicht in der Stereotypie der Verschmelzung untergebracht, sondern gerade durch die Abgrenzung vom anderen aufgebaut. Die zweite Einsicht beruht auf unserer Erfahrung, daß die Erarbeitung von Hypothesen über einen Patienten und Konzepten für seine Behandlung Funktion von Bereitschaft und Fähigkeit des Therapeuten sind, sich dem anderen zu vermitteln. Dieses geschieht diskret und engagiert, ohne die Eigenart des Gegenüber je aus den Augen zu verlieren; sei es die andere Denkart des konsiliarischen Fachkollegen und des Mitarbeiters oder die einem selbst fremde Struktur des Patienten. Die Mitglieder im Team müssen sich nicht nur darin trainieren, zuzuhören und zu begreifen, was der andere – Mitglied oder Patient – ausdrücken möchte. Sie müssen sich außerdem eine gemeinsame Verstehensstruktur, eine Hermeneutik, erarbeiten, von der aus sie ihren Patienten von Mal zu Mal deuten. Es handelt sich hier in Analogie zur philosophischen Hermeneutik nicht um einen hermeneutischen Zirkel, sondern, den Prozeßcharakter dieser Heilung berücksichtigend, um eine hermeneutische Spirale (S. DAMMRATH, 1978).[1] Diese Erkenntnis ist existentielle Voraussetzung sowohl für die Kooperation innerhalb der Gruppe als auch dafür, sich dem Patienten überzeugend anzubieten.

1 Persönliche Mitteilung

Nun zu einem weiteren zentralen Aspekt unseres Therapiemodells und seiner Anwendungsformen. Es handelt sich um das mütterliche Übertragungsangebot an den Patienten, das vom Setting gewährleistet wird. Unsere Behandlungen gaben uns Einblicke in pathologische Beziehungen, die Kranke mit psychosomatischen Störungen mit ihren Müttern gehabt haben. Dies ließ uns den Interaktionen des Patienten mit den Krankenschwestern auf der Station als therapeutischen Bezugspersonen besondere Bedeutung zumessen und lenkte unsere Aufmerksamkeit auf die Wichtigkeit der Übertragung zur Mutterfigur für den Heilungsprozeß. Auch erkannten wir, daß jede somatische Erkrankung mit einer mehr oder weniger ausgedehnten Entlibidinisierung internalisierter Objekte einhergeht. So wird ein körperlich Kranker unausweichlich von seiner Umwelt in erhöhtem Maße abhängig und ist deshalb emotionalen Frustrationen ausgesetzt. Er macht die Erfahrung, daß seine Umwelt nicht oder nur selten in der Lage ist, seine mobilisierten frühkindlichen Bedürfnisse nach primärem holding (Winnicott, 1956), geborgen und gehalten zu werden, sofort und genügend zu befriedigen. Erlebt er nun die Haltung der anderen – sei sie für ihn zu distanziert oder überbesorgt – als unerträglichen Reiz und environmental failure (Scheitern der Umwelt; Winnicott), kapselt er sich darauf hin immer mehr ab. Dies kann zuweilen die eingeleitete Desorganisation beschleunigen. Die Verstrickung: Erkrankung–Scheitern der Umwelt macht gerade bei einer Indikation zu einer analytisch–psychosomatischen Behandlung eine spezifische mütterliche Präsenz notwendig. Zum Verständnis dieses Parameters unserer Therapiemethode möchten wir zunächst unser genetisches Konzept zu den Funktionen der Mutter darstellen.

Die Mutter stellt ihrem Säugling die für seine Reifung notwendige «physical ambience» zur Verfügung. Mit diesem Begriff wollen wir die körperlich-sinnliche Präsenz der Mutter bezeichnen, mit der sie ihrem Kind sowohl ihre biologischen Gegebenheiten wie auch ihre Empfindungen und Gefühle vermittelt. Die «physical ambience» der Mutter ist geprägt von ihrem kulturellen Raum, von ihren Lebenserfahrungen und ihrer Privatheit (Privacy; Masud Khan). Wir verwenden den Begriff «physical ambience» in Anlehnung an Masud Khan, der ihn als notwendigen Teil des analytischen Setting beschrieb (Khan, 1962).

Schon im ersten Lebensjahr wird das Kind mit einer sich verändernden physical ambience der Mutter konfrontiert. Während der ersten Lebensmonate befindet sich das Kind in der Phase der totalen Abhängigkeit (total dependence) nach Winnicott (1965). Die Mutter ist voll auf es eingestellt, ohne sich emotionale Reaktionen zu gestatten, die dem Bedürfnis des hilflosen Säuglings widersprechen würden. Hier übt die Mutter ausschließlich die Funktion des holding und der Reizabschirmung aus. Ist der Säugling einige Monate älter, erlaubt sich die Mutter auch schon mal Überdruß oder Verärgerung aufkommen zu lassen – vor allem, wenn sie meint, daß das Kind sich ihr widersetzt. Mit diesen negativen Gefühlen kann sie eher spielerisch umgehen. Braucht das Kind aber Schutz vor Reizüberflutung, wendet sie sich aufs neue ihrem Kind uneingeschränkt zu. Sie legt ihm nah, sich Übergangsobjekte (WINNICOTT, 1953) anzueignen. Für kurze Zeiträume kann das Kind schon die Mutter entbehren und tritt somit in die Phase der relativen Abhängigkeit (relative dependence, WINNICOTT) ein. Nun gelingt es ihm im Ansatz, eine erste Unterscheidung zwischen Innen- und Außenwelt zu vollziehen. Die Fähigkeit, eigene Körperreaktionen als Quellen für Lust und Unlust zu entdecken, löst projektive Mechanismen aus, die dem Kind nach und nach möglich machen, einen eigenen potentiellen Raum (WINNICOTT, 1967, 1969) zu errichten, in dem sich seine Phantasiewelt entwickelt. Sein Umgang mit seinen Übergangsobjekten, aber auch mit seinem eigenen Körper enthält bereits die Qualität des «kreativen Spiels» (WINNICOTT, 1969). Das bedeutet auch, daß es größere Frustrationstoleranz erworben und eine eigene Potenz in Erfahrung gebracht hat. Dies wird von der Mutter nicht selten mit gemischten Gefühlen, Freude wie Wehmut, registriert.

Angestoßen durch die voranschreitende Reifung ihres Kindes sehnt sich die Mutter wieder nach ihrer Autonomie und wendet sich ihrem Mann und ihrem eigenen sexuellen Leben immer wieder zu (s. D. BRAUNSCHWEIG und M. FAIN, 1971; M. FAIN 1971). Hat die Mutter zu ihrem Wesen als «femme amante», als liebender Frau, zurückgefunden, nimmt sie von einem dauernden holding, also von einer selbstlosen Hingabe an das Kind, Abstand. Dann überläßt sie zwischendurch ihr Kind sich selbst. Das Wesen der «femme amante» prägt nun die physical ambience der Mutter. Das gesunde Kind nimmt diese tiefgreifende Veränderung wahr, und es reagiert auf sie mit Befremden und Angst. Dies fällt zeitlich mit dem von SPITZ beobachteten Stadium der Acht-Monats-Angst zusammen. Er erörtert, daß das Einsetzen des zweiten Organisators, die Acht-Monats-Angst, auf die Wahrnehmung des Fremden, der unvertrauten dritten Person im Leben des Kindes und auf ein demonstratives Festhalten an der Mutter als seinem einzigen Objekt zurückzuführen ist (SPITZ, 1972). In Abweichung von dieser Hypothese meinen wir, daß der Konflikt des Kindes sich eigentlich um das eine, das mütterliche, Objekt dreht, das ihm partiell verlorenzugehen droht. In seiner Beziehung zur veränderten physical ambience der Mutter ergibt sich nach unserer Auffassung das Spannungsfeld, in dem sich das «libidinöse Objekt» konstituieren kann (STEPHANOS, 1978 a, 1973 b). Dieses Spannungsfeld ist einerseits durch die genitale Sexualität der Mutter, andererseits durch neue, infolge von Frustrationen auftretende Phantasien des Kindes bestimmt. Gerät das Kind in dieses Spannungsfeld, wandelt sich die Struktur seines potentiellen Raumes. Nun kann es ihm gelingen, über projektive und Internalisierungsvorgänge die Mutter in ihren Funktionen – die Reizabschirmende und die femme amante – als subjektiv-objektiven Bestandteil seiner inneren Welt sich zu eigen zu machen. Damit errichtet es sein libidinöses Objekt in seinem Inneren. Entwicklungspsychologisch stellt dieses feste innere Bild des Kindes von seiner Mutter eine reifere Stufe des FREUDschen Sexualobjekts und des WINNICOTTschen Übergangsobjekts dar. In Anlehnung an Arbeiten von LOCH erkannten wir, daß das libidinöse Objekt anders als das Sexualobjekt und Übergangsobjekt eine konstante Besetzung impliziert. Im Umgang mit ihm bildet das Kind seine Trieb- und Objektrepräsentanzen. Zugleich mit dem libidinösen Objekt internalisiert das Kind im Ansatz die dritte Instanz – es ist der Vater, den die Mutter in sich «trägt», und der als tabuierende Instanz verhindert, daß sie dem Kind allein gehört. Mit der Begrenzung der Allmachtsphantasie, über das mütterliche Objekt, sein Leben und seinen Tod voll zu verfügen, nähert sich das Kind dem frühen Ödipus (M. KLEIN, 1957).

Die hier gezeichnete Entwicklung vollzieht sich im allgemeinen, wenn die erbbiologischen Belastungsfaktoren gering sind. Natürlich hat jeder normale Säugling im Laufe seiner Entwicklung unausweichlich mehr oder weniger diskrete Desorganisationen erfahren, die ihn immer wieder in größte Abhängigkeit versetzten. Er konnte mit Hilfe seines facilitating environments sich davon erholen. Doch blieben Mikrodefekte auf der Ebene der primitiven Interaktionsschemata zurück, auf die er in späteren extremen Belastungssituationen zeit seines Lebens regredieren kann. Wir werten sie als primäre, im Physiologischen verankerte Fixierungsmechanismen, die geringfügig bei jedem Neurotischen und seelisch Gesunden zu finden sind. Unsere Forschung an schweren Fällen von psychosomatisch Erkrankten ließ uns eine objektpsychologische Hypothese zur Genese der primären Defizienz formulieren:

Anders als bei einer ungestörten Entwicklung, wie wir sie oben dargestellt haben, hat ein solcher Patient als Säugling im Zusammenleben mit seiner Mutter nur mangelhafte Anstöße erhalten, sich von der totalen zur relativen Abhängigkeit weiterzuentwickeln. Dies ist Folge einmal des Vorhandenseins belastender konstitutioneller Faktoren, zum anderen einer eingeengten statischen Haltung der Mutter, die ihre primary maternal preoccupation nicht überwinden und eine phasengerechte Ent-Anpassung (WINNICOTT, 1965) von ihrem Säugling nicht vollziehen konnte. Sie hat sich an ihr Kind geklammert und stets pathologische Reizabschirmung ausgeübt. Indem sie ihr Kind als ihr Idol privatisiert, verhindert sie seine Autonomiefindung. Diese Mutter, die oft selbst ein stark gestörtes sexuelles Leben hat – nicht selten eine rigide Charakterneurotikerin –, gönnt sich keine Gefühle. Auch fürchtet sie, daß das Kind ihrer Kontrolle entgleiten könnte, wenn es eigene Gefühle entwickelt. Weil sie sich nicht als femme amante versteht und sich als solche nicht vermittelt, gibt sie ihr Kind nicht zur Entdeckung und Aneignung seines potentiellen Raumes frei. Deshalb kann es ihm nicht gelingen, sich ein libidinöses Objekt zu bilden.

Auch der Vater hat nicht entwicklungsfördernd gewirkt. Da er keine ödipale Autorität gezeigt hat, konnte ihn der Patient in seiner Kindheit nicht als Idealobjekt ansehen und besetzen. Vater und Mutter sind auf «sterile» Weise voneinander abhängig und haben als Familie eine ihnen eigene Privatheit, die Ur-Szene, nicht gestaltet. Wir bezeichnen diese Familienkonstellation als «toxische» Umwelt (STEPHANOS, 1978 a, 1978 d). In seiner Kindheit erhält der Patient also keine Anstöße, die Dualunion mit seiner Mutter zu überwinden und bleibt in gegenseitiger Anklammerung stecken. Ein solcher Mensch hat reduzierte psychische Verarbeitungsmöglichkeiten und ist bei Auftreten seelischer Traumata der somatischen Desorganisation ausgeliefert. Bei den schwersten Formen dieser pathologischen Entwicklung sprechen wir diagnostisch von einem primären Mangelzustand (STEPHANOS, 1978 a). Hier weist der Patient gar keine neurotischen Abwehrprozesse auf. Tritt eine Krankheit auf, z. B. ein Morbus Crohn, sind die Organläsionen sehr ausgedehnt, und die Prognose ist äußerst ungünstig.

Wenden wir uns nun wieder dem neurotischen und seelisch stabilen Menschen zu. Was geschieht, wenn er von einer somatisch-internistischen Erkrankung betroffen wird? Mit dem Auftreten der körperlichen Beschwerden hat sich ein Machtwechsel innerhalb seiner psychischen Ökonomie ereignet: Das heißt, die differenzierten psychischen Mechanismen und Ich-Funktionen sind regressiv-begrenzt oder ausgedehnt – zugunsten der nun dynamisierten primären, im Physiologischen verankerten Fixierungsmechanismen in den Hintergrund getreten. Wir stellen einen Rückzug der Libido von den internalisierten Objekten, eine Entlibidinisierung im psychischen Apparat, fest. Ein mehr oder weniger ausgeprägtes Leben auf «Sparflamme» mit psychosomatischen Phänomen zeichnet sich ab und bestimmt nun die Objektbeziehungen des Patienten.

Zurück zu unserem analytisch-psychosomatischen Therapiemodell, das auf diesen Erkenntnissen beruht. Die Station wurde zu einem Setting gebildet, das die Patienten in psychodramatisierter Form mit einer spezifischen physical ambience konfrontiert. Diese Umwelt ist durch das Therapeutenteam in seiner Organisation als strukturiertem Ganzen und in seiner Darstellung dem Patienten gegenüber als lebendige ödipale Szenerie (Mutterfiguren um einen Vater) gegeben. Dabei hat die Krankenschwester die Vermittlerrolle zwischen Patient und Arzt als Vaterinstanz inne. Die Therapeuten zusammen stellen sich einem jeden Patienten als eine körperlich-seelische Präsenz aktuell zur Verfügung. Diese hat für ihn tragende Funktion und bereitet ihn zugleich darauf vor, sich zuweilen erstmalig mit dem Problem der Drei-Personen-Beziehung auseinanderzusetzen. Hat der Patient in der Nähe der einfühlsamen Therapeuten sowie durch das angemessene taking-care, der klinisch-körperlichen Versorgung, basale Sicherheit erfahren, ist er bereit, sich dem Setting, das er jederzeit beanspruchen kann, zugehörig zu fühlen. Er bedient sich seiner nun als Übergangsobjekt und baut es zu seinem «Spielbereich» (WINNICOTT, 1969) auf. Die Station ist für ihn ein Ort geworden, der zwischen Realität und Phantasie liegt; er überläßt sich der Illusion, daß die Therapeuten sein Besitz sind. Er nimmt zunehmend von seinen rigiden Anpassungsmechanismen und mechanisierten Verhaltensweisen Abstand und strebt immer aufs neue die primäre Liebe (BALINT, 1952) an. Die Einleitung dieses Prozesses ruft oft erhebliche Spannungen und Unruhen im Patienten hervor, die begleitet sind von körperlichen Labilisierungen bis hin zu schweren lebensbedrohlichen somatischen Komplikationen. Die Überwindung der körperlichen Zusammenbrüche mittels Hilfe der Therapeuten fördert das Auftreten von Identifikationsprozessen und damit die Strukturierung des Ich. Im Laufe dieser Entwicklung internalisiert der Patient einen der Therapeuten, von dem er sich besonders verstanden fühlt, als gutes Imago. Angestoßen durch seine Auseinandersetzungen mit Therapeuten und Mitpatienten realisiert der Patient jedoch, daß die von ihm inzwischen idealisierte therapeutische Bezugsperson ihm nicht allein gehört. Seiner Illusion des Ganzbesitzes folgt jetzt eine schmerzhafte Desillusionierung, gegen die er sich durch Aufkommen aggressiv besetzter projektiver und Re-Introjektionsphantasien wehrt. In dem Spannungsfeld zwischen Gratifikation und Frustration, zwischen Illusion und Realität überläßt er sich zunächst dem phantastischen Spiel von «Verlieren und Wiederfinden» des Objekts. Endlich aber nimmt er auch den Raum wahr, in dem sich der Therapeut bewegt, und er beginnt, der Personalkonferenz als dessen Konkretisierung auf der Station Bedeutung zuzumessen. Die Konferenz ist der Raum, in dem sich Mutterfiguren und Vaterinstanz unter Ausschluß des Patienten treffen und miteinander über ihn beraten. Dieser stellt nun mit Angst und Neugier Überlegungen darüber an, wie die Therapeuten ihre Arbeit und Interaktionen miteinander gestalten und ausleben. Er versucht, sich in diese ihm fremd und feindselig erscheinende eigene Sphäre seiner Therapeuten einzufühlen. Die nun kulminierenden Frustrationserlebnisse führen zum Kollaps der idealisierenden Übertragung und zur erneuten Mobilisierung von Vernichtungsängsten. Er befindet sich in einem Dilemma. Soll er beim Therapeuten bleiben und Desorganisationen riskieren oder sich von ihm abwenden und damit in die Isolierung zurückfallen? Der Ausweg aus diesem Dilemma beginnt mit der libidinösen Besetzung des geliebten – gehaßten Analytikers als Vaterfigur in seinen männlichen Anteilen und in seinen Beziehungen zu den Mutterfiguren. Damit stellt der Patient seine pathologische Anklammerung an seine Mutter als omnipotentem und einzigem Objekt in Frage und setzt sich von ihr ab. So verfestigt sich seine Übertragung zur einfühlsamen mütterlichen Vaterfigur, dem père maternel (MARTY, PARAT 1975; STEPHANOS, 1975), dem Pendant zur femme amante. Um seinem Patienten diesen Schritt zu ermöglichen, muß der Analytiker auch eine harmonische Beziehung zu seinen femininen Identifikationsanteilen haben. Dann erfolgt die Internalisierung des Therapeuten in seinen zwei Aspekten, Emotion und Reflexion. Sie öffnet dem Patienten den Weg zum Erwerb eines festen inneren Besitzes, seines Selbst. Damit ist die Basis zum emotionalen Wachstum gegeben. Mit Hilfe dieses Besitzes kann der Patient seine primären Defekte ausfüllen und durch Einbetten der körperlichen Erkrankung in eine psychische Dimension – durch Reorganisationsprozesse – die Krankheit eher überwinden.

Unser therapeutisches Konzept hat als Ziel, dem Patienten über das Setting als einer sich für ihn wandelnden lebendigen physical ambience die Erfahrung zu geben, daß die Drei-Personen-Beziehung ein ihm bisher unbekanntes Freiheitsgefühl enthält. Um sich diese Wahrheit anzueignen, muß er ein libidinöses Objekt in seine innere Welt aufnehmen. Damit festigt er die durch die Therapie geweckte Hoffnung, den «Wert» seines eigenen «Lebens zu vermehren» (BALINT, 1968, Zitat nach LOCH, 1970). Mit diesem Postulat fühlen wir uns den Auffassungen von MARION MILNER und M. MASUD KHAN sehr nah. Sie meinen, dem Patienten sollen aus der analytischen Behandlung neue Fähigkeiten erwachsen, die ihn zur Heilung anregen (M. MILNER, 1969; M. MASUD KHAN, 1970).

Unsere Abgrenzung von den traditionellen Zielen und therapeutischen Techniken der Psychoanalyse ergibt sich nicht zuletzt aus der Auseinandersetzung mit der andersartigen Struktur unserer Patienten. Die klassische psychoanalytische Kur wendet sich nur an solche psychisch reifen Patienten, die über eine Reihe von Fähigkeiten verfügen, um sich dieser Kur zu überlassen und sie auszuhalten (siehe auch M. MASUD KHAN, 1970). FREUD hat im Laufe der Entwicklung seiner Wissenschaft die Ziele der psychoanalytischen Behandlung für diese Patienten folgendermaßen formuliert: «Das hysterische Elend in gemeinsames Unglück zu verwandeln» (1895); «Wo Es war, soll Ich werden» (1933); «Die Analyse soll die für die Ichfunktionen günstigsten psychologischen Bedingungen herstellen; damit wäre ihre Aufgabe erledigt» (1937). Die klassische psychoanalytische Kur also strebt an, Vorgegebenes, jedoch Verborgenes zu enthüllen, um eine qualitative Veränderung der psychischen Struktur zu erreichen. Die Deutungen, sollten sie zum Aufheben der neurotischen Hemmungen führen, bewirken eine Ich-Erweiterung. Diese neurotischen Patienten aber sind in der Lage – anders als solche mit primärer Defizienz oder gravierender Entlibidinisierung –, spontan eine Übertragungsneurose zu entwickeln und sich dem psychoanalytischen Prozeß zu überlassen.

Befassen wir uns mit der Effizienz der Psychoanalyse bei der Behandlung von Patienten mit somatischen Störungen, müssen wir die schwerwiegende kritische Schlußfolgerung LIPOWSKIS berücksichtigen (LIPOWSKI, 1977). Er behauptet nämlich, daß der Niedergang der psychoanalytischen Medizin in den USA während der 60er Jahre eine Folge der einseitigen Gleichsetzung von Psychoanalyse bzw. Psychotherapie mit psychosomatischer Medizin gewesen ist. Wir stimmen mit LIPOWSKI überein, daß die Psychoanalyse, wo sie sich mit Behandlungen somatischer Erkrankungen beschäftigt hat, bisher wenig erfolgreich war.

Dies ist unserer Meinung nach vor allem darauf zurückzuführen, daß die Psychoanalytiker auch auf dem Gebiet der Psychosomatik an dem klassischen Konfliktmodell festgehalten haben. Nach diesem Konzept sind neurotische wie auch eine Reihe somatischer Symptome das Resultat bzw. der Kompromiß der Gegenüberstellung gegensätzlicher innerer Forderungen eines Individuums; diesen Kompromiß siedelt die Psychoanalyse auf der topischen Ebene als Konflikt zwischen psychischen Systemen oder Instanzen an oder auf der ökonomisch-dynamischen Ebene als Konflikt zwischen unterschiedlichen Trieben (s. LAPLANCHE und PONTALIS, 1967).

Die monistische Auffassung, daß ein Konflikt ursächlich seelische und körperliche Störungen bedingt, prägt die psychoanalytischen bzw. psychotherapeutischen Behandlungen von Patienten mit psychosomatischen

Störungen. Die Therapie besteht entsprechend darin, dem Patienten Einsichten in unbewußte psychische Zusammenhänge zu vermitteln und somit Ich-Veränderungen im Sinne nicht-pathologischer Ausdrucksweisen in Gang zu setzen. Treten jedoch im Laufe der Behandlung ernste körperliche Labilisierungen auf, überläßt man nicht selten den Patienten dem Organmediziner zur alleinigen Verantwortung oder entscheidet sich nur für eine supportive Therapie, die die organische Versorgung begleiten soll. So führt die monistische psychoanalytische Auffassung in der Psychosomatik allzuoft zu einem zweigleisigen, einem dichotomen Vorgehen: Soma und Psyche werden getrennt voneinander, ja manchmal gegeneinander, behandelt. Damit gerät die psychoanalytische bzw. psychotherapeutische Therapie bei somatischen Erkrankungen in eine Sackgasse. Monistische und dualistische Positionen wechseln einander ab, ohne daß eine adäquate therapeutische Lösung gefunden wird. Der verschiedene erkenntnistheoretische Ausgangspunkt von naturwissenschaftlicher Disziplin und psychoanalytischer Hermeneutik erschwert zusätzlich die Erarbeitung eines umfassenden Konzepts, das die Widersprüche der monistischen sowie der dualistischen Ansätze auflöst.

Eine Lösung zeichnete sich ab durch die klinischen Entdeckungen der Pariser Psychosomatischen Schule (Marty Fain, de M'uzan, David, Sami-Ali). Sie widerlegten die oben beschriebene monistische Auffassung, weil sie mit dem psychischen Befund der pensée opératoire (wir prägten dafür den Begriff automatistisch-mechanistisches Denken; Stephanos, 1973), eine nicht lineare Verbindung, eine Diskontinuität, von pathologischen körperlichen Reaktionsweisen und psychischen Traumata (Marty, de M'uzan, 1963) fanden. Ferner beschrieben sie das pathogenetische Konzept der primären Fixierungsmechanismen. Da diese in der allerfrühesten Kindheit vor oder in der Phase der Differenzierung von Soma und Psyche entstehen, will ihre Entdeckung auch das Konzept des Dualismus gegenstandslos machen (Marty, de M'uzan, David, 1963). Diese Arbeiten ließen uns erkennen, auf welchem verarmten psychischen Hintergrund – primäre Defizienz oder gravierende Entlibidinisierung – ein somatisches Symptom entsteht und eine Krankheit sich entfaltet.

Unsere objektpsychologische Erweiterung des französischen Konzepts ermöglichte uns, ein Behandlungsarrangement zu entwickeln, in dem sich der Patient mit seinen körperlichen und seelischen Störungen an *eine* Instanz wenden muß. Diese hat die Fähigkeit, sich adäquat auf dessen primäre Defekte und basale Bedürfnisse einzustellen.

Diese Auffassung von Psychosomatik in Theorie und Praxis basiert auf einem psychoanalytischen Entwicklungskonzept (un concept d'évolution; MARTY, 1976). Dieses Konzept weicht aber von dem klassischen psychoanalytischen Modell darin ab, daß zur Erklärung der pathologischen somatischen Reaktionsweisen die Mechanismen der Neurosenbildung als zu einseitig und ungenügend angesehen werden. Das Konzept versucht vielmehr, außer den psychischen Strukturen auch der Biologie des Menschen Rechnung zu tragen. Durch Einführung der Phase des «Vor-Ich» (die physiologische Matrix und Vorläufer des Ich nach M. JAMES bzw. des Es in der Terminologie von M. SCHUR) sollen psychische und biologische Ebene miteinander verknüpft werden (SCHUR, 1966; JAMES 1966; STEPHANOS, 1973, 1978). Die Objektpsychologie erklärt, unter welchen Bedingungen sich diese Verknüpfung vollzieht. In dieser Weise distanzieren wir uns von dem während der 50er Jahre vorherrschenden psychoanalytischen Arbeitsansatz, «der zu einer einseitigen Gewichtung psychodynamischer Gesichtspunkte in den pathogenetischen Konzepten geführt hat» (LIPOWSKI, 1977). Das federführend von P. MARTY vertretene Konzept der pathologischen Desorganisation (MARTY, 1976) gilt für die gesamte somatische Pathologie. In Übereinstimmung mit LIPOWSKI meinen auch wir, «daß die heutige Psychosomatik sich nicht auf die Untersuchung» – aber auch nicht auf die Behandlung – «einer ausgesonderten Gruppe sogenannter psychosomatischer Krankheiten beschränken» darf. LIPOWSKI führt weiter aus: «Die psychosomatische Medizin kann vielmehr einen fruchtbaren Beitrag zum Verständnis zahlreicher Erkrankungen leisten, auch solcher Erkrankungen, die in Epidemiologie und Todesursachenstatistik von großer Bedeutung sind.» Er weist hier vor allem auf die vorliegenden Untersuchungen der Psychosomatik zur Pathogenese der koronaren Herzerkrankungen hin.

Nach LIPOWSKI kann die Psychosomatik sich heute nur durchsetzen, weil sie in erster Linie als ein interdisziplinär orientierter Arbeitsansatz auf die psychosoziale Stressforschung und die Psychophysiologie aufbaut. Wir teilen seine Ansicht nicht, daß die Psychoanalyse als Grundlage der Psychosomatik aufgegeben oder relativiert werden sollte. Von der analytischen Psychosomatik, die einen eigenen festen Platz beanspruchen kann, fordern wir vielmehr, daß sie in einen neuen theoretischen Bezugsrahmen eingeordnet wird und als Therapiemethode Gültigkeit für die Behandlung somatischer Erkrankungen im allgemeinen gewinnt.

Auf dem Gebiet der inneren Medizin ermöglicht die enge Kooperation zwischen Analytiker und Internist in einem dynamischen und flexiblen Team die Organisation modifizierter analytisch-psychosomatischer Settings auch für ambulante Patienten. Viele internistische Erkrankungen sind ein dankbares Feld für solche Therapien. Diese bieten dem Patienten mehr als die alleinige medizinisch-klinische Versorgung, nämlich die Möglichkeit, die bei Krankheitsausbruch erlittenen Entlibidinisierungen rückgängig zu machen. Hat der Patient sein libidinöses Objekt wieder errichtet, findet er zurück zu einem sinn- und verantwortungsvollen Umgang mit sich selbst und mit den anderen. Mit dieser psychischen Re-strukturierung erhöht er seine Chance gegen die Krankheit.

Ein Abschnitt aus einer analytisch-psychosomatischen Therapie (gegen Ende des ersten Behandlungsjahres) soll uns helfen, das Einsetzen von Internalisierungsvorgängen und einen beginnenden Heilungsprozeß zu illustrieren. Es handelt sich um einen etwa 40jährigen Patienten – von Beruf Kardiologe –, der an einer durch Elektrokardiogramm und Herzkatheter gesicherten Koronarsklerose erkrankt war.[2] Er ist ein erfolgreicher Arzt in einer großen Praxis mit einem ausgesprochenen Sinn für Organisation; verheiratet, Vater von 2 Söhnen, 10 und 5 Jahre alt. Seine ersten pektanginösen Beschwerden traten ein Jahr nach dem Tod seiner Mutter auf. Sie starb an Krebs und hatte außerdem einen Altersdiabetes. Seine Krankheit beunruhigte ihn sehr, ließ ihn aber seinen anstrengenden Beruf nicht einschränken. Angestoßen durch seine Frau, die seit 6 Monaten in psychotherapeutischer Behandlung war, was ihn zusätzlich belastete, wandte er sich an einen Psychoanalytiker mit der Bitte um eine Entspannungstherapie. Dieser verwies ihn an unsere Kollegin G. de M'Uzan. Bei der Erstuntersuchung wirkte er gespannt, emotional eingeengt und kaum bereit, psychische Zusammenhänge anzuerkennen. Man einigte sich auf das Verfahren der relaxation analytique,[3] zunächst einmal, später zweimal wöchentlich.

Über 10 Monate hin zeigt der Patient in der Therapie keine affektive Beteiligung. Doch dann gesteht er spontan ein, daß die Entspannungsübungen, aber auch die anschließenden Gespräche, ihn innerlich erleichtern. Eine Phase der intensiven, ja hektischen beruflichen Aktivität folgt. In der Klinik provoziert er Rivalitätskämpfe mit seinem Direktor. Auch in seinem Privatleben agiert er seine Unruhe aus. Er streitet viel mit seiner Freundin, zu der er im letzten Jahr intime Beziehungen aufgenommen hat. Er wirft ihr vor, daß sie sich wegen anderer Interessen zu wenig um ihn kümmere. Auch mit Ehefrau und Söhnen gerät er aneinander. In der

2 Dieser Fall wurde von G. de M'Uzan (Paris) behandelt und von dem Autor regelmäßig in einem Arbeitsseminar kontrolliert.

3 Diese Methode wurde von G. de M'Uzan und S. Stephanos als adäquates Setting zur Behandlung von Patienten mit somatischen Beschwerden entwickelt und im Zusammenhang mit der Modellstation von Stephanos, Biebl und Plaum erprobt. (Stephanos, Biebl, Plaum 1976 a, 1976 b)

Therapie äußert er, er sei für die Analytikerin nur ein Patient unter vielen anderen, also kein vollwertiger Partner. Jetzt treten erneut pektanginöse Beschwerden, Tachykardien und Extrasystolen auf. Er wird wieder gereizt und mißmutig. In den nun folgenden Psychotherapiesitzungen macht er die Entspannungsübungen nur widerwillig und ohne viel Erfolg; in den Gesprächen ist er unerreichbar. Er fühle sich von seinen vielen Aktivitäten überfordert und erlebe seine Umwelt als feindselig. Hilflos seinen Körpersymptomen gegenüber, meint er, könnten ihm wohl weder Medikamente noch Psychotherapie helfen, vielleicht nur ein Bypass, obwohl er daran auch nicht glaube.

Beunruhigt registriert die Therapeutin seine Anspruchlichkeit gegenüber seinen Objekten und seine Unfähigkeit, erlittene Frustrationen zu ertragen. Aufkommende aggressiv besetzte Projektionen, die sich auf die Therapeutin richten, verunsichern ihn zusätzlich. Resigniert neigt er dazu, mitsamt seinen Objekten sich selbst aufzugeben. An dieser Stelle greift die Therapeutin ein, um seinen unverbalisierten Appell nach tiefem Verständnis und sein uneingestandenes Verlangen nach guter Substanz in geeigneter Weise zu erwidern. Sie teilt ihm ihre Besorgnis um ihn mit und rät ihm, sich von seinem Internisten untersuchen zu lassen, vor allem, um der Realität des Organbefundes Rechnung zu tragen. Sie macht ihm deutlich, daß er sich durch seine defensive Haltung sowie durch die Zerstörung seiner Kontakte ernsten weiteren Komplikationen aussetzt. Nachdenklich geworden, erkennt er nun, daß er es selbst ist, der sich von den anderen, die ihm nicht alles geben wollen und können, abgewendet hat. Nun kann sie ihm deuten, daß er Haß gegen jede Frau (Therapeutin, Freundin, Ehefrau) aufbaut, die eigene Bereiche und Werte aufrechterhält. Er wehre sich auch dagegen, sich selbst tragen zu lernen und sehne sich in seiner Verzweiflung nach der «omnipotenten», aber auch immer gefürchteten Mutter, die stets bemüht war, ihn vor allen Gefahren zu schützen. Der Patient schweigt betroffen. Die nun folgenden Ereignisse zeigen jedoch, daß sich an dieser Stelle ein flash zwischen Patient und Analytikerin ereignet hat. So wird der Patient zu neuen libidinösen Besetzungen angestoßen.

In der nächsten Stunde berichtet er, daß sein Internist tatsächlich eine Verschlechterung des Zustandes festgestellt hat. In dieser Nacht habe er geträumt, daß sein eigenes Herz mit den verkalkten Gefäßen in einem Glas vor ihm stehe. Im Traum habe er «Herzschmerzen» verspürt. Zum erstenmal in der Therapie spricht er fast dozierend über auslösende Faktoren des Herzinfarkts. Er zeigt Dankbarkeit für die verantwortungsvolle Haltung seiner Analytikerin. Mit ihrer Deutung habe sie ihm geholfen, den Ernst seines Zustandes zu «sehen» und seiner gefährlichen Ruhelosigkeit Herr zu werden.

Er setzt sich also von der Resignation und der regressiven totalen Abhängigkeit ab und läßt sich auf eine neue realitätsgerechtere Beziehung zu seinem Körper und zu seinen Objekten ein. Damit kann er seine Analytikerin als einfühlsame Autorität in sich aufnehmen.

Träume der nächsten Sitzungen verdeutlichen diesen Prozeß.

1. In einem Zimmer sitzt sein älterer Sohn gefesselt am Boden. Um ihn herum sind Großmutter, Mutter und Schwester des Patienten. Bei diesem Anblick wird er von Wut gepackt, aber sein Sohn beruhigt ihn: «Ich schaffe es schon.» Der Patient will seine Großmutter küssen und merkt, daß sie kalt, das heißt tot ist. Der Patient kommentiert, daß er seinen Sohn oft um dessen Eigenständigkeit beneidet, er selbst dagegen brauche oft Schützenhilfe und sei darauf angewiesen, viele Leute für sich zu mobilisieren. Die Analytikerin interpretiert ihm, daß ihn diese Hilfe gefangengemacht, ja, irgendwo seelisch hat ersterben lassen.

2. Ein paar Tage später träumt er, es gelinge ihm, seinen Neffen kurz vor dem Ertrinken aus stürmischem Wasser zu retten, wobei auch ihm von anderen geholfen wird.

3. Bald hat der Patient einen weiteren Traum. Dieser dokumentiert die Wende in der Übertragung: Sein Onkel befiehlt ihm, einen Schrank aufzumachen, in dem sich der Sarg mit der Leiche seines Vaters befindet, den Sarg zu öffnen und den Vater zu küssen. Angstvoll gehorcht er und läuft nach dem Kuß weg. Er assoziiert, daß er gerade 4 Jahre alt war, als sein Vater an Herzinfarkt starb. Sein Vater war warmherzig, allgemein beliebt und galt als tüchtiger Geschäftsmann. An dieser Stelle sagt der Patient zum erstenmal in der Behandlung, daß er sich immer dagegen gewehrt habe, an seinen Vater und dessen Tod zu denken. Auch zu Hause wurde so gut wie nie darüber geredet, und schon lange habe er unter der Angstvorstellung gelitten, ebenso jung wie sein Vater an Herzinfarkt zu sterben.

Mit und durch diesen Traum beginnt für den Patienten die Auseinandersetzung mit seiner problematischen Beziehung zu dem früh verstorbenen Vater. Unserer Meinung nach zeigt er eine für Herzinfarkt-Patienten typische psychodynamische Konstellation. Einerseits findet sich hier eine hochgradige Angst vor dem Tod, die durch Realität der Erbfaktoren gespeist wird. Sie bekommt deswegen so pathogenen Charakter, weil sie primärprozeßhaft und verleugnet bleibt und nicht in Phantasien eingebettet wird. Andererseits liegt eine Störung auf der Ebene der idealisierenden Identifikation mit der Vaterinstanz vor. Das Resultat ist eine weitgehend kompensierte charakterneurotische Entwicklung. In Krisensituationen dynamisieren sich die primären Ängste, was zur massiven Entlibidinisierung führen kann.

Der frühe Tod des Vaters hat die negativen ödipalen Regungen des Patienten schicksalhaft gehemmt. Er überließ sich seiner Mutter als ihrem einzigen Objekt. In ihrer Nähe konnte er sich eine «negative», weil nicht auf eigene, sondern auf Abhängigkeit basierende Omnipotenz aufbauen. Er verleugnete seine Sehnsucht nach Vaterliebe; seinen Vater stilisierte er zum schwachen und frustrierenden Objekt. Durch dieses Pseudobild wollte er seiner Angst begegnen, so wie sein Vater hoffnungslos zu einem frühen Tod verurteilt zu sein. Auch in der einseitigen naturwissenschaftlichen Ausbildung und im medizinischen Instrumentarium hat er ein defensives Allmachtsgefühl gesucht. Sozialer und beruflicher Erfolg halfen ihm, sich zu stabilisieren.

Nun versetzte ihn der Tod seiner Mutter in eine Krise und erschütterte seine gesamte charakterneurotische Abwehr. Durch vermehrte Aktivitäten versuchte er, sich abzulenken. Aber er war nicht darauf vorbereitet, den Verlust seines Objekts und das daraus resultierende Gefühl des Alleinseins zu verarbeiten. Weitere belastende Auseinandersetzungen – ob mit seiner sich abwendenden Ehefrau oder mit seinen heranwachsenden Söhnen – ließen seine «toxischen» Ängste und heftige Unruhen akut aufflammen. Massive Entlibidinisierungen und somatische Desorganisationen waren die Folge. Hier setzt die analytisch-psychosomatische Therapie an.

Unser Patient befindet sich seit 5 Jahren in Behandlung. Durch die Verarbeitung seiner Ängste und seiner bisher verleugneten Identifizierung mit den negativen Aspekten des Vaters – der «unzuverlässige Partner» und der Träger einer todbringenden Krankheit – konnte sich sein Inneres zu einem gefühlsreichen libidinösen Raum strukturieren. Sein körperlicher Zustand hat sich ebenfalls entsprechend eindeutig gebessert.

Was wir Ihnen mit dem Ausschnitt aus dieser Behandlung zeigen wollten, ist das Ereignis einer exemplarisch aufzufassenden Krise zwischen Patient und Arzt. Deren Auflösung hat zu einem Wandel im Inneren des Patienten geführt. Dies gelingt, wenn sich Patient und Arzt gemeinsam auf einen Moment maximaler Nähe, auf einen flash, einlassen können. Flash ist die Flamme des plötzlichen Verstehens, die den Patienten «anzündet», das heißt, ihn aus seiner Isolation herausholt und ihm ein neues, von Hingabe geprägtes Lebensgefühl vermittelt. Anders formuliert, der flash hebt die Entlibidinisierung auf und öffnet dem Patienten den Weg zur «Selbsterfahrung» (self-knowledge, MASUD KHAN, 1970 b,

1971). Der Patient gerät in eine derartig heilende positive Krise, wenn sein Vertrauen zum Therapeuten in Frage gestellt wird. Dies geschieht, wenn er dessen ihm bisher verborgen gebliebene Realität wahrnimmt, dann, wenn er zum Beispiel u. a. feststellt, daß der Arzt ihm nicht allein gehört. Daraufhin zieht er sich in seine negative Omnipotenz zurück. Die in der Krise entstandene somatische Komplikation weist jedoch auf eine Paradoxie im Patienten hin, nämlich, daß er trotz Widerstände und regressiver Rückzugsbewegungen seine Behandlung nicht abbricht und dennoch bei seinem Therapeuten bleiben will, was nur auf Kosten einer somatischen Labilisierung zu realisieren ist. Der Patient ahnt dies bereits. Doch will er seine innere Libidinisierung zurückerobern und gesunden, muß er eine akute Verschlechterung in Kauf nehmen. Damit gibt er auch dem Therapeuten die Möglichkeit, sich auf seine Not einzustimmen (tuning-in, E. BALINT, J. S. NORELL, 1975). Auf diese Weise gibt er seinem Arzt den Anstoß, sich Einblick in die Zusammenhänge seiner körperlichen Komplikation zu verschaffen. Diese Aufgabe erfordert vom Arzt, daß er sich seinem Patienten vorübergehend spontan emotional voll zuwendet, was den flash bewirkt. Hat der Therapeut seinen Patienten begriffen, kann er ihm Einsicht in die Verwicklung vermitteln, in der dieser steckengeblieben ist. Diese Vermittlung setzt voraus, daß der Therapeut die sich im flash ergebende primäre Liebe durch die Realität der dritten Instanz erweitert. Dies tut er, wenn er als père maternel sich zu seiner eigenen Privatheit eindeutig bekennt und selbst auf Allmachtsansprüche gegenüber dem Patienten verzichtet.

Jetzt bestimmt die Aufhebung der Dualbeziehung die Übertragungssituation. Das Tabu der Privatheit ist die Herausforderung an den Patienten, die Nicht-Omnipotenz des Analytikers hinzunehmen und damit seine eigene negative Omnipotenz aufzugeben. Weil dies nur durch gleichzeitige Errichtung eines eigenen festen Besitzes geschieht, sprechen wir von einer schöpferischen Selbsterfahrung (vgl. LOCH, 1969, und MASUD KHAN, 1970b). Hat der Patient zu diesem «Schöpfungsvorgang» gefunden, setzt der Prozeß des «Sich-Einweltens» (S. DAMMRATH[4]) ein: das heißt, der Patient verläßt die Ebene des «Chaos» und begibt sich auf den Weg der Ordnung, seiner Individuierung. Seine erneuerte Bereitschaft, sich mit dem Tod auseinanderzusetzen, fördert diesen Prozeß (siehe Träume des oben beschriebenen Patienten). Er nimmt den Tod als Gegebenheit an, ohne ihm jedoch zu unterliegen und bewältigt ihn durch Einbeziehung in seine Gefühls- und Phantasiewelt.

4 Persönliche Mitteilung

Die analytisch-psychosomatische Therapie bei internistischen Erkrankungen basiert auf dem flash bzw. auf einer Folge von flash-Erlebnissen. Dies gilt unabhängig vom Behandlungsrahmen, ob ein engeres Team von Analytikern und Internisten oder ein größeres Team analytisch geschulter Therapeuten und einem Internisten, ob mit oder ohne Anwendung der Entspannungsübungen (relaxation analytique), ob ambulant oder stationär. Mit einer Erkenntnis von Masud Khan (1970 a) möchten wir schließen: Eine schwierige Aufgabe der Therapie ist es, «den Patienten von seiner Praxis der Selbstheilung zu heilen» (the cure of his praxis of selfcure) oder kürzer formuliert, «to cure a cure». Der Patient muß dazu gewonnen werden, auf die finalistischen Ziele einer mechanistischen Selbstheilung, auf sofortige Entlastung, zu verzichten. Diese Selbstheilung wird getätigt, zum Beispiel durch Rückzug in den «Sparflammenmechanismus», aber auch durch Festhalten an einer einseitigen Kausaltherapie. Es gilt also, unmittelbare Erwartungen an den Behandler und Instrumentalität in der Medizin zu überwinden. Darin liegt die eigentliche Hoffnung eines Menschen, sich seinen Weg zu erschließen und in seiner eigenen Wahrheit zurechtfindend sich wieder der Welt befreit zu öffnen.

Bibliographie

Balint, E., J. S. Norell: Six Minutes for the Patient: interactions in general practice consultation. Deutsch: Fünf Minuten pro Patient. Suhrkamp, Frankfurt 1975

Balint, M.: Early Development States of the Ego: Primary Object-Love.
In: Primary Love and Psycho-Analytic Technique; new and enlarged edition: 1965, London,
Tavistock Publications, (1937)
Deutsch: Frühe Entwicklungsstufen des Ichs, primäre Objektliebe.
In: Die Urformen der Liebe und die Technik der Psychoanalyse. Huber-Klett, Stuttgart und Bern 1966

– Changing Therapeutical Aims and Techniques in Psycho-Analysis.
In: Primary Love und Psycho-Analytic Technique, 209–222, (1949)
Deutsch: Wandlungen der therapeutischen Ziele und Techniken in der Psychoanalyse.
In: Die Urformen der Liebe und die Technik der Psychoanalyse.

– New Beginning and the Paranoid and Depressive Syndrome.
In: Int. J. Psa., 33, (1952), 214–224.
In: Primary Love and Psycho-Analytic Technique, 230–249 (1952)
Deutsch: Der Neubeginn, das paranoide und das depressive Syndrom.
In: Die Urformen der Liebe und die Technik der Psychoanalyse

– The Basic Fault: Therapeutic Aspects of Regression. London, Tavistock Publications. (1968)
Deutsch: Therapeutische Aspekte der Regression. Ernst Klett, Stuttgart, (1970)

Braunschweig, D., Fain, M: Eros et Antéros.
Petite bibliothèque, Payot, Paris. (1971)

Fain, M.: Prélude à la vie fantasmatique.
In: Rev. franc. Psych., 35, 291–364, (1971)

FREUD, S.: Studien über Hysterie; GW I, 1895
– Neue Folge der Vorlesungen zur Einführung in die Psychoanalyse; GW XV, 1933
– Die endliche und die unendliche Analyse; GW XVI, 1937
GRODDECK, G.: Das Buch vom Es. Erstmals Wien 1923. 2. Aufl.: Aus der Reihe ‹Geist und Psyche›, Kindler Taschenbücher, München 1972
KLEIN, M., Envy and Gratitude. Tavistock, London 1957
KRAUSE, W; S. STEPHANOS: Die internistisch-psychoanalytische Zusammenarbeit bei der Behandlung eines Falles von Colitis ulcerosa. Vortrag gehalten auf dem Internistenkongreß in Wiesbaden, 1978
LAPLANCHE, J., J. B. PONTALIS: Vocabulaire de la Psychoanalyse, Presses Universitaires de France, Paris 1967
Deutsch: Vokabular der Psychoanalyse, Suhrkamp, Frankfurt 1972
LIPOWSKI, Z. J.: Psychosomatic Medicine in the Seventies: An Overview
In: Psychiatry 134:3, S. 233–244, (1977)
LOCH, W.: Psychoanalyse und Kausalitätsprinzip.
In: Psyche, 16, 401–419 (1962/63)
– Über die Zusammenhänge zwischen Partnerschaft, Struktur und Mythos.
In: Psyche, 23, 481–506 (1969 a)
– Der Analytiker als Gesetzgeber und Lehrer.
In: Psyche, 28, 431–460 (1974)
– Anmerkungen zur Einführung und Begründung der «Flash»-Technik als Sprechstunden-Psychotherapie. Vorwort zur deutschen Ausgabe:
Fünf Minuten pro Patient. Suhrkamp, Frankfurt 1975
MARTY, P.: Notes cliniques et hypothèses à propos de l'économie de l'allergie.
In: Rev. franc. psych. 33, 243–250 (1969)
– Les mouvements individuels de vie et de mort. Payot, Paris 1976
MARTY, P., M. DE M'UZAN: La pensée opératoire
In: Rev. franc. psych. 27, 345–356 (1963)
MARTY, P., M. DE M'UZAN, C. DAVID: L'investigation psychosomatique. P. U. F., Paris 1963
MARTY, P. ET C. PARAT: De L'utilisation des rêves et du matériel onirique dans certains types de psychothérapies d'adultes.
In: Rev. franc. psych. 38, 1069–1075 (1975)
MASUD KHAN, M.: The Privacy of the self. Hogarth Press and the Institute of Psycho-Analysis, New York 1974
Deutsch: Selbsterfahrung in der Therapie. Aus der Reihe: Geist und Psyche. Kindler-Taschenbücher, München 1977
daraus: Die Psychologie der Traumvorgänge und die Entwicklung der psychoanalytischen Situation (1962)
Anmerkung zu einer Epistemologie des Heilungsprozesses (1970 a)
– Montaigne, Rousseau u. Freud (1970 b)
– Wie wird man Psychoanalytiker (1972)
MILNER, M.: The Hands of the Living God. Hogarth, London und Int. Univ. Press, New York 1969
RACKER, H.: Classical and Present Techniques-Psychoanalysis.
In: Transference and Counter-transference, 23–70 (1968)
SCHUR, M.: The Id and the Regulatory Principles of Mental Functioning; Int. Univ. Press, New York, 1966
Deutsch: Das Es und die Regulationsprinzipien des psychischen Geschehens, Fischer, Frankfurt, 1973
SPITZ, R.: Eine genetische Feldtheorie der Ich-Bildung. Fischer, Frankfurt 1972
STEPHANOS, S.: Analytisch-Psychosomatische Therapie. Beiheft zum Jahrbuch der Psychoanalyse. Nr. 1, Huber, Bern 1973
– A Concept of Analytical Treatment for Patients with Psychosomatic Disorders. Psychother. Psychosom. 26, 178–187 (1975)
– Die Problematik des psychosomatischen Phänomens im Zusammenhang mit dem Konzept der pensée opératoire.
In: Lehrbuch der psychosomatischen Medizin, Hg. Th. v. Uexküll. Urban & Schwarzenberg, München (in press) 1978 a
– Theorie und Praxis der analytisch-psychosomatischen Therapie.

In: Lehrbuch der psychosomatischen Medizin, Hg. Th. v. Uexküll, Urban & Schwarzenberg, München (in press) 1978 b
– Sexualobjekt, libidinöses Objekt und Übertragungsprozeß.
Erscheint in: Jahrbuch der Psychoanalyse, Huber, Bern 1978 c
– Therapiebezogene Forschung in der psychosomatischen Medizin.
In: Zeitschrift für psychosomatische Medizin und Psychoanalyse, Vandenhoeck & Ruprecht, Göttingen und Zürich (1978 d)

Stephanos S., W. Biebl., F. G. Plaum: Ambulatory analytical psychotherapy for the treatment of psychosomatic patients. A. report on the method of ‹relaxation analytique›.
In: Br. J. med. Psychol. 49, 305–313 (1976 a)
– Die ambulante analytisch orientierte Psychotherapie bei Patienten mit psychosomatischen Störungen. Psychother. Psychol. 26, 33–43 (1976 b)

Stephanos, S., U. Auhagen: Einige Überlegungen zur Person eines Balint-Gruppen-Leiters.
In: Therapiewoche 27, 6976–6982 (1977)
– Beyond the Psychosomatic Phenomenon.
In: Psychother. Psychosom. 28, 346–356 (1977)
– Die Bewältigung des psychosomatischen Phänomens
In: Confinia psychiatrica 20, 168–179 (1977)
– Pathologische primäre Identifikationen und ihre Auswirkungen auf die «psychosomatische» Ökonomie des Individuums.
In: Psychother. med. Psychol. 28, 37–49 (1978)

Winnicott, D. W.: Transitional Objects and Transitional Phenomena.
In: Int. J. Psa. 34, 89–97 (1953)
Deutsch: Übergangsobjekte und Übergangsphänomene.
In: Psyche 23, 666–681 (1969)
– Primary Maternal Preoccupation. (1956)
In: Collected Papers: Through Paediatrics to Psycho-Analysis, London, Tavistock Public.
New York, Basic Books (1958).
Deutsch: Primäre Mütterlichkeit.
Psyche 14, S. 393–399 (1960/61).
– The Location of Cultural Experience. (1967)
In: Playing and Reality (1971)
– The Use of an Objekt and Relating through Identification. (1969)
In: Playing and Reality (1971).
– Playing and Reality. London, Tavistock Publications 1971
Deutsch: Vom Spiel zur Kreativität.
Klett, Stuttgart 1973.
– The Maturational Processes and the Facilitating Environment. London, Hogarth Press 1965
Deutsch: Reifungsprozesse und fördernde Umwelt.
Kindler, München 1974.

Die symbiotische Objektbeziehung

Horst-Eberhard Richter
Zur Psychodynamik der Herzneurose*

Was zunächst den Krankheitsnamen «Herzneurose» anbetrifft, so sei vorausbemerkt, daß sich kein sicherer Unterschied zwischen den Krankheitsbildern finden läßt, die in der Literatur als Herzneurose (cardiac neurosis), Angstneurose (anxiety neurosis, anxiety state), Neurozirkulatorische Asthenie (neurocirculatory asthenia) und Herzphobie bezeichnet worden sind. Die bemerkenswerte Uneinheitlichkeit der Benennung scheint mehrere Gründe zu haben.

Die Vielfalt der zu dem Krankheitsbild gehörenden Symptome, die FREUD in seiner ersten Arbeit über die Angstneurose 1895 erschöpfend aufgeführt hat, gab Versuchen Raum, das «Wesen» der Störung bald von diesem, bald von jenem Symptom dem jeweilig postulierten «Kernsymptom» unterzuordnen.

Als Krankheit an der Grenze von Innerer Medizin und Psychiatrie geriet ihre Beurteilung unter die unterschiedlichen Aspekte, die den Klassifikationssystemen der beiden Disziplinen zugrunde liegen. Der vorwiegend organpathologisch orientierte Internist neigt bekanntlich selbst bei Krankheiten, bei denen eine somatische Schädigung nicht faßbar ist, eher zu Diagnose-Namen, die auf Organe oder Organgebiete hinweisen. Die Internisten sprachen früher von Hyperkinesis cordis, heute vorzugsweise von: funktionellem Herz-Kreislauf-Syndrom, neurozirkulatorischer Asthenie, nervösem Herzen usw. Die klassischen Psychiater hingegen gehen von phänomenologisch-psychopathologischen Klassifikations-Schemata aus und diskutieren etwa darüber, ob bei dem in Rede stehenden

* Aus der Psychosomatischen Klinik der Universität Gießen (Direktor: Prof. Dr. Dr. H. E. Richter).

Krankheitsbild je nachdem diffuse Ängste, hypochondrische Züge, depressive Merkmale oder eine phobische Komponente im Mittelpunkt ständen, wonach sie dann den Krankheitsnamen auswählen.

Der Psychoanalytiker wiederum ist bestrebt, mit der Krankheitsbezeichnung eine klinisch belegte Hypothese über den psychodynamischen Hintergrund zu verbinden. Wenn man sich fragt, warum FREUDS Bezeichnung «Angstneurose», die doch durch einen bis heute unübertroffen genauen und vollständigen Symptomkatalog definiert war, sich nicht so sicher behauptet hat wie andere seiner Begriffe, so dürfte das daran liegen, daß seine ätiologische Theorie der Angstneurose vielfach Zweifel erregte. Er meinte bekanntlich, die Angstneurose entstehe nicht aus psychischen Konflikten, wie die Zwangsneurose oder die Hysterie, sondern sei das direkte Resultat eines gestörten Ablaufs körperlicher Sexualerregung. Die Übernahme des FREUDschen Terminus Angstneurose wurde für diejenigen Autoren problematisch, die zwar mit FREUDS symptomatologischer Abgrenzung des Begriffs einig waren, sich seiner ätiologischen Theorie aber nicht anschließen mochten.

Zu dieser Gruppe zählt sich auch der Verfasser dieses Beitrags. Eine Gemeinschaftsuntersuchung an unserer Psychosomatischen Klinik[1] stützte in ihren Resultaten die Auffassung, daß es sich bei diesem Krankheitsbild nicht um eine organische «Aktualneurose», sondern um eine einwandfrei konfliktbedingte Neurose handelt. Der Kernkonflikt zeigt dabei die Merkmale eines frühen praegenitalen Entwicklungsniveaus, was eine Abgrenzung von den psychodynamisch auf der genitalen Stufe gebildeten Angsthysterien oder Phobien nahelegt. Allerdings fanden wir, daß die Symptomatik regelmäßig verdrängte Vorstellungen ausdrückt. Hierin erscheint das Krankheitsbild der Hysterie verwandt. Aber wir meinen, daß eine psychosomatische Symptomatik nicht einfach nur deswegen als «hysterisch» konfiguriert bezeichnet werden kann, wenn in ihr der symbolische Ausdruck verdrängter Vorstellungen wirksam wird. Vielmehr scheint es als ein noch wichtigeres Kriterium, auf welchem Niveau der psychischen Entwicklung der Konflikt in der Krankheit ausgetragen wird. Und wenn man hier an FREUDS Definition festhält, daß sowohl die Konversionshysterie als die Angsthysterie oder Phobie Neuroseformen auf genitaler Stufe seien, so gehört das hier in Rede stehende Krankheitsbild offensichtlich nicht dazu. Bei der Herzneurose ist die praegenitale – sogar praeanale – Fixierung und demzufolge auch Regression viel ausgedehnter als bei der Hysterie. Zwar ist allbekannt, daß auch bei der Hyste-

1 FÜRSTENAU, P., E. MAHLER, H. MORGENSTERN, H. MÜLLER-BRAUNSCHWEIG, H. E. RICHTER u. R. STAEWEN: Untersuchungen über Herzneurose, Psyche 18, H. 3 (1964).

rie partielle praegenitale Fixierungen häufig sichtbar werden, aber nie regredieren die Objektbeziehungen bis zu dem Grade vollständiger oknophiler Anklammerung, wie wir es bei den herzneurotischen Patienten erleben. Die Angst des Herzneurotikers ist höchstens zu einem unbedeutenden Anteil eigentliche Kastrationsangst (da die innere Entwicklung im wesentlichen auf praeödipalem Niveau steckengeblieben ist), im Gegensatz zur Hysterie und der Angsthysterie oder Phobie, sondern Trennungsangst im Sinne der BOWLBYschen Beobachtungen.

Während demnach die Gründe überwiegen, die Herzneurose von der Angsthysterie bzw. Phobie zu unterscheiden[2], so könnte man andererseits den Namen «Angstneurose» beibehalten, deren von FREUD aufgezählte Symptombestandteile ja identisch mit dem Bild der Herzneurose sind. Man müßte nur, wie I. v. KRIES, klarstellen, daß man im ätiologischen Konzept abwiche. Aber von diesem möglichen Mißverständnis abgesehen, sprechen noch andere Erwägungen dafür, der Bezeichnung «Herzneurose» den Vorzug zu geben. Es besteht Grund anzunehmen, daß die heutigen Träger dieser Krankheit ihre komplexe Symptomatik ausgeprägter als früher als «*Herz*krankheit» zu organisieren pflegen, wozu die kollektiven Schreckbilder vom Herzinfarkt und vom Managertod beigetragen haben mögen. Des weiteren spricht für diesen Namen neben seiner internationalen vor allem seine interdisziplinäre Verbreitung. Schließlich ist es unter psychoanalytischem Aspekt zweckmäßig, an der Kennzeichnung als «Neurose» deshalb festzuhalten, um die Relevanz des psychogenen Faktors zu unterstreichen.

In der bereits zitierten Gemeinschaftsuntersuchung an unserer Klinik ergaben sich an 35 herzneurotischen Kranken Beobachtungen, die sich in Ergänzung des bereits Gesagten so zusammenfassen lassen:

1. Diesen Patienten ist gemeinsam, daß sie sich in der Phantasie an eine die Mutter repräsentierende Figur anklammern. Diese Phantasie entspricht der oknophilen Einstellung von Patienten, von der BALINT sagt, «daß das Anklammerungsbedürfnis die Reaktion auf ein Trauma ist, ein Ausdruck der Angst, fallengelassen oder verlassen zu werden, und zugleich eine Gegenwehr dagegen. Es ist somit nur ein sekundäres Phänomen, dessen Ziel die Wiederherstellung der ursprünglichen Subjekt-Objekt-Einheit durch Nähe und Berührung ist.» Die Herzneurotiker regredieren also in die Phase, in der nach FREUD noch die Mutter die Bedeutung des «ersten Angstschutzes» hat und in der sich zwischen Mutter und Kind

2 Hier sei auf die wohlbegründete Empfehlung von I. v. KRIES verwiesen, den Terminus «Angsthysterie» zugunsten von «Phobie» ganz fallenzulassen und sich damit der amerikanischen Terminologie anzuschließen.

die Austauschprozesse abspielen, die TH. BENEDEK unter dem Begriff der Symbiose beschrieben hat.

2. Die Patienten wollen aber nicht nur anklammernd die schützende Symbiose mit der Mutterfigur wiederherstellen, sondern diese Symbiose zugleich zerreißen. Unter diesem Aspekt ist die Mutter eine böse Tyrannin, aus deren Umklammerung sie sich befreien wollen. Diese Phantasie ist allerdings stark abgewehrt. Die Zuflucht in die positive Symbiosephantasie kann als regressiver Ausweg aus dem Konflikt verstanden werden. Zugleich wirkt sich hier eine Identitätsstörung aus: Die Ausbruchswünsche konfrontieren die Patienten mit der Tatsache, daß sie sich nur als «Stück ihrer Mutter» fühlen können und ohne die Phantasie der symbiotischen Einheit ihre Identität verlieren müßten.

Die Impulse, die auf eine Zerreißung der Symbiose abzielen, sind bei oberflächlicher Betrachtung verwirrend vielgestaltig. Man hat sie in Typen zu ordnen versucht, je nachdem, ob sie mehr narzißtischer Art oder auf Objekte gerichtet, ob sie mehr aggressiver oder mehr libidinöser Natur sind. Manche Kontroversen über die Psychodynamik dieses Krankheitsbildes scheinen daher zu rühren, daß man zum Beispiel entweder nur verdrängte Aggressionen oder unterdrückte sexuelle Regungen anschuldigte, ohne zu bedenken, daß derartige Klassifikationsprinzipien vielleicht zu eng sind, um den gemeinsamen Konflikthintergrund dieser Kranken zu erfassen. Das Verbindende der zunächst verschiedenartig anmutenden Impulse, die zum Krankheitsausbruch führen, ist offensichtlich, daß der Kranke etwas machen will, um aus der vollständigen Abhängigkeit von der Mutterfigur auszubrechen. Es kann sein, daß er sich nur beweisen will, daß er Enormes *aushalten* kann und kaum *Schlaf* braucht – als Flucht aus narzißtischer Ohnmacht in narzißtische Allmacht.

Hinsichtlich des *Schlafes* stimmt Verf. BALINT bei, daß in ihm eine Vereinigung mit der Mutter zu sehen sei, entsprechend dem Zitat von KANZER: «Der Schläfer teilt seinen Schlaf mit einem introjizierten Objekt.» Daß Schlaf mit Mutterschoß gleichgesetzt werden kann, wird sich an der folgenden Krankengeschichte zeigen lassen, in der sich Ohnmacht und Allmacht in der Auseinandersetzung mit der Mutter speziell in ängstlich gehütetem Langschlaf oder Schlafverachtung darstellen.

Bei anderen Patienten sieht man, daß sie sich ihre unzerstörbare Omnipotenz durch besondere sportliche Gewaltleistungen beweisen wollen: Lange Läufe, Bergsteigen usw. Ihre ängstliche Immobilisierung nach Krankheitsausbruch verrät, daß ihre philobatische Aktivität nur ein Weglaufen von der Mutter bedeutete, das nunmehr in eine radikale oknophile Unterwerfung zurückschlägt.

Auch erfolgreiches berufliches Vorwärtskommen kann als eine gefährliche Trennung von der Mutter erlebt werden. Es gibt Kranke, die sich gegen ärztlichen Rat nach dem ersten Angstanfall gleich aus einem selbständigen Posten, einem vor dem Abschluß stehenden Studium oder dergleichen zurückziehen und sich ganz klein machen müssen. Man findet dann bei ihnen in der Regel die Phantasie: Wenn sie groß und selbständig werden, dann fordern sie die Mutter heraus. Sie dürfen gleichsam nur der Phallus der Mutter sein, nicht aber ihren eigenen Phallus haben.

Bei wieder anderen Kranken spielt die Versuchung zu Alkoholexzessen oder sexuellen Abenteuern eine Rolle. Die Alkoholversuchung kann heißen: sich von der Mutter mit Hilfe einer anderen Mutterbrust losreißen wollen. In ähnlicher Weise pflegt die Gefährlichkeit der sexuellen Impulse deshalb phantasiert zu werden, weil man damit die Mutter betrügen will. Bei den männlichen Patienten, die in sexuellen Versuchungssituationen erkranken, ist es nämlich meistens noch keine ausgebildete Kastrationsangst vor dem Vater, sondern viel häufiger die auf die Mutter bezogene Verlustangst, welche nicht ertragen werden kann: Die Mutter straft, wenn man sich an einer anderen Mutter festhalten will.

In allen geschilderten Fällen steckt in den jeweiligen gefährlichen Impulsen eine indirekte Herausforderung und Aggression gegen die Mutter. Mitunter sind es jedoch auch unmittelbare, auf die Mutter gerichtete feindselige Tendenzen, welche die Kranken nicht bewältigen können. Sie glauben, sie müßten die Mutter zerstören, um sich von ihr zu befreien, um ihre Potenz für sich haben zu können, ja um überhaupt erst ihre eigene Identität zu finden. Sie phantasieren: Ohne die Mutter kaputtzumachen, müßten sie ein Stück von ihr bleiben und könnten nicht «sie selbst» werden. Aber eben weil sie davor Angst haben, flüchten sie sich während der Krankheit in das Benehmen des allerartigsten Kindes zurück, das scheinbar nicht im mindesten aggressiv sein kann.

Man sieht also, daß die bunte Vielfalt der Impulse, die für die herzneurotischen Kranken gefährlich werden können, durch einen gemeinsamen Bedeutungshintergrund zu vereinigen ist. Alle diese Impulse bedeuten für die Patienten zuerst: los von der übermächtigen Mutter. Ganz gleich, ob sie nur ihren Schlaf bezwingen wollen, ob sie sich auf sportlichem, beruflichem oder sexuellem Gebiet ihre Allmacht zeigen oder direkt die Mutter zerstören wollen: Sie wollen sich im Grunde nur beweisen, daß sie ohne Mutter ein eigenes Leben führen können.

Unter diesen Umständen mag es erstaunlich scheinen, daß man unter den Herzneurotikern Menschen findet, die vor Ausbruch ihrer Krankheit eine bedeutende berufliche Karriere geschafft und sich auch in sonstigen

Bereichen des sozialen Lebens eine geachtete Stellung erworben haben. Hier handelt es sich um Patienten, die es unter günstigen Umständen fertiggebracht haben, sich in allen bisherigen Aktivitäten die Phantasie einer ungetrübten symbiotischen Einheit mit der Mutter zu bewahren – so, als hätten sie alles für die Mutter und in ihrem Sinne getan. Sie haben gewissermaßen erfolgreich ihre Ablösungsbestrebungen verleugnet – wie ein Somnambuler, der längst über einem Abgrund wandelt, aber diesen nicht bemerkt. Das Ereignis, das dann eines Tages zum Ausbruch der Krankheit führt, indem sie aus irgendeinem Grunde nun endgültig beweisen müssen, ob sie auch eine offenkundige Herausforderung der als omnipotent phantasierten Mutter ertragen können – wobei sie scheitern –, sieht mitunter bei oberflächlicher Betrachtung harmlos aus. Was läßt sich überhaupt über die auslösende Situation sagen?

3. Entweder es ist der Patient selbst, der durch einen Anstieg der im vorigen Abschnitt geschilderten gefährlichen Impulse bzw. durch eine Schwächung der dagegen formierten Abwehr die phantasierte harmonische Einheit mit der Mutter von sich aus bedrohte, oder es ist auf der anderen Seite die Mutter oder eine die Mutter repräsentierende Figur, die durch Kontaktabbruch, Drohungen, Krankheit oder dergleichen eine Zerstörung der Symbiose und demzufolge eine Vernichtung des hilflos abhängigen Patienten signalisiert. Bei verschärfter Konfliktspannung genügt der Anblick des Unfalls irgendeines Fremden oder die Wahrnehmung einer harmlosen ubiquitären Funktionsstörung am eigenen Körper, um in dem Patienten in der Art einer sensitiven Beziehungsidee die Überzeugung zu wecken: Dies sei jetzt das Unheilszeichen für ihn selbst. Diese magische Beziehungssetzung, die bei Herzneurotikern bekannt ist, kann übrigens als ein weiterer Hinweis darauf verstanden werden, daß bei diesen Kranken eine ausgedehnte Fixierung auf jene Phase vorhanden ist, in der die Abgrenzung von Ich und Außenwelt noch unvollständig ist und jeder erschreckende äußere Reiz unmittelbar in das Kind hineinwirkt.

4. Die Herzangst des Herzneurotikers ist in ihrem Ursprung Trennungsangst. Das Herz repräsentiert in der Phantasie die Mutter. Der Vorgang, der dem Herzen diese Bedeutung verleiht, läßt sich dem Introjektions-Vorgang bei der Depression vergleichen. Aber zum Unterschied zum Depressiven richtet der Herzneurotiker das internalisierte Objekt nicht in seinem Ich auf, sondern projiziert es in sein Herz. So treten an die Stelle der unentrinnbaren Selbstvorwürfe der Depression die «Forderungen des Herzens», die dem Kranken immerhin durch Unterwerfungs- und Anpassungshandlungen eine Angstmilderung ermöglichen. So kommt es, daß der Herzneurotiker – nach Ausbruch seiner Anfälle – eine

Einstellung zu seinem Herzen demonstriert, die derjenigen eines Kleinkindes gleichkommt, das durch Artigsein seine Mutter versöhnen will. Er projiziert in das Herz die mütterlichen Forderungen: Viel schlafen, still und brav sein, nur nach Vorschrift essen und trinken. Wenn man diese phantasierten Forderungen erfüllt und sich ganz klein und demütig benimmt, kann man hoffen, daß das Herz – repräsentativ für die Mutter – nicht mehr «übelnimmt». Der Kranke ist im allgemeinen bestrebt, seine Symptomatik hartnäckig festzuhalten, weil er sich dadurch nötigen kann, die Reaktionsbildung gegen seine gefährlichen Impulse aufrechtzuerhalten. Vor allem: Solange die vernichtenden Selbstvorwürfe, die von dem Mutter-Introjekt ausgehen, in das Herz hineinprojiziert werden können, ist die Gefahr einer Depression abgewehrt. Unter diesem Gesichtspunkt erscheint die oft als unsinnig bewertete hypochondrische Aufmerksamkeit, die der Herzneurotiker auf jede kleine Sensation am Herzen richtet, alles andere als töricht. Vielmehr muß der Kranke mit aller Energie darum kämpfen, sein Herz sozusagen im Auge zu behalten, um seinen Konflikt an einem greifbaren Partner austragen zu können, anstatt dem ungreifbaren Selbsthaß der Depression anheimzufallen. In diesem Zusammenhang erscheinen die Beobachtungen von KIELHOLZ und BECK sehr bemerkenswert, die als Vorphase bei einem Teil ihrer Kranken mit «Erschöpfungsdepression» vegetative Störungen beschreiben, die symptomatologisch dem Bild der Herzneurose entsprechen. Und zwar registrierten sie bei 32 Prozent ihrer Patienten vor Ausbruch der eigentlichen «erschöpfungsdepressiven Phase» Herzbeschwerden mit Druckgefühlen in der Herzgegend, Stechen im Herzen, Anfälle von Tachykardie, pseudoanginöse Herzbeschwerden. Derartige Befunde würden mit der Annahme gut in Einklang zu bringen sein, daß eine herzneurotische Symptomatik dazu dienen kann, die Gefahr einer Depression abzuwehren. –

Damit wird der bereits zuvor kritisierte Terminus «Herzphobie» übrigens noch fragwürdiger. Diese Kranken *fürchten* ja nicht die Herzkrankheit – worauf auch v. UEXKÜLL[3] hinweist –, sondern sie *suchen* sie. Sie müssen sich die Überzeugung verschaffen, ihr Herz sei defekt, damit ihr Abwehrsystem mit den vielfältigen auf das Herz bezogenen Vorbeugungs- und Beschwichtigungsmaßnahmen – der beruflichen Einschränkung, der motorischen Immobilisierung, dem Trieb-Asketismus usw. – seine Wirksamkeit behalten kann. Nicht der Kranke benimmt sich unsinnig, der sich unbeirrbar auf alle kleinen Mißempfindungen an seinem Herzen konzentriert und auf seiner «Herzkrankheit» insistiert, sondern

3 Mündliche Mitteilung.

der Arzt demonstriert seine Verständnislosigkeit, der nichts Besseres als den Rat anzubieten hat: Der Patient solle gefälligst auf sein Herz nicht mehr achten! Als ob die unbewußten Selbstzerstörungstendenzen nicht noch gefährlicher zur Erscheinung kommen müßten, wenn die Projektion ins Herz entfallen würde. – Allerdings pflegen die Kranken der genannten ärztlichen Empfehlung bekanntlich in der Regel nicht zu folgen. Sie geraten in Unruhe und werden u. U. sogar zu einem baldigen Arztwechsel veranlaßt, wenn sie hören, sie sollten in ihrer Lebensweise auf das Herz keine Rücksicht nehmen und sich sogar schonungslos körperliche Anstrengungen zumuten. Dagegen fügen sich die meisten Herzneurotiker bekanntlich willig konträren ärztlichen Weisungen wie: Viel ausspannen, schonen, lange schlafen, Genußgifte einschränken, aufregende Situationen meiden usw.

5. In der Anamnese der Herzneurotiker findet sich gehäuft der Bericht über eine Mutter, die anscheinend aus eigenen Konflikten heraus den Patienten als Teil von sich festhalten wollte und dementsprechend seine Angst verstärkte, daß er ohne sie oder im Widerspruch zu ihren Forderungen nicht gesund oder überhaupt nicht am Leben bleiben dürfe.

Es sei nun der Versuch unternommen, die vorstehenden Feststellungen, die in der zitierten Arbeit nur mit relativ allgemeinen Belegen versehen werden konnten, an einem klinischen Beispiel deutlicher zu machen, das im Vergleich mit der übrigen Gruppe unseres Krankengutes an Herzneurotikern in vieler Hinsicht als typisch erscheint.

Und zwar sei versucht, einiges von der psychischen Dynamik an Hand einer detaillierten Wiedergabe der Gespräche in der Einleitungsphase einer psychoanalytisch orientierten Gesprächstherapie sichtbar zu machen.

Die Überweisung des Patienten, eines 42jährigen Verwaltungsangestellten, verdankt Verf. Herrn Prof. v. Uexküll, der bereits die diagnostische Klärung herbeigeführt hatte. Dem Überweisungsbericht ist zu entnehmen, daß der Patient seit rund zwei Jahren an Herzbeschwerden leidet, die meist Stunden, gelegentlich aber auch tagelang andauern. Vor dem Einsetzen dieser Herzbeschwerden war er nie ernstlich krank. In dem Bericht ist davon die Rede, daß dem Beginn der Symptomatik der plötzliche Herztod eines 35jährigen Freundes vorausgegangen sei (später hat der Patient korrigiert: Der Freund sei erst nachher gestorben). Der Patient erfuhr nach Ausbruch seines Leidens von seinem Hausarzt, er solle aufpassen, daß er keinen Herzinfarkt bekomme. Nach dieser Mitteilung wurden seine Beschwerden erheblich schlimmer. Auf Grund seiner Krankheit gab er einen angeblich «führenden Posten in der Wirtschaft» auf und nahm eine bescheidene Stelle als Verwaltungsangestellter in einer kommunalen Behörde an. Seine Symptomatik besserte sich dadurch indessen nicht.

Die klinische Untersuchung ergab einen normalen Befund am Herzen. Der Blutdruck war gleichfalls unauffällig. Eine Aufklärung über die nicht-organische Ursache der Beschwerden, eine Sedovegan-Kur und der Rat zu leichter sportlicher Betätigung hatten keinen weiteren Erfolg gebracht. Die Überweisung erfolgte mit der Diagnose: «Herzneurose, iatrogener Verschlimmerungsfaktor.»

Das erste psychoanalytische Gespräch leitet der Kranke, auf dessen etwas glatt wirkendem Kindergesicht ein verlegenes Lächeln steht, mit der für Herzneurotiker typischen Feststellung ein, daß er an einen seelischen Ursprung seiner Beschwerden nicht recht glauben könne. «Alle Ärzte haben mir gesagt, organisch sei ich gesund. Aber alle haben mich mit Mitteln gegen Herzkranzgefäßschäden behandelt.» Er könne sich kaum vorstellen, daß es bei ihm mit seelischen Konflikten zusammenhänge.

Er schildert nun eingehend seine Schmerzen auf der linken Brustseite, «vor allem, wenn ich mich aufrege».

Als Beispiel für eine derartige Aufregung führt er eine heftige Debatte in einer kürzlichen Gemeinderatsversammlung an. Er sei «Stadtverordnetenvorsteher» (allerdings hat die kleine Gemeinde kein Stadtrecht) und habe ein Neubauprojekt verteidigt. Der «Herr von der Regierung», der ihn vor der Debatte seines Beistandes versichert habe, habe nachher nicht mehr dazu gestanden. Ohne dessen Unterstützung habe er das Projekt in der Versammlung nicht ganz durchsetzen können.

Intervention des Therapeuten: Er fühle sich also von dem «Herrn der Regierung» enttäuscht.

Patient: Es sei nicht schlimm gewesen. Er werde die Sache schon noch durchbringen. Er habe zu jedem Menschen Zutrauen. Er betrachte jeden als gut ... «Ich bin nicht für Härte. Ich bin dafür, jedem zu helfen. Wir sind doch alle Geschöpfe. Man muß doch immer versuchen, das Gute zu fördern. Ich bin nicht superreligiös, aber ...» Weil er so eingestellt sei, bringe man ihm gewisse Achtung entgegen. «Ich habe einen guten Namen und Ansehen.»

(Man sieht: Es macht ihm Angst, den «Herrn von der Regierung» anzuklagen. Er wehrt seine Aggression durch die Phantasie ab: «Ich bin so sanft und liebe alle, folglich müssen mich auch alle anderen lieben. Da gibt es keine aggressiven Konflikte.» Er muß auch seine Niederlage verleugnen, weil er offenbar Angst hat, sich Ohnmachtsgefühle einzugestehen.)

Er berichtet über seine politische Aktivität. «Meine Mutter interessierte sich auch für Politik, auch in der gleichen Richtung.» Seine Ehefrau sei mehr musisch. Der Vater habe sich nie engagiert für öffentliche Dinge. «Meine Anlage kommt von der Mutter her.» Mit der habe er immer einen sehr herzlichen, engen Kontakt gehabt.

Jetzt habe er ein Problem: Man sei an ihn herangetreten, ob er Bürgermeister werden wolle. Der alte sage, er mache es nicht länger. «Wenn ich jetzt ‹ja› sagen würde, würde man mich bestimmt wählen. Aber ich weiß nicht, ob ich es mir zumuten soll.»

Therapeut: Er wolle also wohl vom Arzt hören, ob er es sich zumuten solle.

Der Patient schildert, daß ein früherer Arzt zu ihm gesagt habe: «Gehen Sie nach Hause, Sie sind gesund und werden keine Schmerzen mehr haben!» Tatsächlich seien die Schmerzen danach zunächst weggeblieben, aber nach 14 Tagen in alter Heftigkeit wiedergekommen.

(Das heißt: Er wünscht sich einerseits, daß der Therapeut ihm wie der frühere Arzt die Schmerzen wegzaubere, aber andererseits muß er an den Schmerzen aus einem noch nicht bekannten Grund festhalten.)

Er fährt mit seinen beruflichen Dingen fort:

Er habe das Abitur; sei Offizier gewesen und habe nach der Gefangenschaft Dozent für alte Geschichte werden wollen. «Aber als ich mich als 30jähriger auf die Bank setzte neben 18jährige, die mehr wußten als ich, da habe ich mich nicht zu studieren getraut. Das war mein größter Fehler.»

Anstatt zu studieren, sei er Kaufmann geworden, und zwar Geschäftsführer. (Auf Rückfrage: in einem Geschäft für Haushaltsmaschinen. Vgl. Angabe beim Internisten: «führender Posten in der Wirtschaft».)

Aber als die Schmerzen vor zwei Jahren entstanden seien, habe er umgesattelt und einen untergeordneten Posten in der Verwaltung angenommen. Der Posten erfülle ihn nicht, aber wegen seiner Gesundheit sei ihm nichts anderes übriggeblieben ... Bis vor zwei Jahren habe ihn seine Gesundheit überhaupt nicht interessiert, aber jetzt ...

Therapeut: Er sei also früher nicht krank gewesen? Darauf schwenkt der Patient wieder auf sein angeblich ungetrübtes Verhältnis mit der Mutter um. Er sei mit der Mutter immer einig gewesen: «Wenn die Mutter sagte, vom Tanzen bist du um 10 zu Hause, weil du morgen früh aufstehen mußt, habe ich es gemacht. Mir ist nie der Gedanke gekommen, gegen sie aufzumucken.» Lacht: Die Mutter habe ja auch immer gewußt, was für ihn richtig gewesen sei. Sie sei sein bester Schutz gewesen. «Deshalb war für mich der Verlust der Mutter (sie war 1945 gestorben) auch so besonders schwer.» «Als ich aus Gefangenschaft nach Hause kam, war sie tot.» «Vielleicht habe ich auch deshalb nicht studiert, weil meine Mutter nicht mehr da war. Meine Mutter entschied immer alles. Wäre sie noch da gewesen, wäre ich zur Universität gegangen. Das ist gar keine Frage!» – «Ich war ja auch kein schlechter Schüler gewesen, war Klassensprecher.» Dann rühmt er sich seiner gegenwärtigen politischen Position und seiner Beziehungen. «Wer den Papst zum Onkel hat, kann Kardinal werden!»

(Er meint also: Hätte ich die Mutter als Schutz hinter mir, könnte ich nicht krank werden und könnte berufliche Erfolge erringen. Denn die Mutter wußte immer, was für mich das Richtige war. Deshalb brauchte mich meine Gesundheit damals nicht zu interessieren. Und Dozent oder jetzt Bürgermeister wäre ich selbstverständlich mit ihr im Bunde auch geworden. Aber die Bedingung für den mütterlichen Schutz ist: Nie gegen sie «aufmucken». Sie muß der Papst bleiben, er darf nur ihr Kardinal werden, immer ihr gehorsamer Untertan bleiben. Muß er vielleicht jetzt krank sein und sich beruflich klein machen, weil er unbewußt doch gegen sie aufmuckt? Enthält die Überbetonung seiner «restlosen Einigkeit» mit der Mutter nicht einen verleugneten Protest?)

Einen weiteren Fingerzeig darauf, daß der Patient tatsächlich Impulse abwehren muß, die einen Ausbruch aus der phantasierten Einheit mit der Mutter bedeuten, gibt die Geschichte, die er zu dem 4-Tafeln-Test von LENNEP erfindet;

«Eine alleinstehende Mutter, die ihren Mann im Krieg verloren hat, wartet bis in die Nacht hinein auf ihren Sohn. Der Sohn ist im Alter von etwa 18 bis 20 Jahren und besucht das letzte Jahr die Schule, um als Abschluß dieser schulischen Ausbildung sein Abitur abzulegen. Die Mutter sorgt sich um ihn und macht ihm Vorhaltungen, als er nach Hause kommt. Sie glaubt, wenn er abends nicht rechtzeitig schlafen geht, daß er dann am nächsten Tag in der Schule nicht voll und ganz dem Unterricht folgen kann. Der Sohn sieht die Sache von der Unbekümmertheit der Jugend, denn er hat sich inzwischen amüsiert mit Freundinnen und Kameraden am Nachmittag als Zuschauer auf einem Tennisfeld. Bei dieser Sportstätte ist gleichzeitig die Gelegenheit, alkoholische Getränke zu erhalten, auch davon macht der Sohn, mehr als für ihn nützlich ist, Gebrauch und trinkt sich einen Rausch an, so daß er auf dem Nachhauseweg einen Laternenpfahl als Stütze für seinen Körper benutzen muß, da ihn seine Beine kaum noch tragen.

Dieser Aufenthalt dauert länger, als ihm bewußt ist. In der Zwischenzeit sorgt sich seine Mutter um ihn. Sie geht mehr als einmal in sein Schlafzimmer und findet sein Bett immer noch leer. Sie möchte ihrem Sohn gern eine gute Ausbildung zuteil werden lassen. Als Grundlage dieser Ausbildung sieht sie ein gutes Abschneiden in der Schule an, deshalb ihre Sorgen um den Jungen auch mitten in der Nacht.

Endlich kommt der Sohn nach Hause. Die Mutter kann sich trotz ihrer Fürsorge und innigen Zuneigung und Liebe zu ihrem Sohn nicht beherrschen und wird heftig, indem sie ihm für sein Tun und Benehmen die gröbsten Vorhaltungen macht. Der Sohn, der ihr gegenübersitzt, hört ihr ohne Widerrede zu und denkt im Inneren, eigentlich hat meine Mutter recht, denn letzten Endes will sie ja nur das Beste für mich.

Er verspricht ihr, sein Tun künftig zu ändern und sich so zu verhalten, daß die Mutter künftighin keine solch aufregenden Stunden durchmachen muß. Seine Einsicht und Vernunft helfen ihm dabei, dieses Versprechen abzugeben und es auch in Zukunft zu halten.»

Es zeigt sich also: Die Größenphantasien des Patienten sind höchstwahrscheinlich durch die Internalisierung der mütterlichen Rollenvorschrift genährt, die nach dem Typ gebildet ist: Sohn als Substitut des phallischen Ich-Ideals. Indessen möchte sich der Patient aus der Umklammerung durch die Mutter befreien: Freundinnen und Alkohol. Das macht ihm jedoch zu viel Angst, weil er sich ohne den phantasierten mütterlichen Schutz hilflos fühlen würde. Er regrediert also wieder zu dem reumütigen kleinen Sohn. Aber die Verleugnung der gefährlichen Impulse bleibt durchsichtig. Die Gegenbesetzung ist unzureichend.

In der nächsten Stunde beginnt er damit: «In den letzten Tagen ging es mir nicht gut. Es ging mir an die Luft. Beine werden schwer. Gefühl, das Herz bleibt stehen.» Er versucht selbst eine Erklärung: «Meine Stenotypistin ist krank. Ich habe alles selbst geschrieben an der Maschine. Habe gedacht: Die Überanstrengung! Daher kommt es.» Früher habe er Enormes ausgehalten: «Meine These war: Man braucht nur vier, fünf Stunden Schlaf. Danach habe ich gelebt. Jetzt denke ich: Um 9, 1/210 muß ich mich zu Bett legen. Mindestens sieben, acht Stunden schlafen. Sonst hält es mein Körper nicht durch. Früher habe ich bei Gesellschaften auch bis morgens 1 oder 2 Uhr gesessen. Heute empfehle ich mich um 11. *Mein Herz könnte es mir übelnehmen.*» (!)

Der Therapeut deutet ihm, daß ihm das Herz offenbar jetzt das übelnehme, was ihm früher die Mutter verboten habe. Hinweis auf seine Erzählung beim Lennep-Test (er sollte immer pünktlich bei der Mutter sein und lange schlafen). «Überanstrengung» hängt offenbar assoziativ zusammen mit: Gegen das Verbot der Mutter selbständig potent sein, nächtlich auf Gesellschaft die Mutter betrügen. Bemerkenswert die Projektion der Mutter ins Herz.

So als wollte er sein Herz, in das er die mütterlichen Ansprüche verlegt hat, noch zusätzlich beschwichtigen, fährt er fort: Er habe auch nie geraucht und nur ganz wenig getrunken. «Meine Mutter mochte das nicht.»

Seine Mutter habe früher nicht gewollt, daß er seine (jetzige) Frau heirate. Die Mutter habe deren Eltern für zu leichtlebig gehalten. «Die Schwiegermutter rauchte, das wollte meine Mutter nicht.» Überhaupt habe seine Mutter gewünscht, daß er sich keinesfalls vor dem Alter von 28 Jahren an eine Frau binde. «Das war für mich tabu und heilig!» Wäre seine Mutter nicht bei Kriegsende gestorben, hätte er seine Frau nach Rückkehr aus Gefangenschaft wahrscheinlich nicht geheiratet. Aber seine Ehe sei sehr gut geworden.

Anregung des Therapeuten, sich auf die Ereignisse bei Ausbruch der Krankheit vor zwei Jahren zu besinnen. Er zögert erst, dann besinnt er sich: Er habe damals, etwa 14 Tage vor dem ersten Herzanfall, mit seiner Frau die Großmutter vom Bahnhof abgeholt. «Ich habe mich verspätet, vielleicht zwei Stunden. Die alte Frau hat sich sehr darüber aufgeregt. Ich fahre dann mit der Großmutter nach Hause. Sie sagt, es werde ihr schlecht. Sie geht gleich ins Bett. Meine Frau sagt zu mir: Hol' den Arzt. Ich tue das. Der Arzt kommt und gibt ihr eine Spritze. Kurz danach ist sie gestorben.» Er sei bei ihrem Tode anwesend gewesen.

(Es wiederholt sich also das Motiv: Wenn man die Mutterfigur warten läßt, tut man ihr Schaden. Siehe Lennep-Test. In dem folgenden Bericht über das unmittelbar krankheitsauslösende Erlebnis 14 Tage später wird wiederum deutlich werden, daß für den Patienten «die-Mutter-warten-lassen» zugleich «die-Mutter-betrügen» heißt. Auf die Frage, ob er sich noch auf den Ablauf des Tages seines ersten Anfalles von Herzschmerzen, also 14 Tage nach dem Tod der Großmutter, besinnen könne, schildert er nämlich:)

Der Anfall habe auf der Autobahn begonnen. Die Herzschmerzen seien so schlimm gewesen, daß er seinen Wagen habe anhalten und aussteigen müssen. Aber sonst sei an diesem Tag gar nichts Besonderes gewesen. Kein Ärger, keine Aufregung. (Erst auf erneute Stimulierung durch den Therapeuten:) Er sei an diesem Tag in der Stadt M. gewesen. Da habe ihn eine Lehrerin eingeladen gehabt. (Zögernd, verlegen lächelnd:) Er sei allein bei dieser Lehrerin gewesen. «Ich hatte was getrunken.» «Diese Frau brachte mir und bringt mir noch heute Sympathien entgegen.» Wenn sie ihn heute gelegentlich in seinem Amt besuche, dann mache seine Stenotypistin immer schon Bemerkungen ...

(Wenn die Stenotypistin als Mutter-Substitut so eifersüchtig auf ihn aufpaßt, wird vielleicht auch verständlicher, daß er gleich mehr Schmerzen bekam, als sie jetzt krank wurde.)

«Die Frau (gemeint ist die Lehrerin) hätte es lieber gesehen, wenn etwas ...» «Aber ich habe es nie gelten lassen. Es ist wohl eine sehr nette, weitgereiste Frau.» (Lacht wieder verlegen.) «Eine sehr verfängliche Situation.» Aber erneut versichert er, so etwas komme für ihn grundsätzlich überhaupt nicht in Frage, er denke gar nicht daran . . .

(Nun tritt also das schon im ersten Gespräch und im LENNEP-Test angekündigte Konfliktthema prägnanter hervor: Ich will die Mutter mit einer Freundin betrügen und trinken. Aber damit zerstöre ich sie. Davor habe ich die größte Angst, weil ich ohne sie, die immer alles richtig weiß, alles entscheidet und mich gesund erhält, kaputtgehen müßte.)

Der Patient zeigt sich höchst überrascht über das Auftauchen einer Begebenheit, die für seinen Krankheitsausbruch Bedeutung haben könnte. Er verleugnet zwar gleich wieder entschieden, daß die Situation mit der Lehrerin einen echten Versuchungscharakter für ihn gehabt habe oder je haben könnte. Er wiederholt darin praktisch die gleiche Abwehr, die sich auch im LENNEP-Protokoll gegen Ende durchsetzt, wo er sich und der Mutter verspricht, mit «Einsicht und Vernunft» dafür zu sorgen, ihr immer treu und folgsam zu sein.

Mit der gleichen Verleugnung beginnt er die nächste Stunde: Er sei «ehrlich genug», daß er bisher keine Zusammenhänge zwischen den besprochenen Erlebnissen und seiner Krankheit finden könne. Dennoch bringt er gerade diesmal wichtige neue Einfälle.

Der Therapeut sagt ihm, das berichtete Erlebnis mit der Lehrerin in M. zeige eine gewisse Ähnlichkeit mit der Geschichte, die er im Test erfunden habe. Eine Frau und Alkohol, und zu Hause wartet die Mutter. Das mache ihm offensichtlich Angst.

Prompt erzählt er, affektiv bewegt, von seinem ersten Ausflug mit einem Mädchen, Schwester eines Schulkameraden. «Erster Flirt.» «Es war Himmelfahrt . . . mit einem Mädchen auf einem Fest. Hinterher war ich mit ihr noch aus, bis lange nach Mitternacht. Hatte große Angst. Wie ich nach Hause kam, war die Tür nicht zugeschlossen. Dachte erst, es ist vergessen worden zuzuschließen. Wie ich ins Zimmer komme – wer saß da? Meine Mutter. Wo kommst du jetzt her? Sie hat mir ziemliche Vorhaltungen gemacht.» . . .

«Das war im Jahr vor dem Abitur. Sie sagte: Du bist erst 18, sollst erst dein Abitur machen, und nun gehst du mit Mädchen aus, . . . diese Tour will ich nicht!»

Danach sei er nicht mehr so lange ausgewesen. «Meine Mutter hat gesagt: Ich habe nichts gegen das Mädchen, aber dagegen, daß man sich mit 18 schon mit einem Mädchen abgibt und noch nichts Besonderes geleistet hat und beruflich erst noch etwas vorhat im Leben!» Erst müsse man beruflich sein Ziel erreicht haben.

«Ich habe immer gedacht: Meine Mutter hat recht. Ich habe es sehr genau genommen. Hatte viel zuviel Angst, . . . vielleicht war sie zu vorsichtig mit ihrem Sohn . . . hatte sehr enges Verhältnis zu ihr. Gehe heute noch oft an ihr Grab. Sicher tue ich das öfter als andere . . .»

Er spricht wieder von dem mütterlichen Wunsch, daß aus ihm etwas Ordentliches werden sollte. Dann von seinen Historiker-Plänen: «An der alten Geschichte fand ich besonders anziehend das Ideale. Man stellt ja das Bessere einer Zeit mehr in den Vordergrund als das Schlechte!»

(Darin steckt: Von meiner Mutter stelle ich auch das Gute in den Vordergrund und idealisiere mein Verhältnis zu ihr in der Kindheit.)

Der Therapeut konfrontiert ihn mit seiner Neigung zu Frauen: Er habe wohl, wie sich zeige, doch gewisses Interesse an Frauen, aber Angst, weil ihm die Mutter deswegen böse gewesen sei.

«Im Geschäft war da auch so etwas.» Es stellt sich heraus, er meint eine Situation, die nach seinem ersten Anfall, vor seiner Flucht aus dem kaufmännischen Beruf, bestand: «Da war eine Sekretärin, die war nicht verheiratet . . . hat gedacht, ich könnte mich ihr widmen.» «Die sagte zu mir: Sie tue alles für mich, nur für mich. Sie sei nur hier, weil ich hier sei. Resolute Frau. Hatte Auseinandersetzungen mit ihr . . .»

Nun wird er immer lebhafter und redet so fließend wie noch nicht zuvor: «Herr Professor, Sie haben schon recht! (?) *Ich bin ein Mann, der auf Frauen anspricht, aber ich gehe der Situation aus dem Wege.* Vor kurzem war Betriebsratswahl. Ich sollte kandidieren. Wer kam wieder an? Eine Abordnung der Frauen. Ich sagte, ich mache das nicht. Man hat mir gesagt: Die Mädchen wählen dich alle.»

«Ich habe wohl meine Sympathien bei den Frauen, weil ich immer so höflich und zuvorkommend bin . . .»

Der Therapeut erinnert ihn an seine Bemerkung: Er sei ein Mann, der auf Frauen anspreche. Patient verbessert, er habe sagen wollen: ein Mann, auf den die Frauen ansprechen. Therapeut: Aber vielleicht habe er damit verraten, daß er doch mehr Interesse für die Frauen habe, als er wahrhaben wolle. Er lacht laut, verlegen. Entschuldigt sich quasi: «Es gibt ja auch geistreiche Frauen.»

In den nächsten beiden Stunden wiederholt sich das Thema: Wie kann ich es schaffen, die Mutter zu verlassen (d. h. Dinge zu tun, die sie kränken), ohne kaputtzugehen? In diesem Zusammenhang hält er sich länger bei seinem Brieftauben-Sport auf (Spiel der Trennung und Wiedervereinigung). Er habe allein mit einem Freund über einen See schwimmen wollen, habe aber auf halbem Wege Angst bekommen und sei ans Ufer geschwommen. Deutung des Therapeuten: Vielleicht habe er auch Angst, daß der Therapeut ihn in Gefahr bringe, und überlegte, ob er es riskieren könne, weiter mitzumachen. Patient bestätigt praktisch die Interpretation. Er erzählt nämlich erstmals von seinem gefallenen Bruder: «Der war ein ganz anderer Typ als ich. Vollkommen frei und unabhängig, gegen jedermann, *auch gegen meine Mutter.*» Aber: Der Bruder sei gefallen, und der tiefere Grund für den Tod der Mutter sei wohl der Verlust des Bruders gewesen.

Das heißt: Wenn man sich von der Mutter befreit, stirbt man selbst und bringt sie auch um; Warnung an den Therapeuten.

Immerhin kann er in dieser Stunde gestehen, daß es ihm erheblich bessergehe. Er könne wieder allein Auto fahren, was er lange nicht vermocht habe. Auch die geringen Schmerzen störten ihn nicht mehr so[4].

An dieser Fallskizze seien die einleitend genannten fünf Feststellungen noch einmal kurz überprüft, die sich aus einer vergleichenden Untersuchung an 35 Herzneurose-Kranken ergeben hatten.

1. Zur Wirksamkeit der Symbiose-Phantasie: In typischer Weise zeigt

4 Vgl. die hinsichtlich des psychodynamischen Hintergrundes ähnliche Krankengeschichte eines 11jährigen. Verf.: Herz u. Psyche, s. Lit.-Verz.

sich immer wieder die Vorstellung einer vollständigen Einheit mit der Mutter. Darin ist er einerseits ein schwaches Kleinkind, das ohne die Mutter, die immer *«das Richtige weiß»* und *«alles entscheidet»* untergehen müßte. Auch seine Reaktionsbildungen verraten hinlänglich das entwicklungsgeschichtlich frühe Erlebnisniveau: Er darf *nichts Böses* (Alkohol) *trinken* und muß sich der Mutter in *säuglingshaftem Langschlaf* hingeben. Bei diesem Patienten wird die *Gleichung Schlaf = Mutterschoß* besonders deutlich. Wenn er sich der Mutter im Langschlaf überläßt, wird sie dafür sorgen, daß ihm nichts passiert und daß aus ihm «etwas wird». In der Therapie verknüpft er, wie gezeigt, die Idee «für die Gesundheit früher nie interessiert» mit dem Einfall von der perfekten Einigkeit mit der alles wissenden Mutter.

Er kann mit Hilfe dieser Symbiose-Phantasie aber auch seine narzißtischen Allmachtstendenzen insofern entfalten, als er zusammen mit der Mutter als Papst Kardinal werden darf: Sofern er sich nur als Stück der Mutter phantasiert, seine Anlage nur auf sie zurückführt, ihr seine politische Überzeugung und seine beruflichen Zielsetzungen entlehnt und gewissermaßen alles «für sie» macht, kann er seinen Großmanns-Träumen nachhängen, etwa als «führender Mann in der Wirtschaft», «Geschichtsdozent» usw. Das alles ist nur möglich, indem die Vorstellung der omnipotenten Mutter in seine Ich-Identität eingegangen ist, ohne jedoch in der üblichen Weise integriert worden zu sein. Er bleibt, entsprechend dem bereits zuvor benutzten Vergleich, eine Art Schlafwandler, der im Schutze des Schlafes (der phantasierten Einheit mit der Mutter) halsbrecherische Kunststücke vollführen kann, aber sogleich abzustürzen droht, wenn er aufwachen – bzw. sich seine völlige Hilflosigkeit eingestehen muß, die durch die «geborgte» mütterliche Potenz nur in höchst labiler Weise kompensiert war. Wie BALINT betont, zeigt sich «Omnipotenz regelmäßig als verzweifelter Versuch, sich selbst gegen ein vernichtendes Gefühl von Ohnmacht zu verteidigen». Dementsprechend haftet seinen Größenideen ja auch überaus deutlich der Charakter des Illusionären an. Sobald er die phantasierte Einheit mit der Mutter dadurch gefährden muß, daß er Dinge tun will, die sich gegen das Mutter-Introjekt richten, wird er gleich klein, schwach und krank.

Wie bei allen Herzneurotikern zu beobachten, zeigt sich auch bei diesem Patienten ein äußeres Anklammerungsverhalten als Entsprechung zu der inneren symbiotischen Bindung an das Mutter-Introjekt: Er kann schwer allein sein, vor allem nicht allein Auto fahren. Er klammert sich in besonderer Weise an den Arzt und verlor zum Beispiel sofort seine Beschwerden für 14 Tage, als ein früherer Arzt ihm gesagt hatte: «Gehen

Sie nach Hause. Sie sind gesund und werden keine Schmerzen mehr haben.» Teils kann man dieses abhängige Benehmen einfach als die äußere Kehrseite des inneren Zustandes verstehen, teils sind hier auch Abwehrvorgänge wirksam. Er will sein Problem externalisieren. Wenn er nicht ohne äußere Begleitung sein kann, dann will er damit beweisen, daß er auch die innere Einheit mit dem Mutter-Introjekt nicht zerreißen will. Aber in Wirklichkeit verrät seine Unterwerfungs- und Anklammerungsbereitschaft in äußeren Beziehungen die gleiche Unechtheit wie sein Folgsamkeits-Gelöbnis an die mütterliche Adresse im LENNEP-Test. Auf Grund seiner Ambivalenz zeigt sich zum Beispiel im Übertragungsverhalten gegenüber dem Arzt neben Bekundigungen hundertprozentigen Gehorsams («Ich will alles tun, was Sie sagen») sehr bald auch das Verlangen, die Mitarbeit aufzugeben (die bisherigen Ärzte hat er meist bald wieder verlassen. In der jetzigen Therapie muß er immer zeigen, daß er sich den Deutungen des Therapeuten nicht unterwerfen will).

2. Die Tatsache, daß er zur Zeit nicht mehr unversehrbar gesund, sondern krank ist, daß er seinen «führenden Posten» aufgeben und sich eine ganz untergeordnete Stelle nehmen mußte, verrät hinlänglich, daß er sich nur mit Mühe gegen Impulse schützen kann, die Symbiose mit der Mutter zu zerreißen, ohne die er sich andererseits nicht lebensfähig fühlt. Mit dem Idealbild der allmächtig guten Mutter wehrt er den Haß auf die allmächtig schlechte Mutter ab, die ihn einschnürt und lähmt. Er möchte sich insgeheim an allen Punkten losreißen, an denen die Mutter ihn festhält.

a) Aus der Anamnese ist deutlich, daß er ihr den Schlaf verweigern will. Schlaf bedeutet ja für ihn: Schlaf mit der introjizierten Mutter. Mit rigoros eingehaltenem Kurzschlaf will er sich beweisen, daß er selbständig sein kann.

b) Er will die Mutter warten lassen (s. LENNEP-Test, Himmelfahrtstag-Abenteuer) und sich zeigen, daß er allein und frei gehen, allein schwimmen, allein Auto fahren kann.

c) Er möchte die Mutter mit einer anderen Frau betrügen und mit dieser Alkohol trinken. Die Assoziation Freundin – Alkohol erscheint wichtig, weil sie bestätigt, daß hier nicht eine Versuchung auf genitalem Niveau das Entscheidende ist. Es würde nur heißen, die Brust der eigenen Mutter mit derjenigen einer Konkurrenzmutter zu vertauschen, die ihm etwas zu trinken gibt, was ihm die eigene Mutter verboten hat.

Aber alle diese Impulse sind gefährlich. Wenn man die Mutter warten läßt, kann man sie umbringen – wie es mit der Großmutter geschehen ist. Wenn man ohne sie schwimmen will, kann man untergehen. Wenn man sich ganz von ihr losreißt – wie der Bruder –, geht man kaputt. Wenn man die Mutter mit einer Freundin betrügt und bei dieser etwas Böses trinkt, wird man schwindelig und kann überhaupt nicht mehr gehen oder fahren (LENNEP-Test, Rückfahrt von der Lehrerin in M.). Zusammengefaßt: Er will aus der Einheit mit der Mutter ausbrechen und hat zugleich die größte Angst vor den erwarteten zerstörerischen Folgen.

3. Die krankheitsauslösende Situation ist deutlich: Die Versuchungssituation bei der Lehrerin in M. – unmittelbar nach dem Tod der Großmutter, den er verschuldet zu haben glaubte – mußte seinen soeben erörterten Konflikt enorm verschärfen. Über etwaige besondere Probleme in der Beziehung zur Großmutter ist bisher nichts bekanntgeworden. Alles spricht dafür, daß hier die Großmutter die Mutter repräsentiert, mit der das Problem: Weggehen, Betrügen, Wartenlassen, seit langem hochgespielt war. Es ist indessen zu wiederholen, daß man in der Vorgeschichte von Herzneurotikern nicht selten auch die Angabe findet, daß sie kurz vor Krankheitsausbruch Zufallszeugen von Krankheiten oder Unfällen ganz fremder Personen geworden seien. Also von Menschen, zu denen sie vordem in keiner irgendwie gearteten affektiven Beziehung gestanden haben. Bekanntlich hat FREUD den Begriff «psychische Infektion» gebraucht, sofern «die Identifzierung vom Objektverhältnis ganz absieht». Derartige «psychische Infektionen» ereignen sich demnach bei den zur Herzneurose tendierenden Menschen besonders leicht. Es wurde bereits die Annahme vorgetragen, daß diese Bereitschaft ebenfalls mit der frühen Fixierungsstufe der Patienten zusammenhängen dürfte. Es dürfte sich hier um primitive Imitationsprozesse, vergleichbar mit dem unmittelbaren Nachvollziehen von Wahrnehmungseindrücken in der Phase handeln, in der die Ich-Abgrenzung noch unvollständig ist.

4. Die Hypothese, daß bei der Herzneurose das Herz repräsentativ für das Mutter-Introjekt sei, wird von diesem Kranken besonders überzeugend bestätigt. Wörtlich verlagert er die Forderungen, die er von der Mutter berichtet hatte, jetzt in das Herz. Dieses wird in seiner Phantasie zu einem Partner, der «übelnimmt». Und zwar nimmt es Nicht-Schlafen übel, was bei dem Kranken ja assoziiert ist mit: von der Mutter weggehen, sie betrügen, Verbotenes, Böses trinken, die Mutter töten. Hier sieht man ganz deutlich, wie der Patient die Mißempfindungen am Herzen sehnsüchtig erlauscht, um einen äußeren (d. h. lokalisierten körperlichen) Bezugspunkt zu bekommen, der seine inneren Ängste auf ein greifbares intentionales Objekt zu verschieben erlaubt und zugleich die diversen Reaktionsbildungen (Vermeidung von Selbständigkeit in jeder Form, Alkohol, Schlafentzug usw.) rechtfertigt. Die funktionellen Herzschmerzen gestatten dem Patienten zu sagen: Mit meiner Mutter bin ich perfekt einig, nur mein Herz ist mir böse. So absurd es auch auf

den ersten Blick erscheint: Der Herzneurotiker phantasiert lieber sein Leben als bedroht, wenn er auf diese Weise die vernichtenden Selbstanklagen ersetzen kann, denen er sonst durch das Zerwürfnis mit dem Introjekt der omnipotenten Mutter ausgesetzt wäre. Dementsprechend zeigt dieser Kranke die typische Tendenz aller Herzneurotiker, mit hypochondrischer Hartnäckigkeit die Überzeugung von der Herzkrankheit gegen alle Ärzte zu behaupten.

5. Auch die *Mutter* dieses Kranken läßt Züge erkennen, wie sie gehäuft bei unserem Krankengut von 35 Herzneurotikern geschildert wurden. Allerdings halten wir uns nach unseren bisherigen Untersuchungen nicht für berechtigt, von einer «typischen Herzneurotiker-Mutter» zu sprechen, so wie wir es andererseits sehr wohl für begründet halten, die im vorigen aufgeführten vier Punkte als charakteristisch für den psychodynamischen Hintergrund dieses Krankheitsbildes anzunehmen. Die Beurteilung der Mütter der Patienten ist schon aus methodischen Gründen meist nur sehr begrenzt möglich. Beinahe in allen Fällen erfährt man vom Elternhaus nur das, was die Kranken davon in die Behandlung bringen. Oft weiß man nicht: War die Mutter wirklich so, oder hat sie der Patient nur in dieser Weise erlebt? Wieviel ist unter dem Eindruck seiner Wünsche, Enttäuschungen und Ängste entstellt?

Bei aller Zurückhaltung kann man indessen doch aus wörtlichen Zitaten, aus faktischen Entscheidungen und vor allem aus dem Übertragungsverhalten der Kranken ein umrißhaftes Bild davon erhalten, wie die Mutter wirklich gewesen sein mag. Im übrigen ist auch schon viel gewonnen, wenn man sich die Mutter in der psychischen Realität des Kranken genügend deutlich vorstellen kann.

Überwiegend findet man da, wie bereits gesagt, ähnliche Merkmale, wie sie der hier behandelte Kranke von seiner Mutter sichtbar werden läßt: Eine mehr oder minder den Patienten okkupierende Frau, die ihn als Projektionsfeld für ihre eigenen unbewältigten inneren Probleme ausbeutet und ihn demzufolge nicht unabhängig werden lassen kann. Wenn die männlichen Kranken sich gewissermaßen nur als Phallus der Mutter identifizieren können, so scheint dies vielfach genau der Rolle zu entsprechen, welche die Mutter ihnen unbewußt zugedacht hatte und die zu internalisieren sie nicht umhinkonnten. Wenn man mitunter von Müttern hört, die entsprechend der Mutter des zitierten Patienten hochfliegende Pläne mit ihren Söhnen zu verfolgen schienen, so fehlen auf der anderen Seite kaum je Hinweise darauf, daß sie ihre Söhne gleichzeitig für sich selbst unbedingt in kleinkindhafter Ohnmacht festhalten wollten. Es kommt dann leicht zu einer gespenstisch wirkenden Unechtheit in der

Beziehung, so wie sie hier im Übertragungsverhalten besonders deutlich wird: Mutter und Sohn scheinen sich auf eine Art von Abkommen geeinigt zu haben, das manchen modernen politischen Verträgen ähnelt, die aus deklamatorischen Vereinbarungen «für die Öffentlichkeit» einerseits und allein entscheidenden Geheimklauseln andererseits bestehen: Die Mutter erkennt an, daß er als groß und wichtig erscheinen darf und zudem sehr bedeutende Chancen hat (so bietet er sich dem Therapeuten als der führende Wirtschaftler, Politiker, hochgeehrte Edelmann und als potentieller Bürgermeister an). Er erkennt an, daß er all dies der Mutter schuldet (von ihr allein stammt die Anlage, sie hätte ihn zum Geschichtsprofessor gemacht – der Therapeut werde ihn zum Bürgermeister machen). Das ist sozusagen der für beider Bewußtsein («die Öffentlichkeit») bestimmte Vertragsteil. Der (unbewußte) Geheimpassus lautet im Gegensatz dazu: Er erkennt an, daß er klein bleiben und das «richtige Wissen» sowie «alle Entscheidungen» der Mutter überlassen muß (er werde alles tun, was der Therapeut verlange). Dafür ist sie damit einverstanden, daß die von beiden gemeinsam gehegten Ideen von seiner Bedeutung und seinen Aussichten im Ernstfall nicht an der Realität gemessen werden müssen, weil er ja nicht zugleich abhängiges Kleinkind und selbständiger großer Mann sein kann (der Therapeut soll ihn dafür loben, daß er überhaupt Bürgermeister werden könnte. In Wirklichkeit soll der Therapeut aber darauf verzichten, von ihm diese Kandidatur zu verlangen, vor der er entsetzliche Angst hat).

Wenn er sagt: Meinem Herzen zuliebe kann ich nicht Bürgermeister werden, so steckt darin zugleich der Appell an die introjizierte Mutter bzw. den Therapeuten. Ich will doch dir zuliebe darauf verzichten, um dich nicht verlassen bzw. sogar zerstören zu müssen. Offenbar hat dieses Arrangement mit der Mutter früher gewöhnlich funktioniert. Nur haben in ihm jetzt die Impulse überhandgenommen, aus der ihn lähmenden Abhängigkeit auszubrechen, ohne daß er die damit verbundene Angst vorläufig anders bewältigen kann als mit einer Zuflucht in die Herzsymptomatik.

Der drohende Zerfall mit dem Mutter-Introjekt legt bloß, wie wenig er ohne die Phantasie der symbiotischen Einheit mit der omnipotenten Mutter gerüstet ist, die Aufgaben des erwachsenen Mannes auf sich zu nehmen. Männliche Konkurrenten kann er so wenig ertragen, daß er entsprechende soziale Situationen in der bisherigen Therapie kaum anvisieren konnte (bis auf das Eingeständnis der Vermeidung der Rivalität mit den Geschichtsstudenten). Vor Frauen, die er ja doch nur als aussaugende, okkupierende Wesen phantasiert, die ihn einfangen, mit Alkohol vergiften wollen usw., hat er so viel Angst, daß dies sogar ein weiterer Grund für ihn zu sein scheint, sich vor dem Bürgermeisteramt drücken zu wollen: Denn die Mutter hatte ihm in etwa gesagt: Wenn du beruflich alles erreicht hast, kannst du Frauen haben. – Das heißt, solange er beruflich klein bleibt, darf er diesem Problem ausweichen. Auch hier offenbart sich, wie hilflos er durch sein ganz überwiegend prägenitales Erlebnisniveau den Problemen des ödipalen Niveaus gegenübersteht, wie es als typisch für herzneurotische Kranke angesehen werden kann.

Dem widerspricht es u. E. auch nicht, daß dieser Patient, wie ein Teil anderer herzneurotischer Patienten, keine grob manifesten Störungen der Sexualfunktion aufweist. Bekanntlich gibt es auch Orgasmusfähigkeit auf prägenitaler Erlebnisstufe. Auf die Beziehungen zwischen Orgasmus, Schlaf und «primärer Liebe» hat Balint unter Bezug auf Ferenczi hingewiesen. – Wenn man von herzneurotischen Patienten nicht selten hört, daß bei ihnen ein Coitus interruptus oder eine sonstige Störung des normalen Ablaufes der Sexualerregung zu Angstanfällen führen kann, was Freud bekanntlich auf seine ätiologische Theorie der Angstneurose brachte, so würde das im Lichte der hier vorgetragenen psychodynamischen Theorie über die Herzneurose zwanglos so zu verstehen sein: Der Orgasmus bedeutet für diese Kranken in besonderem Maße eine Versicherung der Intaktheit der alten Mutter-Kind-Einheit. Entsprechend der Fixierung auf die Symbiose-Phase bedeutet jede Unterbrechung des Sexualvollzugs für sie ein Verlassenwerden von der Mutter, zugleich ein Bestraftwerden für die unbewußten eigenen Ausbruchsimpulse gerade in dem Augenblick, in dem das Verschmelzungserlebnis die gefährliche Trennungsangst auslöschen sollte. Auf diese Weise läßt sich eine klassische klinische Beobachtung, die einst einer psychologischen Ableitbarkeit der Herzneurose oder Angstneurose im Wege zu stehen schien, gerade umgekehrt in die Reihe der Anhaltspunkte einfügen, die durchaus für eine Psychogenie dieses Krankheitsbildes sprechen.

Über die besondere Dynamik der Behandlungsverläufe bei Herzneurosen sind an unserer Klinik zur Zeit spezielle Untersuchungen im Gange, die später gesondert mitgeteilt werden sollen.

Der Autor hat die Theorie der Herzneurose in den folgenden Jahren in Richtung des psychosozialen Krankheitskonzeptes weiterentwickelt. In Kap. 6 seines Buches «Patient Familie» (1970) beschreibt er die «angstneurotische Familie – Stichwort: Sanatorium» als Möglichkeit der innerfamiliären Kompensation einer ursprünglich individuellen Herzneurose. (Anmerkung der Herausgeber)

Bibliographie

ALEXANDER, F.: Psychosomatische Medizin, Verlag de Gruyter, Berlin 1951.

BACH, H.: Herz- und Kreislaufstörungen unter psycho-somatischen Gesichtspunkten, Z. Psychosom. Med. 1, 89 (1954).

BACON, C.: Psychoanalytic observations on pre-cordial pain, Psychoanal. Quart. 23, 7 (1954).

BALINT, M.: Der Arzt, sein Patient und die Krankheit, Verlag Klett, 2. Aufl., Stuttgart 1957.

– Angstlust und Regression, Verlag Klett, Stuttgart 1960.

– Primärer Narzißmus und primäre Liebe, Jb. Psychoanal. 1, 3 (1960).

BENEDEK, TH.: Elternschaft als Phase der Entwicklung, Jb. Psychoanal. 1, 35 (1960).

BLOEDORN, W. A.: Cardiac neuroses, Ann. Clin. Med. 4, 89 (1925).

BOWLBY, J.: Maternal care and mental health, WHO, 2. ed., Genf 1952.

– The nature of the child's tie to his mother, Int. J. Psycho-Anal. 39, 350 (1958).

– Separation anxiety, Int. J. Psycho-Anal. 41, 89 (1960).

– Grief and mourning in infancy and early childhood, Psychoanal. Stud. Child 15, 9 (1960).

– Processes of mourning, Int. J. Psycho-Anal. 42, 317 (1961).

BRAUN, L.: Herz und Angst. Eine ärztlich-psychologische Studie, Verlag Deuticke, Wien 1932.

BRÄUTIGAM, W.: Analyse der hypochondrischen Selbstbeobachtung. Beitrag zur Psychopathologie und zur Psychogenese mit Beschreibung einer Gruppe von jugendlichen Herzhypochondern, Nervenarzt 27, 409 (1956).

CAMERON, N.: Personality development and psychopathology, Hangthon Mittlin Co., Boston 1963.

CHRISTIAN, P. & K. FINK-EITEL: Zur Pathogenese funktioneller Herz- und Kreislaufstörungen. Dtsch. Med. Wschr. 82, 17 (1957).

CHRISTIAN, P.: Herz und Kreislauf. In: Handbuch der Neurosenlehre und Psychotherapie, Bd. 2, Verlag Urban und Schwarzenberg, München und Berlin 1959.

CHRISTOFFEL, H.: Einiges über Herzneurosen. Schweiz. Med. Wschr. 54, 302 (1924).

– Psychoanalyse und Medizin in ihren Beziehungen zur Angstneurose. Int. Z. Psychoanal. 17, 72 (1931).

COHEN, M. E., P. D. WHITE & R. E. JOHNSON: Neurocirculatory asthenia, anxiety neurosis or the effort syndrome. Arch. Int. Med. 81, 260 (1948).

CRAIG, H. R. & P. D. WHITE: Etiology and symptoms of neurocirculatory asthenia. Arch. Int. Med. 53, 633 (1934).

CULPIN, M.: The psychological aspects of the effort syndrome. Lancet 2, 184 (1920).

DELIUS, L.: Die vegetativen Herz- und Kreislaufstörungen. In: Praxis der Herz- und Kreislauferkrankungen, hg. von P. Uhlenbruck, Verlg Lehmann, München 1964.

– Die «nervösen» Herz- und Kreislaufstörungen. Verlag Enke, 2. Auflage, Stuttgart 1944.

DRECHSEL, H.: Krankheiten und funktionelle Beschwerden. Korrelationsstatistische Untersuchungen an poliklinischen Patienten. Diss. Gießen, 1964.

DUNBAR, F.: Emotions and bodily changes, Columbia University Press, 4. ed., New York 1954.

FENICHEL, O.: The psychoanalytic theory of neurosis. Verlag Routledge & Kegan Paul, 3. ed., London 1960.

FREUD, S.: Über die Berechtigung, von der Neurasthenie einen bestimmten Symptomenkomplex als «Angstneurose» abzutrennen [1895]. Ges. Werke 1, 313, Verlag Imago, London 1952.

– Zur Kritik der «Angstneurose» [1895]. Ges. Werke 1, 355.

– Trauer und Melancholie [1916]. Ges. Werke 10, 427.

– Massenpsychologie und Ich-Analyse [1921]. Ges. Werke 13, 116.

– Hemmung, Symptom und Angst [1926]. Ges. Werke, 14, 111.

FRIEDBERG, CH.: Erkrankungen des Herzens. Verlag Thieme, Stuttgart 1959.

FRIEDMAN, M.: Studies concerning the etiology and pathogenesis of neurocirculatory asthenia. Am. Heart J. 30, 478 (1945).

– Functional carciovascular disease. Verlag Williams & Wilkins, Baltimore 1947.

FÜRSTENAU, P., E. MAHLER, H., MORGENSTERN, H., MÜLLER-BRAUNSCHWEIG, H. E., RICHTER & R. STAEWEN: Untersuchungen über Herzneurose. Psyche 18, H. 3 (1964).

GUNTHER, L. & K. MENNINGER: Intermittent extrasystole directly associated with emotional conflict: a case report. Bull. Menninger Clin. 3, 164 (1939).

HALSEY, R. H.: The cardiac neurosis. Bull. New York Acad. Med. 6, 89 (1930).

– Psychoneurosis and neurosis of the heart. Bull. New York Acad. Med. 8, 338 (1932).

HARVEY, W.: Zitiert nach: Hunter, R. & I. Malcapine: Three hundred years of psychiatry. Verlag Oxford University Press, London 1963.

HAUSS, W. H.: Angina pectoris. Verlag Thieme, Stuttgart 1954.

HERTRICH, O.: Diagnose und Differential-Diagnose der leichteren depressiven Zustandsbilder. Forschr. Neurol. Psychiatr. 30, 237 (1962).

JONES, M. & A. LEWIS: Effort syndrome. Lancet 1, 813 (1941).

JORSWIECK, E.: Beitrag zur Gefühls- und Antriebsdynamik bei psychogenen Herzerkrankungen. Z. Psycho-som. Med. 1, 99 (1954/55).

KANZER, M.: The Communicative Function of the Dream. Intern. Journ. of Psychoanal. 36, 260 (1955).

KIELHOLZ, P. & D. BECK: Vegetative Untersuchungen und Therapie der Erschöpfungsdepression. Praxis 39, 962 (1962).

KRIES, I. v.: Zur Differentialdiagnose der Angstneurose und Angsthysterie. Psyche 11, 27 (1957).

KULENKAMPFF, C. & A. BAUER: Herzphobie und Herzinfarkt. Zur Anthropologie von Angst und Schmerz. Nervenarzt 33, 289 (1962).

– Über das Syndrom der Herzphobie. Nervenarzt 31, 443 (1960).

LEWIS, TH.: Report on neurocirculatory asthenia. Milit. Surgery 42, 409 (1918).

LINDNER, J.: Herz und Angst. Diss. Heidelberg 1956.

LÖWENFELD, L.: Zitiert nach S. Freud, Zur Kritik der «Angstneurose».

MECHELKE, K.: Korrelation von Herz und Kreislauf zu Psyche und Konstitution. Münch. Med. Wschr. 104, 1361 (1962).

MECHELKE, K. & P. CHRISTIAN: Vegetative Herz- und Kreislaufstörungen. In: Handbuch der Inneren Medizin, Bd. 9. Verlag Springer, Berlin–Göttingen–Heidelberg 1960.

MENNINGER, K. & W. C. MENNINGER: Psychoanalytic observations in cardiac disorders. Am. Heart J. 11, 10 (1936).

MENNINGER, W. C.: Functional cardiovascular disorders. Southwest. Med. J. 21, 281 (1937).

MILES, H. H. W. & S. COBB: Neurocirculatory asthenia, anxiety and neurosis. New Engl. J. Med. 245, 711 (1951).

MILLER, M. L. & H. V. MCLEAN: The status of emotions in palpitation and exrasystoles with a note on «effort syndrome». Psychoanal. Quart. 10, 545 (1941).

MITSCHERLICH, A.: Zur psychoanalytischen Auffassung psychosomatischer Krankheitsentstehung. Psyche 7, 561 (1954).

PARKINSON, J.: Effort syndrome in soldiers. Brit. Med. J. 1, 545 (1941).

QUINT, H. & M. ECKER: Beitrag zur gestörten Erlebnisverarbeitung bei paroxismaler Tachycardie. Z. psychosom. Med. 1, 116 (1954/55).

REINDELL, H., E. SCHILDGE, H. KLEPZIG & H. W. KIRCHHOFF: Kreislaufregulation. Verlag Thieme, Stuttgart 1955.

RICHTER, H. E.: Beobachtungen an 14 Kindern mit chronischer Obstipation. Psyche 12, 291 (1958).

– Die narzißtischen Projektionen der Eltern auf das Kind. Jb. Psychoanal. 1, 62 (1960).

– Eltern, Kind und Neurose. Verlag Klett, Stuttgart 1963.

– Herz und Psyche. Hippokrates 34, 165 (1964).
– Untersuchungen über Herzneurose. Psyche 18, H. 3 (1964).
ROTHSCHILD, M.: Neurocirculatory asthenia. Bull. New York Acad. Med. 6, 232 (1950).
SCHNEIDER, D. E.: The image of the heart. Verlag International University Press, New York 1956.
SCHULTE, W.: Synkopale Anfälle und Herzphobien als Modelle psychosomatischer Krankheiten in biographischen und soziologischen Zusammenhängen. Klin. Wschr., 40, 1088 (1962).
STEVENSON, I. P., C. H. DUNCAN et al.: Circulatory dynamics before and after exercise in subjects with and without structural heart disease during anxiety and relaxation. J. Clin. Invest. 28, 1534 (1949).
STOKVIS, B.: Psychologie und Psychotherapie der Herz- und Gefäßkrankheiten. Verlag Uitgeversmaatschappij «De Tijdstrom», Lochem 1941.
STÖRRING, G. E.: Zur Psychosomatik von Angstzuständen. Z. psycho-som. Med. 5, 1 (1958/59).
v. UEXKÜLL, TH.: Die funktionellen Syndrome. Klinik der Gegenwart Bd. 9, 299 (1959).
– Der Körper als Problem der psychosomatischen Medizin. Psyche 15, 76 (1961/62).
VÖLKEL, H.: Die neurotische Depression. Verlag Thieme, Stuttgart 1959.
– Funktionelle Herzstörungen als zwangsneurotisches Organsymptom. Z. psychosom. Med. 1, 111 (1954/55).
WEISS, E.: Emotional factors in cardiovascular disease. Verlag Thomas, Springfield, Ill. 1951.
WEISS, E. & O. S. ENGLISH: Psychosomatic Medicine, Saunders 3. ed., London, Philadelphia 1957.
v. WEIZSÄCKER, V.: Kreislauf und Neurose. In: Herzneurosen und moderne Kreislauftherapie, hg. von der Vereinigung der Bad Nauheimer Ärzte, Verlag Steinkopff, Dresden und Leipzig 1932.
WELSH, G. S. & W. G. DAHLSTROM: Basic readings on the MMPI in psychology and medicine. Verlag University of Minnesota Press, 2. ed., Minneapolis 1960.
WHEELER, E. O., P. D. WHITE, E. W. REED & M. E. COHEN: Neurocirculatory asthenia (anxiety neurosis, effort syndrome, neurasthenia). A twenty year follow-up study of 173 patients. J.A.M.A. 142, 878 (1950).
WISHAW, W.: Anxiety and the heart. Med. J. Austral. 24, 360 (1937).
WITTKOWER, E.: Einfluß der Gemütsbewegungen auf den Körper. Affektphysiologie und Organneurosen. Sensenverlag, Leipzig und Wien 1936.
WITTKOWER, E., T. F. RODGER ET AL.: Effort syndrome. Lancet 1, 531 (1941).
WOLF, G. A. & H. G. WOLFF: Studies on the nature of certain symptoms associated with cardiovascular disorders. Psychosom. Med. 8, 293 (1946).
WOLFF, H. G.: Life stress and cardiovascular disorders. Circulation 1, 187 (1950).
WOOD, P.: Da Costa's syndrome (or effort syndrome). Brit. Med. J. 1, 767, 805, 845 (1941).
WYSS, D.: Entwicklung und Stand der psychosomatischen Kreislaufforschung in England und USA seit dem Ersten Weltkrieg. Psyche 5, 81 (1951).
v. WYSS, W. H.: Herz und Psyche in ihren Wechselwirkungen. Schweiz. Med. Wschr. 57, 433 (1927).
– Über den Einfluß psychischer Vorgänge auf die Innervation von Herz und Gefäßen. Schweiz. Arch. Neurol. Psychiatr. 14, 30 (1924).

Der Objektverlust

Georg L. Engel und Arthur H. Schmale jr.
Eine psychoanalytische Theorie der somatischen Störung*

Die vorliegende Arbeit behandelt einige psychoanalytische Beiträge zur Klärung der Rolle psychischer Faktoren bei der Genese somatischer Krankheiten. Der Einfluß psychischer Faktoren beschränkt sich nicht auf die traditionsmäßig «psychosomatisch» genannten Störungen wie Ulcus pepticum, ulcerative Colitis und Asthma bronchiale, sondern spielt auch eine Rolle bei Infektionen, Neoplasien, Verdauungsstörungen usw., eine Auffassung, die an die Beobachtung anknüpft, daß psychische Faktoren sowohl den Zeitraum des Ausbruchs und der Exacerbationen als auch den Verlauf vieler Krankheiten beim Menschen und beim Tier zu beeinflussen scheinen. Gewisse Daten, die durch Ausweitung der psychoanalytischen Forschung auf bisher nicht von Analytikern studierte Patientengruppen gewonnen wurden, haben es notwendig gemacht, die für die Krankheitsentstehung geltenden psychoanalytischen Hypothesen in einzelnen Punkten zu überprüfen.

Konversion und somatische Krankheit

Alexanders These, der Konversionsmechanismus sei «auf das willkürliche neuromuskuläre und das sensorische System beschränkt, dessen Funktion darin besteht, Affekte auszudrücken und abzuführen», wäh-

* Englische Veröffentlichung unter dem Titel «Psychoanalytic Theory of Somatic Disorder» im Journal of the American Psychoanalytic Association, 15, Nr. 2 (1967), 344–365. Es handelt sich um die revidierte Fassung eines Vortrags anläßlich eines von der «American Psychoanalytic Association» in New York im Jahre 1965 einberufenen Panels über die psychoanalytische Theorie der somatischen Symptome. Der Vortrag wurde im November 1966 vor der British Psycho-Analytical Society in London wiederholt.

rend das vegetative Symptom «eine psychogene Dysfunktion eines vegetativen Organs sei, die nicht vom willkürlichen neuromuskulären System gesteuert ist und daher keinen primär psychologischen Sinn ausdrückt» (2), ist weitgehend akzeptiert worden. Mehrere Forscher, darunter ALEXANDER selbst, haben jedoch eindeutige Ausnahmen von der Regel festgestellt (3, 4, 5, 7, 18, 41, 43, 49, 50, 51, 52). Es scheint jetzt nicht nur klar zu sein, daß Konversionsmechanismen keineswegs allein auf das willkürliche motorische oder sensorische System beschränkt sind, sondern daß sich am Ort der Konversion lokale Gewebsveränderungen als Komplikation bilden können. Diese Komplikationen zeigen sich am deutlichsten bei Hautläsionen, wobei Zeitpunkt und Ort der Läsion (jedoch nicht die Läsion selbst) die Kriterien einer Konversion voll zu erfüllen scheinen (5, 8, 49, 50, 51, 52). Eine ähnliche Verbindung zwischen Konversionsmechanismus und Entwicklung einer Läsion kann auch am oberen und unteren Magen-Darm-Trakt, an den Atmungswegen, den Gelenken und sogar bei Teilen des Gefäßsystems beobachtet werden. So haben wir zum Beispiel beobachtet, daß am Zeigefinger einer Frau, die im Begriff war, die Telefonnummer ihrer Mutter zu wählen, um ihr «die Meinung zu sagen», erstmals Zeichen der Raynaudschen Krankheit auftraten; bei einem Mann, der den Impuls hatte, die Tür eines Mädchens, das nichts von ihm wissen wollte, einzutreten, trat erstmals eine primär chronische Polyarthritis im Knöchel auf. Die ursprünglich psychische Bedeutung der Ablehnung eines schlechten Introjekts kann zu einem Pylorospasmus mit Brechreiz und Erbrechen führen und bei Hypersekretion zur Bildung eines Ulcus pepticum beitragen (23). Solche Erscheinungen verlangen nach weiterer Untersuchung der Beziehung zwischen Konversion und somatischer Krankheit.

Konversion ist ein psychologisches Konzept; es ist durch neuroanatomische Begriffe nicht zu definieren oder abzugrenzen, auch wenn Funktionen und Struktur des Nervensystems sekundär als biologische Folge der Konversion für den Organismus einbezogen sein können. Die Körperpartien oder Systeme, die sich zur Konversion herleihen, sind nicht durch ihre willkürliche oder autonome Innervation gekennzeichnet, sondern durch ihre Fähigkeit, eine seelische Repräsentanz übernehmen zu können, ein Vorgang, der Innervationen, Wahrnehmungen mittels Distanzrezeptoren und Phantasie umfaßt. Wichtig sind hier objektgerichtete Aktivitäten, denn wenn in der Beziehung zu einem Objekt ein Körperteil zum Zwecke von Entladung, Ausdruck oder Mitteilung mobilisiert wird, können die beteiligten physiologischen wie pathophysiologischen Prozesse sehr wohl auch eine seelische Repräsentanz erlangen und dadurch nicht nur der späteren Reaktivierung durch symbolische Reize, sondern auch der Beteiligung an primär symbolischen Ausdrucksformen fähig werden. So können etwa Brechreiz und Erbrechen nicht nur als rein physiologische Antworten des Magens auf verdorbene Nahrungsmittel oder der Zentren der Medulla auf die Droge Ipecacuanha auftreten; sie können in der Folge auch allein durch den Anblick oder Geruch der verdorbenen Nahrungsmittel oder der Ipecacuanha hervorgerufen werden. Dies ist dann aber eine Generalisierung der Reaktion und nicht eine Konversion. Aber das betreffende physiologische System erwirbt, wenn es einmal aktiviert ist, mit Leichtigkeit auch seelische Repräsentanz, und zwar nicht nur mittels Wahrnehmung der verschiedenen sensorischen Systeme, die bei der Empfindung von Brechreiz und Erbrechen beteiligt sind, sondern auch durch leicht hergestellte Verbindungen mit psychischen Abkömmlingen der Triebe und Objektbeziehungsaktivität. So kann der Brechreiz zu einem Konversionssymptom werden, das nun seinerseits die somatische Reaktion des Erbrechens (nach dem Ausstoßungsschema) auslöst. Dadurch wird ein physischer, primär unter autonomer Kontrolle stehender Prozeß für die Konversion verfügbar. Das ist ein banales, allen Analytikern vertrautes Beispiel, aber das darin enthaltene Prinzip läßt sich auch auf andere, nicht unter der Kontrolle der Willkürmotorik stehende Systeme übertragen.

Von hier aus wird es dann auch möglich zu verstehen, wie sich gelegentlich örtliche Gewebsschädigungen als *Komplikationen* der Konversion entwickeln können. Konversionen an der Haut liefern dazu die interessantesten Beispiele. Die Funktion der Haut als eines Organs des Ausdrucks und der Mitteilung und als Manifestationsort von Lust, aber auch Schmerz, ist wohlbekannt. Physiologisch sind Parameter der Empfindung, Drüsensekretion, Gefäß- und Piloaktivität in den verschiedensten Kombinationen beteiligt. Bei körperlicher Verletzung reagiert die Haut mit Schmerz (oder Jucken) und Entzündung. Diese Reaktion erfolgt nicht nur als direkte Wirkung der Noxe auf die Haut, sondern auch auf Grund eines Rückkopplungssystems, das den entzündlichen Prozeß über die Zeit der aktuellen Verletzung hinaus steigert und aufrechterhält. Diese Rückkopplung geschieht mittels gegenläufiger Aktivität längs der gleichen afferenten Nervenfasern, die die nocioceptiven Reize transportieren; sie führt zur Bildung chemischer Stoffe (Neurokinin, Substanz P) an den Nervenenden der Haut, die die Eigenschaft haben, örtliche Entzündungen zu fördern, die Schmerzschwelle zu senken und die Gerinnungsmechanismen zu beeinflussen (6). Es ist für unsere These von großer Bedeutung, daß das gleiche Rückkopplungssystem auch durch hypnotische

Suggestion einer Verletzung aktiviert werden kann (6); das spricht dafür, daß das gleiche auch für Konversionen gelten mag, bei denen eine phantasierte Schädigung der Körperoberfläche eine Rolle spielt. Solche gegenläufige neurosekretorische Aktivität in dem Bereich, der von der Reaktion auf die Phantasie erfaßt ist, könnte Erscheinungen wie Hyperästhesie, Erytheme und Schwellungen erklären, die gelegentlich am Ort des Konversionsschmerzes gefunden werden (8). Falls eine Wechselwirkung zwischen diesen Erscheinungen und anderen bereits bestehenden pathogenen Mechanismen, wie Immunität, Allergie oder Hämostase bestünde, könnte diese auch manche Fälle von örtlichen Hautschäden einschließlich der allergischen oder ekzematösen Dermatitis (5, 51, 52), Urticaria (24, 4), Purpura (Stigmatisierung) (34) u. a. erklären, deren Lokalisierung deutlich symbolisch determiniert ist. Die Fälle von SCHUR (49, 50), SEITZ (51, 52) und BARCHILON und ENGEL (5) sind Beispiele symbolischer Determinierungen des Ortes der Schädigung auf Konversionsgrundlage.

Ferner erlangt eine Hautstelle, wenn sie einmal erkrankt ist, unabhängig von der ursprünglichen Ätiologie, sehr leicht eine seelische Repräsentanz und kann daher zum Ort für künftige Konversionsreaktionen werden. Es ist ja bekannt, daß viele solche Hautläsionen am ursprünglichen Ort wieder aufzutreten pflegen.

Auf Grund dieser Überlegungen möchten wir die Behauptung aufstellen, daß ein Konversionsmechanismus sowohl auf prägenitaler als auch phallischer Stufe durch Aktivierung solcher spezifischer Innervationen, wie eben für die Haut beschrieben, bei der Entstehung vieler somatischer Störungen, die bisher nicht im Zusammenhang mit einer Konversion betrachtet wurden, eine Rolle spielen kann. Das besagt, daß durch Erotisierung der örtlichen Schutzsysteme die einer Konversion zugrunde liegende unbewußte Phantasie sich auf einen Körperteil konzentrieren kann, der zur Abwehr gegen Verletzung innerviert ist und nun reagiert, als ob die Verletzung wirklich stattgefunden hätte. Auf diese Weise würde die Konversion zum psychischen Mechanismus, der die sogenannten «Ausstoßungsschemata» («riddance patterns») von WOLFF (59) zum Beispiel an der Haut, den Schleimhäuten, dem oberen Respirationstrakt oder dem oberen und unteren Magen-Darm-Trakt auslöst. Man muß jedoch im Auge behalten, daß bei dieser Formulierung die Konversion nur für die Wahl des Ortes bzw. Körperteils und die Wahl der ausgelösten Ausstoßungsbahnung verantwortlich ist, nicht aber für die Entwicklung der Läsion selbst. Letzteres ist eine *Komplikation* in Gestalt einer Körperreaktion auf die Konversion, deren Entwicklung von der Wechselwirkung mit anderen prädisponierenden Faktoren abhängig ist, wie bereits beschrieben wurde. Daher haben die Läsion selbst und die aus ihr sich ergebenden Symptome weder eine primär symbolische Bedeutung noch dienen sie der Abwehr. Ein vielleicht bekannteres und verständlicheres Beispiel dieser Verflechtung ist die Hyperventilation, bei der die Konversion ein bestimmtes psychisches, mit der Atmung zusammenhängendes Konzept beinhaltet, das zu exzessiver Atmung führt, während die Symptome der Parästhesie, Schwindel und Tetanie selbst nicht Konversionen sind, sondern die Folgen der respiratorischen Alkalose, die als Komplikation der Hyperventilation auftritt (14).

Diese Formulierung hilft uns vielleicht, die alte Kontroverse über die Rolle prägenitaler Konversionen bei der Entstehung gewisser psychosomatischer Störungen wie Colitis, Asthma, Migräne, Dermatitis und Ulcus zu klären, für die vor allem SPERLING (53, 54, 55, 56) und GARMA (23) eintraten. Zwar glauben wir nicht an die Beteiligung eines primär psychogenen Mechanismus als Ursache für solche somatischen Prozesse und müssen feststellen, daß diese Autoren nicht zwischen primärer und sekundärer Symbolisierung[1] unterscheiden; aber es ist doch eine Tatsache, daß eine Konversion sehr wohl als ein Glied in der Kette der Ereignisse beteiligt sein kann, die schließlich zu der örtlichen Läsion führt. Leider kann man diese Frage nicht eindeutig mit Rekonstruktionen aus Analysen angehen, da diese nur gelegentlich eine klare Unterscheidung zwischen primärer und sekundärer Symbolisierung erlauben. Um festzustellen, ob ein Konversionsmechanismus an der zu einer Läsion führenden Kette beteiligt ist, muß man beweisen, daß die der Konversion zugrunde liegende Symbolbildung schon vor Entwicklung der Läsion vorhanden war, bzw. bevor der seelische Apparat sich mit ihr auseinandergesetzt hat. Dies ist noch am ersten möglich, wenn die Läsion sichtbar (wie bei der Haut) und sich im Laufe der Analyse entwickelt (49, 50). Solche Beispiele sollten von den Analytikern festgehalten werden.

Man wird vielleicht einwenden wollen, diese Auffassung erweitere den Begriff der Konversion so stark, daß sich seine Unterscheidung von anderen psychischen, den somatischen Störungen zugrunde liegenden Mechanismen verwischt. Das ist nicht der Fall. Vielmehr möchten wir die Aufmerksamkeit auf die Tatsache lenken, daß das zentrale Nervensystem auf den Konversionsmechanismus durch eine Vielfalt vorhandener neuraler Bahnungen reagieren kann, deren pathophysiologische Konsequenzen auch örtliche Gewebsveränderungen sein können. Das sind dann jedoch

1 Unter sekundärer Symbolisierung verstehen wir Symbolprozesse, die sich als Reaktion auf die Wahrnehmung der im Laufe einer somatischen Erkrankung eintretenden körperlichen Veränderungen bilden.

Komplikationen der Konversion und nicht selbst Konversionen. Dieses Ineinandergreifen ist nicht eine Unschärfe der Terminologie, sondern liegt in der Natur der Sache; es kommt nicht nur daher, daß die gleichen Nervenwege auf verschiedene Weise reagieren können, je nach dem funktionellen Zustand, in dem sie sich befinden, sondern daß auch mehrere Formen psychischer Prozesse aufeinanderfolgend an der schließlichen Entstehung einer örtlichen Läsion beteiligt sein können. Diese Formulierung entspricht im wesentlichen FREUDS ursprünglichem Konzept des somatischen Entgegenkommens, das besagt, daß viele Faktoren, einschließlich einer früheren somatischen Schädigung oder Krankheit, dazu dienen können, einen bestimmten Körperteil für künftige Konversionen vorzubereiten, unter Reaktivierung einiger der Prozesse, die ursprünglich bei der ersten Krankheit oder dem Trauma beteiligt waren (19, 21). Sicherlich geht das weit über die begrenztere Aussage ALEXANDERS hinaus, die wir anfangs zitierten, aber es trägt den klinischen Tatsachen besser Rechnung. Die Vereinigung des FREUDschen Konzepts des somatischen Entgegenkommens mit neueren Erkenntnissen könnte auch dazu führen, daß einige der scheinbar weithergeholten Ideen von GRODDECK (29) bezüglich der Rolle der Konversion bei der Lokalisierung, falls nicht sogar der Entstehung, von örtlichen Infektionen und Neoplasmen wie auch bei der Organwahl bei Asthma, Ulcus, Arthritis, und örtlichen Gefäßkrankheiten erneut ins Auge gefaßt werden.

Die Spezifitätslehre und das Konzept der somatopsychisch-psychosomatischen Störungen

Inzwischen sind neuere Methoden gefunden worden, um Patienten mit den verschiedensten somatischen Krankheiten psychologisch zu studieren; dadurch sind auch einige Probleme der Spezifität schärfer ins Licht getreten. Wenn eine heterogene Gruppe von Patienten untersucht wird, scheint die Folgerung unausweichlich, daß die Krankheiten hinsichtlich des Grades der Beteiligung spezifisch psychischer Merkmale differieren. Bei Pneumonie oder Hepatitis zum Beispiel haben die Patienten offenbar keine spezifischen psychischen Züge gemeinsam. Dagegen scheinen bei Krankheitseinheiten wie Colitis ulcerosa oder Hyperthyreose die an derselben Krankheit leidenden Patienten einander psychisch in erkennbarer Weise ähnlich zu sein.

Dieser Gegensatz beruht aber weitgehend auf klinischen Eindrücken, und die Frage bleibt offen, ob er stichhaltig ist. Im gegenwärtigen Zeitpunkt erlauben die vorhandenen Daten noch keine klare Antwort. Das vielleicht eindrucksvollste Experiment mit Bezug auf dieses Problem stammt von WEINER, THALER, REISER und MIRSKY (58), die nicht nur imstande waren, einzig auf Grund psychologischer Kriterien zwischen Personen mit hoher und geringer Magensäuresekretion zu unterscheiden (gemessen am Pepsinogenspiegel), sondern auch vorherzusagen, wer unter den Probanden mit hoher Sekretion, die alle dem gleichen, aus der äußeren Situation stammenden Stress unterworfen waren, ein Magengeschwür entwickeln würde. Die angelegten psychischen Kriterien waren den klinisch-psychoanalytischen Aussagen ALEXANDERS entnommen (3). Die Autoren wählten Personen aus, die bis dahin noch kein Magenulcus gehabt hatten, und fanden, daß die spezifischen psychischen Eigenschaften mit der biologischen Prädisposition für Ulcus verknüpft sind und nicht mit dem Vorhandensein und der Auswirkung des Magenulcus per se.

Ferner wiesen sie nach, daß innerhalb der Gruppe der Prädestinierten die psychische Empfindlichkeit für die gleiche Stress-Situation (militärische Grundausbildung von Rekruten) durch dynamische und ökonomische Faktoren determiniert war, so daß nur *einige* von ihnen Ulcera entwickelten. So stellte MIRSKY (38, 39) einen Bereich mit einerseits somatischer, andererseits psychischer Anfälligkeit als wechselseitig aufeinander einwirkende Variablen fest. Da bei neugeborenen Kindern eine gleich breite Skala an unterschiedlichem Pepsinogengehalt besteht wie bei Erwachsenen, nimmt MIRSKY an, daß die Ulcusprädisposition möglicherweise schon bei Geburt vorhanden ist. Auf Grund dieser Daten stellt er die Behauptung auf, daß der primäre biologische Faktor auch die seelische Entwicklung des Säuglings, und zwar in diesem Falle speziell hinsichtlich der Oralität, beeinflussen müsse.

In Verallgemeinerung der MIRSKYschen These hat der eine von uns vorgeschlagen, für die Gruppe von Störungen, die solche Kennzeichen haben, den Ausdruck *somatopsychisch-psychosomatisch* zu verwenden. Es handelt sich, kurz gesagt, um somatische Erkrankungen, bei denen die prädisponierenden biologischen Faktoren nicht nur schon von Geburt oder früher Säuglingszeit an vorhanden sind, sondern auch direkt oder indirekt an der Entwicklung des psychischen Apparates beteiligt sind. Dies bedeutet nicht unbedingt das Primat des biologischen Faktors; es könnte auch eine gemeinsame, undifferenzierte Matrix vorliegen. Es bedeutet jedoch, daß an irgendeinem Punkt das fragliche somatische System anfängt, auf die psychische Entwicklung einen spezifischen Einfluß auszuüben, manchmal in der Form von Abkömmlingen der Körpersprache, manchmal durch Erotisierungsvorgänge und manchmal durch Beteiligung an Vorgängen der Objektbeziehung oder Triebabfuhr. Hier kann man die Körpersprache und den Muskelerotismus des Arthritispatienten, den Exhibitionismus und die Hauterotik des Dermatitispatienten, die oralen und analen Abkömmlinge der Ulcus- und Colitispatienten und die Vermeidung von Aufregung bei den Gefäßpatienten anführen. Diese Prozesse treten zu den charakteristischen Konstellationen individueller psychodynamischer Tendenzen, Ich-Abwehrmechanismen, Triebverhaltensweisen und Formen der Objektbeziehung hinzu. Durch frühzeitige Einbeziehung in den Primärprozeß drücken diese körperlichen Einflüsse auch den Träumen, Phantasien, sprachlichen Bildern, Sprecheigentümlichkeiten, Körperhaltungen, Gesten ihren Stempel auf, und schließlich auch den «Einstellungen», die von GRAHAM et al. (25) beschrieben wurden. Sie gewährleisten ein weiteres Stück Spezifität im Hinblick auf die Umstände, die sich als psychisch belastend erweisen, und auf die Abfolge von Ich-Reaktionen, die letztlich im Auftreten der spezifischen somatischen Läsion kulminieren.

Gegenwärtig ist die Zahl der Störungen, die wir als somatopsychisch-psychosomatisch klassifizieren können, noch gering. Sie umfassen die bekannten «psychosomatischen» Krankheiten, denen wir jetzt wahrscheinlich Coeliakie (26). Enteritis regionalis (13) und perniziöse Anämie (38) zuzählen dürfen. Wir haben auch Grund zu glauben, daß die Beteiligung des betroffenen Organs oder Systems von größerer Bedeutung ist als die schließliche Krankheitsform. Zum Beispiel scheinen Patienten mit Hyperthyreose, Hypothyreose und Schilddrüsenkarzinom einander psychisch ähnlich zu sein; desgleichen Patienten mit einer Vielfalt von Gefäßkrankheiten wie Coronarverschluß, Schlaganfall und Hypertonie (37)[2].

2 SCHUR sagte in seinem Diskussionsbeitrag, er sei überrascht, daß wir uns allein auf der Grundlage von Interviewmaterial veranlaßt sehen, solche Verallgemeinerungen zu machen. Diese Kritik, die häufig von Analytikern ausgesprochen wird, übersieht, daß es viele Ebenen und Zuordnungsmöglichkeiten psychologischer Daten gibt, von denen einige durch eine mikroskopische Analyse eher undeutlich und nicht schärfer werden. Unter dem Mikroskop und bei vielen Methoden chemischer Analyse erscheinen Leberzellen verschiedener Arten ununterscheidbar, während die Leber als Organ mit bloßem Auge betrachtet gänzlich verschieden ist. Die Beurteilung der groben Unterschiede erlaubt die Identifizierung von Merkmalen, die jeder Art eigentümlich sind und an denen sie unterschieden werden können. Wenn also auch der Analytiker zwischen den einzelnen Kategorien von Patienten unter dem Mikroskop der Analyse keine Ähnlichkeiten (oder keine Unterschiede) entdeckt, so läßt das doch keinen Schluß auf die Gültigkeit von Verallgemeinerungen auf Grund von Interviewmaterial zu. Die Interviewtechnik erlaubt nicht nur, eine viel größere Zahl von Patienten zu überschauen, sondern auch Ähnlichkeiten (oder Verschiedenheiten) zu erkennen, die nur hervortreten, wenn große Gruppen untersucht werden. Die begrenzte Patientenzahl des einzelnen Psychoanalytikers schließt die Möglichkeit solcher Beobachtungen aus.

Die psychischen Kennzeichen von Colitis ulcerosa und regionaler Enteritis sind ununterscheidbar (13).

Die unmittelbar einleuchtende Bedeutung des biologischen (somatischen) Faktors für die seelische Entwicklung macht auch verständlich, wie es kommt, daß bei der Entwicklung mancher solcher Läsionen eine Konversion beteiligt sein kann, denn in der Tat sind hier einige Faktoren wirksam, die auch bei der Entstehung der Konversion mitspielen. Wie schon erwähnt, hat jedoch die Konversion in der somatopsychisch-psychosomatischen Gruppe mehr mit dem Ort der Störung als mit ihrer spezifischen Form zu tun.

Die Bedeutung der Situation bei Ausbruch der Krankheit

Für den Psychosomatiker von größtem Interesse ist die Zeitspanne, während welcher sich eine somatische Störung entwickelt, der Übergang vom Psychischen ins Somatische. Es ist mit gutem Recht vermutet worden, daß der Schlüssel für den bei der Entstehung der Krankheit beteiligten Mechanismus beim psychischen Zustand zur Zeit des Einsetzens der somatischen Störung liegt. In der Praxis hat sich dieses Moment jedoch als viel schwerer erfaßbar erwiesen als erwartet. Erstens ist der Zeitpunkt des Beginns der somatischen Störung oft nicht leicht festzustellen, besonders wenn die Störung im Anfangsstadium keine klar erkennbaren Symptome oder Zeichen bietet. Zweitens hat es sich aus vielen verschiedenen Gründen, die mit dem Wesen psychischen Materials zusammenhängen, als schwierig erwiesen, die relevanten psychischen Variablen zu isolieren, ganz abgesehen von der Schwierigkeit, sich darüber zu einigen, worin die geeigneten Kriterien für die zu isolierenden Variablen bestehen. Schließlich ist der Forscher im Moment des Ausbruchs der Störung selten dabei und hat sich daher gewöhnlich mit retrospektiven Daten zu begnügen. Teils wegen dieser Schwierigkeiten haben sich viele Forscher, einschließlich mancher Psychoanalytiker, in ihrer Wahl der psychischen Daten in unzulässigem Maße von vorhandenen physiologischen und psychologischen Theorien für die Erklärung der Pathogenese beeinflussen lassen und dabei Material übersehen, das mit diesen Theorien nicht im Einklang steht (9).

Trotz aller dieser Schwierigkeiten besteht eine recht gute Übereinstimmung darüber, daß ein sine qua non für die Entwicklung einer «psychosomatischen» Störung in einem – kurzen oder längeren – Versagen der Abwehrmechanismen besteht. Darüber hinaus gibt es aber keine Übereinstimmung mehr, weder ob man die Schuld den Affekten, «verdrängten» Affekten, Affektreaktionen, den Trieben, spezifischen psychodynamischen Tendenzen («Vektoren»), der Aggression, den Auswirkungen des «Todestriebs» oder wem sonst geben solle. Im derzeitigen Augenblick ist diese Frage nicht zu beantworten, denn wir haben noch kein Mittel, solche psychischen Kategorien, von denen manche bloße Abstraktionen sind, mit den biologischen Erscheinungen, die bei der Genese einer Läsion beteiligt sind, und die wir zumeist auch nur unvollkommen kennen, in Beziehung zu setzen.

Dieses düstere Gemälde sollte uns jedoch nicht abschrecken und daran hindern, peinlich sorgfältig mit der Kennzeichnung der seelischen Zustände der Patienten während der Induktionsperiode der Krankheit fortzufahren und eine Klassifikation dieser Zustände im Hinblick auf spezifische Krankheitsformen vorzunehmen.

Aber es sind weder psychologische noch biologische Gründe vorhanden, die erwarten ließen, daß sich ein einzelner psychischer Zustand zeigen wird, der als die universale pathogene Bedingung für alle somatischen Krankheiten gelten könnte. Viel eher kann man erwarten, daß manche psychischen Prozesse relativ unspezifisch den Verlauf vieler verschiedener Typen somatischer Störungen beeinflussen könnten, während andere relativ spezifisch sind, wenigstens für gewisse Kategorien somatischer Störungen, wie wir es für die sogenannten «somatopsychisch-psychosomatischen» Krankheiten angenommen haben. Freilich könnten bei der Entstehung jeglicher Krankheitsform, sei es Ulcus oder Leukämie, sowohl spezifische als auch nicht spezifische Faktoren hintereinander oder abwechselnd wirksam sein. So sind wir beim Studium der Situation bei Ausbruch der Krankheit gegenwärtig darauf angewiesen, erst einmal zeitliche Korrelationen zwischen dem Vorkommen spezieller psychischer Prozesse, die vom Untersucher vorher definiert worden sind, und der darauffolgenden Entwicklung der somatischen Störung festzustellen. Das Vorhandensein solcher Korrelationen selbst ist noch kein Beweis für eine Kausalverknüpfung. Diese hängt von der Feststellung ab, daß die physiologischen oder biochemischen Prozesse, die mit dem fraglichen psychischen Zustand einhergehen, entweder einen pathogenen Einfluß haben oder den Weg einer solchen somatischen Reaktion in Richtung auf die schließliche Krankheit bahnen. Bis jetzt ist der psychosomatischen Forschung eine solche Leistung jedoch noch an keiner Stelle gelungen, denn bisher sind weder die psychologischen noch die biologischen Variablen der Krankheit so genau bestimmt worden. Bevor es dazu kommt, müssen Psychoanalytiker (und andere Verhaltensforscher) die mit dem Krankheitsausbruch chronologisch verbundenen psychischen Variablen identifizieren, beschreiben und klassifizieren, und zwar unter retrospektiven Bedingungen. Während hinsichtlich der ätiologischen Bedeutung a priori keine Behauptungen aufgestellt werden sollten – oder können –, würde eine weitgehend chronologische Korrelation die Annahme erlauben, daß vielleicht eine solche Relation besteht und daß man daher mit dem betreffenden psychologischen Parameter weiter forschen dürfte. Die Art und Weise, wie WEINER, THALER, REISER und MIRSKY (58) die Bedingungen für den Ausbruch eines Magenulcus, wie sie von ALEXANDER definiert wurden, bei ihrer Vorhersage-Studie heranzogen, ist ein gutes Beispiel dafür, wie eine sorgfältige Definition psychologischer Parameter die Überprüfung ihrer ätiologischen Signifikanz möglich macht. Jetzt wird es sich darum handeln, weitere Studien zu planen, um festzustellen, in welchem Ausmaß die «Ausbruchs-Bedingungen» der Probanden von WEINER et al. wirklich mit den von ALEXANDER definierten Bedingungen übereinstimmen, oder ob auch andere psychische Variablen, die von ALEXANDERS Formulierung nicht erfaßt wurden, wirksam waren. Erst nach vielen Reihen solcher Feinuntersuchungen wird es möglich sein, nach dem biologischen Bindeglied zwischen den psychologischen und den somatischen Prozessen zu suchen, die an der Entstehung der somatischen Krankheit beteiligt sind.

Der Komplex «Aufgeben – Aufgegebensein» («giving up – given up») als nichtspezifische Bedingung des Krankheitsausbruchs

Wegen ALEXANDERS Konzentrierung auf die Rolle der Spezifität und der allgemeinen Annahme einer spezifisch «psychosomatischen» Klasse von Krankheiten war die Aufmerksamkeit viele Jahre lang von der Betrachtung der Rolle allgemeinerer psychischer Faktoren bei der Entstehung der organischen Krankheiten abgelenkt. Als man jedoch anfing, auch andere Patientengruppen als die gewöhnlich als «psychosomatisch» betrachteten psychologisch zu studieren, beobachtete man, daß bei vielen Krankheiten dem Ausbruch oder der Exacerbation häufig ein affektiver Zustand voraufging, der von den verschiedenen Autoren als «Verzweiflung», «Depression», «Aufgeben», «Kummer» usw. beschrieben wurde, alles Kennzeichnungen, die ein Gefühl unwiederbringlichen Verlustes oder Entbehrens andeuten (10, 27, 30, 35, 36, 44)[3]. So hat FREUD mit der ihm eigenen

3 Im neunzehnten Jahrhundert war diese Einsicht ziemlich verbreitet. FREUD drückte sie folgendermaßen aus: «Anhaltende Affektzustände von peinlicher oder, wie man sagt, ‹depressiver› Natur wie Kummer, Sorge und Trauer, setzen die Ernährung des Körpers im ganzen herab, verursachen, daß die Haare bleichen, das Fett schwindet und die Wandungen

glänzenden Einsicht nicht nur erkannt, daß die «depressiven» Affekte am innigsten mit der Entwicklung somatischer Erkrankungen verknüpft sind, sondern er hat bereits die Rolle der Veranlagung hervorgehoben. Ferner mußte er erkennen, daß zwischen dem Affekt und der Krankheitsentwicklung keine notwendige Beziehung besteht; manchmal kommt es zu keiner Erkrankung, und manchmal treten paradoxe Wirkungen ein. «Ein großer Schreck, ein plötzlicher Kummer» können unerwartete Ich-Reserven mobilisieren, während, wie FELDMANN (17) an den «Tränen des Glücks» gezeigt hat, eine unerwartete große Freude heftige Gefühle eines Verlustes erwecken kann, die nur aus der Bedeutung des Zeitraumes vor der glücklichen Wendung zu verstehen sind.

Angesichts der erstaunlichen Vielfalt der Bedingungen, die buchstäblich für den ganzen Umkreis der organischen Krankheiten zuzutreffen schienen, haben wir versucht, die Merkmale des prämorbiden Zustandes genauer festzustellen, den wir als eine nichtspezifische Bedingung für den Ausbruch und die Exacerbation der Krankheit sowohl in somatischer wie psychiatrischer Hinsicht ansehen. Phänomenologisch-klinisch hat dieser Zustand folgende Charakteristika:

a) Er enthält eine affektive Qualität der Unlust, die sich in Worten ausdrückt wie «zu viel», «es nützt alles nichts», «ich halte es nicht mehr aus», «ich gebe es auf» usw. Dies schließt zwei verschiedene Affektqualitäten ein: Hilflosigkeit, wenn sich die Gefühle mehr auf das Versagen der Umwelt beziehen, und Hoffnungslosigkeit, wenn sie mehr dem eigenen

der Blutgefäße krankhaft verändert werden. Umgekehrt sieht man unter dem Einfluß freudiger Erregungen, des ‹Glückes›, den ganzen Körper aufblühen und die Person manche Kennzeichen der Jugend wiedergewinnen. Die großen Affekte haben offenbar viel mit der Widerstandsfähigkeit gegen Erkrankung an Ansteckungen zu tun; es ist ein gutes Beispiel davon, wenn ärztliche Beobachter angeben, daß die Geneigtheit zu den Lagererkrankungen und zur Ruhr (Dysenterie) bei den Angehörigen einer geschlagenen Armee sehr viel bedeutender ist als unter den Siegern. Die Affekte, und zwar fast ausschließlich die depressiven, werden aber auch häufig genug selbst zu Krankheitsursachen sowohl für Krankheiten des Nervensystems mit anatomisch nachweisbaren Veränderungen als auch für Krankheiten anderer Organe, wobei man anzunehmen hat, daß die betreffende Person eine bis dahin unwirksame Eignung zu dieser Krankheit schon vorher besessen hat.

Bereits ausgebildete Krankheitszustände können durch stürmische Affekte sehr erheblich beeinflußt werden, meistens im Sinne einer Verschlechterung, aber es fehlt auch nicht an Beispielen dafür, daß ein großer Schreck, ein plötzlicher Kummer durch eine eigentümliche Umstimmung des Organismus einen gut begründbaren Krankheitszustand heilsam beeinflußt oder selbst aufgehoben hat. Daß endlich die Dauer des Lebens durch degressive Affekte erheblich abgekürzt werden kann, sowie daß ein heftiger Schreck, eine brennende ‹*Kränkung*› oder Beschämung dem Leben ein plötzliches Ende setzen kann, unterliegt keinem Zweifel; merkwürdigerweise wird letztere Wirkung auch mitunter als Folge einer unerwarteten großen Freude beobachtet.» (20, S. 294–295)

Versagen zugeschrieben werden und das Gefühl umfassen, daß keine Hilfe von anderen einem mehr helfen könne. b) Der Patient erlebt sich selbst als nicht mehr intakt, nicht mehr leistungsfähig, nicht mehr unter Selbstkontrolle, nicht mehr befriedigt und nicht mehr imstande, relativ autonom zu funktionieren. c) Die Beziehungen zu Objekten werden als nicht mehr sicher und befriedigend empfunden, und der Patient fühlt sich von seinen Objekten aufgegeben oder gibt sich selbst auf. d) Die wahrgenommene äußere Umwelt weicht wesentlich von den Erwartungen ab, die sich auf die Erfahrungen der Vergangenheit stützen, Erfahrungen, die nun nicht mehr als Leitlinien für das derzeitige und zukünftige Verhalten dienen zu können scheinen. e) Der Patient hat ein Gefühl, daß der Zusammenhang zwischen Vergangenheit und Zukunft verlorengegangen ist, so daß er nicht mehr imstande ist, sich selbst mit Hoffnung oder Vertrauen in der Zukunft zu erblicken. Daher erscheint ihm die Zukunft relativ düster oder nicht lohnend. f) Es besteht eine Tendenz, Gefühle, Erinnerungen und Verhaltensweisen, die mit ähnlich empfundenen Erlebnissen der Vergangenheit in Beziehung stehen, wiederaufleben zu lassen. Diese Beschreibung stellt ein Kompositum einander überschneidender Erscheinungen dar, von denen nicht alle bei jedem Patienten im gleichen Maße vorhanden sind. Wir sprechen daher von einem Komplex von konfigurativen, zeitlichen und quantitativen Aspekten. Der Zustand kann ganz kurze Zeit wie auch sehr lange währen; er kann plötzlich oder allmählich beginnen und enden; er kann eine Zeitlang zunehmen oder abnehmen, und er kann mehr oder weniger intensiv gefühlt werden.

Es ist schwer, einen geeigneten Namen hierfür zu finden. Zur Zeit versuchen wir, den Komplex unter der Bezeichnung «giving up» und «given up» zu begreifen, wobei «giving up» («aufgeben») auf eine Reihe seelischer Vorgänge hinweist, die in einen Endzustand des «given up» («Aufgegebenseins») münden können. Daher sprechen wir vom Komplex *«giving up – given up»*. Dabei soll «given up» auf einen Zustand hindeuten, der nicht gewollt herbeigeführt wird, sondern der einen befällt.

Auf Grund empirischer Beobachtungen hat der eine von uns zwei Affekte, nämlich «Hilflosigkeit» und «Hoffnungslosigkeit», als charakteristisch für zwei deutlich unterscheidbare Typen des Komplexes «giving up – given up» identifiziert. Diese Affekte reflektieren die vom Ich ausgehende Wahrnehmung der Unfähigkeit, sich gegen den Verlust zweier verschiedener Formen von Autonomie zu wehren (44, 46). Hilflosigkeit meint einen Verlust an Ich-Autonomie, verbunden mit einem Gefühl von Entbehrung wegen des Verlustes von Befriedigung, die von einem außerhalb des Selbst vorhandenen Objekt ersehnt wird. *Hoffnungslosig-*

keit dagegen spiegelt einen Autonomieverlust mit einem Gefühl von Verzweiflung wider, das aus dem Gewahrwerden der Unfähigkeit des Selbst, sich die gewünschte Befriedigung zu verschaffen, herrührt. Genetisch steht Hilflosigkeit mit der späteren oralen Phase in Verbindung, in welcher die Fähigkeit, das Selbst vom Objekt zu unterscheiden, den Säugling zum erstenmal in den Stand setzte, das Objekt Mutter als vom Selbst getrennte Quelle der Befriedigung wie der Versagung zu erkennen. Danach umfaßt der Affekt der Hilflosigkeit sowohl das Gefühl des Verlustes der Nahrungsquelle als auch das Bedürfnis nach einem äußeren Objekt als Mittel, die Befriedigung wiederzuerlangen. Wie dann der Erwachsene die Hilflosigkeit erlebt und manifestiert, ist das Ergebnis der Funktion vieler aufeinanderfolgender Entwicklungs- und Erlebniseinflüsse. Die Hoffnungslosigkeit, die eine weit stärkere Orientierung in Richtung auf internalisierte Befriedigungsquellen voraussetzt, hat spätere genetische Ursprünge. Der Beginn der Fähigkeit, Hoffnungslosigkeit zu fühlen, muß in der phallischen Phase angenommen werden, denn vorher dürfte das Selbst noch nicht genügend entwickelt sein, um die innerseelischen Bedingungen für eine solche objektunabhängige Befriedigung bereitzustellen.

Schur stellt in Frage, ob Hilflosigkeit und Hoffnungslosigkeit als Affekte im eigentlichen Sinne betrachtet werden können.[4] Er zieht es vor, die Angst als den primären Affekt zu verstehen und Hilflosigkeit und Hoffnungslosigkeit als Ichzustände aufzufassen. Dies scheint uns kein strittiger Punkt zu sein, da man alle Affekte auch als Ichzustände ansehen kann, obwohl nicht alle Ichzustände Affekte sind. Identifizierungsmerkmale der Affekte sind, a) daß sie ontogenetisch als etwas auftreten, das man fühlt, und b) daß sie Signal- oder Prüfeigenschaften annehmen können; dies aber sind Ichfunktionen. In jedem Falle wirken sie als motivierende Einflüsse, und das Ich reagiert darauf, indem es versucht, die Unlustaffekte verursachenden Bedingungen zu vermeiden oder auszuschalten und die für die lustvollen Affekte zuständigen Bedingungen zu erhalten oder ihre Wirkungsdauer zu verlängern. Auf diese Weise liefern die Affekte dem Ich Informationen über das Funktionieren und den Zustand der Befriedigung des psychischen Selbst. Wenn Affekte sich im Verhalten ausdrücken, ergeben sie auch objektgerichtete Kommunikationen.

Nach allen diesen Kriterien qualifizieren sich Hilflosigkeit und Hoffnungslosigkeit als Affekte. Wie es auch bei anderen Affekten der Fall ist, tragen andauernde oder wiederholte Erfahrungen von Hilflosigkeit oder

4 Bei der Diskussion der vorliegenden Arbeit.

Hoffnungslosigkeit im Laufe der Entwicklung auf spezifische Weise zur Charakterbildung bei. Wir halten es für möglich, Menschen, die stärker mittels Gefühlen von Hilflosigkeit reagieren, von anderen, die mehr zu Hoffnungslosigkeit neigen, auf Grund bestimmter Charakterzüge zu unterscheiden (48). In der jetzt dreizehn Jahre laufenden Studie der Patientin Monika konnten wir eine solche Charakterentwicklung in Reaktion auf wiederholte, langdauernde Erlebnisse von Hilflosigkeit in der frühen und späteren Kindheit studieren (15). Als Säugling reagierte Monika auf das Nichterscheinen der Nahrung mit Schreien; als dies zu wiederholten Malen keine Reaktion bei der Mutter auslöste, versank sie in einen Zustand von reaktionsloser Apathie. Wir nannten das «depressiven Rückzug» und definierten diesen Zustand als die zweite Form des ursprünglichen Unlustaffekts (12). Bis zu zwei Jahren war das regelmäßig Monikas unmittelbare Reaktion auf Objektverlust, den sie anders nicht bewältigen konnte. Im Laufe der folgenden zehn Jahre beobachteten wir den Übergang von diesem «depressiven Rückzug» zu offener Manifestation des Affektes Hilflosigkeit und schließlich die aktive Benutzung des Anscheins von Hilflosigkeit als Mittel, eine Objektbeziehung herzustellen. Da Monika kaum fähig ist, psychische Objekte festzuhalten, ist sie ungewöhnlich abhängig von äußeren Objekten, um Gefühle der Hilflosigkeit abzuwehren, und sie fesselt jetzt die Objekte an sich, indem sie immer wieder Reaktionen der Hilfeleistung aus der Umwelt erweckt als Mittel, solche Gefühle zu vermeiden. Ihre subtile, sehr attraktive Technik, Hilfe aufzurufen, erscheint jetzt als ein mehr oder weniger typischer, persönlicher Charakterzug dieses Mädchens in der Präadoleszenz. Sie hat sich also, kurz gesagt, während vierzehn Jahren im Laufe der Reifung von Ich-Verhaltensweisen vom «depressiven Rückzug» über «erlebte Hilflosigkeit» zur «Signal-Hilflosigkeit» fortentwickelt. Es handelt sich dabei um strukturierte Reaktionen auf die immer wiederkehrende Gefühlsüberflutung. Diese haben sich zu Ich-Abwehrformationen gegen Hilflosigkeit konstituiert. Aber wir müssen das Wiederauftauchen der erlebten Hilflosigkeit und vielleicht sogar die Entwicklung des ganzen Komplexes «giving up – given up» befürchten, sobald sie auf eine Situation trifft, in welcher die Umwelt auf ihre Hilferufe nicht antwortet. Die langzeitige Entwicklungsstudie an Monika und retrospektive Studien an vielen anderen Patienten unterstreichen, daß der Komplex «giving up – given up» entweder von Hilflosigkeit oder von Hoffnungslosigkeit als dominierendem Affekt gekennzeichnet sein kann. In jedem Fall kann er als ein Ichzustand mit einer besonderen Affekt-, psychischen Selbst- und psychischen Objektorientierungsdisposition betrachtet werden. Bei diesem Ichzustand dreht sich alles um die Wahrnehmung der Unerreichbarkeit von Versorgung und die Vermutung, daß sich dies niemals ändern werde. Die Phase des «giving up» wird durch ein Versagen der Abwehrmechanismen und der bisher wirksamen Mittel, Befriedigung herbeizuführen, eingeleitet; sie ist gekennzeichnet durch das Gewahrwerden der Unfähigkeit, doch noch Befriedigung zu erlangen. Die Phase des «given up» ist charakterisiert durch die Endgültigkeit des Befriedigungsverlustes als psychischer Realität, die mindestens eine Zeitlang ertragen werden muß, da keine Quellen der Zufuhr erreichbar zu sein scheinen. Damit stellt sich dann eine andere Funktionsebene ein, auf welcher das Ich sozusagen außerstande ist, seine Ziele aufrechtzuerhalten, bis günstigere Bedingungen eingetreten sind. In dieser Terminologie würden wir nun die Reaktion des «depressiven Rückzugs» von Monika als ein Beispiel der Phase «given up» bezeichnen (15). In beiden Situationen werden psychische Objekte als Befriedigungsquellen relativ unerreichbar, und auch das psychische Selbst wird als arm, schwach und unfähig erlebt, sich eigene Zufuhren zu beschaffen. Wenn der dominierende Affekt Hilflosigkeit ist, so besteht das Gefühl, daß dieser Zustand wohl beendet werden könnte, wenn nur die Objekte etwas unternehmen würden, während der Kranke selbst sich machtlos fühlt, irgend etwas zur Einleitung solcher Beziehungen beizutragen. Bei Hoffnungslosigkeit andererseits fühlt das Selbst sich nicht nur unfähig, aus eigener Kraft etwas zu unternehmen, sondern außerhalb jeder Möglichkeit, Hilfe von außen zu benutzen. In beiden Fällen, das muß betont werden, handelt es sich um psychische Wahrnehmungen des betreffenden Menschen zu einem bestimmten Zeitpunkt, die nicht unbedingt mit der Wirklichkeit übereinzustimmen brauchen.

Es gibt natürlich Lebenssituationen, die wirklich «hoffnungslos» sind und solche, in denen man «hilflos» ist, aber sie müssen nicht unbedingt zu Reaktionen von «giving up – given up» führen. Und wenn sie das tun, ist die affektive Antwort darauf mehr durch die psychischen Eigenschaften des Opfers als durch die äußere Situation selbst bestimmt. Eine wirklich hoffnungslose Lebenslage oder ein Zustand echter Hilflosigkeit erweckt bei Menschen, die zu Hilflosigkeit neigen, Hilflosigkeit, und bei solchen, die zu Hoffnungslosigkeit neigen, Hoffnungslosigkeit.

Im Mittelpunkt des Komplexes «giving up – given up» steht die seelische Wahrnehmung des Versagens oder der Unerreichbarkeit von Zufuhren; daher bilden reale, drohende oder symbolische psychische Objektverluste die häufigsten Auslösesituationen. Aber die Untersuchung solcher Situationen bei gesunden wie auch bei kranken Individuen macht es deutlich, daß der Komplex «giving up – given up» nur eine der zahllosen möglichen

Reaktionen auf Verlust ist. Es ist daher ein Irrtum, psychische Objektverluste mit dem Komplex oder mit den Affekten Hilflosigkeit und Hoffnungslosigkeit gleichzusetzen, wie es von manchen getan wurde. Ebensowenig kann der Komplex «giving up – given up» mit einer der Formen von Depression gleichgesetzt werden. Zwar kann in einem unspezifischen, adjektivischen Sinne die beherrschende Stimmung während des Komplexes «giving up – given up» wohl als «depressiv» bezeichnet werden. Aber nicht alle, die man im deskriptiven Sinne als «deprimiert» bezeichnet, fühlen im Sinne des Komplexes «giving up – given up». So bestehen zum Beispiel bei der normalen Trauer beim Tode eines geliebten Menschen möglicherweise Gefühle von Schmerz, Sehnsucht, Einsamkeit, Beraubung oder Verlust, die man manchmal auch ungenau als «depressiv» bezeichnet, aber diese Gefühle entsprechen nicht dem Komplex «giving up – given up», falls der Verlust nicht als überwältigend erlebt wird. Diesen Unterschied beleuchtet eine Studie der Trauerreaktionen von vierzehn gesunden Frauen zwischen zwanzig und fünfzig Jahren, die vom Zeitpunkt, an welchem die Diagnose Krebs für ihre Ehemänner gestellt wurde, bis zu einem Jahr nach deren Tode beobachtet wurden. Alle trauerten, aber nur neun von den vierzehn erlebten den Komplex «giving up – given up» zu irgendeiner Zeit während der letzten Krankheit ihrer Ehemänner oder nach deren Tode (47). Es ist für die hier vorgelegte These von Relevanz, daß alle diese neun Frauen, die diesen Komplex erlebten, somatisch oder psychisch erkrankten, während vier der restlichen fünf Frauen während der ganzen Zeit des Trauerns gesund blieben.

Desgleichen sind auch die klinischen Depressions-Syndrome nicht mit dem Komplex «giving up – given up» zu verwechseln. Der Komplex scheint eher eine vorausgehende Vorbedingung für die akute Entwicklung einer klinischen Depression (wie auch anderer psychiatrischer Erkrankungen) zu sein, wie wir bei einer Studie an fünfzig unausgelesenen Patienten fanden, die nacheinander wegen einer Vielfalt akuter psychiatrischer Störungen hospitalisiert wurden (1). Die Daten lassen darauf schließen, daß die klinischen Syndrome der neurotischen wie psychotischen Depression richtiger als fehlangepaßte Reaktionen oder Komplikationen des Komplexes «giving up – given up» angesehen werden könnten, und genauso die somatischen Störungen, die damit einhergehen können. Bevor jedoch eine angemessenere, vollständige Darstellung der Varianten des depressiven Syndroms gelungen ist, kann die Gültigkeit dieses Gesichtspunktes für alle derartigen Syndrome nicht völlig festgestellt werden (28). Gewiß erfüllen auch manche Episoden, die im Laufe einer Analyse auftreten und vom Analytiker (auch von uns selbst) als «Depression» oder «depressiv» bezeichnet werden, die Kriterien des Komplexes «giving up – given up», andere jedoch wieder nicht. Zum Teil ist aber die gegenwärtige Begriffsverwirrung auch rein terminologisch bedingt.

Der Komplex «giving up – given up», die biologischen Schutzmaßnahmen und die somatische Störung

Die empirische Beobachtung, daß der Komplex «giving up – given up» ein üblicher Vorläufer somatischer Erkrankungen ist, verlangt Überlegungen über die Beziehung zwischen diesen beiden. Es ist klar, daß es sich nicht um eine direkte Kausalbeziehung handelt, denn oft folgt auf den Komplex keine somatische Erkrankung. Es müssen offenbar eine spezifische biologische Prädisposition des Individuums oder pathogene Einflüsse aus seiner Umwelt vorhanden sein, welche mit diesem psychobiologischen Zustand in Interaktion treten oder sich ihn zunutzemachen, ehe eine somatische Erkrankung ausgelöst wird. Desgleichen ist kein Beweismaterial erkennbar, daß der Komplex eine notwendige Vorbedingung für die Entwicklung somatischer Störungen bildet. Das heißt, er ist *weder als notwendige noch als hinreichende Bedingung, sondern nur als Beitrag zum Auftreten einer somatischen Krankheit anzusehen, und auch das nur dann, wenn die prädisponierenden Faktoren vorhanden sind.* Bis jetzt ist dieses Problem noch kaum erforscht. Wir haben uns meistens nur mit Patienten-Populationen beschäftigt, die schon eine somatische oder psychiatrische Krankheit entwickelt haben, oder mit einigen kleineren Patientengruppen mit spezifischen somatischen Anfälligkeiten, wie Patienten mit Colitis ulcerosa oder dem Malabsorptionssyndrom in Remission. Ferner haben wir eine Reihe von Jahren hindurch eine Gruppe gesunder Männer und Frauen beobachtet und das Vorkommen von Episoden von «giving up – given up» notiert. Wir haben die Verbindung des Komplexes mit dem Ausbruch einer Krankheit signifikant häufiger festgestellt als das Auftreten des einen von beiden allein (47). Obwohl diese Untersuchung und die Studie an trauernden Frauen, die oben erwähnt wurde, noch unabgeschlossen sind, erwecken sie den Eindruck, daß sogenannte gesunde Menschen auch anfällig für den Komplex «giving up – given up» sind, und daß sie, falls sie biologisch prädisponiert sind, ebenfalls krank werden. Ferner läßt die Krankheitshäufigkeit bei trauernden Frauen darauf schließen, daß auch Faktoren wie Intensität und Dauer der Reaktion des Aufgebens und Sich-aufgegeben-Fühlens eine Rolle spielen mögen.

Spekulationen über die Mechanismen, mittels welcher der Komplex «giving up – given up» zu somatischen Veränderungen beitragen kann, müssen seine biologischen Aspekte berücksichtigen, über welche aber gegenwärtig noch so gut wie nichts bekannt ist. Wir nehmen an, daß in einem Zustand, in welchem der seelische Apparat vorübergehend in seinen Anpassungsfunktionen versagt, biologische Systeme, die die Abwehr gegen Schädigung und die Beschaffung oder Speicherung von Zufuhr sicherstellen, aktiviert oder irgendwie in ihrer Funktion unterbrochen sind. Was das für Systeme sind, ob es bei Hilflosigkeit andere sind als bei Hoffnungslosigkeit, andere für die Phase des «giving up» als für die des «given up», sind Probleme, deren Erforschung wir eben erst zu planen beginnen. Wir sind auch noch nicht imstande zu sagen, wie oder in welchem Ausmaß der Komplex «giving up – given up» das einschließt, was wir die beiden grundlegenden biologischen Systeme genannt haben, die bei einer größeren Unterbrechung des dynamischen Gleichgewichts mobilisert werden, nämlich das System «flight – fight» («Flucht – Kampf») und das System «conservation – withdrawal» («Erhaltung – Rückzug») (11). Wir betrachten diese als angeborene Systeme mit entsprechenden vermittelnden neuralen Organisationen, wobei das System «conservation – withdrawal» in Aktion tritt, falls und sobald der Energieverbrauch der Reaktion «flight – fight» mit Erschöpfung des Organismus droht, bevor eine Versorgung gesichert ist. Und wir nehmen an, daß jedes der beiden biologischen Systeme nicht nur von angeborenen autonomen Apparaten des Ichs Gebrauch macht und auf seine Weise zur psychischen Entwicklung beiträgt, sondern daß auch jedes spezifische, aber verschiedene somatische Systeme aktiviert. An dieser Stelle können wir nur die Spekulation anbieten, daß das System «flight – fight» mehr an der Aktivität der Abwehr gegen das «giving up» beteiligt ist, während das System «conservation – withdrawal» mehr in Aktion tritt, wenn Ich-Mechanismen ausfallen und der Endzustand des «given up» eintritt. Einige Unterstützung dieser Ansicht liefert uns die Demonstration der gastrischen Hypersekretion bei dem Säugling Monika im Zustande des «depressiven Rückzugs» (15) und bei gesunden Erwachsenen während hypnotisch herbeigeführter «Depression» (31), und ferner der Befund physischer Hyporeaktivität, wenn die Probanden eines Experiments es nicht fertigbringen, mit dem Experimentator in Wechselwirkung zu treten (42, 57, 58). Gegenwärtig können solche Daten jedoch nur als richtungandeutend betrachtet werden und nicht, als würfen sie schon Licht auf diese komplizierten psychischen Wechselbeziehungen. Vor weiteren Fortschritten werden wir noch viel lernen müssen über die Biochemie und Physiologie der primär biologischen Schutzsysteme und die biochemischen und physiologischen Begleitumstände des Komplexes «giving up – given up».

Zusammenfassung und Schlußfolgerungen

Die Ausdehnung psychoanalytischer Forschung auf eine heterogenere Population von Patienten mit somatischen Krankheiten hat neue Daten und neue, für die psychoanalytische Theorie relevante Ausblicke ergeben.

Wir haben das Konzept der Konversion betrachtet und Hypothesen aufgestellt, wie es gelegentlich durch Konversion zu einer somatischen Erkrankung kommen kann. Letzteres muß jedoch als eine Komplikation der Konversion betrachtet werden und hat keine primär symbolische oder Abwehrfunktion. Ferner wurde die Rolle der Spezifität bei der Entstehung von somatischen Krankheiten überprüft und die Bezeichnung «somatopsychisch-psychosomatisch» für eine Gruppe von Störungen mit primär biologischen, die psychische Entwicklung wie auch die somatische Anfälligkeit beeinflussenden Faktoren vorgeschlagen. Patienten, die den gleichen biologischen Faktor aufweisen, ähneln einander sowohl psychisch wie auch in ihrer Prädisposition zu einer spezifischen Krankheit.

Die Situation, in welcher eine Krankheit ausbricht, wird als die entscheidende Periode betrachtet, in der man die bei der Entwicklung des Krankheitszustandes beteiligten psychischen Faktoren studieren kann.

Als eine wichtige nichtspezifische Ausbruchssituation haben wir in phänomenologischen Begriffen einen Komplex des «giving up – given up» beschrieben und seine Metapsychologie betrachtet, wobei wir besonders auf Hilflosigkeit und Hoffnungslosigkeit als charakteristische Affekte dieses Zustandes hinweisen. Wir glauben, daß der Komplex «giving up – given up» ein häufiger Faktor ist, der zum Ausbruch einer Krankheit beiträgt; er ist jedoch weder notwendig noch hinreichend für deren Entwicklung.

Die Systeme «flight – fight» und «conservation – withdrawal» wurden als primäre biologische Abwehrsysteme definiert. Ihre Beziehung zum Komplex «giving up – given up» wurde erörtert.

(Übersetzung: Käte Hügel, Frankfurt)

Bibliographie

1 Adamson, J. D., und A. H. Schmale, jr. (1965); Object loss, giving up, and the onset of psychiatric disease. Psychosom. Med., 27, 557–576. – Objektverlust, Resignation und der Ausbruch psychischer Erkrankungen. Psyche XX (1966), 641–669.

2 Alexander, F. (1943): Fundamental concepts of psychosomatic research: psychogenesis, conversion, specificity.

Psychosom. Med., 5, 205–210.
3 – (1950): Psychomatic Medicine. New York (Norton). – Psychosomatische Medizin. Berlin (de Gruyter) 1951.
4 –, und L. B. SHAPIRO (1952): Neuroses, behavior disorders and perversions. In: Dynamic Psychiatry, hg. v. F. Alexander und H. Ross. Chicago (Univ. of Chicago Press), S. 117–139.
5 BARCHILON, J., und G. L. ENGEL (1952): Dermatitis: an hysterical conversion symptom in a young woman. Psychosom. Med., 14, 295–305.
6 CHAPMAN, L. F., H. GOODELL und H. G. WOLFF (1959): Augmentation of the inflammatory reaction by activity of the CNS. Arch. Neurol., 1, 557–572.
7 DEUTSCH, F. (Hg.) (1959): On the Mysterious Leap from the Mind to the Body. New York (Int. Univ. Press).
8 ENGEL, G. L. (1951): Primary atypical facial neuralgia: an hysterical conversion symptom. Psychosom. Med., 13, 375–396.
9 – (1954): Selection of clinical material in psychosomatic research: the need for a new physiology. Psychosom. Med. 16, 368–373.
10 – (1955): Studies of ulcerative colitis: III. The nature of the psychological processes. Amer. J. Med., 19, 231–255.
11 – (1962): Psychological Development in Health and Disease. Philadelphia (Saunders), Ch. XXXIII.
12 – (1962): Anxiety and depression-withdrawal: the primary affects of unpleasure. Int. J. Psycho-Anal., 43, 89–97.
13 – (1969): Psychological processes and gastrointestinal disorder. In: Gastroenterologic Medicine, hg. v. M. Paulson. Philadelphia (Lea & Febiger).
14 –, E. B. FERRIS und M. LOGAN (1947): Hyperventilation: analysis of clinical symptomatology, Ann. Int. Med., 27, 683–704.
15 –, und F. REICHSMAN (1956): Spontaneous and experimentally induced depressions in an infant with gastric fistula: a contribution to the problem of depression. J. Amer. Psa. Assoc., 4, 428–452.
16 –, – und H. A. SEGAL (1956): A study of an infant with gastric fistula: I. Behavior and the rate of total acid secretion. Psychosom. Med., 18, 374–398.
17 FELDMAN, S. S. (1956): Crying at the happy ending. J. Amer. Psa. Assoc., 4, 477–485.
18 FENICHEL, O. (1945): The Psychoanalytic Theory of Neurosis. New York (Norton).
19 FREUD, S. (1905): Bruchstück einer Hysterie-Analyse. Ges. Werke, Bd. V, 161–286. Frankfurt (S. Fischer).
20 – (1905): Psychische Behandlung (Seelenbehandlung). Ges. Werke, Bd. V., 287–315.
21 – (1910): Die psychogene Sehstörung in psychoanalytischer Auffassung. Ges. Werke, Bd. VIII, 94–102.
22 – (1926): Hemmung, Symptom und Angst. Ges. Werke, Bd. XIV, 111–205.
23 GARMA, A. (1958): Peptic Ulcer and Psychoanalysis. Baltimore (Williams & Wilkins).
24 GRAFF, N. I., und R. S. WALLERSTEIN (1954): Unusual wheal reaction in a tatoo: psychosomatic aspects in one patient. Psychosom. Med., 16, 505–515.
25 GRAHAM, D. T., R. M. LUNDY, L. S. BENJAMIN, J. D. KABLER, W. C. LEWIS, N. O. KUNISH und F. K. GRAHAM (1962): Specific attitudes in initial interviews with patients having different «psychosomatic» diseases. Psychosom. Med., 24, 257–266.
26 GRANT, J. M. (1959): Studies on celiac disease: I. The interrelationship between gliadin, psychological factors, and symptom formation. Psychosom. Med., 21, 431–432.
27 GREENE, W. A., L. E. YOUNG und S. N. SWISHER (1956): Psychological factors and reticulo-endothelial disease: II. Observations in a group of women with lymphomas and leukemias. Psychosom. Med., 18, 284–303.
28 GRINKER, R. R. Sr., J. MILLER, M. SABSHIN, R. NUNN und J. C. NUNNALLY (1961): Phenomena of Depressions. New York (Hoeber).

29 GRODDECK, G. (1923): Das Buch vom Es.
30 HINKLE, L. E., und S. WOLF (1952): A summary of experimental evidence relating life stress to diabetes mellitus. J. Mt. Sinai Hosp., 19, 537–570.
31 KEHOE, M., und W. IRONSIDE (1963): Studies on the experimental evocation of depressiv responses upon the secretion of gastric acid. Psychosom. Med., 25, 403–419.
32 KOWAL, S. J. (1955): Emotions as a cause of cancer. Psychoanal. Rev., 42, 217–227.
33 KRAMER, M., R. WHITMAN, B. BALDRIDGE und L. LANSKY (1965): Depression: dreams and defenses. Amer. J. Psychiatry, 122, 411–419.
34 LIFSCHUTZ, J. E. (1957): Hystorical stigmatization. Amer. J. Psychiatry, 114, 527–531.
35 LINDEMANN, E. (1950): Modifications in the course of ulcerative colitis in relationship to changes in life situations and reaction patterns. In: Life Stress and Bodily Disease, hg. v. H. G. Wolff. Baltimore (Williams & Wilkins), S. 706–723.
36 MCCLARY, A. R., E. MEYER und E. L. WEITZMAN (1955): Observations on the role of the mechanism of depression in some patients with disseminated lupus erythematosus. Psychosom. Med., 17, 311–321.
37 MACRITCHIE, K., R. ADLER und G. L. ENGEL (im Druck): The psychological setting of stroke.
38 MIRSKY, I. A. (1953): Psychoanalysis and the biological sciences. In: Twenty Years of Psychoanalysis, hg. v. F. Alexander und H. Ross. New York (Norton), S. 155–185.
39 – (1953): Physiologic psychologic, and social determinants in the etiology of duodenal ulcer. Amer. J. Digest. Dis., 3, 285–314.
40 MOODY, R. L., und M. B. LOND (1946): Bodily changes during abreaction. Lancet, 2, 934–935.
41 RANGELL, L. (1959): The nature of conversion. J. Amer. Psa. Assoc., 7, 632–662. Die Konversion. Psyche, XXIII (1969), 121–147.
42 REISER, M. F., R. B. REEVES und J. ARMINGTON (1955): Effects of variations in laboratory procedures and experimenter upon the BCG, BP, and heart rate in healthy young men. Psychosom. Med., 17, 185–199.
43 ROMANO, J., und G. L. ENGEL (1945): Studies of syncope: III. Differentation between vaso-depressor and hysterical fainting. Psychosom. Med. 7, 3–14.
44 SCHMALE. A. H. jr. (1958): Relationship of separation and depression to disease. Psychosom. Med., 20, 259-277.
45 – (1962): Needs, gratifications, and the vicissitudes of the self-representation: a developmental concept of psychic object relationships. The Psychoanalytic Study of Society, 2, 9–41. New York (Int. Univ. Press).
46 – (1964): A genetic view of affects: with special reference to the genesis of helplessness and hopelessness. The Psychoanalytic Study of the Child, 19, 287–310.
47 – (1965): Object loss, «giving up» and disease onset: an overview of research in progrss. Symposium on Medical Aspects of Stress in the Military Climate. Washington, D. C. (U. S. Govt. Print. Office, S. 433–443).
48 –, und H. P. IKER (1966): The affect of hopelessness and the development of cancer. Psychosom. Med., 28, 714–721.
49 SCHUR, M. (1950): Chronic, exudative, discoid and lichenoid dermatitis (Sulzberger-Garbe's syndrome): case analyses. Int. J. Psycho-Anal., 55, 73–77.
50 – (1955): Comments on the metapsychology of somatization. The Psychoanalytic Study of the Child, 10, 119–164. New York (Int. Univ. Press).
51 SEITZ, P. F. D. (1951): Symbolism and organ choice in conversion reactions. Psychosom. Med., 13, 254–259.
52 – (1953): Experiments in the substitution of symptoms by hypnosis. II. Psychosom. Med., 15, 405–424.
53 SPERLING, M. (1946): Psychoanalytic study of ulcerative colitis in children. Psychoanal. Quart., 15, 302–329.

54 – (1957): The psycho-analytic treatment of ulcerative colitis. Int. Psycho-Anal., 38, 341–349.
55 – (1963): A psychoanalytic study of bronchial asthma in children. In: The Asthmatic Child, hg. v. H. I. Schneer. New York (Hoeber). S. 138–165.
56 – (1964): A further contribution to the psycho-analytic study of migraine and psychogenic headaches. Int. J. Psycho-Anal., 45, 549–557.
57 Weiner H., M. T. Singer und M. F. Reiser (1962): Cardiovascular responses and their psychological correlates: I. A study in healthy young adults and patients with peptic ulcer and hypertension. Psychosom. Med., 24, 477–498.
58 Weiner, H., M. Thaler, M. F. Reiser und I. A. Mirsky (1957): Etiology of duodenal ulcer: I. Relation of specific psychological characteristics to rate of gastric secretion (serum pepsinogen). Psychosom. Med., 19, 1–10.
59 Wolff, H. G. (1961): Man's nervous system and disease. A. M. A. Arch. Neurol., 5, 235–243.

Vierter Teil
Familienpsychosomatik

Fusion und Funktionsverschränkung als Störungen der bezogenen Individuation

Helm Stierlin

Psychosomatische Erkrankungen als Störungen der Differenzierung – Integration: Ein Ausblick auf die «Familienpsychosomatik»*

Indem sich Leben entwickelte, gab es Anstoß zu immer komplexeren Formationen – komplexeren Organismen, komplexeren morphologischen, psychologischen und sozialen Strukturen. In dieser Entwicklung kommen vor allem zwei allgemeine Prinzipien zum Zuge, die wir als Prinzipien der Entwicklung und Anpassung bezeichnen können. Ich habe sie andernorts beschrieben (STIERLIN, 1969). Hier möchte ich sie anwenden, um einige Aspekte psychosomatischer Störungen zu erhellen, die sich vorwiegend aus einer Familienperspektive ergeben.

Zwei allgemeine Prinzipien der Entwicklung und Anpassung

Das erste ist das wahrscheinlich umfassendste Entwicklungsprinzip der Biologie und Psychologie überhaupt: Das Prinzip der Differenzierung-Integration. HEINZ WERNER (1957) formulierte es wie folgt: «Wo immer eine Entwicklung stattfindet, verläuft sie von einem Zustand relativer Ungeformtheit und mangelnder Differenzierung zu einem Zustand zunehmender Differenzierung, Artikulation und hierarchischer Integration.»

In der Regel muß dabei die Differenzierung der Integration vorausgehen. Erst wenn sich körperliche oder psychologische Prozesse oder Fä-

* Überarbeitete Übersetzung eines englischen Vortrages, der am 21. 11. 1975 in Helsingør und am 19. 3. 1976 in Helsinki vor Gruppen skandinavischer Psychiater gehalten wurde.

higkeiten zumindest teilweise ausdifferenziert haben, lassen sie sich hierarchisch organisieren und integrieren. Somit können «der Teil und das Ganze, Ereignis und Kontext, Selbst und Nichtselbst miteinander artikuliert werden» (WYNNE, 1963). Ist dieser Prozeß einmal in Fluß gekommen, fördern bereits erreichte Integrationen neue Differenzierungen und umgekehrt: Differenzierung und Integration treiben dann einander voran, dadurch komplexere Strukturen schaffend.

Das zweite Prinzip verschränkt sich mit dem ersten. Ich nannte es das Prinzip der «adaptiven Versöhnung» (the principle of adaptive reconciliation). Diese Versöhnung betrifft zwei Grundtendenzen aller Organismen – Tun und Erleiden. Denn alle lebenden Wesen müssen aktiv sein; müssen Handlung initiieren und auf ihre Umgebung einwirken. Aber alle Wesen müssen sich auch beeinflussen, ihre Umgebung auf sie einwirken lassen. In der Versöhnung dieser zwei Grundtendenzen wird «Lernen durch Erfahrung» möglich.

Bewußtheit von Bewußtheit

Mit dem obigen vor Augen, wenden wir uns nun jenem Ereignis zu, in dem sich ein entscheidendes, neues Stadium der Evolution anzeigte – dem Entstehen von Bewußtheit. Einem Lebewesen, das sich über sich selbst bewußt werden konnte, wuchsen enorme Werkzeuge und Potentiale der Lebensbewältigung zu, zugleich aber erhöhte sich seine Verwundbarkeit. Und das kennzeichnet vor allem jenes Lebewesen, bei dem sich Bewußtheit so komplex entwickelte, daß sie Bewußtheit von Bewußtheit einschloß: den Menschen.

Bewußtheit von Bewußtheit bedeutete, daß Psyche und Soma, Geist und Körper sich innerhalb eines experimentellen Kontinuums studieren ließen und damit eine psychosomatische Medizin entstehen konnte. Es bedeutete, daß sich immer neue Gesichtspunkte und Konzepte für das Studium psychosomatischer Phänomene anboten – wie etwa die einer inneren Welt, der subjektiven Erfahrung, des Unbewußten, der inneren Objekte, eines Selbst, das die Einschätzungen anderer Selbste zu reflektieren vermag, und viele andere. Einem Teleskop vergleichbar bringen alle diese Konzepte bestimmte Aspekte der Realität ins Blickfeld, während sie andere verbergen oder unscharf am Rande verschwimmen lassen. Damit bedeutete Bewußtheit von Bewußtheit, daß wir, wie überall, es auch in der psychosomatischen Medizin mit verschiedenen Einstellungen, Kategorien, Konzepten und Gesichtspunkten zu tun haben. Diese gilt es sowohl zu klären, *voneinander* abzugrenzen, als auch *miteinander* zu versöhnen.

Um einen Anfang zu machen, wende ich mich zunächst der organischen Basis – oder dem Substrat – der Bewußtheit zu. In einem weiteren Sinne handelt es sich dabei um den ganzen Körper mit seinen sensorischen Rezeptoren und komplexen – hormonalen, neuralen wie anderen –, Schalt- und Übermittlungssystemen, in einem engeren Sinne um das zentrale Nervensystem, insbesondere das menschliche Gehirn. Vor allem PAUL MACLEAN hob hier Wechselfälle der Differenzierung-Integration hervor, die Licht auf psychosomatische Störungen werfen.

Psychosomatische Störungen als Ausdruck menschlicher «Schizophysiologie»

Diese Wechselfälle sind wesentlich Folge und Ausdruck einer Evolution, die alles andere als gradlinig verlief: Anstatt daß Baupläne jeweils grundlegend revidiert wurden, lagerten sich neue Strukturen an bereits bestehende an. Um MACLEAN zu zitieren: Der Mensch findet sich in der prekären Lage, wesentlich mit drei Hirnen ausgestattet zu sein. Trotz großer Verschiedenheit der Strukturen müssen diese zusammen funktionieren und miteinander kommunizieren. Das älteste ist wesentlich ein Reptiliengehirn. Das zweite hat der Mensch von niederen Säugetieren geerbt, und das dritte ist eine Erwerbung höherer Säugetiere. Sie macht das spezifisch Menschliche aus. Wollten wir uns einer Allegorie dieser drei Hirne im Hirn bedienen, könnten wir uns einen Psychiater vorstellen, der einen Patienten auf der Couch sich hinzulegen bittet. Dieser Patient streckt sich nun sozusagen neben einem Pferd und einem Krokodil aus. Das Krokodil kann geneigt und willens sein, eine Träne zu vergießen und das Pferd zu schnauben und zu niesen. Aber wenn die beiden ermutigt werden, ihre Probleme in Worten auszudrücken, wird bald deutlich, daß ihrem Unvermögen durch ein Sprachtraining nicht beizukommen ist. Daher sollte es nicht verwundern, daß der für diese Tiere persönlich verantwortliche und als ihr Sprachrohr dienende Patient nicht selten beschuldigt wird, voller Widerstände zu stecken und nicht sprechen zu wollen ...» (MACLEAN, 1962). «Im Reptilienhirn begegnen uns der Erlebnisschatz und die Erinnerungen unserer Ahnen. Dieses Hirn führt getreulich aus, wozu es die Ahnen verpflichtet haben, aber es ist kein gutes Hirn, um mit neuen Situationen fertig zu werden. Es ist, als wäre es neurotisch an ein altväterliches Überich gebunden» (MACLEAN, 1964). «In der Evolution zeigt sich die beginnende Emanzipation vom Überich der Ahnen im Aufkommen des niederen Säugetierhirns an, das die Natur dem Reptilienhirn auflagerte ... Untersuchungen der letzten 20 Jahre haben gezeigt, daß dem niederen Säugetierhirn beim emotionalen Verhalten eine wichtige Rolle zukommt. Vermutlich ermöglicht dieses Hirn einem Tier in seiner Reaktion auf emotionale Reize einen größeren Freiraum für Entscheidungen. Mehr als das Reptilienhirn vermag es daher auf der Grundlage unmittelbarer Erfahrung neue Zugänge zu Problemen zu erlernen. Aber so wie dem Reptilienhirn fehlt auch ihm die Fähigkeit des Dichters oder Romanciers, seine Gefühle in Worten auszudrücken» (MacLean, 1964, S. 96).

Die Evolution lagerte somit eine neue überlegene Struktur der alten auf, ohne daß sich eine klare, hierarchische Organisation und damit Kontrolle der älteren Strukturen durch die neueren ausbildete. Daher war allen möglichen Überschneidungen, Konfusionen und Konflikten der Boden bereitet, und eine erfolgreiche Differenzierung-Integration der Strukturen und Funktionen gelang nicht. Die Hauptwurzel der Schwierigkeiten schien dabei in der Dichotomie zwischen den limbischen und neokortikalen Systemen zu liegen. Einerseits bildeten der Cortex bzw. die Hirnrinde engste Beziehungen zu Bewußtheit und Selbstbewußtheit aus. Arthur Koestler (1967) und andere Autoren sprachen daher von der Hirnrinde als von einem «Apparat zur Erzeugung von Bewußtheit». Andererseits stellte das limbische System enge Beziehungen zu den aus dem Körperinnern aufsteigenden Reizen und Gefühlen her – so sehr, daß man es das «Eingeweidehirn» (visceral brain) genannt hat. Auf Beobachtungen von Papez aufbauend, sprach Paul MacLean daher von der «Schizophysiologie» des limbischen und neokortikalen Systems. Um ihn noch einmal zu zitieren: «. . . in dieser Schizophysiologie zeigt sich uns an, daß das niedere Säugetierhirn in Grenzen in der Lage ist, unabhängig zu funktionieren, für sich selbst zu sprechen. Dabei vermittelt der primitive und grobe Projektionsschirm, der durch das limbische System erstellt wird, gleichsam ein konfuses Bild sowohl der inneren wie äußeren Welt. Darin mag ein Grund für die Konfusion zu suchen sein, die bei psychosomatischen Störungen beschrieben wurde – wenn z. B. Nahrungsmittel und andere eßbare Dinge die Bedeutung von etwas anzunehmen scheinen, das es in das Selbst zu assimilieren, einzuverleiben, wie eine Beute oder einen Feind zu zerstören gilt. Wir hören etwa von Patienten, die angeblich essen, weil sie ‹Liebeshunger› haben, weil sie an Angst oder Nervosität leiden, oder weil sie wiederkäuen und ausspucken müssen, was bei ihnen Ärger und Haß auslöst» (MacLean, 1964, S. 104–105).

Psychosomatische Störungen als Ausdruck der Entfremdung vom Selbst und anderen

In einer solchen «Schizophysiologie» stellt sich somit eine Ebene möglicher Entgleisungen der psychologischen Differenzierung-Integration des Menschen dar. Eine andere ist in den Wechselfällen der Entwicklung zu suchen, wie sie von Autoren wie J. PIAGET (1954), M. MAHLER (1975) und E. JACOBSON (1964) beschrieben wurde. Ich denke in erster Linie an Wechselfälle der menschlichen Individuation bzw. Selbst-Objekt-Differenzierung, in denen sich die menschliche Fähigkeit ausbildet, Selbst von Nichtselbst, Innen von Außen, die eigenen Gedanken, Wünsche, Erwartungen, Hoffnungen von denen anderer unterscheiden zu können. Gemäß dem erstgenannten allgemeinen Prinzip muß eine derartige Selbst-Objekt-Differenzierung auch eine Selbst-Objekt-Integration einschließen: der sich ausdifferenzierende psychosoziale Organismus muß sich zunehmend größeren Systemen einordnen, in einer «Gemeinsamkeit der anderen» («community of otherness», M. FRIEDMANN, 1976) aufgehen. Soll eine derartige – psychosoziale – Selbst-Objekt-Differenzierung und -Integration gelingen, bedarf es intrapsychischer und zwischenmenschlicher Möglichkeiten der Kommunikation. Wir müssen mit unserer inneren Welt kommunizieren, uns auf unsere emotionalen Unterströme einstimmen können. Zugleich müssen wir mit anderen kommunizieren und ihnen, so klar wie möglich, unsere Bedürfnisse, Wünsche und Erwartungen mitteilen. Ein Zusammenbruch solch intrapsychischer und zwischenmenschlicher Kommunikation bedeutet entweder eine Entfremdung vom Selbst, von anderen oder vom Selbst und anderen (siehe STIERLIN, 1969).

Die verschiedenen Formen und Ebenen solcher Entfremdung spiegeln sich auch in psychosomatischen Störungen wider. Es läßt sich von einer entgleisten, intrapsychischen wie zwischenmenschlichen, Dialektik sprechen, die sich in psychosomatischen Symptomen darstellt.

Um diese Dialektik besser zu erfassen, wenden wir uns nunmehr dem zweiten anfangs genannten Prinzip zu – dem der adaptiven Versöhnung. Hierbei ging es um die Versöhnung von Tun und Erleiden.

Beim Menschen, einem mit Bewußtheit ausgestatteten Wesen, setzt Tun ein Ich voraus, das als eine diskriminierende, Handlungen initiierende und verantwortliche Instanz zum Zuge kommt. Dieses Ich muß etwa sagen können: *Ich habe* diese Bedürfnisse, Gefühle, Wünsche, Rechte und Erwartungen und *bin fähig und willens*, sie auszudrücken, mich für sie einzusetzen und Verantwortung dafür zu übernehmen. Paradoxerweise liegt jedoch in einem solchen verantwortlichen Tun des Ichs bereits das

Risiko der Selbstentfremdung beschlossen. Denn Tun bedeutet hier, daß man gegenüber seinen Bedürfnissen, Gefühlen und Wünschen Distanz gewinnt, von ihnen abstrahiert. Man muß sie gleichsam aus der unreflektierten Matrix des Selbstverständnisses herauslösen. H. SHANDS (1975) sprach hier von einem Herausverlagern, «disembedding». Erst durch solch herausverlagerndes Tun können wir unseres inneren Selbsts und unserer inneren Welt wirklich gewahr werden und sie anderen relativ klar und verständlich mitteilen.

Um aber solcher Gefahr der Selbstentfremdung zu entgehen, müssen wir auch hier aktives Tun und Herausverlagern (disembedding) mit Erleiden versöhnen: Das tätige, verantwortliche Ich muß aufnahmefähig, erleidensbereit bleiben und sich auf seine vegetativen Unterströme, seine biologischen und Körpersignale einstimmen können. Anstatt jeweils eigene Wege zu gehen, müssen die «Sprache des Verstandes und des Herzens» zusammenfinden; der Geist darf nicht Widersacher der Seele sein; kurzum, in der Versöhnung von Tun und Erleiden müssen wir unserer vegetativen Matrix entwachsen, *und* ihr zugleich verbunden bleiben: Wir entwickeln ein differenziertes, verantwortliches Ich, das mit anderen Ichs kommuniziert, und bleiben zugleich «verkörpert», auf unsere vegetativen Ströme eingestimmt.

Konversionsphänomene

In Konversionsphänomenen begegnet uns typischerweise eine Entgleisung solcher Dialektik und damit ein (mehr oder weniger begrenzt) Versagen der Selbst-Objekt-Differenzierung und -Integration. Vor allem die Wahrnehmung körperlicher Bedürfnisse und Prozesse und deren Darstellung mit Hilfe sprachlicher und besonders nichtsprachlicher Ausdrucksmittel kommen hier gleichsam schief und mangelhaft zuwege. Insbesondere ENGEL (1968) beschrieb Wechselfälle vorwiegend der inneren Wahrnehmung, deretwegen ein Individuum somatische Prozesse verzerrt auffassen, mit besonderer Bedeutung ausstatten und situationsunangemessen aktivieren kann. Solche schief wahrgenommenen und fehl aktivierten Prozesse spielen dann nicht mehr mit, wenn komplexe Leistungen zu erbringen sind und eine differenzierte Kommunikation (mit dem eigenen Selbst und anderen) verlangt wird: Der «Krankheitsprozeß» bzw. das befallene Organ verzerrt, überbürdet und beschränkt zugleich Wahrnehmung und Kommunikationsmöglichkeiten eines derartigen Patienten.

Störungen der Funktionen innerer Objekte

Ähnliche Überlegungen lassen sich auf psychosomatische Patienten anwenden, wie sie von französischen analytischen Autoren, z. B. MARTY, FAIN, DE M'UZAN (1957, 1963) und MACDOUGALL (1975) beschrieben wurden.

Diese Patienten erscheinen hochgradig eingeengt. Ihr Denken – auch als pensée opératoire (operationales Denken) beschrieben – ist starr und konkret auf die jeweilige Augenblickssituation bezogen. Es fehlt ihnen die Fähigkeit zur Bildung bleibender innerer Objekte. Daher hängen diese Individuen von äußeren Objekten ab, die stets präsent sein müssen. Gehen ihnen diese Objekte verloren, sind sie hilflos und verzweifelt.

In solch psychosomatischer Einengung stellt sich ebenfalls ein Defekt in der Selbst-Objekt-Differenzierung und -Integration dar. Als Hauptelement dieses Defektes zeigt sich eine Störung in den Funktionen innerer Objekte, wie ich sie andernorts beschrieben habe (STIERLIN, 1970). Dazu rechnen vor allem die referierende, die gyroskopische und die autonomiefördernde Funktion innerer Objekte. Sie alle erscheinen bei psychosomatischen Patienten gestört. Wo es um die erste Funktion geht, dienen innere Objekte primär als Bezugssystem. In diesem Sinne verstanden, lassen sie sich am besten als Objektrepräsentanten bezeichnen: Sie repräsentieren, mehr oder weniger abbildhaft, äußere Objekte innerhalb der Psyche und dienen dadurch der kognitiven Realitätsorientierung. Sie setzen Gedächtnis und die Fähigkeit zur Symbolisierung voraus. Sie ähneln SEMONS Engrammen, insofern sie es ermöglichen, neue Wahrnehmungen auf vertraute Prototypen zu beziehen. Diese Prototypen bilden gleichsam eine Kartei, in die sich neue Wahrnehmungen und Erlebnisse einordnen lassen. Innere Objekte bedeuten hier also differenzierte innere Strukturen. Wo die referierende Funktion schwach ausgeprägt ist, bleiben diese Strukturen – innere Wahrnehmungen und Gedächtnisbilder – unzulänglich entwickelt, differenziert und artikuliert. Die sich darauf aufbauenden Gedanken bleiben entsprechend konkret und «eindimensional» auf den Augenblick und den unmittelbaren Kontext bezogen. Es besteht wenig Spielraum für komplexe, flexible und aufgabenbezogene Anpassungsleistungen. Wir haben es mit dem operationalen Denken der französischen Autoren zu tun.

Eine andere Funktion innerer Objekte kommt ins Blickfeld, fassen wir sie als Wegweiser für gegenwärtige wie zukünftige zwischenmenschliche Beziehungen auf. In diesem zweiten Sinne verstanden, lassen sich innere Objekte am besten als Objekt-Imagines beschreiben. Derartige Imagines dienen als Leitbilder, die die Wahl äußerer Objekte einengen. Dies gilt vor allem für potentielle Partner unserer zwischenmenschlichen Beziehungen. Die inneren Objekte bestimmen hier unseren Beziehungskurs wie ein Gyroskop, eine Apparatur, die das Schiff auf Kurs hält und der abtreibenden Wirkung der Elemente entgegenwirkt. Daher sprach ich von ihrer gyroskopischen Funktion, wobei ich das Gleichnis in einem ähnlichen Sinne verstehe wie seinerzeit David Riesman (1950), der damit die innengesteuerte Persönlichkeit charakterisieren wollte. Neben der der gyroskopischen innewohnenden stabilisierenden Funktion kommt in inneren Objekten hier ein dynamisches, dirigierendes Moment zum Zuge. Ein Versagen dieser gyroskopischen, dynamischen Steuerfunktion innerer Objekte bedingt ebenfalls eine starke Abhängigkeit von konkret verfügbaren äußeren Objekten. Dementsprechend ist die Anfälligkeit gegenüber Objektverlusten groß.

Es gibt schließlich eine dritte Funktion innerer Objekte, die ich die autonomiefördernde Funktion genannt habe. Sie verschränkt sich mit den beiden genannten Funktionen. Letztere Funktion trägt entscheidend zur relativen Autonomie des Individuums bei. Es wird eine größere Unabhängigkeit ermöglicht, da innere Objekte ihm nun erlauben, sich mit einem Teil seiner Selbst als Partner in Beziehung zu setzen, in einen Dialog zu treten. Es kann somit auf innere Reserven zurückgreifen, die es von äußeren Objekten (relativ) unabhängig machen; daher der Terminus «autonomiefördernde Funktion». Wo immer diese Funktion schwach zur Wirkung kommt, bleiben des Individuums Versuche zur Erlangung einer relativen Autonomie fragwürdig. Es fehlen ihm weiter die Strukturen und Werkzeuge, um innere Konflikte und Ambivalenzen durchzustehen; ein Grund mehr, warum sich dieses Individuum um jeden Preis an reale, konkrete Objekte anklammern muß.

Differenzierung-Integration auf der Beziehungsebene

Eine erfolgreiche psychosoziale Selbst-Objekt-Differenzierung erfordert die Integration in eine «Gemeinschaft der anderen» (Community of otherness). Betrachten wir diese Integration, rücken neue Phänomene und noch komplexere Zusammenhänge und Systeme ins Blickfeld: Wir haben es nun mit einer Differenzierung-Integration auf der Beziehungsebene zu tun. Dabei stellt sich die Familie als wichtigstes System dar. Psychosomatische Störungen auf dieser Ebene fallen in den Bereich der «Familienpsychosomatik». In diese Familienpsychosomatik fließen die bereits besprochenen, intrapsychischen wie zwischenmenschlichen Phänomene und Leistungen der Erkenntnis, Wahrnehmung und Kommunikation ein. Darüber hinaus kommt hier jedoch eine ethische und existentielle Dimension zur Wirkung: Wir müssen berücksichtigen, was sich die Familienmitglieder angetan oder nicht angetan haben, ob und wie sie einander vitale Anregungen und Fürsorge darboten, wie sie ihre Reifung und ihr Glück förderten oder verhinderten, wie sie sich den von früheren Generationen überkommenen Erwartungen und Verpflichtungen stellten oder entzogen.

An anderer Stelle habe ich versucht (STIERLIN, 1972, 1974, 1975) eine psychoanalytische mit solcher ethischen und existentiellen Familienperspektive zu integrieren. Dabei wurden vor allem zwei Konzepte wichtig – die Transaktionsmodi und der Delegationsprozeß. Bisher dienten mir diese Konzepte vor allem dazu, bestimmte Züge von Ausreißern, schizophrenen und bindungslosen Jugendlichen und deren Familien zu erhellen. Hier möchte ich nun diese Konzepte benutzen, um einige Aspekte psychosomatischer Störungen zu erfassen. Dabei geht es um zwei miteinander verschränkte Perspektiven. Zur ersten rechnen Systemkräfte, die zu psychosomatischen Störungen beitragen können, indem sie etwa ein Kind an der Erreichung eines möglichst hohen Niveaus der psychologischen Selbst-Objekt-Differenzierung und -Integration hindern. Zur zweiten rechnen Kräfte, die psychosomatische Störungen chronisch werden lassen, indem sie das Individuum in einer prekären oder ungleichen Selbst-Objekt-Differenzierung-Integration gefangenhalten.

Um die erste Perspektive zu erfassen, müssen wir uns einige Auswirkungen der Bindung, Ausstoßung und Delegation, wie ich sie andernorts beschrieben habe (STIERLIN, 1972, 1974), ins Gedächtnis rufen. Hierbei handelt es sich um tief und langfristig wirkende Beziehungsstrukturen bzw. Organisationsprinzipien menschlichen Verhaltens, die den mehr spezifischen und offen zutage tretenden (intergenerativen wie Paar-)Interaktionen Richtung und Inhalt geben.

Bindung und psychosomatische Störung

Wo das Bindungsszenarium vorherrscht, wird die altersangemessene Differenzierung-Integration (Individuation) des Kindes und seine Trennung von den Eltern verzögert, wenn nicht blockiert. Bindung kann auf drei Hauptebenen zum Zuge kommen: Auf einer wesentlich affektiven Ebene, auf der kindliche Abhängigkeitsbedürfnisse manipuliert und ausgebeutet werden; auf einer hauptsächlich kognitiven Ebene, wo ein bindender Elternteil (oder beide Eltern) das eigene verzerrende Ich für das Ich des

Kindes substituiert; und einer dritten Ebene, auf der kindliche Loyalitätsbedürfnisse sowohl genährt als auch ausgebeutet werden. Dabei scheint Bindung insbesondere auch zu einer Störung der Funktionen innerer Objekte, wie hier beschrieben, zu führen.

Bindung auf der Es-Ebene geht häufig mit einer massiven regressiven Verwöhnung einher. Dabei verschiebt sich die Balance von Tun und Erleiden und das Erleiden gewinnt vor dem Tun den Vorrang. Es schleift sich beim Kinde eine passiv-abhängige, wenn nicht symbiotische Disposition ein, wie wir sie häufig bei psychosomatischen Störungen, besonders des Verdauungstraktes, beobachten (zum Beispiel bei Ulcus duodeni, Colitis ulcerosa etc.).

Bindung auf der Ich-Ebene bedeutet in der Regel Mystifikation. Solche Mystifikation eines abhängigen Kindes durch einen oder beide Eltern führt dazu, daß es seine inneren Signale nicht richtig zu lesen versteht. Hier wurden Beobachtungen Hilde Bruchs (1961, 1962) über die Beziehung fettsüchtiger Kinder besonders lehrreich. Sie beobachtete, wie die Eltern diese Kinder hinsichtlich ihrer Hunger- beziehungsweise Sättigungserlebnisse mystifizierten. Es waren die Eltern, nicht ihre Kinder, die wußten, wie es um die Sättigung der Kinder bestellt war. Das Eigenwissen der Kinder wurde entwertet. Somit entfremdeten die Eltern die Kinder ihrem vegetativen Innenleben. Für die Eltern war es daher folgerichtig, daß sie ihre Kinder auch dann noch fütterten, wenn diese mehr denn genug gegessen hatten, was zu deren grausamer Mästung führte.

Schließlich kann eine massive Bindung wesentlich auf einer Überich-Ebene zum Zuge kommen. Hier bleibt das Kind Gefangener einer intensiven, obzwar unsichtbaren Loyalität und entwickelt ein starkes Verpflichtungsgefühl. Es spürt – korrekter oder inkorrekter Weise –, daß das psychologische Überleben seiner Eltern allein von ihm abhängt. Daraus resultiert wiederum eine intensive Ausbruchsschuld, sollte es jemals – in Gedanken oder Tat – eine Trennung versuchen. Eine derartige, immer präsente Ausbruchsschuld scheint verschiedenartigen, selbstdestruktiven Lebensstilen zugrunde zu liegen, die sich etwa in Neigung zu Unfällen, zu selbstverstümmelnden Operationen, Suchten und anderen, in das Breitenspektrum psychosomatischer Störungen fallenden Phänomenen, zeigen können.

Familienorientierte Untersuchungen an psychosomatisch Kranken konzentrierten sich bisher weitgehend auf Phänomene, die sich als Folge oder Ausdruck einer auf Familienebene zum Zuge kommenden Bindung, wie eben dargestellt, verstehen lassen. Dazu rechnet etwa die Einengung («restrictiveness»), die Jackson und Yalom (1966) bei den Familien von

Colitis-Patienten beobachteten. Weiter rechnen dazu die damit eng verwandte Verstrickung (Enmeshment), Überfürsorglichkeit (Overprotectiveness), Starrheit (Rigidity) und mangelnde Fähigkeit zur Konfliktlösung; die MINUCHIN et al. (1975) als Hauptmerkmale von Familien mit psychosomatisch gestörten Kindern herausgestellt haben. Einengung, Überfürsorglichkeit und Starre deuten vor allem auf bestimmte Formen von Es- und Überichbindung in dem oben angedeuteten Sinne. Verstrikkung und mangelnde Fähigkeit zur Konfliktlösung erscheinen dagegen typisch für eine kognitive bzw. Ichbindung, wie ich sie andernorts (STIERLIN, 1972, 1975) beschrieben habe.

MINUCHIN et al. zufolge müssen neben diesen «transaktionalen bzw. Bindungsmomenten» mindestens noch zwei weitere Faktoren wirksam werden, um bei einem Kind eine psychosomatische Krankheit hervorzurufen. Es muß bei diesem 1. eine organische Disposition bzw. Verwundbarkeit vorliegen und das kranke Kind muß 2. eine wichtige Rolle bei der Verarbeitung von Familienkonflikten spielen. Auf Grund dieser Rolle verstärken sich dann seine Symptome.

Dabei unterscheiden MINUCHIN und Mitarbeiter zwischen einer «primären» und «sekundären» psychosomatischen Symptomatologie. Bei der primären psychosomatischen Symptomatologie besteht bereits eine physiologische Störung. Hierzu rechnen Stoffwechselstörungen wie Diabetes, allergische Diathesen, wie sie beim Asthma bronchiale vorliegen und andere Störungen. Das psychosomatische Moment kommt dabei in der emotionalen Aktivierung eines bereits bestehenden Symptoms zum Zuge. In der «sekundären» psychosomatischen Störung läßt sich eine derartige prädisponierende körperliche Störung dagegen nicht nachweisen. Das psychosomatische Moment offenbart sich hier in der Transformation von emotionalen Konflikten in somatische Symptome. Diese Symptome können sich dann beispielsweise in einer schweren Anorexia nervosa auskristallisieren.

Ausstoßung und psychosomatische Störung

Aber nicht nur der Transaktionsmodus der Bindung, sondern auch der der Ausstoßung scheint bei psychosomatischen Störungen – wenn wir uns eine weite Definition des Begriffs Psychosomatik zu eigen machen – wichtig zu werden. Der Ausstoßungsmodus kontrastiert mit dem Bindungsmodus. Hier wird ein Kind zurückgewiesen und vernachlässigt, ausgestoßen anstatt gebunden. Eine derartige Ausstoßung kann sich in verschiedener Weise auf dessen Disposition für psychosomatische Störungen auswirken: Denn einmal bedeutet sie, daß dem Kinde während kritischer Entwicklungsphasen lebenswichtige Fürsorge und Stimulationen fehlen. Das wiederum kann lebenslange Nachhol- und Kontaktbedürfnisse bedingen. Zweitens bedeutet Ausstoßung eine zu frühe Entlassung in eine prekäre Unabhängigkeit. Diese Unabhängigkeit kann der psychobiologische Organismus oft nur auf Kosten einer ungleichen Differenzierung-Integration erreichen (die sich jedoch von der, die sich beim Bindungsmodus entwickelt, unterscheidet). Schließlich fehlt ausgestoßenen Kindern das Gefühl, für andere wichtig zu sein. Damit einhergehend ermangelt ihnen meist die Fähigkeit zur Sorge für andere, sowie zum Erleben von Loyalität und Schuld. Solch Mangel an Fähigkeiten und Neigungen kann zur Folge haben, daß sich ein Individuum selbstdestruktiv treiben läßt, oder daß es gierig in überkompensierender, narzißtischer Weise nach Bestätigung – d. h. einem Gefühl der eigenen Wichtigkeit – sucht. Bestimmte Typen von bindungslosen Individuen zum Beispiel, die oft von Dermatosen befallen sind, sich immer wieder ansteckende – und besonders Geschlechtskrankheiten – zuziehen und dazu neigen, sich selbst wie andere zu vernachlässigen, gehören nach meiner Erfahrung der sich treiben lassenden Gruppe von ausgestoßenen Individuen an. Andere ausgestoßene Personen scheinen sich jedoch nicht treiben zu lassen, vielmehr um jeden Preis bemüht zu sein, eine frühreife wenn schon prekäre Autonomie zu erlangen. Es ist mein Eindruck, daß Patienten, die an Thereotoxikose leiden, oft dieser Gruppe angehören.

Delegation und psychosomatische Störung

Der Delegationsmodus, das dritte Beziehungsszenarium, enthält Elemente sowohl des Bindungs- als auch des Ausstoßungsmodus. Somit bringen sich darin sowohl zentripetale wie zentrifugale Kräfte zum Ausdruck. Das Spiel dieser beiden Kräfte zeigt sich in der ursprünglichen Bedeutung des lateinischen Verbums delegare «aussenden» und «mit einem Auftrag, einer Mission betrauen» an. Kernelement der Delegation ist das Loyalitätsband, das den Delegierenden und Delegierten miteinander verbindet. Diesen Modus verstehe ich heute nicht mehr in einem ähnlichen Sinne wie den Bindungs- und Ausstoßungsmodus. Ich sehe darin eine übergeordnete Beziehungsdynamik, in die Elemente der Bindung und Ausstoßung auf verschiedene Weise einfließen können.

Eine Delegation muß nicht pathologisch sein. Vielmehr handelt es sich oft um einen notwendigen und legitimen Beziehungsprozeß: Indem wir delegiert werden, erhält unser Leben Richtung und Sinn, es verankert sich in einer Kette von Verpflichtungen, die die Generation überspannt. Unsere Dienste als Delegierte geben uns die Möglichkeit, unsere Loyalität und Integrität zu beweisen und Aufträge zu erfüllen, die nicht nur eine unmittelbare persönliche, sondern auch überpersönliche Bedeutung haben.

Aber der Delegationsprozeß kann entgleisen. Das kann wesentlich auf dreierlei Weise geschehen. Erstens kann eine Entgleisung aus der Natur der jeweiligen Aufträge resultieren: Sie können so beschaffen sein, daß sie mit den Talenten, Ressourcen und altersangemessenen Bedürfnissen des Delegierten nicht in Einklang zu bringen sind und ihn überfordern. Es wird ihm eine ungleiche und «schiefe» Differenzierung-Integration aufgezwungen, die oft auch eine psychologische Ausbeutung einschließt. Das ist typischerweise stets dann der Fall, wenn ein nur mittelmäßig begabtes Kind der künstlerische, akademische, geschäftliche oder sportliche Superstar werden muß, der der delegierende Elternteil selbst nicht zu werden vermochte.

Zweitens kann ein Auftragskonflikt vorliegen. Dazu kommt es stets dann, wenn Aufträge, die sich von einem oder mehreren Delegierenden herleiten, miteinander unvereinbar sind und den Delegierten in verschiedene Richtungen zerren. Ein oder beide Eltern können etwa einen Sohn delegieren, Playboy zu werden und als Aufregungslieferant zu dienen, und sich gleichzeitig als fleißiger Theologiestudent wohlzuverhalten.

Drittens kann ein Loyalitätskonflikt entstehen. Immer wird hier ein Delegierter massiver Schuld ausgesetzt, sollte er jemals einen delegierenden Elternteil um des anderen willen verraten. Hier stellt sich uns Hamlet, seinem toten Vater loyalitätsverbunden und von ihm beauftragt, die Mutter zu zerstören, als klassisches Paradigma dar. Diese Entgleisungen des Delegationsprozesses bringen somit intrapsychische als auch zwischenmenschliche Konflikte ins Blickfeld, die sich nicht allein als Folge oder Ausdruck von Bindung oder Ausstoßung verstehen lassen. Wie vermag nun solches Konfliktverständnis Licht auf die Pathogenese und Behandlung psychosomatischer Störungen zu werfen?

Hier kann ich dieses Thema nicht erschöpfen. Daher begrenze ich mich auf einen Fall, der alle drei genannten Entgleisungen des Delegationsprozesses illustriert. Dieser Fall weicht von den bisher genannten Spielarten psychosomatischer Erkrankungen ab, gehört aber auch in das breite Spektrum psychosomatischer Störungen. Es ist der Fall Pauls, eines jungen Mannes, Ende 20, den ich im Verlaufe einer Familientherapie näher kennenlernte.*

* In dieser Familie wiesen auch andere Familienmitglieder psychosomatische Störungen auf. Daher hätte ich auch sie zum Ausgangspunkt meiner Betrachtung machen können.

Beispiel einer Entgleisung des Delegationsprozesses bei einem psychosomatisch Kranken

Als Paul sich das erstemal als Patient vorstellte, wirkte er zunächst gesund und strahlte Jugendlichkeit und Gutmütigkeit aus. Aber dieser erste Eindruck einer blühenden Gesundheit täuschte: vor etwa 10 Jahren hatte Paul an plötzlichen Angstattacken zu leiden begonnen. Oft fing er damals zu zittern an und legte eine akute fiebrige Krankheit nahe, wobei jedoch objektive Zeichen für einen Infektionsprozeß fehlten. Weiter beschäftigte er sich mehr und mehr mit dem Zustand seines Herzens. Er hatte Angst, es könnte zu schlagen aufhören und dadurch einen Zusammenbruch auslösen. Abends lag er oft zitternd im Bett und konnte keinen Schlaf finden. Er konsultierte mehrere Ärzte, die seinen Zustand als «Herzphobie» diagnostizierten. Sie verschrieben ihm Pillen und rieten ihm an, das Leben leichtzunehmen, ohne jedoch viel ändern zu können. Als Paul schließlich als Patient in unsere Abteilung kam, sprach er aufgeregt und stotternd in abgerissenen Sätzen. Aus der Beschreibung seiner Lebensgeschichte wurde deutlich, daß die Dinge besonders in den letzten Jahren einen für ihn wenig glücklichen Verlauf genommen hatten: Nach Verlassen der Realschule hatte er eine vielversprechende Ausbildung als Mechanikerlehrling begonnen, jedoch nicht zu Ende geführt. Er versuchte sich daraufhin in verschiedenen Beschäftigungen, z. B. als Verkäufer und Lastwagenfahrer, wurde aber schließlich ganz arbeitslos.

Bereits im Verlaufe des ersten Familieninterviews wurde deutlich, daß Paul ein massiv delegierter Sohn war, bei dem eine Entgleisung des Delegationsprozesses vorlag. Seine Symptome ließen sich dabei sowohl als Manifestation als auch als Folgen solcher Entgleisung verstehen.

Erstens zeigten diese Symptome an, daß er überbürdet, überfordert war. Die Aufträge, derer er sich als Delegierter seiner Eltern zu entledigen hatte, waren so schwierig und widersprüchlich, daß er daran zusammenbrach und «krank» wurde. Einer dieser Aufträge bestand darin, für seine Eltern, besonders aber die Mutter, den Platz seines verstorbenen, älteren Bruders einzunehmen. Damit war ihm die Funktion zugefallen, seinen Eltern einen schmerzhaften Trauerprozeß zu ersparen: Paul hatte seine Schüttel- und anscheinenden Fieberanfälle erstmals nach dem plötzlichen Tode seines älteren Bruders Felix zu zeigen begonnen. Der 8 Jahre vor ihm geborene Felix war die Liebe und Hoffnung seiner Eltern gewesen und hatte ihrer Ehe Sinn und Zusammenhalt gegeben. Selbstbewußt, gut aussehend und anscheinend immer fröhlich, schien ihm in der Werkstatt seines Vaters ein sicherer Erfolg vorbestimmt. Als er plötzlich (offenbar an einem akuten renalen Infekt) starb, erschien das Leben der Eltern zerstört. Unfähig, ineinander eine Stütze zu finden, und sich bei der notwendigen Trauerarbeit zu helfen, gingen beide mehr und mehr ihre eigenen Wege, die eine immer selbstdestruktivere Färbung bekamen. Der Vater wendete sich anderen Frauen zu und begann zu trinken. Die Mutter aß zuviel, wurde fettleibig und vernachlässigte ihre Gesundheit und ihr Äußeres. Als unser Team sie im Alter von 63 Jahren sah, war sie vorzeitig gealtert, massiv übergewichtig, von Herzversagen bedroht (ihre Füße waren von Ödemen aufgeschwemmt) und litt an einer verschleppten Pyelonephritis.

Aus der Unfähigkeit der Eltern, Felix' Tod wirklich zu betrauern, erwuchs Paul die Aufgabe, die tödliche Krankheit seines Bruders «auf *sich* zu nehmen». Für die Mutter wurde nun Pauls Gesundheitszustand zum Objekt einer ständigen ängstlichen Suche und Sorge. Paul reagierte darauf, indem er allmählich Schüttelanfälle entwickelte, wie sie sein Bruder kurz vor seinem Tode gezeigt hatte. Der vorher immer gesunde Paul wurde kränklich. Das war jetzt Ausdruck und Folge eines Auftrags, der der Mutter das psychologische Überleben zu ermöglichen hatte: Er mußte ihr helfen, die schmerzhafte Realität des Todes des Bruders zu verleugnen oder zumindest zu mildern. Dieser Auftrag überbürdete Paul jedoch, und war nur auf Kosten seiner eigenen Gesundheit auszuführen.

Aber während der mütterliche Auftrag verlangte, daß Paul die Rolle eines regressiv-verwöhnten und überbehüteten Problemkindes übernahm, verlangte der väterliche Auftrag, daß er des Bruders tragisch unterbrochenen beruflichen Werdegang fortsetzte und dem Ichideal des Vaters entsprach: er hatte nun jener erfolgreiche Mechanikermeister zu werden, der zu werden seinem Bruder bestimmt gewesen war. Es lag somit ein Konflikt der Aufträge vor, der Paul in verschiedene Richtungen zog. Seine Angstattacken und Herzsymptome reflektierten anschaulich seine Hin- und Hergerissenheit. In diesem Auftragskonflikt war jedoch zusätzlich ein Loyalitätskonflikt beschlossen. Da Paul sensibel war und einen starken Gerechtigkeitssinn hatte, empfand er letzteren Konflikt besonders stark. Um ihm zu entrinnen, versuchte er eine Vermittlerrolle zwischen den Eltern zu übernehmen. Paradoxerweise hing nun aber sein Erfolg als Vermittler gerade davon ab, daß er krank wurde und blieb: denn nur solange er ein kränkliches Problemkind war, und seine Eltern zu ständiger gemeinsamer Sorge veranlaßte, konnte er zu erreichen hoffen, daß sie ihre bittere Feindschaft zumindest zeitweilig vergaßen.

Pauls Ehe, in die er drei Jahre nach dem Tode des Bruders eintrat, schuf zusätzliche Probleme, da sie seine Vermittlerrolle behinderte und seinen Loyalitätskonflikt intensivierte. Aus Gründen, die wesentlich mit ihrer eigenen Familiensituation zusammenhingen, verabscheute und attackierte seine junge Frau ihren Schwiegervater und zwang Paul, zwischen ihr und ihm, seiner Frau und seinem Vater, zu wählen. Daher ergaben sich zwangsläufig mehr und mehr Situationen, in denen Pauls Herz zu rasen anfing. Wenn dies der Fall war, stotterte er auch – genauso wie es sein vierjähriger Sohn und sein Vater taten, wenn sie sich erregten. Immer mehr schien Paul auf einen totalen Zusammenbruch zuzusteuern. In seiner Herzphobie offenbarte er das Dilemma eines Delegierten, der sowohl psychologisch überfordert und ausgebeutet war als auch massive Auftrags- und Loyalitätskonflikte zu erleiden hatte.

Gebundene vs. ausgestoßene Delegierte

Wo Delegierte psychosomatische Störungen aufweisen, läßt sich zwischen gebundenen Delegierten und ausgestoßenen Delegierten unterscheiden. Paul gehörte zur ersten Gruppe. Während er Aufträgen ausgesetzt war, die seine altersangemessene Differenzierung-Integration behinderten, blieb er gebunden – gebunden als überbehüteter kranker Patient und als regressiv-verwöhntes Kind. Zusätzlich zu den bereits genannten ergab sich damit ein weiterer Konfliktgrund. Er war hin- und hergerissen zwischen den zentrifugalen Kräften, die der normalen Reifung und Individuation innewohnen, und entgegengesetzten zentripetalen Kräften, die ihn im Bannkreis der Eltern gefangenhielten. Daher fehlten wesentliche Elemente des Delegationsprozesses, die normalerweise Gewähr dafür bieten, daß er nicht entgleist. Vor allem fehlte das Element des Hinausgesandtwerdens, wie es im lateinischen Verbum delegare anklingt. Denn die genannten Aufträge waren nicht nur konfliktbesetzt, sie hielten Paul auch im Familienghetto gefangen. Somit blieb er ein verhinderter, weil nicht ausgesandter Delegierter. Als solch Delegierter erlitt er Deprivationen, obschon oder weil er überbehütet und regressiv verwöhnt worden war. Denn seine Chancen für den Erwerb eines Repertoires autonomer Fähigkeiten, zur Aufsichnahme von Risiken, zum Ertragenkönnen von Frustrationen, kurzum zu einer selbständigen Lebensbewältigung schienen von Anfang an eingeschränkt. Zahlreiche psychosomatische Patienten, deren psychologische Probleme – wie etwa bei Colitis ulcerosa und Asthma – bisher weitgehend als Ausdruck und Folge «symbiotischer Verklammerung», massiver Abhängigkeit, Ambivalenz und Trennungsangst – das heißt bestimmter Spielarten von Bindung – beschrieben wurden, lassen sich, meine ich, differenzierter erfassen, wenn man bei ihnen die Dynamik *gebundener Delegierter* erkennt.

Diese Dynamik unterscheidet sich von der, die wir bei *ausgestoßenen Delegierten* beobachten. Unter letzteren finden sich ebenfalls viele Patienten, die an psychosomatischen – und möglicherweise somatischen – Störungen leiden. Im Gegensatz zu gebundenen Delegierten scheinen diese ausgestoßenen Delegierten jedoch wenig oder nicht durch Überbehütung und/oder regressive Verwöhnung gebunden worden zu sein. Statt dessen wurden sie schon früh elterlicher Kälte und Distanzierung ausgesetzt. Die Folge ist, daß bei diesen Kindern viele vitale Bedürfnisse – wie nach Nähe, zwischenmenschlicher Wärme, fürsorglicher Beschützung durch die Eltern – unbefriedigt bleiben. Somit erlitten sie schwerste Deprivationen. Gleichzeitig wurden ihnen jedoch Frühreife und prekäre Autonomie aufgezwungen. Dabei wurden sie, gleich zahlreichen anderen ausgebeuteten Delegierten, durch (sich oft widerstreitende) Aufträge überfordert. Früh depriviert und ausgestoßen, wurde es für sie doppelt notwendig, sich gebraucht und anerkannt zu fühlen. Das versuchten sie zu erreichen, indem sie ihre Aufträge mit verzweifelter Hingabe ausführten. Oft verlangten ihre Aufträge, daß sie sich zu niemals aufmuckenden, konformistischen Erfolgspersönlichkeiten entwickelten, die dem beschränkten bourgeoisen Ich-Ideal der Eltern entsprachen. Kurzum, ausgestoßene Delegierte sind Individuen, die früh verstoßen und vernachlässigt, kaum für wichtig befunden und dabei doch massiv beauftragt wurden. Also auch hier eine Abweichung vom normalen, erfolgreichen Delegationsprozeß.

Ausgestoßene und gebundene Delegierte ähneln somit einander, indem sie beide an der langen Leine der elterlichen Loyalität gehalten werden. Beide versuchen sie, durch getreuliches Erfüllen ihrer Aufträge elterliche Anerkennung, einen Lebenssinn und ein Gefühl der eigenen Wichtigkeit zu erlangen, zugleich aber unterscheiden sie sich. Die Deprivationen ausgestoßener Delegierter sind anderer Art als die, die gebundene Delegierte zu erleiden haben. Ausgestoßene Delegierte sind weniger depriviert, was die Aneignung gewisser autonomiefördernder Fähigkeiten anbelangt. Sie erscheinen jedoch schwerstens depriviert, was die Erwerbung jener Fähigkeiten zur Beziehungsgestaltung anbetrifft, die – wie etwa M. MAHLER (1975) gezeigt hat – auf frühen Erlebnissen emotionaler Wärme, Behütung und Fürsorge aufbauen. Daher zeigen diese Kinder einen Nachholbedarf an vitalen zwischenmenschlichen Bedürfnissen – insbesondere nach nahen und vertrauenden Beziehungen. Damit einhergehend zeigen sie Störungen der Individuation, die auch viele gebundene Kinder (bzw. gebundene Delegierte) kennzeichnen: Sie lernen es häufig nicht, Gefühle zu artikulieren, Bedürfnisse differenziert an andere heranzutragen, Konflikte, Ambivalenzen und negative Affekte zu äußern, als auch im Vertrauen auf eine schließliche Klärung und Versöhnung durchzustehen. Um Konflikte und negative Gefühle abwenden zu können, sind sie zu massiver Verdrängung und Idealisierung gezwungen. Ihr Heil suchen sie in der perfekten Erledigung ihrer Aufträge. So sehr sie sich um die getreuliche Ausführung ihrer Aufträge bemühen, ihre Anstrengung reicht niemals aus, um die frühen Deprivationen und Schädigungen ihres Selbstwertgefühls aufzuwiegen. Sie bleiben daher für Leistungsversagen und Verluste wichtiger (delegierender) Beziehungspersonen besonders verwundbar. Unter solchen ausgestoßenen Delegierten finden wir typischerweise psychosomatische Patienten, die eine niemals klagende Pseudoautonomie und Pseudokompetenz verkörpern, normenkonform und leistungsbewußt leben, während intensivste Bedürfnisse nach emotionaler Nahrung und regressiver Verwöhnung unerkannt, unausgesprochen und daher unbefriedigt bleiben. Wie die Untersuchungen von GROSSARTH-

Maticek zeigen, repräsentieren offenbar viele Carcinompatienten Spielarten solcher ausgestoßener Delegierter.

Die hier besprochene Beziehungsebene baut auf den vorgenannten Ebenen der Differenzierung-Integration auf und transzendiert sie zugleich. Dabei können die auf tieferen Ebenen verwendeten Formulierungen gültig bleiben. Sie werden jedoch relativiert und finden in einer umfassenderen Perspektive Platz.

Dies gilt beispielsweise für Formulierungen Franz Alexanders und Frenchs (1948, 1951) zur Psychodynamik psychosomatischer Störungen. Alexander zufolge korrelieren bestimmte psychophysiologische Konfliktkonstellationen mit bestimmten Formen psychosomatischer Störungen. Er beschrieb etwa bei Ulcus-Patienten starke – unregistrierte – Bedürfnisse nach Abhängigkeit und regressiver Verwöhnung bei gleichzeitiger Verklärung von Autonomie und Kompetenz. Aus der Verleugnung der Abhängigkeitsbedürfnisse resultierte diesen Autoren zufolge eine charakteristisch überkompensierend pseudoautonome Lebenshaltung. Sie schloß eine chronische Entfremdung von zentralen psychophysiologischen Bedürfnissen ein: das Individuum fuhr sich in einem chronischen inneren Konflikt fest und seine vegetative Selbstregulation litt Schaden. Innerhalb der hier vorgelegten Perspektive bleiben derartige Formulierungen Alexanders begrenzt gültig. Sie sind aber innerhalb eines Bezugsrahmens anzusiedeln, der die gestörten Beziehungen dieser Individuen miteinbezieht. In diesen Beziehungen stellen sich nun Systemkräfte dar, die die intrapsychisch zum Zuge kommenden biopsychologischen Konflikte am Leben zu halten, zu verstärken oder zu entschärfen vermögen. So kann etwa seine Familiensituation einen Ulcus-Patienten in einem Zustand intrapsychischer und vegetativer Zerrissenheit gefangenhalten oder ihm Möglichkeiten der biopsychologischen Korrektur oder Reintegration anbieten.

Therapeutische Ausblicke

Therapeutische Bemühungen müssen die genannten Beziehungs- und Systemkräfte in Rechnung stellen und nutzbar machen. Dabei bieten sich verschiedene Strategien an, je nachdem wir es mit akuten oder chronischen psychosomatischen Störungen zu tun haben. Wo ein Indexpatient eine chronische psychosomatische (oder sonstige psychiatrische) Störung aufweist, ist anzunehmen, daß eine ungleiche und gesundheitlich kostspielige psychophysiologische Selbst-Objekt-Differenzierung und Integration sich stabilisiert hat. Weiter ist anzunehmen, daß seine chronifizierten Symptome und Beschwerden für die Mitglieder seines Beziehungssystems funktionelle Bedeutung gewonnen haben. Die mit einem eingeengten Sexualleben einhergehende rheumatische Arthritis einer jungen Frau kann beispielsweise nicht nur die Funktion haben, sie selbst von eigenen Zweifeln und Ängsten hinsichtlich ihrer Frigidität abzulenken, sondern kann auch die Impotenz ihres Mannes «schützen». Weiter könnte es der arthritische Zustand ihr ermöglichen, weiter als eine gebundene Delegierte im Bannkreis ihrer überfürsorglichen Mutter zu bleiben. Außerdem könnte sie dieser Mutter einen Lebenssinn und -zweck – nämlich die Pflege einer chronisch kranken Tochter – verschaffen und dabei eigene Ausbruchsschuld lindern. Daher muß sich ein Therapeut hüten, zu abrupt in die prekäre Homöostase solcher Beziehungssysteme einzugreifen.

Gleichzeitig aber hat er sich Gedanken darüber zu machen, wie er die positiven Kräfte nutzen kann, die den anscheinend nur destruktiv zur Wirkung kommenden Bindungs- und Delegationsprozessen innewohnen. M. Selvini (1974), die in der Familientherapie von Anorexia-Nervosa-Patienten spektakuläre Erfolge erzielt hat, liefert ein gutes Beispiel für die therapeutische Verwendung solcher «positiven Elemente».

Weiter läßt uns die hier vorgelegte Perspektive fragen, ob nicht eine aufdeckende Psychoanalyse für die meisten psychosomatischen Patienten fehlangezeigt ist. Denn die darin enthaltene theoretische Position legt es nahe, bei diesen Patienten die psychosomatischen Symptome gleichsam als Folgen des Rückzuges auf eine zweite Verteidigungslinie zu verstehen. Solch Rückzug wurde notwendig, da die erste Verteidigungslinie – gebildet aus neurotischen Abwehrmechanismen wie phobische Vermeidung, Intellektualisierung, Verdrängung etc. – nicht mehr standhielt. Denn wirksame neurotische Abwehrmechanismen dieser Art würden voraussetzen, daß ein relativ hohes Niveau der Funktion innerer Objekte und damit der Selbst-Objekt-Differenzierung und -Integration besteht. Dieses Niveau aber scheint bei vielen psychosomatischen Patienten nicht gegeben zu sein. Das bedeutet aber: jede tiefere, aufdeckende Form der Psychotherapie läuft hier Gefahr, Ängste auszulösen, die sich sofort in vegetative Erregungen umsetzen und damit auch die zweite Verteidigungslinie dieser Patienten bedrohen und den Teufelskreis der somatischen Störung verstärken.

Dabei bleibt nun weiter zu beachten, daß die schwache zweite Verteidigungslinie dieser Patienten oft, besonders bei chronischen Störungen, prekär in deren Beziehungssysteme verankert ist. Viele chronisch gestörte psychosomatische Patienten entwickeln daher, läßt sich annehmen, zu ihren Symptomen oder Problemen eine ähnliche Abhängigkeit wie ein Süchtiger zu seiner Droge – einer Droge, die von den anderen Mitgliedern anzuliefern ist. Aber auch die anderen – die Fixer – sind im Interesse ihres eigenen psychologischen Überlebens darauf angewiesen, daß der Patient die Droge regelmäßig nimmt. Das System ist interdependent.

Bei akuten Störungen ist es anders: hier signalisiert das Symptom eine Krise im Leben des Individuums und seiner Familie. Und diese Krise läßt sich, wenn sachgemäß angegangen, in einer Weise lösen, die die Selbst-Objekt-Differenzierung und Integration aller Mitglieder fördert. Bereits kurze Interventionen vermögen hier oft viel zu erreichen.

Schließlich bleibt ein Problembereich zu erwähnen, der für Therapeuten psychosomatischer Patienten besonders wichtig wird. Er betrifft die psychologische Ausbeutung und gesundheitlichen Kosten, die oft für den somatischen Symptomträger anfallen, und die ganze Familie mit schwierigen Aufgaben der «Kostenaufrechnung» konfrontieren. Hier erscheint ein kürzlich in der Klinik von S. MINUCHIN von L. BAKER et al. (1975) durchgeführtes Familienexperiment besonders instruktiv. Bei diesem Experiment stieg der Spiegel an freien Fettsäuren – ein Bindeglied und möglicher Auslöser in der Entwicklung einer diabetischen Acidose – bei bestimmten diabetischen Kindern immer dann in Familiensitzungen an, wenn diese Kinder von ihren Eltern als Sündenböcke beziehungsweise als Aufhänger negativer Projektionen delegiert wurden. Das geschah typischerweise immer dann, wenn die Eltern eigenen Belastungen und ehelichen Konflikten auszuweichen suchten.

Schon vor 20 Jahren schnitt MARGARET THALER SINGER (1956, 1974) das Problem der Ausbeutung und Kosten in einem anderen Kontext an. Sie wies damals nach, daß an chronischem Hochdruck leidende Patienten ihre Überlebenschancen gefährdeten, wenn sie sich warm und intensiv zu anderen Menschen in Beziehung zu setzen versuchten, anstatt abgekapselt und verschlossen zu bleiben. Denn indem sich diese Individuen anderen eröffneten, ließen sie ihren Blutdruck gefährlich ansteigen. Eine spätere «Follow-up»-Studie zeigte, daß die warm reagierenden Hochdruckpatienten eher starben als die zwischenmenschlich abgekapselten. Es erschien somit, daß ihr «Geben für andere» – in der Form von Aufmerksamkeit und Interesse, das sie diesen anderen zeigten – nur mit schweren Kosten für diese Patienten selbst möglich war. Aber ob nun jemand, wie MARGARET SINGERS Hochdruckpatienten, «zuviel geben muß» oder ob er, wie S. MINUCHINS diabetische Kinder, «zuviel einstecken muß», wir müssen uns als Therapeuten dem Problem der zwischenmenschlichen Ausbeutung und Gerechtigkeit stellen. Soll dies gelingen, müssen wir in der Lage sein, verschiedene Ebenen der Differenzierung und Integration zu erfassen, und dabei allen Familienangehörigen Interesse und Fairneß entgegenzubringen.

Bibliographie

ALEXANDER, F., und T. M. FRENCH (1948): Studies in Psychosomatic Medicine. New York (Ronald Press).

ALEXANDER, F. (1951): Psychosomatische Medizin. Berlin (De Gruyter).

BAKER, L., S. MINUCHIN, L. MILMAN, R. LIEBMAN und T. TODD: Psychosomatic Aspects of Juvenile Diabetes Mellitus. A Progress Report (unveröffentlichtes Manuskript).

BRUCH, H. (1962): Falsification of bodily needs and body concepts in schizophrenia. Arch. Gen. Psychiat. 6, 18–24.

– (1966): Eating Disorders and Schizophrenic Development. In: G. L. USDIN, Hg., Psychoneurosis and Schizophrenia. Philadelphia (Lippincott).

ENGEL, G. (1968): A Reconsideration of the role of conversion in psychosomatic disease. Compr. Psychiat. 9, 316–326.

FRIEDMANN, M. (1976): Healing through Meeting: A Dialogical Approach to Psychotherapy and Family Therapy. In: J. H. SMITH, Hg., Psychiatry and the Humanities. New Haven und London (Yale University Press).

GROSSARTH-MATICEK, M. (1976): Krebserkrankung und Familie: Einige Untersuchungsergebnisse und theoretische Aspekte. Familiendynamik, ds. Heft, 294–318.

JACKSON, P. D., I. YALOM (1966): Family Research on the problem of ulcerative colitis. Arch. Gen. Psychiat. 15, 410–418.

JACOBSON, E. (1964): The Self and the Object World. New York (Int. Univ. Press).

KOESTLER, A. (1967): The Ghost in the Machine. New York (Macmillan).

MACDOUGALL, J. (1974): The Psychosoma and the psychoanalytic process. Int. Rev. Psycho-Anal. 1, 437–459.

MACLEAN, P. (1949): Psychosomatic Disease and the visceral brain. Psychosom. Med. 11, 338–353.

– (1962): New Findings relevant to the evolution of psychosexual functions of the brain. J. Nervous and Mental Disease 135, 289–301.

– (1964): Man and his animal brains. Modern Medicine, Febr., 3.

MAHLER, M. et al. (1975). The Psychological Birth of the Human Infant. New York (Basic Books).

MARTY, P. und M. DE M'UZAN (1963): La Pensée opératoire. Rev. franç. psychanal. 27 (Suppl.), 345–356.

MINUCHIN, S., L. BAKER, B. L. ROSMAN, R. LIEBMAN, L. MILMAN und TH. C. TODD (1975): A Conceptual Model of psychosomatic illness in children. Arch. Gen. Psychiat. 32, 1031–1038.

PIAGET, J. (1954): The Construction of Reality in the Child. New York (Basic Books).

SELVINI PALAZZOLI, M. (1974): Self-Starvation. London (Chaucer Publ. Co. – Human Context Books).

SHANDS, H. C. (1971): The War with Words. Den Haag (Mouton).

– und J. MELZER (1975): Linguistic Correlatives of Medical Disorder: Disproportional Disability. Vortrag gehalten am North American Semiotics Colloquium, Tampa, 28.–30. Juli.

SINGER, M. T. (1974): Presidential Address; Engagement – Involvement: A Central Phenomenon in psychophysiological research. Psychosom. Med. 36, 1–17.

STIERLIN, H. (1969): Conflict and Reconciliation. New York (Doubleday Anchor and Science House).

– (1972): Familiy Dynamics and Separation

Patterns of Potential Schizophrenics. In: Proc. Fourth Intern. Symposium on Psychotherapy of Schizophrenia, Hg. Y. Alanen und D. Rubinstein. Amsterdam (Excerpta Medica).
– (1974): Separating Parents and Adolescents. New York (Quadrangle). Dt.: Eltern und Kinder im Prozeß der Ablösung. Frankfurt/M. (Suhrkamp), 1975.
– (1975): Von der Psychoanalyse zur Familientherapie. Stuttgart (Klett).

THALER, M. (1956): Effects of Stressful Situations in Learning. Psychiatric Research Reports, Nr. 3. Washington, D. C. (American Psychiatric Association).

WERNER, H. (1957): Comparative Psychology of Mental Development. New York (Int. Univ. Press).

WYNNE, L., und M. T. SINGER (1963): Thought disorder and family relations of schizophrenics. I. A Research Strategy. Arch. Gen. Psychiat. 9, 191–198.

Das psychosomatische Symptom im Rahmen psychosozialer Konfliktabwehr

Annegret und Gerd Overbeck

Das Asthma bronchiale im Zusammenhang familiendynamischer Vorgänge

Mit der vorliegenden Arbeit wird der Versuch unternommen, das Bronchialasthma eines 5jährigen Mädchens als Ausdruck einer Familienneurose zu beschreiben. Um die individuellen pathogenetischen Vorgänge in den Kontext der familiendynamischen Beziehungsebene integrieren zu können, ziehen wir die Kasuistik einer Familientherapie als exemplarisches Material heran. Hierdurch wird es möglich, sowohl qualitative Aussagen über die Familie als Gesamtsystem sowie die verschiedenen Subsysteme (z. B. die Mutter-Kind-Dyade, die Ehepaarbeziehung) zu machen, als auch Informationen über individuelle, intrapsychische Prozesse bei den beteiligten Personen zu gewinnen. Für den Zweck dieser Arbeit wird das Material der Familientherapie zunächst in letztere, auf Einzelpersonen bezogene, Aspekte zerlegt und mit Ergebnissen der einschlägigen psychosomatischen Literatur über krankheitsauslösende Faktoren, die individuelle, intrapsychische Krankheitsdynamik, die Mutter-Kind-Beziehung, Merkmale der Väter usw. verglichen. Die an den einzelnen Familienmitgliedern erkennbaren Persönlichkeitsmerkmale werden im zweiten Teil der Arbeit in einen inneren Zusammenhang gestellt und in ihrer wechselseitigen Bezogenheit aufeinander untersucht. Zur Beschreibung der familiendynamischen Zusammenhänge werden verschiedene Modelle aus der Literatur der Familientherapie zu Hilfe genommen. Die abschließenden Überlegungen gelten der Frage, ob die aufgezeigten psychosozialen Prozesse in einem spezifischen Zusammenhang zur Wahl des Asthmas, als einem psychosomatischen Symptom des Kindes, zu sehen sind.

Falldarstellung

Familie K., bestehend aus dem 29jährigen Vater, der 25jährigen Mutter, der 5jährigen asthmakranken A. und ihrer 2jährigen Schwester B. wurde von einem jüngeren Kollegen in Vertretung des Hausarztes an die Psychosomatiche Abulanz überwiesen. Die Familie selbst war an einer psychologischen Untersuchung interessiert, um von der schon lange dauernden und als schädlich erkannten Cortison-Medikation wegzukommen: Cortison sei ein «Dreckzeug und Gift». Andere Behandlungsmethoden (Kuren, Goldpräparate, Behandlung durch einen Homöopathen etc.) waren auch schon ausprobiert worden. Die Familie, die gemeinsam mit den Eltern des Herrn K. eine Bäckerei betreibt, macht bei der Aufnahme einen netten, harmonischen Eindruck. Der Vater ist freundlich, spielt mit seinen Kindern, wirkt jungenhaft. Die Ehefrau, stämmig und korpulent, wirkt entschlossener und nimmt die Aufnahmemodalitäten in die Hand. Die asthmakranke A. ist ein hübsches, schwarzhaariges Mädchen, das sich bemüht, sehr gut zu zeichnen und fleißig viele Blätter bemalt. Sie äußert sich zunächst weder auf Fragen des Interviewers noch der Eltern, es besteht lediglich ein lebhafter Blickkontakt. Am Ende des Erstgesprächs bleibt sie mit dem Interviewer noch kurze Zeit allein im Raum zurück, um die Buntstifte einzupacken und die Blätter zu ordnen. Die 2jährige Schwester B. spielt anfangs unbeachtet herum und wird durch einen Schnuller bei guter Laune gehalten.

Im Erstespräch trägt die Mutter ziemlich offen Hypothesen über die psychische Bedingtheit der asthmatischen Zustände ihrer Tochter vor. Es sei aufgefallen, daß A. immer freitags und samstags asthmatische Zustände habe, also gerade dann, wenn die meiste Arbeit im Geschäft anfalle. Sie verstünden das so, daß A. mehr von ihren Eltern, vor allem der Mutter haben wolle und das erreiche, indem sie krank werde. Die Mutter berichtet, sie habe sich daher einmal ostentativ nicht um A. gekümmert, obwohl sie sie habe schwer atmen hören. Eine weitere Beobachtung der Familie war, daß A. nach dem Kindergarteneintritt mit 3 Jahren sehr infektionsanfällig wurde, häufig Bronchitiden hatte und dann die ersten asthmatischen Zustände bekam. Bei Nachfragen stellte sich heraus, daß zu dieser Zeit auch die Schwester B. geboren wurde. A. sei zuerst etwa eine Woche lang sehr eifersüchtig, ja böse gegenüber diesem Geschwisterkind gewesen. Dann sei es aber ins Gegenteil umgeschlagen. Sie habe allen versichert, wie lieb sie ihr Schwesterchen habe und daß sie es nie mehr hergeben werde.

Diese Äußerungen werden ausschließlich von Frau K. vorgetragen, während ihr Mann nur dazu nickt oder kurz bestätigt. Als Frau K. offen erklärt, daß sie sich heute oft die Schuld an der Krankheit von A. gebe, weil sie sie unter der äußeren Drucksituation der geschäftlichen Überlastung zu früh in den Kindergarten geschickt habe, beschwichtigt Herr K. Man könne doch nicht wissen, ob die Krankheit von A. wirklich damit zusammenhänge. Je mehr Frau K. auf die familiäre Situation zu sprechen kommt, desto hilfloser versucht Herr K., sich mit der «lieben Arbeit» zu entschuldigen und mit kurzen Einwürfen auf die Bedeutung des Wetters, der Erkältungen und der Kuren hinzulenken. Als Frau K. Eheschwierigkeiten anzudeuten beginnt, nimmt Herr K. die kleine B. auf den Schoß. Dabei stößt er sie mit dem Bein an den Tisch, so daß sie zu schreien anfängt. Während Herr K. sie auf den Arm nimmt, aufsteht und im Zimmer herumträgt, redet Frau K. immer mehr über sich selbst, ihre zu frühe Heirat mit 17 Jahren und das Gefühl, überfordert zu sein. Schließlich wird das Erstgespräch wegen des penetrant unerträglichen Geschreis von B. beendet.

In der nächsten Sitzung kommt das Ehepaar auf Wunsch der Frau ohne Kinder. Im Mittelpunkt des Gespräches steht Frau K's Enttäuschung über die Ehebeziehung. Sie habe ihren Mann so früh geheiratet, um aus den unerfreulichen Verhältnissen ihres Elternhauses, in dem es ständigen Krach mit der Schwägerin gegeben habe, herauszukommen. Sie hätten es absichtlich auf eine Schwangerschaft angelegt, um früher heiraten zu können. Sie sei von ihren Schwiegereltern von Anfang an abgelehnt worden, was sie mit Beispielen belegt. Noch heute werde sie nicht anerkannt, alles mache sie falsch, man hätte lieber eine andere gehabt. Die größte Enttäuschung liege darin, daß ihr Mann sich immer nur raushalte und in 6 Ehejahren noch keine Partei für sie und gegen die Eltern ergriffen habe. Sie habe daher im letzten Jahr zwei Trennungsversuche unternommen. Ihr Mann habe versucht, sie einmal dadurch am Wegfahren zu hindern, daß er ihr in kindlicher Weise die Zündkerzen des Autos losschraubte. Herr K. sagt dazu nur wenig. Er versucht zu beschwichtigen und seine schwierige Position zwischen Eltern und Ehefrau klarzumachen. Er schildert Ehefrau und Mutter als zu temperamentvoll und stellt sich als einen Menschen dar, der am liebsten allem Streit aus dem Wege geht. In der 3. Stunde sind Frau K. und A. alleine da. Frau K. klagt, ihre Schwiegermutter habe sie den ganzen Tag über im Bett liegen lassen, ohne mal nach ihr zu sehen. Sie fühle sich sehr verlassen und benachteiligt gegenüber der Schwester ihres Mannes. Sie schildert, daß sie ihre eigene Mutter zu früh verloren habe und sich selbst noch oft eine Mutter wünsche, mit der sie sich aussprechen könne und die sich mehr um sie kümmere. Die Schwiegermutter habe dafür überhaupt kein Verständnis. Wenn A. nicht da wäre und sie den «Mist» mit der Schwangerschaft nicht gebaut hätten, hätte sie sicher früher die Konsequenzen gezogen. Gegen Ende dieser Stunde überlegt sie auch wieder, ob sie nicht doch von ihrem Mann weggehen solle. A. beteiligt sich kaum am Gespräch, stellt aber das Thema der Stunde auf ihre Weise mit Hilfe von Haftklebefiguren dar. Sie legt das Märchen von Schneewittchen und den 7 Zwergen, wenn auch mit einigen privaten Zutaten, wie z. B. dem Wolf und anderen Tieren. In ihrer Darstellung finden sich auch nur 3 Zwerge. Einer davon liegt auf dem Bauch. Sie kommentiert: *Der* (Vater?) hat heute keine Lust. Als sie erklären soll, wer den Jäger beauftragt hat, Schneewittchen totzuschießen, bekommt A. eine Sprechhemmung und findet das Wort «Stiefmutter» nicht. Später ergänzt sie, daß der Jäger Schneewittchen nicht totschießt, sondern die Stiefmutter ihr einen giftigen Apfel gibt. Als sie nach einem besonderen Hut für den Jäger sucht, greift die Mutter ein und erklärt, der Jäger brauche nichts. A. legt das Spiel weg und malt ein Häuschen, in dem sie ihre Eltern und ihre Schwester Platz nehmen läßt, ohne sich selbst darzustellen. Die Mutter besteht hartnäckig auf der Meinung, A. gehe selbstverständlich davon aus, daß sie auch darin sei, und sich darum nicht eigens hineingemalt habe. A. dagegen betont, sie habe das Haus für die anderen gemalt. Eine ähnliche Meinungsverschiedenheit ergibt sich auch, als A. Luftballons zeichnete, ihre Mutter aber darauf bestand, es seien gar keine Luftballons, weil sie dafür zu eckig seien. Nach mehrfachen Unterstützungen A's durch den Therapeuten, gab A. plötzlich an, sie höre auf einem (dem Interviewer zugeneigten) Ohr nicht mehr.

Der weitere *Verlauf* der Behandlung, die 14tägig mit den Eltern und A. zusammen stattfand, läßt sich wie folgt zusammenfassen: Die aggressive Auseinandersetzung von A. mit ihrer Schwester und besonders mit ihrer Mutter wurde immer offener. A. stellte sie als schlechte Mutter dar, die den ganzen Tag im Bett liege, während sie im Haushalt helfen müsse. Sie provozierte die Mutter häufig zu Hause und brachte sie in den Sitzungen durch Zähneknirschen in helle Wut. Einmal warf sie ihr beinahe die Buntstifte ins Gesicht. Die Mutter hatte sie «geneckt», indem sie A's quengeliges Verhalten zu Hause vorspielte. Während die Mutter das auch zu Hause eingeführte Rollenspiel mit der Bemerkung begründet, A solle lernen, sich in die Rolle der Mutter zu versetzen, protestierte A. laut: Sie sei gar nicht so, wie die Mutter sie darstelle. Sie gestikuliert dabei wütend mit den Armen oder zieht hilflos die Schultern hoch. Während die Mutter häufig triumphierend feststellte, sie wisse genau, was A. gerade denke, sagte A. resignierend: «Das hast du wieder gerochen.» Während Frau K. behauptete, A. sei mäkelig beim Essen, wenn sie ihr die Lieblingswurst nicht gebe, erklärt A.: «Ich will meine Lieblingswurst selber nicht.» Als Frau K. einmal A. damit aufziehen wollte, daß sie ja weine, wenn sie ihr das Parfumläppchen wegnehme, widersprach A.: «Jetzt habe ich es selber verloren.» Parallel dazu entwickelte sich A. zu einem «flotten Mädchen». Sie marschierte ihrer Familie voraus, setzte sich neben den Therapeuten oder stand beim Malen dicht neben ihm und beschenkte ihn mit ihren Bildern. Sie verlangte von ihm, daß er ihr einen neuen roten Buntstift mitbringen sollte, kokettierte mit Blicken und pfiff dem Therapeuten oder dem Vater dauernd zu. Es wurde gewitzelt, daß der Therapeut A's Bilder zu sich nach Hause nehme und sein Zimmer damit schmücke. A's Bilder würden dereinst als echter Klee (in Anspielung an den ähnlich klingenden Familiennamen) ausgestellt, sie komme ins Fernsehen usw. A. erzählte Witze mit sexuellen Anspielungen, schäkerte viel mit ihrem Vater und wurde von diesem wegen ihres kleinen Freundes geneckt. Der Höhepunkt dieser Entwicklung fand sich in einer Stunde, als die Mutter ihrem Mann und A. vorwarf, sie steckten unter einer Decke und Herr K. antwortete, sie schliefen aber nicht miteinander. A. malte ein großes rotes Herz, ließ ihre Mutter den Pfeil einzeichnen und schenkte das Bild ihrem Vater. Herr K. hatte in diesem Behandlungsabschnitt selbst mehr Initiative entwickelt, hatte sich das erstemal seit Bestehen der Ehe auch mit seinen Eltern gezankt und kümmerte sich mehr um seine eigene Familie. Er selbst meinte, er habe die Hosen – nach dem Jahr der Frau – nun wieder angezogen. Wenn er auch oft versuchte, sich mit solchen Witzchen zu behelfen und die Ernsthaftigkeit der Familiensituation zu bagatellisieren, wurde er doch verantwortungsbewußter und rückte in den Gesprächen stärker in den Vordergrund als zu Beginn der Behandlung. Dies ging allerdings einher mit einem zunehmenden Rückzug von Frau K., der in verschiedener Hinsicht stattfand: In der Behandlung beteiligte sie sich immer weniger am Gespräch, arrangierte Verspätungen, drängte häufig auf Terminverschiebungen. Sie zeigte ostentativ, daß sie sich von den Familienschwierigkeiten nicht mehr berühren ließ. Sie beschrieb ihr Befinden auf etwas unheimliche Art, daß sie sich zwar ganz wohl fühle, aber wie tot sei. Zu Hause lag sie jetzt öfter mit Gelenkschmerzen und Nervenentzündungen krank im Bett. Das überraschendste war jedoch ihre Erklärung, sie sei jetzt im 3. Monat schwanger und könnte aus diesem Grund bald nicht mehr an der Behandlung teilnehmen. Nach einem Termingerangel, das zu einer 6wöchigen Therapieunterbrechung führte, erschien A. erstmals wieder mit asthmatischen Beschwerden, nachdem sie ca. 3/4 Jahr trotz einiger Erkältungen den Winter über völlig ohne Asthma geblieben war. A. sah grau aus, schniefte hörbar mit Atemnot und verhielt sich sehr still. Im Unterschied zu ihrem temperamentvollen Verhalten in den letzten Stunden wirkte sie sehr verschüchtert und sagte kaum etwas. Ihre Mutter erklärte, sie habe A. in letzter Zeit öfters ein paar Klapse geben müssen, 5 Minuten später vertrügen sie sich aber immer wieder miteinander. A. nickte dazu und wiederholte: «Dann ist alles wieder o. k.» Sie beschäftigte in dieser Stunde ihre Mutter wiederholt damit, daß sie sie einen Papierbogen, den sie selbst vorher exakt zur Hälfte rot bemalt hatte, in der anderen Hälfte braun ausmalen ließ. Weiter zeichnete A. ein ertrinkendes Mädchen in einem Teich, das die Arme zum Hilferuf hochreißt und eine Frau, die am Rand mit hilflos ausgebreiteten Armen steht. Als letztes malt A. das Bild eines Mädchens, das mit hochgestellten Haaren und weit aufgerissenem Mund mit riesigen Zähnen furchterregend aussieht. Die Bilder dieser Stunde unterschreibt A. mit dem Jungennamen Alex. Frau K. wirkte ebenfalls wie umgewandelt gebenüber den vorigen Stunden, war ungeduldig, führte ständig das Wort und griff ihren Mann, die Schwiegermutter und besonders den Therapeuten an. Die Situation mit ihren Schwiegereltern sei wieder unerträglich, aber ihr «lieber Mann» stehe ihr in keiner Weise bei. Er habe nie etwas gehört und gesehen und halte sich aus allen Auseinandersetzungen raus. A. meinte an dieser Stelle lakonisch: «Wir suchen uns einen neuen Papa.» Herr K. versuchte indessen, sich mit der kleinen B., die erstmals wieder mitgebracht wurde, zu beschäftigen und verließ mehrere Male mit ihr den Raum, um mit ihr zur Toilette zu gehen. Auf die Bemerkung des Therapeuten, daß heute wieder alles so sei wie beim ersten Gespräch, erklärt Frau K. rundheraus, daß das Sprechen hier und das bißchen Malen ja wohl auch nichts bringe. Sie seien auch jetzt wieder zu ihrem Homöopathen gegangen, der A. mit einem neuen englischen Präparat behandele. Nach 2 weiteren schwierigen Stunden muß die Therapie zunächst 7 Monate unterbrochen werden, weil Frau K. wegen drohender Frühgeburt mehrfach in das Krankenhaus kommt und schließlich dort 2 Monate lang bis zur Geburt des Sohnes C. liegt. In dieser Zeit wurden die Kinder A. und B. zu einer Tante gegeben. Der Kontakt zur Familie K. bleibt zunächst telefonisch erhalten und wird dann von Frau K. schriftlich wieder aufgenommen. Sie schildert, daß ihr Mann sich während ihrer Krankheit sehr um sie gekümmert habe und jetzt auch deutlicher zu ihr halte als früher. Nach der Geburt des «Thronfolgers» habe sich dann alles zum Guten gewendet. Die Streitereien hätten fast völlig aufgehört. Der Junge C. sei das ein und alles der Schwiegereltern und sitze jetzt schon beim Schwiegervater in der Backstube. Sie selbst fühle sich jetzt auch von ihnen anerkannt. Neulich wäre sie allerdings beinahe auf einer Fahrt mit A. und B. tödlich verunglückt, als sie mit ihrem PKW einen schweren Unfall mit Totalschaden des Wagens verursachte. Nach Wiederaufnahme der Therapie stellte sich heraus, daß A. bei der Tante völlig beschwerdefrei war und auch jetzt zu Hause nur noch selten leichte asthmatische Zustände hat, was die Familie wetterbedingt ansieht.

Im Zentrum des Interesses steht auch nicht mehr das Asthma von A., sondern ihre Erziehungs- und Schulschwierigkeiten. Nach Ansicht der Mutter geht es nun A. «zu gut». Sie läuft öfters von zu Hause weg und geht offensichtlich auch nicht gerne zur Schule. Sie klagt dann über Kopf- und Bauchweh. Trotz therapeutischer Bedenken wurde A. etwas zu früh eingeschult und fühlt sich nun wohl auch etwas überfordert. Das Asthma von A. tritt in der Therapie z. Z. dann stärker in den Vordergrund, wenn es inhaltlich um die Bearbeitung von Eheschwierigkeiten geht. Bei leichten asthmatischen Zuständen holt die Mutter A. in ihr Bett; das Ehepaar nahm A. im letzten Moment doch in den gemeinsamen Urlaub mit, weil die Berge gleichzeitig «gut für ihr Asthma seien».

Die Beschreibung der einzelnen Familienmitglieder

(im Vergleich zur Literatur und anderen Fallbeispielen)

Was an dem *asthmakranken Kind* zunächst auffällt, ist der Kontrast zwischen einer gewissen Frühreife einerseits und infantilen Zügen andererseits, wie der zeitweisen Verwendung der Babysprache (vgl. auch Schwab 1974) und der Fixierung an ihr Parfumläppchen. In anderen Fällen standen der verantwortungsbewußten Sorge um die Mutter oder einer zwischen den Eltern differenziert ausgeübten Vermittlerfunktion ein kindlicher Glaube an den Nikolaus, Lutschen am Ohr des Bruders, oder auch retardierte körperliche-emotionale Entwicklung gegenüber (vgl. Gunnarson 1950). Mohr et al. (1963) sprechen von Pseudoreife mit heimlichen und ausgefallenen Möglichkeiten der infantilen Wunschbefriedigung, und Fine (1948) entdeckte besonders bei asthmakranken Jungen babyhaftes Verhalten. French und Alexander (1941) sprechen von Pseudounabhängigkeit, Little und Cohen (1950) beobachteten starres Festhalten an inadäquat hohen Zielen. In unserem Beispiel wird A. von der Familie als besonders begabt und erwachsener erlebt als gleichaltrige Kinder. Häufig nimmt das asthmakranke Kind gegenüber den Geschwistern eine Sonderrolle ein: Als sensibles Problemkind (Fine 1948) und krankes Sorgenkind, oder es hat in anderer Weise eine herausragende Position (Mitchell et al. 1953). Neben einer lauten Unabhängigkeit fanden sich extreme Anklammerungstendenzen, die die asthmakranken Kinder empfindlich auf Trennungssituationen reagieren ließen. Auch in unseren Fällen bestätigte sich die Beobachtung von Mohr et al. (1963), daß den asthmatischen Anfällen der Kinder oft unmittelbar Auseinandersetzungen der Eltern vorausgingen. In diesem Zusammenhang ist der Befund von Fine (1948) im TAT interessant, daß es den asthmatischen Kindern ein besonderes Anliegen ist, die Eltern zu versöhnen, daß sie ödipales Rivalisieren vermeiden (Mohr et al. 1963) und daß asthmakranke Jungen häufig weiblich identifiziert sind (MITCHELL et al. 1953). Trotz des Eindrucks starker Abhängigkeit und einer fast ausschließlichen Bindung an die Mutter (MITCHELL et al. 1953) ist jedoch die Ambivalenz (vgl. DE BOOR 1965) der asthmakranken Kinder und ihre z. T. enorme Feindseligkeit gerade der Mutter gegenüber nicht zu übersehen. Die unterdrückte Aggression (MITCHELL et al. 1953, FINE 1948) entlädt sich oft unter dem Einfluß einer Therapie eruptionsartig oder wird von den Kindern auch vor anderen Leuten agiert, indem sie ihre Mütter als ungenügend, schlecht und versagend hinstellen.

Ganz im Unterschied zu diesen vielen psychologischen Auffälligkeiten von A. erscheint die *Schwester* B. recht unauffällig. Die Eltern bestätigen, daß B. bisher völlig problemlos gewesen sei und sich normal entwickelt habe. Ihre seelische und körperliche Robustheit wird als Kontrast zur sensiblen und oft kranken A. betont. Es wird aber auch offenkundig, daß B. sozusagen mehr am Rande des Interesses der Familie steht. Dieses gewisse «Abseits» von Geschwisterkindern beschreiben auch SHANDS (1963) und MITCHELL et al. (1953).

In Asthmafamilien scheint der *Vater* oft wenig präsent zu sein. MITCHELL et al. (1953) stellten heraus, daß er überdurchschnittlich häufig fehlt (durch Tod, vorzeitige Trennung, Scheidung etc.) oder als Kranker, Alkoholiker usw. ein sogenannter «schwacher» Vater ist. Er kann aber auch der Ehefrau in anderer Weise sozial, bildungsmäßig, sexuell usw. unterlegen sein. Diese Männer werden von ihren Ehefrauen als passiv und unfähig erlebt, sie emotional zu unterstützen (MOHR et al. 1963). PURCELL und CLIFFORD (1966) fanden, daß asthmakranke Jungen sich im Vergleich zu gesunden häufiger mit inaktiven, passiven Vätern identifizieren. In einigen unserer Fälle wurde die Autorität des Vaters eher heimlich untergraben, wobei seine schwache Familienposition in ziemlichem Gegensatz zu seinem sozialen Erfolg außerhalb der Familie stand. In der vorgestellten Kasuistik wird deutlich, daß der Vater deswegen so enttäuscht, weil er keine Stellung bezieht und seine Frau nicht unterstützt.

Die schwache Position des Vaters ist allerdings nicht absolut zu sehen, sondern muß in Relation zur Stellung der *Mutter* in der Familie untersucht werden (vgl. MOHR et al. 1963). Die Mütter werden nämlich vorwiegend als omnipotent, dominierend und kontrollierend beschrieben, wie die Literaturübersichten von BREDE (1972. S. 22ff) und ZEPF (1976, S. 43ff) zeigen. In der vorgestellten Familie imponiert die Mutter zweifellos ebenfalls als zentrale Familienfigur (vgl. DE BOOR 1965). Es zeigt sich aber auch, daß sie nur scheinbar stark ist und eigentlich Hilfe bei Ehemann und Kind (vgl. COOLIDGE 1956) sucht. Sie fühlt sich in ihrer Kompetenz als

Mutter unsicher (MOHR et al. 1963) und läßt erkennen, daß sie sich selbst eine Mutter wünscht. Ein Mangelsyndrom in bezug auf Mütterlichkeit (vgl. SHANDS 1963, SCHWAB 1974, DE BOOR 1974) und eine instrumentalisierte Beziehung zu den Kindern (ZEPF 1976) werden in unserem Beispiel darin deutlich, daß die Mutter als männlich hart und emotional kalt erlebt wird, daß sie vom «Wegschaffen der Kinder» spricht und daß sie sich ein neues Baby zulegte, als ihr durch die Therapie A. genommen zu werden schien (vgl. auch COOLIDGE 1956). Nach der Beschreibung von STEPHANOS (1977) könnte man solche Mütter als «Femme saisie» charakterisieren. Mit dieser Formulierung wird dem besitzergreifenden und eindringenden Aspekt der prägenital fixierten Mutter (vgl. MILLER und BARUCH 1948, COLLIDGE 1956, MOHR et al. 1963) Rechnung getragen. Die Krankheit des Kindes wird als Rationalisierung herangezogen (vgl. COOLIDGE 1956), um vor allem Entfernung und Fortbewegung von zu Hause (der Kampf um das Fahrradfahren, um Sport, Fußballspielen usw.) sowie Aktivität überhaupt (vgl. DE BOOR 1965) zu verhindern.[1] In anderen Fällen versuchen die Mütter über quälende «Neckereien» (vgl. die «loving tyranny» nach BASTIAANS und GROEN 1955) vom Kind alles zu erfahren. Vielfach wird die over-protective-mother (PINKERTON 1967, SHANDS 1963, DE BOOR 1965 u. a.) als eine Mutter beschrieben, die durch übertriebene Zuwendung zum Kind aggressive Regungen abwehrt. Bemerkenswert in unserem Beispiel erscheint, daß die ablehnende Haltung der Mutter schon vor der Geburt von A. einsetzte («der Mist mit der Schwangerschaft»). Auch MILLER und BARUCH (1948) und COOLIDGE (1956) fanden, daß es sich bei asthmakranken Kindern überaus häufig um ungewollte Kinder (Accidents) handelt. Neben Müttern mit o. g. Reaktionsbildungen werden auch offen aggressive «rejective mothers» beschrieben (FINE 1948, SHANDS 1963, GUNNARSON 1950 u. a.), wobei letzteres mit ungünstiger Prognose des kindlichen Asthmas in Verbindung gebracht wird (PINKERTON 1967).

Struktur und Dynamik des familiären Beziehungssystems

Von der Familientherapie werden Symptome als an die Oberfläche getretene Manifestationen pathogener Strukturen und Prozesse in der Familie verstanden. Hier wird abweichendes Verhalten von Einzelindividuen nicht nur als Externalisierung intrapersoneller Konflikte und Störungen betrachtet, sondern als funktionaler Ausdruck interpersoneller emotiona-

1 Vgl. dazu auch den Erkrankungsgipfel in der Autonomiephase im 2. bis 4. Lebensjahr (GUNNARSON 1950).

ler Beziehungen aufgefaßt, die ihrerseits die intrapsychische Konfliktkontrolle wesentlich beeinflussen. Es soll daher im folgenden versucht werden, die bisher unverbunden nebeneinander beschriebenen psychologischen Merkmale von Einzelpersonen im Zusammenhang zu sehen und ihre Bedeutung im Kontext des Familiengeschehens zu ermitteln.

In der Literatur zur Familienforschung werden verschiedene Konstrukte und Modelle zur Anwendung gebracht, die jeweils unterschiedliche Perspektiven auf die Familie freigeben. Wir wenden uns zunächst – so wie es auch etwa der historischen Entwicklung der Familientherapie entspricht – der strukturellen Rollendifferenzierung in Familie K. zu, untersuchen danach die Familienbeziehungen im Hinblick auf die dyadischen Subsysteme, um abschließend triadische Konzepte anzuwenden und damit das Gesamtsystem der Familie K. ins Auge zu fassen.

I.

In der familientherapeutischen Literatur wird in Anlehnung an Parsons u. Bales (1955) und Spiegel (1957 u. 1971) die Ansicht vertreten, daß eine ausreichende *strukturelle Rollendifferenzierung* innerhalb der Familie die Voraussetzung für die Sozialisation der nachwachsenden Generation darstellt, deren Ziel die persönliche Identitätsbildung aller Familienmitglieder ist. Eine ausreichende Geschlechtsdifferenzierung, eine deutliche Generationenlinie und die Errichtung einer Ehekoalition werden als notwendige Voraussetzungen der Identitätsbildung des Kindes im Sozialisationsprozeß genannt (Lidz u. a. 1965). Die Subsystemgrenzen (Ehe, Geschwister, Angehörige des gleichen Geschlechts) sowie die Grenzen zwischen Familie als Ganzem und umgebender gesellschaftlicher Umwelt sollen im Idealfall deutlich vorhanden, aber flexibel – etwa wie eine semipermeable Membran – beschaffen sein, um emotionale Komplementarität und Einfühlung in die Rolle des anderen zu ermöglichen (Ackerman 1958). In Familie K. läßt sich die wechselseitige Abhängigkeit feststellen, die zwischen familiärer Binnendifferenzierung und individueller Persönlichkeitsentwicklung besteht: Herrn K's. Einschätzung als passiv, infantil, konfliktverleugnend und Frau K's. Einschätzung als dominant, hart, männlich entspricht der Wahrnehmung dieser Personen vor ihrem strukturellen Familienhintergrund und den dort vorhandenen Rollenkonflikten, die durch einen gewissen Grad von Rollenunsicherheit gekennzeichnet sind. Die Tendenz von Gruppen, sich in Dyaden aufzulösen und dabei Rivalität, Eifersucht und Haß aufkommen zu lassen, wird vermindert, wenn sich die Eltern in bezug auf das Kind, aber auch in bezug auf die Großelterngeneration als Subsystem abgrenzen und eine

Ehekoalition bilden können. Diese wünschenswerte elterliche Koalition fördert die Ich-Entwicklung des Kindes, indem sie ihm Modelle von Erwachsenen bietet, die miteinander in ihren unterschiedlichen Rollen und Funktionen als mit einem Alter Ego umgehen. Sie motivieren zur Identifikation, indem sie die ödipalen Wünsche des Kindes frustrieren und es zu einer realitätsgerechten Umorganisation seiner Wünsche veranlassen. In Familie K. sind die Eltern nicht durch wechselseitige Unterstützung aufeinander bezogen. Vielmehr wertet Frau K. ihren Mann gegenüber A. massiv ab. Herr K. verzichtet darauf, sich als Ehemann, Vater, Liebesobjekt eindeutig zu profilieren. Dyadische Aufsplitterungen sind hier die unvermeidliche Folge der gespaltenen Ehe, die eine Integration mütterlicher und väterlicher Funktionen nicht leisten kann. In Familie K. führt das Mißlingen der elterlichen Koalition auch zu Übertretungen der Generationenschranke innerhalb der Kern- und erweiterten Familie. Das Kind A. kann sich nicht uneingeschränkt als Kind fühlen und benehmen. A. wirkt sehr altklug. Sie muß den Eltern emotionalen Rückhalt geben und die eheliche Spaltung überbrücken, damit die Erhaltung des Familiensystems garantiert wird. Das Sich-abhängig-Machen eines Elternteils oder beider Elternteile vom Kind bewirkt aber, daß sich das Kind vorzeitig vor die Aufgabe gestellt sieht, das Leben eines anderen zu ergänzen, statt erst einmal sein eigenes Ich mit klaren Grenzen zu entwickeln.

Die Einhaltung der Generationsgrenzen wird auch zwischen dem Eltern- und Großelternsubsystem nicht eingehalten. Herr K. jun. wird von seinen Eltern weitgehend noch behandelt wie ein unverheirateter Sohn. Seine Mutter dringt in Angelegenheiten der «jungen» Familie ein. Herr K. kann sich nicht zu seiner Ehe bekennen. Im Verhältnis zur «Chefin des Hauses» (Frau K. sen.) haben alle anderen Familienmitglieder eher den gleichen Status von Kindern, die sich untereinander Geschwister sind.[2]

2 Die Strukturprobleme der Familie K. müssen u. a. im Zusammenhang mit den Problemen der wirtschaftlichen Existenz dieser Familie gesehen werden. Handwerkliche Kleinbetriebe werden meist von 2 Generationen im arbeitsfähigen Alter geführt und sind in ihrer Rentabilität anscheinend auf den Typ des mithelfenden Familienangehörigen – meist die Frauen, die ohne tariflich gesichertes Arbeitsentgelt und ohne Sozialversicherung arbeiten – angewiesen. Die Arbeitsbeziehung von Herrn K. jun. und seinem Vater scheint durch diese ökonomische Abhängigkeit geprägt: Herr K. jun. hat nichts zu sagen. Es gibt nie Streit über Modernisierungen des Betriebes oder die Organisation des Arbeitsablaufs. Die beiden Männer arbeiten anscheinend konfliktfrei in der Backstube. Die beiden erwachsenen Frauen – weniger konfliktfrei – im Geschäft. A's. Asthma steht im Kontext dieses beruflichen Rahmens der Großfamilie K.: Durch die Asthmaanfälle wird A's. Mutter aus dem Geschäft abgerufen, dem sie sich kaum entziehen kann. Umgekehrt wirken aber sicher auch familiendynamische Faktoren dahingehend, daß an dieser Struktur des Familienbetriebes festgehal-

II

Die Beschreibung der Familie K. nach formalen Kriterien der Rollendifferenzierung verlangt nach einer Vertiefung durch familien*dynamische* Konzepte. RICHTER (1976) und STIERLIN (1976) haben in ihren Schriften vielfältig dargestellt, wie die strukturell vorgegebenen Familienrollen um unbewußte Inhalte erweitert und damit in Strategien individueller Konfliktbewältigung einbezogen werden können. EHRENWALD (1963), SEARLES (1965), RICHTER (1963 u. 1970), MENTZOS (1976) beschreiben die Vorgänge, die zu diesen, mit unbewußtem Gehalt aufgeladenen Rollen führen und Abwehrfunktion erfüllen, als interpersonelle oder psychosoziale Abwehrprozesse. Wir werden für die familiendynamische Betrachtung der Familie K. zunächst einige *dyadische Subsysteme* herausgreifen.

Bei der Betrachtung der Familie K. fällt zunächst ins Auge, wie stark die Familie für Frau K. ein psychosoziales Abwehrsystem eigener Konflikte darstellt. Es drängt sich auf, daß sie ihre eigene Mutterproblematik durch *interpersonelle Abwehr* zu lösen versucht, indem sie die in Frage kommenden «Mütter» jeweils so manipuliert, daß sie schließlich real auch ihrer intrapsychischen Repräsentanz von der «bösen Mutter» entsprechen. Dieser Mechanismus findet sich erstmals nach dem Tode ihrer Mutter in der Beziehung zu ihrer 12 Jahre älteren Schwägerin und diente wahrscheinlich zur Entlastung von schweren Schuldgefühlen der verstorbenen Mutter gegenüber. Nach der Entzweiung mit ihrer Ursprungsfamilie stellt sie unter einem Wiederholungszwang in kürzester Zeit noch vor der Geburt A's. im Haus der Schwiegereltern eine Familienkonstellation her, in der sie von der «Mutter» = Schwiegermutter vernachlässigt bzw. abgelehnt und der «Bruder» = Ehemann vorgezogen wird. Unbewußte Identifizierung mit ihrer eigenen insuffizienten Mutter und die zunächst offene Ablehnung gegenüber A. schon in der Schwangerschaft machen sie dann aber selbst zur «schlechten Mutter». Um dies abzuwehren, weist sie projektiv alle Schuld der Schwiegermutter zu und setzt alles daran, die eigene Kernfamilie gegen die «böse Schwiegermutter» zu einigen. Das gelingt nicht, da Herr K. in Loyalitätskonflikt gegenüber seinen Eltern gerät. Gleichzeitig kann Frau K. durch ihre überfürsorgliche Haltung zur kranken A. Insuffizienz und Schuldgefühle abwehren. Teilweise kann sie durch projektive Identifikation mit A. ihr eigenes Bedürfnis nach mütterlicher Zuwendung befriedigen und sich so *die* Zuwendung einholen, die

ten und die Verselbständigung der jungen Elterngeneration z. B. durch außerfamiliären Gelderwerb verhindert wird.

sie selbst sucht und klagend mit Vorwürfen gegenüber der Schwiegermutter einfordert.

Nun scheint es nicht allein so, daß nach dem früheren Konzept der «pathogenen Mutter» lediglich Frau K. ihren persönlichen lebensgeschichtlichen Konflikt mit der jetzigen erweiterten Familie agiert. Vielmehr kann der Themenkreis um Verlangen nach mütterlicher Zuwendung und Klagen gegen die versagende und übermächtige Mutter als ein gemeinsames mehr oder weniger unbewußtes Thema der Familie angesehen werden, das in gleicher Weise auch für Herrn K. und die Tochter A. gilt. Bei dem Ehepaar K. (jun.) kann das *kollusive Zusammenspiel* (WILLI 1975) der gemeinsamen unbewußten Konflikte sowie deren gemeinsame Abwehr andeutungsweise erkannt werden. Beiden Partnern ging es bei der Paarbildung vorwiegend um die Autonomie von den eigenen Eltern, wobei sie ihre ungelösten Anlehnungs- und Abhängigkeitsbedürfnisse am Partner zu befriedigen hofften. Die Interaktion des Paares spielte sich auf eine komplementäre Rollenbeziehung ein, wobei Frau K. mit ihrer Haltung der Pseudostärke eher die progressive Position übernahm, die Befriedigung oral passiver Wünsche an ihren Mann delegierte und daran in projektiver Identifikation teilnahm, während Herr K. mit seinen kindlichen Verhaltensweisen sich deutlich in der regressiven Abwehrposition einrichtete. Er konnte sich an seiner tüchtigen Frau anlehnen, an ihrer Tüchtigkeit partizipieren und sich von ihr versorgen lassen. – Auf analer Ebene ist die Kompensation durch komplementäre Rollenaufteilung zwischen den Ehepartnern nicht so gut gelungen. Frau K. möchte z. T. mit ihrer Erwachsenenfassade die Rolle des autonomen Herrschers in der Familie übernehmen und ihre Trennungsängste und Abhängigkeitswünsche an ihren Mann delegieren. Sie liegt aber mit ihrer Schwiegermutter im Machtkampf um die herausragende und führende Stellung in der Gesamtfamilie. Herr K. hat eine unscheinbare Position in passiver Abhängigkeit eingenommen und wäre u. U. bereit, seine Autonomiewünsche an seine Frau abzutreten. Allerdings ist nicht klar, ob sich Herr K. mehr von seiner Mutter oder mehr von seiner Frau abhängig fühlt. Frau K., die sich nicht behaupten kann, macht ihrem Mann Vorwürfe wegen seiner Passivität und möchte, daß er als starker Mann in Erscheinung tritt. Sie droht mit Trennung. An dieser Stelle ist der Autonomie-Abhängigkeits-Konflikt völlig offen und durch kollusive Abwehr nicht kompensiert. Herr K. scheint durch unbewußte Schuldgefühle gebunden und durch ökonomische Abhängigkeit an einer eindeutigen Entscheidung für seine Frau gehindert.

So wie für die dynamische Betrachtung des dyadischen Subsystems Ehe das bipolare Konzept der Kollusion (nach WILLI 1975) angewandt wurde, machen wir zur Beschreibung der Dynamik der Mutter-Kind-Beziehung von dem *psychoanalytischen Rollenmodell* H. E. RICHTERS (1963) Gebrauch. Dieses dynamische Konzept, das sich eng an psychoanalytischen Sprachbrauch anlehnt, beschreibt, wie Menschen mit ihren Kindern oder Partnern durch Übertragung von Objektrepräsentanzen frühere oder gegenwärtige konflikthafte Beziehungen wiederbeleben oder aber Kinder/Partner bestimmte Rollen spielen lassen, die sie sich selbst nicht zu eigen machen können. Eltern können das Kind/den Partner als Träger ihrer narzißtischen Projektionen gebrauchen, indem sie Selbstanteile externalisieren, dem Kind zuschreiben und so in einer «sicheren Arbeitsdistanz» zum eigenen Ich halten können.[3] Unter dem Gesichtspunkt der Übertragung kann man feststellen, daß A. teilweise zum Substitut für eine Elternfigur gemacht wird. Frau K. wiederholt einerseits mit ihrer aggressiven und ablehnenden Einstellung gegenüber A. Aspekte ihrer eigenen schlechten Mutterbeziehung und macht andererseits A. dadurch zu ihrer Mutter, daß sie bei ihr versucht, unerfüllte Liebesansprüche zu befriedigen, sie zu ihrer Vertrauten zu machen und sich bei ihr auszusprechen. Dieses angedeutete «Großelternsyndrom» (RICHTER 1963, S. 90) oder die Generationsumkehr wird z. T. in A's. pseudoreifer Haltung und in den von der Mutter angebotenen Rollenspielen reflektiert. Für A. ergeben sich Konflikte aus der Natur des Rollenauftrags, weil sie als Kind nicht wirklich Erwachsenenfunktion übernehmen kann und von daher enttäuschen muß. Eine zweite Störungsmöglichkeit ist deshalb gegeben, weil A. nicht nur Mutteraspekte übernehmen, sondern gleichzeitig hilfsbedürftig sein und bleiben soll. Die Übertragungselemente, die A. Elternfunktionen nahelegen, resultieren wahrscheinlich z. T. auch aus der neurotisch konstellierten Ehebeziehung, in der Frau K. ursprünglich die Lösung ihres Konfliktes mit den Eltern suchte. Frau K. vermißt in ihrem Mann den erwachsenen Partner, so daß A. teilweise die Rolle eines Partnersubstituts bekommt, dabei aber auch die negative Affektübertragung, die ihrem Vater gilt, auszuhalten hat. A. ist bei der Erfüllung der positiven Erwartungen völlig überfordert und kann aus der Situation heraus für ihre Mutter im Grunde nur die Enttäuschungen aus den ande-

3 STIERLIN (1976 a) spricht in diesem Zusammenhang von Aufträgen und Auftragskonflikten. Er versteht Menschen ausdrücklich in einer Mehrgenerationenperspektive als Delegierte ihrer Eltern, und betont die gegenseitige Ausbeutung, bei unbewußten Schuld- und Loyalitätsverpflichtungen. Er grenzt sich gegen die soziologischen Konnotationen des Rollenbegriffs ab und nimmt eine ethische Dimension in seinen Delegations- und Missionsbegriff auf.

ren Beziehungen wiederholen und dabei selbst noch mehr unbewußte Ablehnung erfahren.

Deutlicher als die Übertragungsaspekte treten die narzißtischen Projektionen in Erscheinung, mit deren Hilfe Frau K. Aspekte ihres eigenen Selbst auf A. überträgt. Am auffälligsten ist, daß sie A. zu ihrem Abbild schlechthin (vgl. RICHTER 1963, S. 158) machen möchte. Immer wieder betont sie, daß A. genauso denke und fühle wie sie, und daß sie als Kind genauso gewesen sei wie A. Wenn sie von A's. Überforderung und zu früher Selbständigkeit spricht wird immer spürbar, wie sie von sich selbst, ihrer Situation, ihrer eigenen Biographie redet. Ihre Unabhängigkeitsfassade entspricht genau der Pseudoreife von A. Sie versucht, ihre Tochter auf der prägenitalen Libidostufe festzuhalten, auf der sie selbst auch fixiert ist.

Bei dieser totalen Identifizierung wird allerdings auch fraglich, ob man die Vorgänge zwischen A. und ihrer Mutter noch ausreichend mit Hilfe des Rollenmodells beschreiben kann. Rollen sind zwar einerseits durch bestimmte Vorschriften festgelegt und einengend, andererseits geben sie eine bestimmte Struktur und erhalten in gewisser Weise auch die Persönlichkeitsgrenzen. Rollenbeziehungen scheinen nur möglich, wenn die Subjekt-Objekt-Differenzierung vollzogen ist. In unserem Beispiel entsteht aber die Frage, ob nicht unterhalb der Ebene des Rollenspiels Verstrickungen zwischen A. und ihrer Mutter bestehen. Eine solche Frage ist zum Beispiel, ob A. nur eine Rolle im Sinne einer Verdoppelung des Selbst ihrer Mutter austrägt oder ob sie in bestimmten Bereichen *Teil ihrer Mutter* geblieben ist, also eine partielle *Fusion* besteht. Für die mangelhafte Selbst-Objekt-Abgrenzung (vgl. GARNER u. WENAR 1959, S. 73) sprechen zum Beispiel die oben erwähnten eindringenden, besitzergreifenden und grenzüberschreitenden Verhaltensweisen von Frau K., die gegenseitigen Verwechslungen und ihre Möglichkeit, in A's. psychische Funktionen einzugreifen und sie für eigene Zwecke zu benutzen. Als A. zum Beispiel in den Kindergarten kam, hat sie wahrscheinlich nicht nur die eigenen, sondern auch die – von der Mutter über Identifizierungsvorgänge wiedererlebten – Trennungsängste und Überforderungsgefühle der Mutter artikuliert. Auch an Wochenenden bringt sie im Grunde den Hilferuf ihrer Mutter zum Ausdruck, wenn diese sich den Spannungen mit der Schwiegermutter entziehen möchte oder sexuellen Annäherungen des Ehemannes ausweichen will. MOHR et al. (1963) haben in diesem Zusammenhang die Beobachtung gemacht, daß Trennungsschwierigkeiten bei Kindern nur auftreten, wenn von der Mutter selbst Kindergartenbesuch oder Einschulung mit Angst erlebt werden und daß sich häufig kurz vor den Asthmaanfällen der Kinder die Mütter selbst vernachlässigt oder hilflos erlebten. Was also von A. in der krankheitsauslösenden Situation jeweils erlebt und mit Krankheitszeichen beantwortet wird, ist wenigstens zu einem Teil der Konflikt der Mutter selbst, der nun zusammen mit A. wieder erlebt wird. Die Mütter erheben oft einen starken Anspruch darauf, daß das Kind alles bedingungslos mit ihnen teilt, insbesondere keine Geheimnisse (zum Beispiel Tagebücher) oder versteckten Besitz hat. Manchmal setzen Mütter ihre Kontrolle durch Spiele durch, indem sie dem Kind gehörende Gegenstände verstecken und erst nach längeren Verhandlungen wieder herausgeben (wie im Fall des Parfumläppchens).[4] Mit ständigen Übergriffen und absoluter Kontrolle der Mutter über das Kind verbindet sich der omnipotente Anspruch, das Kind ganz genau zu kennen, genau zu wissen, was es braucht, denkt, fühlt usw., wie es in der Fallgeschichte etwa an der Bestimmung der Lieblingswurst des Kindes deutlich wird. Die Vorstellung A's., daß ihre Mutter die Gedanken riecht, macht besonders auf die aufspürende und eindringende Nuance der besitzergreifenden Mutter aufmerksam, einer Mutter, die die persönlichen Grenzen und den Privatbereich des Kindes nicht respektiert, sondern alles daran setzt, damit zwischen ihr und dem Kind keine solchen Abgrenzungen entstehen.[5]

Nur wenn A. in gewisser Hinsicht Teil ihrer Mutter geblieben ist, wird auch verständlich, daß ihre Mutter auch über ihre intrapsychischen Vorgänge verfügen kann. STIERLIN (1976 b) hat darauf hingewiesen, daß es *Verschränkungen* intrapsychischer Funktionen zwischen Mutter und Kind auf den verschiedenen Ebenen des psychischen Apparates gibt und hat sie teils unter den Bindungs- und Ausstoßungsmodi beschrieben, teils in früheren Schriften als Delegationsvorgänge bezeichnet. Eine Bindung auf der Es-Ebene wird hier besonders in der Manipulation der Abhängigkeitsbedürfnisse A's. sichtbar. Diese werden hier, wie auch bei anderen Fällen, zu eigenen Zwecken der Mutter ständig unterhalten und können bei der auch den Kindern spürbaren unterschwellig vorhandenen primären Ablehnung besonders gut ausgebeutet werden, indem dem Kind ständig mit völliger Abwendung gedroht wird (z. B. hier durch Neckereien, Wegnehmen oder abrupten Rückzug). Auf der Ich-Ebene werden

4 Hier entsteht u. a. die Frage, ob solches Verhalten von Müttern bei Kindern die Bildung des Übergangsobjektes im Sinne WINNICOTTS (1969) unmöglich macht und damit ganz entscheidend den Ablösungsprozeß des Kindes von der Mutter und seine Entwicklung zur Autonomie behindert.

5 In einem anderen Beispiel deponierte eine Mutter einen großen Teil ihres persönlichen Besitzes im Zimmer des Kindes, um jederzeit eintreten zu können, wohingegen das asthmakranke Kind sein Spielzeug unmittelbar hinter der Türe aufbaute, so daß die Mutter das Zimmer nicht betreten konnte.

Versuche der Mutter, das Ich des Kindes durch ihr eigenes zu substituieren, in ihrem Anspruch erkennbar, daß sie absolut wisse, was A. fühlt, wie es ihr geht, was ihr schmeckt. A. widersetzt sich dieser Strategie[6] relativ erfolgreich. Im kognitiven Bereich wird besonders intensiv um Einflußnahme von seiten der Mutter und Abgrenzung von seiten des Kindes gerungen: Als Beispiel sei hier nur an den charakteristischen Disput um die Form der Luftballons – rund oder eckig – erinnert. Es entsteht sogar eher der Eindruck, daß in mancher Hinsicht von seiten der Mutter eine Abtretung von Ich-Funktionen an das Kind stattfindet: Die Übernahme von Elternfunktionen durch das Kind, seine erhebliche Verbalisierungsfähigkeit und Konflikteinsicht, seine Vermittlerrolle und Frühreife. Auch auf der affektiven Ebene kann man – neben den o. g. Bindungsvorgängen – Abtretungen feststellen in dem Sinne, daß Gefühle der Hilflosigkeit, Angst, Trauer und Wut stellvertretend für die Mutter vom Kind erlebt und artikuliert werden. Über Bindung und Abtretung können im Extremfall affektive und kognitive Funktionen von Mutter und Kind so ineinander verschränkt bleiben, daß dem Kind die Ausgrenzung als Individuum aus der dyadischen Mutter-Kind-Beziehung sehr schwer gemacht wird und sicher um so weniger gelingen kann, je weniger die genitale Dreierbeziehung (vgl. STEPHANOS 1977, ZEPF 1976, COOLIDGE 1956) die Eltern-Kind-Beziehung strukturiert.

III

Das was in der sozialen Gruppe Familie vor sich geht, kann nun nicht hinreichend aus dem dynamischen Verständnis dyadischer Beziehungen erklärt werden. Der Therapeut sieht sich einer Gruppe gegenüber, deren Mitglieder seit langer Zeit emotionale Beziehungen untereinander haben und durch gemeinsame Erfahrung eine gewisse Familienkultur und eine homöostatische Regulation im Hinblick auf Stabilität und Wandel im Lebenszyklus aufweisen. (JACKSON 1959, WATZLAWICK 1972). Nach Anwendung bipolarer Konzepte auf einige prägnante Zwei-Personen-Beziehungen in Familie K. ist daher zu erwarten, daß einige weiterführende Einsichten in die Bedeutung der Krankheit aus der Betrachtung der Familie *als Gesamtsystem* gewonnen werden können. RICHTER (1970) hat unter *strukturellen* Gesichtspunkten die charakterneurotische Familie von der symptomneurotischen Familie unterschieden. Während erstere durch ein relativ starkes, die Gruppe verbindendes Ich homogen organisiert ist, eine rigide Außengrenze aufweist und die Verbiegung des famili-

6 LAING (1976) spricht in diesem Zusammenhang von Mystifikation.

ären Gruppen-Ichs durch einseitige Bevorzugung bestimmter Abwehrmechanismen und Ideologiebildungen gekennzeichnet ist, ist die symptomneurotische Familie gekennzeichnet durch Dissoziationen in starke und schwache, gesunde und kranke Teile. Die als symptomneurotisch zu klassifizierende Familie K. stellt ihre Familienhomöostase durch eine solche Spaltung sicher, und zwar unabhängig von den Personen, die die jeweiligen Rollen spielen. Als sich im Laufe der Familienkonfrontation das Asthma bei A. besserte, wurde Frau K. krank. Sie fühlte sich selbst alleine gelassen und hilfsbedürftig und verarbeitete ihre Aggressionsprobleme zunächst mit einer rheumatischen Krankheit und später in ihrem suicidalen Autounfall. Die zirkulierende Symptomatik zeigte deutlich, daß A. von ihrer Familie als Fall organisiert war, um die Mutter und damit auch das Familiensystem vor der Dekompensation zu bewahren. A. präsentierte das «Lokalsymptom» (RICHTER 1970, S. 39) der Familie, in welchem der intrafamiliäre Konflikt zum Ausdruck gebracht und gleichzeitig durch Abspaltung vom Gruppen-Ich abgewehrt wurde.

MINUCHIN et al. (1975) stellen fest, daß das familiäre Gruppen-Ich in Familien mit psychosomatischen Krankheiten intrasystemisch gestört sein kann, indem es in seinen Funktionen nach innen und außen schlecht abgegrenzt ist, unfähig in bezug auf die integrierende und vermittelnde Kapazität erscheint und als Ganzes ziemlich unflexibel wirkt. Dies findet seinen Niederschlag in familialen Transaktionsmustern, die als Verstrikkung, Rigidität und mangelhaftes Konfliktlösungsverhalten beschrieben wurden (MEISSNER 1966; TITCHENER 1967; MINUCHIN 1975).

In Familie K. findet die Schwäche des Gruppen-Ichs in den Problemen der strukturellen Rollendifferenzierung (s. o.) ihren Ausdruck, ferner darin, daß der Vater ein ständiger Konfliktvermeider ist, die eheliche Koalition nicht funktioniert und die Verstrickungen zwischen A. und ihrer Mutter eine diffuse Funktionsvermischung mit sich bringen.

Trotz erheblicher Einschränkungen, denen alle Angehörigen des Systems unterliegen und trotz Erkrankung eines Mitglieds zeigt es sich doch, wie stark alle Beteiligten an dem einmal errichteten Familienarrangement festhalten. Herr K. versuchte doch immer wieder, den Kopf in den Sand zu stecken und die Verantwortung an seine Frau abzutreten. Frau K. nahm nach einer Phase akuter Hilfsbedürftigkeit aus Angst und Eifersucht alles schnell wieder dominierend in die Hand. A. belebte erneut ihre Symptomatik. Die während der Therapie durch A's. Übertragungsliebe zum Therapeuten und die identifikatorische Stärkung des Vaters vorübergehend erzielte Labilisierung des Systems wurde von der Familie in einem zweiten Schritt stabilisiert durch Neuverteilung von Rollen innerhalb des

Systems. Von einer Veränderung des Systems an sich und den die Interaktion strukturierenden Regeln kann zu diesem Zeitpunkt nicht gesprochen werden.[7] Um die Regelhaftigkeit von Mehrpersoneninteraktionen zu beschreiben, sind in der familiendynamischen Literatur triadische Konzepte verwendet worden, womit sich Strukturen wie Bündnisse, offene oder verleugnete Koalitionen, Cliquen, Parteinahme und Vermittlung beschreiben lassen. Alle diese Beziehungen erfordern mindestens drei reale Personen und setzen voraus, daß jeweils eine Person sich zu zwei anderen Personen gleichzeitig in Beziehung setzt und sich im Hinblick auf beide definiert (ZUK 1975).[8] Für Familie K. lassen sich aus der Beobachtung der Interaktionen im Laufe der Therapie folgende *Systemregeln* ableiten:

1. Offene Koalitionen gegengeschlechtlicher Partner sind verboten. Wenn sie auftreten – wie im Fall von A. und ihrem Vater – werden sie durch Rückzug der dritten Person negativ sanktioniert und aufgelöst. Beispiele: Um die Ehekoalition zu vermeiden, tut Herr K. alles, um auch nur den Anschein von Solidarität mit seiner Frau zu vermeiden. Als seine Frau in der ersten Sitzung Verantwortung für die Erkrankung der Tochter übernimmt, begatellisiert Herr K. mit ironischem Unterton und beifallheischend zum Therapeuten gewandt: Es liege am Wetter! – Nach therapeutischer Stärkung des Herrn K. und Konstellation des ödipalen Dreiecks zieht sich Frau K. als Kranke zurück, wonach die Familie sehr schnell auf die prägenitalen, oralen und analen Ebenen der Beziehung mit einer einseitigen Mutter-Kind-Koalition regredierte.
2. Koalitionen gleichgeschlechtlicher Partner sind erwünscht. Sie werden durch Konfliktverleugnung und Symptome vor Auflösung bewahrt. Beispiel: Die Herrn K. jun. und sen. in der Backstube unterhalten ein harmonisches Verhältnis auf Grund von Verleugnung und der Weigerung beider, persönliche Verantwortung zu übernehmen. – Die Beziehung von A. und ihrer Mutter manifestiert sich auf Grund des kindlichen Asthmas positiv, schlägt aber bei Auflösung des Symptoms ins Gegenteil um.

7 WATZLAWICK (1972) spricht in diesem Sinne von Veränderungen erster und zweiter Ordnung. Eine dauerhafte Veränderung dieses Familiensystems wäre verbunden mit einer Erweiterung der Rollen und damit einhergehender Re-Definition der Bedeutung des Symptoms.

8 Das entwicklungspsychologisch früheste Muster dieser Struktur ist bekannterweise die Konstellation der ödipalen Beziehung, das heißt der Situation von Eltern und Kind in einem Dreieck. «Was dabei internalisiert wird und in der Strukturierung der Persönlichkeit bleibt, das sind, wenigstens ebensosehr wie diese oder jene Elternimago die verschiedenen Beziehungstypen, die zwischen den Scheiteln des Dreiecks bestehen» (LAPLANCHE u. PONTALIS 1973, S. 365).

3. Das Kind A. hat vermittelnde Funktion. Es muß sich dabei an die Regeln 1 und 2 halten. Die eheliche Spaltung wird durch das kranke Kind überbrückt. A. garantiert die Kommunikation der Ehepartner.
4. Es ist besser, wenn die Frauen Verantwortung übernehmen. Männer können keine Entscheidung darüber herbeiführen, welche Frau die führende Position einnehmen soll.
5. Die drei weiblichen Mitglieder der Familie (Frau K. sen. – Frau K. jun. – A.) bilden ein Subsystem, das von Frau K. jun. gesteuert erscheint und die bereits erarbeiteten interpersonellen Abwehrfunktionen durch Aufspaltung in die gute Mutter (die parentifizierte A.) und die böse Mutter (die böse Schwiegermutter) enthält.
6. Die Aufrechterhaltung einer feindseligen Beziehung zwischen den zwei erwachsenen Müttern ist der stabilisierende Eckpfeiler des Systems und fängt die aus den anderen manifest positiven, gleichgeschlechtlichen Koalitionen (A. – Frau K. jun.; Herr K. jun. und sen.) abgespaltenen feindseligen Impulse auf und verarbeitet sie. Aus sicherer Distanz können zum Beispiel die beiden Männer die keifenden Weiber verfolgen, nach dem Motto: «Wenn zwei sich streiten, freut sich der Dritte!»

Bei dieser Gesamtbetrachtung erscheint nun nicht mehr die Mutter der Patientin als das alleinverantwortliche, das System steuernde Familienmitglied. Es wird klar, daß der zunächst in der schwächsten Position passiv und abhängig erscheinende Herr K. jun. durch «Nichtübernahme von Verantwortung» das System ganz entscheidend mitsteuert. Wenn wir die Regeln noch einmal betrachten, liegt es nahe, nach deren Funktionen für die Stabilisierung des Systems und ihrer psychischen Bedeutung für die einzelnen Personen zu fragen.[9]

Als unbewußter Grundkonflikt kristallisiert sich nun nicht allein das Thema Abhängigkeit/Autonomie heraus, sondern die ödipale trianguläre Beziehung als «Kernkomplex» der Neurosen. Die manifesten präödipalen Beziehungskonstellationen erscheinen als regressive Abwehrversuche der mit der ödipalen Situation verbundenen Gefahren, die auf Grund gewisser Fixierungen eingenommen werden. Von Herrn K. aus gesehen wird sein

9 Für rein systemtheoretisch orientierte Familientherapeuten erscheint diese Frage aus wissenschaftstheoretischen Gründen nicht sinnvoll und im Hinblick auf therapeutische Strategien überflüssig. Als psychoanalytische Familientherapeuten können wir auf diese Frage nicht verzichten und vertreten manipulative Eingriffe in die Kommunikation auch nur dann, wenn sie sinnvoll in ein analytisches Verständnis der Gesamtsituation eingeordnet werden können und sich aus ihm ergeben.

ödipales Problem mit dem Vater (beide als Handwerker ökonomisch aufeinander angewiesen) durch Ausweichen in den negativen Ödipuskomplex gelöst. Er vermeidet Rivalität und Haß, indem er sich seinem Vater passiv homosexuell unterwirft und jede libidinöse Ambition für Frauen (seine Mutter, Ehefrau, Tochter) unterläßt. Sein Ich scheint den Ambivalenzen nicht gewachsen, die sich aus den gleichzeitigen positiven und negativen Impulsen gegenüber einem Elternteil, sowie aus den Konflikten, die sich aus den homo- und heterosexuellen Richtungen der Libido ergeben. Er bleibt durch Spaltung und Vermeidung von andersartiger Erfahrung konfliktfrei.

Frau K. war in der Pubertät, als ihre Mutter starb, eine Schwägerin den väterlichen Haushalt versorgte und sich damit Vorrechte errang. Sie scheint nun auf ihren Mann in gewisser Weise Aspekte des ödipalen Vaters zu übertragen und ihn vor die Aufgabe zu stellen, zwischen zwei Frauen zu wählen. Sie selbst ist auf Grund des unbewußten Wiederholungszwanges nicht in der Lage, ihre Beziehung zur Schwiegermutter zu klären und für ihre Kernfamilie durch Abgrenzung Verantwortung konstant zu übernehmen. Sie würde damit symbolisch den Tod der «Mutter» wiederholen, für den sie sich unbewußt schuldig fühlen mag. Sie erhält sich in der «bösen Schwiegermutter» eine strafende Instanz. Sie straft sich ebenfalls durch A's. Krankheit: In ganz ungewöhnlicher Weise bezichtigt sie sich bereits in der ersten Sitzung der Schuld an der Krankheit ihrer Tochter. Sie zieht damit demonstrativ ihre Kompetenz als Mutter in Zweifel. Die ödipale Problematik von Frau K. wurde sicher auch wiederbelebt, als sie einen Sohn zur Welt brachte, ihn beim Schwiegervater als «Thronfolger» abgab und kurz darauf einen Autounfall mit fast tödlichem Ausgang verursachte. Während aber die Schwiegermutter das harte strafende Über-Ich repräsentiert, gehen in die Beziehung zur parentifizierten A. Ich-Ideal-Aspekte, d. h. Aspekte der guten Mutter ein, die ihr Kind umsorgt und fördert. Auch für Frau K. stellen somit die Familienregeln die Lösungsmöglichkeit des ödipalen Konflikts dar. Die eheliche Spaltung steht bei beiden Partnern im Dienste der Abwehr des ödipalen Konflikts, der sich in triangulären Strukturen wie der Familie wieder belebt. Das Kind A. entwickelte während der Therapie eine ödipale Übertragungsliebe zum Therapeuten, die es relativ gefahrlos eingehen konnte, weil der Therapeut eine Person außerhalb des Systems darstellte. Als A. diese Beziehung auf ihren Vater übertrug, zog sich die Mutter als Kranke (Tote) zurück. A. wurde durch dieses Manöver an ihre Aufgabe erinnert, zwischen den Eltern Vermittler zu sein, um die eheliche Spaltung im Interesse der Systemerhaltung zu überbrücken. Dabei soll sich das Kind selbstverständlich an die Regeln des Systems halten. Regelverletzung ist mit Systemaufhebung gleichbedeutend. Wenn das Kind aber die Regeln 1 und 2 einhalten will, um zwischen den Eltern zu vermitteln, dann darf sich A. dem Vater nicht libidinös zuwenden, sondern nur in der phallischen Identifikation des Alex. Ferner darf A. das mütterliche Liebesobjekt nicht aufgeben. Das führt zur Perpetuierung früherer Beziehungsformen und der Fixierung an den Kampf um Nähe und Distanz, Verschmelzung und Abgrenzung, Mystifikation und eigene Identität.

Das Asthma als spezifische psychosomatische Konfliktantwort

Abschließend soll nun versucht werden, das Asthma bronchiale als eine psychosomatische Krankheit zu verstehen, die A. als spezifische Reaktion auf die oben geschilderten komplizierten familiendynamischen Verhältnisse hin entwickelt. Dabei wird zu beachten sein, daß A. zwar über ihre Krankheit gleichzeitig einen Familienkonflikt zum Ausdruck bringen kann, daß sie letztlich aber ihre Symptome doch auch selbst, an ihrem eigenen Körper als Reaktion auf ihre realen und/oder imaginierten Eltern bildet. Das heißt, es soll abschließend geprüft werden, ob sich die interpersonellen Vorgänge so in intrapsychische Prozesse einfügen, daß A's. Asthma auch unter individuumzentrierter Betrachtungsweise als sinnvolle, individuelle psychosomatische Reaktion auf die gegebene Konfliktsituation verständlich wird.

Dieses Verständnis wird erleichtert, wenn man davon ausgeht, daß A. in ihrer Mutter eine Mutter wahrnimmt, die ihr nur minimale Zuwendung gibt und sie unterschwellig in vieler Hinsicht ablehnt. Geschwistergeburt, Kindergartenbesuch und ödipale Auseinandersetzung (vgl. SCHWAB 1974) bedrohen diese minimale Zufuhr (vgl. GUNNARSON 1950) erheblich, so daß es in diesen Situationen zum Hilferuf kommt. Da sich A. jedoch wegen der leistungsorientierten Erwartungen der Mutter nicht offen hilfsbedürftig zeigen darf und in A's. Tüchtigkeit ja auch gerade die schmale Brücke der Zuwendungen besteht, wird dieses Bedürfnis versteckt geäußert. Den ersten Asthmaanfall könnte man daher im Sinne ALEXANDERS (1951) als präverbale Kommunikationsform eines Hilferufs, als physiologisches Korrelat eines unterdrückten Weinens verstehen. Wie oben dargestellt wurde, kann man davon ausgehen, daß die Hilferufe A's. jeweils auch sehr stark von ihrer Mutter ausgingen und von ihr in bestimmten Momenten eigener Hilflosigkeit (vgl. MOHR et al. 1963) zum Beispiel am Wochenende eingeleitet wurden. Es zeigt sich so, daß das Athma einerseits für A. ein Ausdruck von Angst und Hilflosigkeit sein kann, was sie später nach sekundären Konditionierungsvorgängen auch gezielt einzusetzen lernte, daß es andererseits aber auch von der Mutter auf dem Weg der affektiven Verschränkung durch Vermittlung eigener Angst an A. als Hilferuf eingesetzt werden kann. Gleichzeitig wird aber auch erkennbar, daß die asthmatischen Reaktionen die Bedeutung eines unterdrückten Wutschreis annehmen können, worauf andere Autoren (BASTIAANS u. GROEN 1955, COOLIDGE 1956, FINE 1948, SPERLING 1968 u. a.) oft hingewiesen haben. Die aggressiven Impulse, die aus den Enttäuschungen hinsichtlich der vorsorgenden Mutter (vgl. DE BOOR 1965) oder der Autonomie vorenthaltenden Mutter stammen und gegen deren Zurückweisung gerichtet sind, dürfen ebenfalls nicht offen geäußert werden. Sie würden das Dependenz gewährende Mutter-Kind-System wieder gefährden (DE BOOR 1974). Besonders im Verlauf der Therapie zeigte sich, daß an Stelle des Asthmas bei A. das «Anfauchen» ihrer Mutter, Anschreien und Zähnezeigen getreten waren (vgl. COOLIDGE 1956). Während bisher der Asthma als Konversion (FENICHEL 1967, DE BOOR 1974), als physiologisches Korrelat (ALEXANDER 1951) oder als Re-Somatisierung (SCHUR 1955) von A's. Affekten Angst, Trauer und Wut aufgefaßt werden konnte, blieb dabei der Aspekt der Abgrenzung noch unberücksichtigt. Es sei hier noch einmal an die mangelhafte Selbst-Objekt-Abgrenzung zwischen A. und ihrer Mutter erinnert und an A's. Versuche, sich aus der teilweisen Fusion mit Hilfe eines Übergangsobjektes (Parfumläppchen), durch Weglaufen, durch inadäquates Rechthaben (s. die rechteckigen Luftballons) u. a. deutlicher zu lösen. Wenn BRÄUTIGAM (1954) detailliert ausführt, daß das Asthma die spezifische leiblich-seelische Haltung des Sich-verschließens ist, macht er damit auch darauf aufmerksam, daß das Asthma ein Versuch ist, sich von der Mutter abzugrenzen (vgl. SHANDS 1963). In diese Richtung weisen einerseits die Beobachtungen, daß Asthmaanfälle bei Annäherung der Mutter (Begrüßung auf dem Bahnhof, Hereintreten in das Zimmer usw.) auftreten können, andererseits aber auch die Therapieerfolge, die beim Asthma durch äußere (Kuren, stationäre Aufenthalte, Trennung von der Familie) oder innere «Parentektomie» (vgl. SCHWAB 1974) erzielt werden können. Asthma ist also eine komplexe, koordinierte biologische Leistung, die primär der Abwehr von physikalischen Fremdstoffen dient, aber vom Individuum offensichtlich auch rein seelischen Reizen wie zum Beispiel der bedrängenden Mutter gegenüber (vgl. die «Engulfing mother» nach ABRAMSON 1963) eingesetzt werden kann. Umgekehrt kann der Asthmaanfall aber auch gerade dann einsetzen, wenn durch bestimmte Situationen (zum Beispiel bei Wahrnehmung aggressiver Affekte gegenüber der Mutter oder anderer Bedrohung der Mutter-

Kind-Beziehung) besonders intensive Anlehnungswünsche an die Mutter (vgl. DE BOOR 1974) und sehnsuchtsvolle, zärtliche, hingebungsvolle Tendenzen mobilisiert werden. Wenn wir uns vergegenwärtigen, daß A's. Mutter für A. viele Aspekte der bösen vergiftenden Mutter hat, könnte verständlich werden, daß A. auch bei solchen eigenen, auf die Mutter gerichteten Einverleibungstendenzen wie auf die Einatmung eines schädlichen Reizes reagieren kann. Ihre überraschende Allergie gegen Hausstaub – und nicht wie erwartet gegen Mehlstaub – verstärken noch den Eindruck, daß A. unbewußt die Mutter mit einem schädlichen Allergen gleichsetzt. Auf diesen psychophysiologischen Doppelaspekt mancher Allergene (wie des Hausstaubs, bestimmter Stoffe und Achselschweiß der Mutter, Haarallergie gerade gegen das Lieblingstier etc.) wird auch von anderer Seite hingewiesen (vgl. BRÄUTIGAM 1954, LONG et al. 1958, PESCHKIN u. TUFT 1956).[10]

Während so insgesamt A's. Abhängigkeitswünsche, Aggressionen und Abgrenzungstendenzen gegenüber der Mutter relativ deutlich werden, bleibt noch die Frage, warum sie von A. über asthmatische Reaktionen und nicht etwa über eine Magen-Darm-Symptomatik oder eine Hauterkrankung zum Ausdruck gebracht werden. Abgesehen von der Annahme, daß der oben geschilderte Ambivalenzkonflikt zwischen Aufnehmen- und Ausstoßenwollen, der Zirkel von Abhängigkeitswünschen und aggressiven Affekten, von Anklammerungs- und Distanzierungstendenzen (DE BOOR 1965) einen typischen und in seinem Mischungsverhältnis deutlich von anderen Krankheiten zu unterscheidenden Grundkonflikt des Asthmas darstellt, liegt wahrscheinlich ein wesentlicher Grund in der durch die Eigenart des Familienlebens bedingten Fixierung der Objektbeziehung A's. auf der Ebene der inhalatorischen Introjektions- und Ausstoßungsvorgänge (FEDERN 1913 zit. n. BRÄUTIGAM 1954). Dafür sprechen u. a. ihre Geruchsüberempfindlichkeit (vgl. JORES u. KEREKJARTO 1967), ihre Anhänglichkeit an das Parfumläppchen, ihre Erstickungsphantasien (Schneewittchens Apfel), die große Bedeutung der Luftballons in der Therapie und die Kommunikationsform des «Gedankenriechens». Ohne hier weiter auf die psychosomatischen Theorien des Asthma bronchiale einzugehen, kann somit doch abschließend gesagt werden, daß A's. Asthma sowohl nach den bisherigen pahtogenetischen Konzepten Indivi-

10 Der Allergie kommt in unserem Beispiel kaum die Bedeutung des entscheidenden prädisponierenden somatischen Faktors zu, wie sie sie in manchen anderen Fällen hat, in denen das «organische Asthma» dann sekundär in einem Familiensystem psychosoziale Bedeutung gewinnt und funktionalisiert wird (vgl. hierzu auch die Einteilung von MINUCHIN 1975 in primäre und sekundäre psychosomatische Krankheiten).

dualpsychologie begriffen als auch nach dem Konzept einer Familieneurose verstanden werden kann. In A's. Krankheit fließen viele elterliche Konflikte – über die verschiedenen geschilderten Mechanismen – mit ein und finden in der Symptombildung des Kindes auch vorübergehend eine Lösung. Das Asthma ist im Zusammenhang einer psychosozialen Abwehrleistung entstanden und besitzt für die homöostatische Stabilität des Familiensystems größte Bedeutung. Es war das Anliegen dieser Arbeit, die wechselseitigen Zusammenhänge zwischen intrapsychischen und interpersonellen Vorgängen an einem Fallbeispiel von Asthma bronchiale herauszuarbeiten und einen Anstoß in der Richtung zu geben, die Erkenntnis dieser Zusammenhänge bei der Wahl des therapeutischen Settings zu berücksichtigen.

Bibliographie

1 Abramson, H. A. (1963): Some Aspects of the Psychodynamics of Intractable Asthma in Children, in: H. I. Schneer (Ed.) The Asthmatic Child, New York, S. 27–34

2 Ackerman, N. W. (1958): The psychodynamics of family life. Basic Books, Inc. New York

3 Alexander, F. (1951): Psychosomatische Medizin. de Gruyter Berlin

4 Bastiaans, J., and J. Groen (1955): Psychogenesis and Psychotherapy of Bronchial Asthma, in O'Neill D. (Ed.) Modern Trends in Psychosomatic Medicine Butterworth London, S. 242–264

5 Boor, C. de (1965): Zur Psychosomatik der Allergie, insbesondere des Asthma bronchiale, Huber u. Klett, Stuttgart

6 – (1974): Psychoanalytische Behandlung eines Asthma-Kranken in Brede, K. (Ed.) Einführung in die Psychosomatische Medizin, Fischer Athenäum, Frankfurt, S. 41–67

7 Bräutigam, W. (1954/55): Über die psychosomatische Spezifität des Asthma bronchiale. Psyche 8, S. 481–524

8 Brede, K. (1972): Sozioanalyse psychosomatischer Störungen, Fischer Athenäum, Frankfurt

9 Coolidge, J. C. (1956): Asthma in Mother and Child as a Special Type of Intercommunication. Americ. J. Orthopsychiat. 26, S. 165–178

10 Ehrenwald, J. (1963): Neurosis in the Family and Patterns of Psychosocial Defense. (Harper and Row) New York

11 Fenichel, O. (1967): Hysterien und Zwangsneurosen. Wiss. Buchgesellschaft, Darmstadt

12 Fine R. (1948): The Personality of the Asthmatic Child. Abstr. of Ph. D. Thesis, Los Angeles, S. 165–169

13 French T. M. and F. Alexander (1941): Psychogenic factors in bronchial asthma. Psychosom. Med. Monogr. Chicago

14 Garner, A. M., and Ch. Wenar (1959): The Mother-Child-Interaction in Psychosomatic Disorders, Urbana

15 Gunnarson, S. (1950): Asthma in Children as a Psychosomatic Disease. Int. Arch. Allerg. 1, S. 103–109

16 Jackson, Don D. (1959): Familiy Interaction, Family Homeostasis and Some Implications for Conjoint Family Therapie, in Massermann (Ed.) Individual and Family Dynamics. Grune u. Stratton, New York, S. 122–141

17 Jores A., und V. Kerekjarto (1967):

Der Asthmatiker. Ätiologie und Therapie des Asthma bronchiale aus psychologischer Sicht. Huber, Bern

18 LAING, R. D. (1965): Mystifikation, Konfusion und Konflikt, in Boszormenyi-Nagy, I. und J. L. Framo (Ed.) Familientherapie, Theorie und Praxis 2, Rowohlt, Reinbek, S. 110–129, 1975

19 LAPLANCHE J., und J.-B. PONTALIS (1967): Das Vokabular der Psychoanalyse, Frankfurt/M. 1972, Suhrkamp

20 LIDZ, TH., ST. FLECK u. A. R. CORNELISON (1965): Schizophrenia and the Family, (Int. Univ. Press) New York

21 LITTLE, S. W., and L. D. COHEN (1950): Goal Setting Behavior of Asthmatic Children and of Their Mothers for Them. Journal of Personality 19, S. 377–389

22 LONG, R. T., et al. (1958): A psychosomatic study of allergic and emotional factors in children with asthma. in: Amer. J. Psychiat. 114 (10), S. 890–897

23 MARTY P. (1958): La relation objectale allergique. Rev. franc. psychanal. 22, S. 5–35

24 MEISSNER, W. W. (1966): Familiendynamik und psychosomatische Prozesse, in Brede K. (Ed.) Einführung in die Psychosomatische Medizin. Fischer Athenäum Frankfurt 1974, S. 194–213

25 MENTZOS, S. (1976): Interpersonale und institutionalisierte Abwehr, Suhrkamp Frankfurt

26 MILLER H., und D. W. BARUCH (1948): Psychosomatic Studies of Children with Allergic Manifestations. Psychosom. Med. 10, S. 275–278

27 MINUCHIN, S., et al. (1975): A Conceptual Model of psychosomatic illness in children. Arch. Gen. Psychiat. 32, S. 1031–1038

28 MITCHELL, A. J., M. S. W. L. FROST und J. R. MARX (1953): Emotional Aspects of Pediatric Allergy-The Role of the Mother-Child Relationship, Ann. of Allerg. 11, S. 744–751

29 MOHR, G. J., SH. SELESNICK und B. AUGENBRAUN (1963): Family Dynamics in Early Childhood Asthma: Some Mental Health Considerations, in H. I. Schneer (Ed.) The Asthmatic Child, New York, S. 103–117

30 PARSONS, T., und R. BALES (1955): Family, Socialization and Interaction Process.(The Free Press) Glencoe, III.

31 PESCHKIN, M. M., und H. S. TUFT (1956): Rehabilitation of intractable asthmatic children by the institutional approach. in: Quart. Rev. Pediat. 11, S. 7–15

32 PINKERTON PH. (1967): Correlating Physiologic with Psychodynamic Data in the Study and Mangement of Childhood Asthma. J. Psychos. Res. 11, S. 16–22

33 PURCELL, K., und CLIFFORD, E. (1966): Binocular Rivalry and the Study of Identification in Asthmatic and Nonasthmatic Boys. J. of Consult. Psychol. 30, S. 388–394

34 RICHTER, H. E. (1963): Eltern, Kind. Neurose, Klett, Stuttgart

35 – (1970): Patient Familie. Rowohlt, Reinbek

36 – (1976): Die Rolle des Familienlebens in der kindlichen Entwicklung. In: Fam. Dyn. 1, S. 5–24

37 SCHUR, M. (1955): Comments on the Metapsychology of Somatization. Psa. Stud. Child 10, S. 119–164

38 SCHWAB, G. (1974): Die Behandlung eines fünfjährigen asthmakranken Mädchens, in Brede K. (Ed.) Einführung in die Psychosomatische Medizin. Fischer Athenäum, Frankfurt, S. 76–99

39 SEARLES, H. F. (1965): Collected Papers on Schizophrenia and Related Subjects. (Int. Univ. Press) New York

40 SHANDS, H. C. (1963): Change in a Mother-Child Relation in Asthma, in H. I. Schneer (Ed.): The Asthmatic Child New York, S. 75–83

41 SPERLING, M. (1968): Asthma in Children. An Evaluation of Concepts and Therapies. J. Amer. Child Psychiat. 7, S. 44–56

42 SPIEGEL, J. P. (1957): The resolution of role conflict within the family. Psychiatry 20, S. 1–16

43 – (1971): Transactions. New York (Science House)

44 Stephanos, S.: Sexualobjekt, libidinöses Objekt und Übertragungsprozeß. Jb. Psychoanalyse, Bern/Stuttgart/Wien (Huber) (i. Druck)
45 Stierlin, H. (1971): Das Tun des Einen ist das Tun des Anderen. Suhrkamp, Frankfurt
46 – (1976) a: «Rolle» und «Auftrag» in der Familientheorie und -therapie in: Fam. Dyn. 1, S. 36–59
47 – (1976) b: Psychosomatische Erkrankungen als Störungen der Differenzierung – Integration: Ein Ausblick auf die Familienpsychosomatik. Fam. Dyn. 1, S. 272–293
48 Titchener, J., J. Riskin und R. Emerson (1967): Die Familie im psychosomatischen Prozeß, in Brede K. (Ed.) Einführung in die Psychosomatische Medizin. Fischer Athenäum Frankfurt, S. 214–241
49 Watzlawick et al. (1967): Menschliche Kommunikation. Huber, Bern/Stuttgart/Wien 1972
50 Willi, J. (1975): Die Zweierbeziehung. Rowohlt, Reinbek
51 Winnicott, D. W. (1953): Übergangsobjekte und Übergangsphänomene. Psyche 23, S. 666–682
52 Zepf S. (1976): Die Sozialisation des psychosomatisch Kranken. Campus, Frankfurt
53 Zuk, G. H. (1975): Familientherapie. Lambertus Verlag, Freiburg

Fünfter Teil
Psychosomatische Krankheit und Gesellschaft

Psychosomatische Krankheit als Anpassungsleistung

Karola Brede

Ein sozialpsychologischer Zugang zur Spezifität psychosomatischer Störungen*

Es dürfte kaum Einspruch hervorrufen, wenn man fordert, die Disziplinen der Physiologie, der psychoanalytischen Neurosenlehre und der Sozialpsychologie seien gleichermaßen an der Entwicklung einer einheitlichen psychosomatischen Theorie zu beteiligen. Diesen Bezugsrahmen vor Augen, werde ich mich darauf beschränken, einige sozialpsychologische Überlegungen vorzutragen. Was den Anspruch einer *einheitlichen* psychosomatischen Theorie anbelangt, so verstehe ich meine Ausführungen als einen – wie bescheiden auch immer geratenen – Baustein dazu.

Gleich welcher methodologischen Richtung verpflichtet, hat sich die psychosomatische Forschung insgesamt nicht der Einsicht verschließen können, daß die Sozialwissenschaften an der Diskussion über Strategien der Erklärung psychosomatischer Störungen zu beteiligen sind. Ich lege hierzu eine These vor, die, trotz der Gewagtheit, die man ihr nachsagen mag, nicht ohne Bestätigung geblieben ist. Diese These besagt: Wenn psychosomatische Störungen angemessen nur mit Hilfe psychoanalytischen Neurosenpsychologie zu erklären sind, dann kann ihre *Spezifität* im Verhältnis zu neurotischen Störungen nur auf soziokulturelle Faktoren zurückgeführt werden, welche auf die Genese Einfluß nehmen, bzw. um die erweitert die Genese psychosomatischer Störungen konzeptualisiert werden muß. Es genügt heutzutage nicht mehr, psychosomatische Störungen mit der Wechselwirkung zwischen «Psyche» und «Physis» zu erklären. Die Erklärung psychosomatischer Störungen muß die Gesellschaft einbegreifen. Das heißt, es muß die «intime» Verbindung, in der die

* Leicht veränderte deutsche Fassung eines anläßlich der 11. European Conference on Psychosomatic Research «Toward a Theory of Psychosomatic Disorders» (14.–17. September 1976, Heidelberg) gehaltenen Vortrags.

Subjekte mit den gesellschaftlichen Verhältnissen stehen, näher betrachtet werden.

Faßt man die Fragestellung in dieser Weise, dann treten zwei Probleme, denen sich die Psychosomatische Medizin schon von Anbeginn gegenüber sieht, ins Zentrum: (1) Da psychosomatische Störungen meßbare pathologische Abweichungen in einem physiologischen Funktionskreis oder Schädigungen des organischen Substrats im Sinne des gültigen naturwissenschaftlichen Krankheitskonzepts sind, steht man vor der methodologischen Schwierigkeit, den sozialwissenschaftlichen Erklärungsansatz auf Vorgänge auszudehnen, über die nur in der Sprache der Physiologie Aussagen gemacht werden können. (2) Soll die Spezifität psychosomatischer Störungen auf soziokulturelle Faktoren bezogen werden, müssen die neurosenpsychologische und die sozialpsychologische Analyse von einem theoretisch einheitlichen Konzept aus durchgeführt werden. Diese Anforderung an die psychosomatische Theorie folgt aus der Behauptung, zwischen Symptomproduktion und soziokulturell geformtem Handeln bestehe ein innerer Zusammenhang.

Im folgenden wende ich mich nur dem zweitgenannten Problem zu, der Verbindung zwischen Psychoanalyse und Sozioanalyse, obwohl ich der Auffassung bin, daß es von dem erstgenannten Problem eines angemessenen sozialwissenschaftlichen Organismuskonzepts nicht zu trennen ist.[1] Geht man davon aus, daß psychosomatische Störungen neurosenpsychologisch zu verstehen sind, so heißt das: Psychosomatische Störungen gehen auf einen inneren Konflikt zurück, der psychische Funktionen, zum Beispiel des Wahrnehmens und Erinnerns, für sich in Anspruch nimmt und gleichsam aufbraucht, so daß die emotional-motivationale «Beweglichkeit» des Individuums in der Interaktion mit anderen eingeschränkt ist. Ein solcher Konflikt ist daher für die Persönlichkeit und die Lebensgeschichte des Individuums von großer Tragweite. Unter den unvollkommenen Konfliktlösungen, die das Subjekt nur hervorbringen kann, wenn ein solcher psychischer Konflikt zu einer schwer beeinflußbaren Eigengesetzlichkeit der psychischen Funktionen führt, richtet sich die Lösung des psychosomatisch Kranken autoplastisch auf den Körper und am Körper auf somatische Vorgänge. Diese Vorgänge vollziehen sich, wie Mitscherlich (1954) annimmt, am Körper als an einem somatischen

1 Soweit ersichtlich, besteht gegenwärtig kaum Aussicht auf ein sozialwissenschaftliches Organismuskonzept, das gestatten würde, die Genese *spezifischer* psychosomatischer Krankheiten aus der postulierten einheitlichen psychosomatischen Theorie abzuleiten. Ich beziehe mich daher, wenn ich im folgenden eine soziokulturelle Spezifität psychosomatischer Störungen behaupte, auch ausschließlich auf Unterschiede zu neurotischen Störungen.

Ausdrucksfeld. Diesem Ausdrucksfeld ordnen wir im allgemeinen nicht die Fähigkeit zu, an der Generierung von Handlungssinn beteiligt zu sein. Als Symptomstätte trägt das somatische Ausdrucksfeld daher dazu bei, daß der psychosomatisch Kranke seinem sozialen Verhalten nach weitgehend unauffällig ist. Anders als bei der Hysterie und der Zwangsneurose, Syndromen also, mit denen der Patient von den Erwartungen anderer abweicht, erfüllt der psychosomatisch Kranke normative Erwartungen an sein Handeln. Er ist in einem psychologisch komplexen Sinne des Wortes «angepaßt».

Auch wenn man den psychosomatisch Kranken nach Kriterien der funktionalistischen Sozialisationstheorie beurteilt, also danach, ob die Integration des Individuums in die gesellschaftlichen Handlungssysteme der Familie, der Generation, der Arbeit etc. «gelungen» ist, erscheint er als sozial integriert. Wird von Forschern in der Psychosomatischen Medizin der Sozialisationszusammenhang psychosomatisch Kranker untersucht, also ihre Familienbeziehungen und auch Beziehungen innerhalb anderer emotional bedeutsamer Bezugsgruppen, dann steht dahinter die mal vorsichtig genannte, mal ausdrückliche Absicht, im Interaktionsfeld des psychosomatisch Kranken Bedingungen aufzufinden und festzumachen, welche die Ätiologie psychosomatischer Störungen spezifizieren. Dabei stößt man auf schwierige Probleme der Forschung, die sich daraus ergeben, daß der Interaktion in der Familie nicht anzusehen ist, ob sie habitueller Umgang mit Krankheit oder krankmachender Umgang mit einem Familienmitglied ist. Unübersehbar sind Probleme, die sich ergeben, wenn vom emotional-motivationalen «Untergrund» von Interaktionen in der Familie auf die Persönlichkeit des Kranken, auf seine psychodynamische Struktur, geschlossen werden soll. Ich beschränke mich demgegenüber auf solche sozialisationstheoretische Überlegungen, die, wie ich meine, bei der Lösung des Problems der *genetischen* Spezifität soziokultureller Faktoren einen Schritt weiter führen.

In der Sozialisationstheorie als einem soziologischen Ansatz zur Erklärung der Persönlichkeitsentwicklung wird davon ausgegangen, daß die Individuen Kompetenzen des sozialen Handelns auf Grund gesellschaftlicher Einflüsse erwerben (vgl. T. Parsons, 1954). Im Mittelpunkt steht die Familie als die Institution, die dem heranwachsenden Kind soziokulturelle Werte und Normen auch unter Bedingungen von Zwang vermittelt. Sozialisationstheorische Ansätze sind in der Regel einem Verständnis von Entwicklung als einem Anpassungsprozeß an gesellschaftliche Standards, Normen und Werte verpflichtet. Sie sind normativ, insofern sie Sozialisation positiv als, so Parsons, *gelingende* soziale Integration des Individuums bestimmen. In ihnen wird, global gesehen, zwischen sozial integriertem und «abweichendem» Verhalten unterschieden. Abweichend ist ein Verhalten dann, wenn es normative Erwartungen nicht erfüllt, also situationsinadäquat ist, bzw. wenn mit ihm sozial gebilligte Spielräume des individuellen Handelns überschritten werden. Im vorliegenden Zusammenhang ist dabei von Belang, daß psychosomatische Störungen in diesem Bezugsrahmen, wie gesagt, kaum faßbar sind. Denn eine Verletzung von Normen bzw. eine Überschreitung zulässiger Spielräume des Handelns, die es erlauben würde, von einer Abweichung zu sprechen, liegt nicht vor. Der psychosomatisch Kranke trägt seine psychischen Konflikte innerhalb der Spielbreite sozial gebilligten Verhaltens aus.

Daß sich psychosomatische Störungen der Sozialisationstheorie in dieser Weise entziehen, könnte einerseits auf ein Unvermögen sozialisationstheoretischer Ansätze hindeuten, ist andererseits aber auch für das Verständnis des Syndroms aufschlußreich. Denn die Unauffälligkeit des sozialen Verhaltens, die den psychosomatisch Kranken kennzeichnet, läßt vermuten, daß das Subjekt an seiner Symptombildung mit einer hohen psychischen Integrationsleistung in dem Sinne beteiligt ist, daß die hervorgebrachte psychosomatische Störung die soziale Abweichung resorbiert. Der psychosomatisch Kranke kommt nämlich Erwartungen, die sich auf das durch Ausnahmeregelungen charakterisierte Rollenhandeln des Kranken richten, nach; wie jeder somatisch Kranke handelt auch er gemäß den Regeln der Krankenrolle (vgl. T. PARSONS, 1958). Das heißt, er darf sich den Rollenverpflichtungen der Gesunden teilweise oder ganz entziehen, braucht sich wegen seiner Krankheit nicht zu verantworten etc. Wenn aber in der psychosomatischen Störung das Hervorbringen somatischer Symptome und ein Handeln zumindest gemäß den Grundzügen der Krankenrolle – Pflegebedürftigkeit und Bereitschaft zur Gesundung – als untrennbar miteinander verknüpft gelten können, dann wäre das der Nachweis für den die psychosomatische Symptomwahl spezifizierenden Zusammenhang zwischen neurosenpsychologischen und sozialpsychologischen Tatbeständen.

Dieser Zusammenhang soll im folgenden präzisiert werden: Gemäß den psychoanalytischen Voraussetzungen, auf die ich mich beziehe, kann das Befolgen von Handlungsregeln, das beim psychosomatisch Kranken beobachtbar ist, nur *über den Neurosenmechanismus* hergestellt sein. In der Regel können die Individuen die Übereinstimmung ihres Verhaltens mit normativen Erwartungen bewußt bzw. vorbewußt herstellen. Das ist dann der Fall, wenn sie über bestimmte Fähigkeiten, wie zum Beispiel die Toleranz gegenüber ambivalenten Gefühlen, zu disponieren vermögen und gegebenenfalls von einer Rollenverpflichtung auf eine andere ausweichen können. Vom psychosomatisch Kranken müssen wir hingegen annehmen, (1) daß sich jene Übereinstimmung zwischen normativen Erwartungen und dem Handeln als Kranker *unbewußt* hergestellt hat, (2) daß der psychosomatisch Kranke im Verhältnis zu den Anforderungen an seine Interaktions*kompetenz* überfordert ist. Der im Sinne der Überforderung der Konfliktfähigkeit kritische Bereich möglicher Handlungs*motive*, über den der psychosomatisch Kranke hätte verfügen sollen, fällt der Dynamik des pathogenen psychosomatischen Prozesses anheim. (3) Bedingung dafür, daß das Subjekt mit seinem psychosomatischen Symptom auf diese Weise Handlungssinn realisiert, ist allerdings, daß die *Regression gesellschaftlich mitvollzogen* wird; es muß ein soziales Handlungsmuster vorhanden sein, das die der Regression entsprechenden Elemente enthält. Das trifft auf die normativen Aspekte der Krankenrolle zu. Durch die Krankenrolle wird die Symptombildung als vom Subjekt nicht gewollt bestätigt, und der unbewußt lustvolle Gewinn im Leiden wird gesellschaftlich als zulässige Regression gebilligt. Von der Beteiligung des Subjekts an der Erkrankung bleibt lediglich, so ist zu vermuten, eine Erlebnisweise erhalten, die durch unbewußte Schuldgefühle bestimmt ist. Das ist die Funktion der Handlungsregeln, denen das Individuum mit der Übernahme der Krankenrolle folgt.

Ich gehe also davon aus, daß das psychosomatische Symptom sinnhaft auf *Regeln* des sozialen Handelns bezogen ist. Diesen Bezug subjektiv herzustellen, macht den *generativen* Charakter der für die Aufrechterhaltung der Abwehr erforderlichen *Ichleistung* aus. Das heißt, die «Brücke» vom Symptom zum Rollen-Handeln als Kranker wird vom Subjekt nicht etwa bewußt geschlagen. Aber mit der Übereinstimmung zwischen Symptombildung und Rollenhandeln ist auch nicht der sekundäre Krankheitsgewinn im üblichen Sinne eines vorbewußt wahrgenommenen Vorteils auf Grund der Krankheit gemeint. Indem die Bearbeitung des unbewußten Konflikts auf dem «somatischen Ausdrucksfeld» stattfindet, folgt das Subjekt vielmehr Handlungsregeln der Krankenrolle, einer Rolle also, deren Normengefüge auf neurosenpsychologische Elemente des individuellen Handelns abgestimmt ist. Die Ichleistung, die das Subjekt hierbei vollbringt, nenne ich generativ.

Es handelt sich dabei aber um Symptome im Sinne der Neurosenpsychologie. Die symptomatische psychosomatische Äußerung ist folglich sinnhaft um den psychopathologischen Preis der *Regression* und des *Wiederholungszwangs*. Die mit der Symptombildung zusammenhängende Ichleistung des psychosomatisch Kranken bleibt von diesen psychodynamischen Bewegungen begrenzt. Ein für psychosomatische Störungen spezifischer Gesichtspunkt ergibt sich, wenn man die Funktion des Ichs nicht nur nach der Seite des sozialen Handelns hin, sondern auch nach der Seite des Unbewußten hin betrachtet, also vornehmlich die Abwehrleistung des Ichs sieht. Aus dieser Perspektive läßt sich nunmehr folgendes sagen: Mit der Herausbildung des somatischen Symptoms wird die Abwehrtätigkeit des Ichs entlastet; das somatische Symptom ist nicht das Abgewehrte, sondern *funktionales Äquivalent* der Abwehr, weil es den Regeln der Krankenrolle folgend geäußert wird. Das heißt, das soziokulturelle System entlastet auf Grund der ihm eigenen Handlungsregeln von der Bürde der individuellen Neurose. Der Preis jedoch, den der psychosomatisch Kranke dafür zahlt, demonstriert, daß dieser pathologische Prozeß in ein komplexes Herrschaftsverhältnis eingebettet ist, das die Beziehungen zwischen Individuum und Gesellschaft formt.

Bibliographie

MITSCHERLICH, A. (1954): Psychosomatik vom Standpunkt der Psychoanalyse. Medizinische Klinik 49/II, 1789–1793

PARSONS, T. (1954): Das Inzesttabu in seiner Beziehung zur Sozialstruktur und zur Sozialisierung des Kindes. In: PARSONS, T. (1964): Beiträge zur soziologischen Theorie. Neuwied (Luchterhand), 109–135.

– (1958): Definitionen von Gesundheit und Krankheit im Lichte der amerikanischen Werte und der Sozialstruktur Amerikas. In: PARSONS, T. (1964): Sozialstruktur und Persönlichkeit. Frankfurt a. M. (EVA), 1968, 323–366.

Psychosomatische Krankheit als Sozialisationsschaden

S. Zepf

Primärsozialisation und alexithyme Defekte in der Symbol- und Begriffsbildung*

Obwohl der Titel meines Vortrages ausdrücklich die Symbol- und Begriffsbildung zum Gegenstand reklamiert, hoffe ich doch, daß Sie von mir keine systematische Diskussion der damit verbundenen Probleme erwarten. Schon die Entfaltung der Problematik allein wäre ein zu weitläufiges Unterfangen, als daß es in den Rahmen eines 15-minütigen Vortrages gepreßt werden könnte. Allenfalls erlaubt dieser eng gesteckte Rahmen ein begrenztes Operationsziel: nämlich jene eigentümliche, subjektive Konnotationen entbehrende Sprache des psychosomatisch Kranken ein Stück weit in einer bestimmten Perspektive zu verfolgen, und zwar jener Perspektive, die unlängst von LORENZER mit seinen Arbeiten über Sprache, Symbolbildung und Interaktion eröffnet wurde. Wir haben in Hannover diese Perspektive nicht zuletzt deshalb eingenommen, weil sich unter ihrem Zugriff die klinisch als Mangel imponierende «Alexithymie» auch sozialisationstheoretisch als Mangel ausweisen läßt und damit solch problematische Hilfskonstruktionen, wie etwa die einer «irreversiblen Verleugnung» überflüssig werden.

Als Einstieg in die Debatte will ich Ihnen zunächst die Vorstellungen LORENZERS über die Symbolbildung im Zuge des kindlichen Spracherwerbes skizzieren. Unter dem Anspruch, eine «nicht-subjektivistische Theorie des Subjekts» zu entwickeln, geht LORENZER von einer Sprachtheorie aus, die von Kuno LORENZ vorgelegt wurde und welche den Spracherwerb unmittelbar in der Lebenspraxis verankert. In dieser Theorie werden Teile der Realität

* Vortrag in engl. Sprache anläßlich der 11th European Conference on Psychosomatic Research «Toward a Theory of Psychosomatic Disorders» (14.–17. Sept. 1976, Heidelberg) unter dem Titel «Primary Socialisation and Alexithymic Defects in Symbol and Concept Formation» In: Psychother. Psychosom. 28,278–284

einem als «sprachlos» gedachten Zuhörer von einem Sprecher gezeigt und prädiziert, die dann vom Zuhörer im nachfolgenden Schritt der Regulation gegeneinander differenziert werden. Prädikation meint das Zuordnen eines Lautkomplexes zu einem Gegenstand oder einem Bewegungsablauf in einer dialogischen Lernsituation, Regulation kennzeichnet folgendes sprachliche Grundvermögen: Sind mehrere Gegenstände oder Bewegungsabläufe prädiziert, dann kann dem Zusprechen eines Prädikators zu diesen Gegebenheiten das Absprechen anderer Prädikatoren folgen. Mit einem Beispiel ausgedrückt: Die Bewegungsabläufe – verbeugen – und – spazierengehen – müssen erst unterschiedlich prädiziert sein, damit dem Bewegungsablauf – verbeugen – der Prädikator «spazierengehen» abgesprochen werden kann und umgekehrt.

Lorenzer übernimmt diese beiden Begriffe und konkretisiert sie für seinen Entwurf. Auch er versteht den Spracherwerb als einen Prozeß der Sprachvermittlung, der sich hier über das Vorsprechen der ersten Beziehungsfiguren in der Primärsozialisation realisiert. Im Unterschied zur oben erwähnten dialogischen Lernsituation existiert jedoch im ersten Beziehungsfeld der Mutter-Kind-Dyade weder ein gegliedertes Gegenüber zweier gleichwertiger Partner noch ein Gegenstand als ein vom Kind isoliertes Objekt, denen durch den Sprecher bestimmte Lautkomplexe zugewiesen werden könnten. Was hier prädiziert wird, kann nichts anderes sein als eine reale Beziehungssituation, genauer, als die im Moment der Prädikation realisierte Interaktion. Mit anderen Worten, das Objekt der Prädikation ist die Interaktion einer der Interaktionsformen, auf die sich Mutter und Kind auf vorsprachlicher Ebene im Zuge der Herstellung eines reziprok befriedigenden Wechselverhältnisses geeinigt hatten und die im kindlichen Individuum einen engrammatischen Niederschlag gefunden haben. Indem die Mutter ein Wort spricht, zum Beispiel «Mama» und dabei implizit auf die momentan verwirklichte Interaktionsform zeigt, wird diese Interaktion für das Kind sprachlich bezeichnet. Natürlich sind mehrfache Wiederholungen dieses Prädikationsvorganges anzunehmen, ehe der Lautkomplex «Mama» im Kind engrammatisch fixiert wird und mit dem Engramm dieser Interaktion verbunden werden kann. Auch wenn damit das Wort «Mama» zwar angeeignet ist, so ist es doch nicht schon als Symbol qualifiziert. Lorenzer sieht zu Recht, daß mit dieser Verbindung der Lautkomplex «Mama» zunächst nur ein weiterer Teil eines Interaktionszirkels geworden ist, ein Element, dem zwar die Qualität eines Signals zukommt und über welches das Interaktionsengramm auch aktiviert, jedoch nicht schon reflektiert werden kann. Wie dieser qualitative Entwicklungsschritt zu denken ist, in dessen Vervielfältigung schließlich die zwanghafte Rigidität eines signalgebundenen und unbewußten Verhaltens überstiegen und die reflexive, bewußte Verfügbarkeit über die engrammatisch sedimentierte Lebenspraxis hergestellt wird, verdeutlicht LORENZER mit dem Konzept der «Aufgliederung» bzw. der «Identitätsbildung». Ich gebe diesen Vorgang in einer für unsere Zwecke modifizierten Skizze wieder. Diese Skizze ist wie folgt zu lesen:

I. Eine realisierte, beispielsweise warm-befriedigende Interaktion wird erstmals benannt. «Mama» ist somit Initialprädikation. Danach wird diese erste prädizierte Interaktionsform auch weiter interagiert, zu anderen Zeitpunkten wird noch eine zweite, beispielsweise kalt-frustrierende Interaktionsform realisiert.

II. Neue Prädikatoren werden eingeführt, die im Vorgang der Regulation ab- und zugesprochen werden: «lieb» wird der Interaktionsform (1) zu- und der Interaktionsform (2) abgesprochen, «böse» wird der Interaktionsform (1) ab- und der Interaktionsform (2) zugesprochen.

III. Das Kind erfährt diese warm-befriedigenden und kalt-frustrierenden Qualitäten erneut in Interaktion mit Nicht-Mama-Objekten.

IV. Diese verschiedenen Interaktionen erhalten denselben Prädikator, zum Beispiel «Papa».

V. Erneute Regulation: Die warm-befriedigende Interaktionsform wird aufgespalten in «liebe Mama» und «lieber Papa» und die kalt-frustrierende Interaktionsform in «böse Mama» und «böser Papa».

VI. Integration und Ausbildung folgender Identitäten:
a) Mama als «liebe und böse Mama»,
b) Papa als «lieber und böser Papa»,
c) lieb als «Papa und Mama» und
d) böse ebenfalls als «Papa und Mama».

Entscheidend für die Symbolbildung ist bei LORENZER der folgende Schritt: Über das jeweilige Zu- und Absprechen von Lautkomplexen, welche in vielfältigen Interaktionen als Prädikatoren eingeführt und kumulativ wiederholt werden, werden Laut- und Interaktionsengramme in eine wechselseitige Beziehung gebracht. Ein Lautengramm wird in Beziehung gesetzt zu verschiedenen Interaktionsengrammen, umgekehrt wird ein Interaktionsengramm in Beziehung gesetzt zu verschiedenen Lautengrammen. Auf zentral-nervöser Ebene bilden sich damit jene Gefüge, die sich als Symbol zu verselbständigen vermögen. Indem die Worte zum Stellvertreter für die jeweils dazugehörigen Interaktionsengramme werden, kann sich jenes Netz sprachlicher Gebilde entfalten, welches die individuelle Lebenspraxis als ein Repertoire bewußter Handlungsentwürfe verfügbar macht.

Dreierlei kann uns diese Skizze einsichtig machen:

1. Worte, wie z. B. «Mama» bezeichnen zunächst keine fest umrissenen und abgrenzbaren Objekte, sondern Interaktionsformen.
2. Zentriert auf die symbolische Objektrepräsentanz konstituieren verschiedene Interaktionsformen die verschiedenen Bedeutungen des Objekts für das Subjekt und
3. ist unschwer zu sehen, daß im Prozeß des Spracherwerbs triebhafte Aktivitäten in die Sprachsemantik eingebunden werden. Dem kritischen Blick wird jedoch nicht verborgen geblieben sein, daß mit den Konzepten der «Prädikation» und «Regulation» allein die Genese individueller Bewußtseinsfiguren nur verkürzt erfaßt werden kann. Wenn wir nämlich die Symbole als jene Instrumente zu verstehen haben, mit denen das sekundär-prozeßhafte, abstrakt-logische und realitätsgerechte Denken operieren soll, als Instrumente also, mit denen auf der Grundlage individueller Erfahrung ein realer Interaktionsablauf im Zuge eines Probehandelns vorweggenommen werden kann, dann wird dem Symbol notwendig der Charakter eines Begriffes zuzuweisen sein. Damit aber wird der Prozeß der Symbolbildung in die Perspektive der Frage gerückt, wie sich die Intention und Extension eines Symboles bilden. Denken Sie nur an die Untersuchung von RAPAPORT: Gerade weil die Begriffe einen Inhalt und einen Umfang haben, gestatten sie uns, Erfahrungen nach logischen Gesichtspunkten zu kategorisieren, ihre «Zugehörigkeit» zu bestimmen und auf ihrer Grundlage realitätsgerecht zu planen. Fragen wir nun nach dem «wie» der Intentionsbildung symbolischer Repräsentanzen, dann ist die Leerstelle in unserer Skizze unmittelbar einzusehen. Prädikation und Regulation als sprachliche Differenzierungsschritte für Interaktion sind zwar eine notwendige Voraussetzung der Symbolbildung. Sie vermögen uns jedoch nicht zu erklären, wie sich die Intention der Symbole konstituiert. Zwar wird im Vorgang der Regulation prädizierte Interaktion durch das Zu- und Absprechen von Namen aufgegliedert. Werden die einzelnen Interaktionsformen jedoch lediglich durch Namen unterschieden, dann hätte sich zwar die Extension des künftigen Symbols formiert, nicht jedoch die Intention, das Invariante und Allgemeine und im Verschiedenen Identische, das den im entsprechenden Umfang des Symbols widergespiegelten Objekten und Beziehungen gemeinsam ist.

Obwohl nun für die Legitimation der weiteren Überlegungen ein sorgfältiger Aufweis der einzelnen Argumentationsschritte kaum entbehrlich scheint, muß ich mich nichtsdestoweniger darauf beschränken, die Lücke im Erklärungsmodell in einer mehr thesenhaften Form zu schließen, und zwar wenigstens soweit, daß die emotionslose Sprache des psychosomatisch Kranken zumindest in einem ersten Aufriß namhaft gemacht werden kann. Unproblematisch dürfte die These sein, daß wir die Intention des Symbols, analog der Intention eines Begriffs, als ein Abstraktionsprodukt zu verstehen haben, und zwar als ein analytisches Produkt, welches aus einem Vergleich verschiedener Interaktionsformen resultiert und in dem ihre abstrakten Identitäten in Lautengrammen sozusagen «auf den Begriff» gebracht werden. Diese begriffliche Fassung erlaubt dann in einem dazu gegenläufigen Prozeß der Konkretion einzelne Interaktionsformen in ihrer Einmaligkeit als verschiedene Exemplare des Allgemeinen und Identischen auszuweisen. Unstrittig ist aber auch, daß sich Identisches nur in Polarität zu Verschiedenem bestimmen läßt, das heißt, daß mit dem Identischen im Verschiedenen auch zugleich die Verschiedenheit des Identischen zu erfassen ist. Der synthetische Akt der Konkretion kann mithin nicht nur als eine Folge, sondern muß zugleich auch als eine notwendige Bedingung der analytischen Abstraktion angesehen werden.

Wir sollten uns dies vielleicht verdeutlichen am Beispiel der Intentionsbildung von «Mama» und von «lieb». Unsere Skizze macht deutlich, daß für das kindliche Individuum das Mama-Objekt nicht an sich, abgelöst von der kindlichen Praxis, existiert, sondern immer als Mama-in-einem-bestimmten-Interaktionszusammenhang, in dem sich auch die jeweils konkret-einzelne Erscheinungsform von «Mama» bestimmt, zum Beispiel als warm-befriedigende oder als kalt-frustrierende. Wenn nun «Mama» aus diesen beiden verschiedenen Interaktionsformen als das Identische herausabstrahiert werden soll, dann müssen bereits eine Reihe von Abstraktionen vorliegen, so zum Beispiel die Abstraktionen «lieb» und «böse». Die Verschiedenheit der beiden Erscheinungsformen von «Mama», die Nicht-Identität von warm-befriedigend und kalt-frustrierend könnte sonst nicht erfaßt werden. Wenn wir nun unsere Aufmerksamkeit auf den Abstraktionsprozeß zentrieren, in dem «lieb» als das Identische herausgehoben werden soll, dann müssen wir nicht nur unterstellen, daß «lieb» in verschiedenen Interaktionsformen interagiert wurde, sondern daß diese Verschiedenheit auch erkannt werden muß, beispielsweise als lieb-in-Beziehung-zu-Mama und als lieb-in-Beziehung-zu-Papa. Auch für diesen Abstraktionsprozeß sind also Abstraktionen vorauszusetzen, die wiederum weitere Abstraktionen als Bedingung benötigen. Von hier aus wird nochmals deutlich, daß das symbolische Niveau keinesfalls schon auf der Basis von vier Interaktionsformen und von vier Prädikatoren erreicht werden kann, die in unserer Skizze angeführt sind. Fügen wir unsere beiden Thesen zusammen, dann ist nämlich die Entwicklung symbolischer Repräsentanzen als ein Prozeß von sich wechselseitig bedingenden Abstraktionen zu verstehen, der ein entfaltetes Interaktionsspiel ebenso voraussetzt wie die Einführung vielfältiger Prädikatoren. Nur unter diesen Bedingungen können abstrakte Indentitäten, kann das gegenüber dem Wechsel der Interaktionsformen Invariante in Lautengrammen «auf den Begriff» gebracht werden. Nur so läßt sich die Praxis der individuellen Lebensgeschichte in die objektive Sprachsemantik einbinden.

Diese Überlegung trifft den Kernpunkt der weiteren Diskussion. Bei der Durchsicht des Schrifttums fällt nämlich auf, daß sich die primäre Sozialisationspraxis der psychosomatisch Erkrankenden durch ein gemeinsames Charakteristikum auszuzeichnen scheint. Mehrheitlich wird die Mutterfigur als narzißtisch, überprotektiv und als «engulfing» beschrieben. Das folgende Zitat aus der sorgfältigen Untersuchung von Garner und Wenar steht stellvertretend für eine Reihe gleichlautender Befunde und verdeutlicht zugleich das empirische Korrelat der angeführten Termini: «Ausgenommen als Mittel zur eigenen Selbstbestätigung, waren diese Mütter ausnahmslos ... an ihrem Kinde desinteressiert ... Pflege und Erziehung werden entweder in einer hölzernen Manier oder mit Mißmut ausgeführt und der Säugling wird als ... eine Quelle von ... Angst und Frustrationen ... betrachtet ... Die Frustrationen durch die Mutter mögen gelegentlich durch unpersönliche, objektive Kontakte gemildert sein, aber die spontanen Gesten der Zuneigung, die erwarteten Geschenke, die «Extras», die Mutter und Kind erfreuen, ... fehlten.»

Wenn aber, wie dem Zitat unzweideutig entnommen werden kann, die Primärsozialisation gekennzeichnet ist durch ein Defizit an Interaktionsformen, einer restriktiven Praxis sozusagen, dann folgt aus unserer bisherigen Diskussion zwingend, daß sich im idealtypischen Fall das individuelle Bewußtsein nicht mehr aus der individuellen Interaktionserfahrung heraus entwickeln kann. Die Praxis der Primärsozialisation bliebe hier auf dem Niveau des Protosymbols, und das heißt, sie bliebe unbewußt.

Daß wir uns damit ein Problem eingehandelt haben, ist offensichtlich. Wenn wir nicht von den Grundannahmen der heutigen Sprachtheorie abweichen wollen, dann müssen wir nämlich die Bildung des Bewußtseins mit der Entfaltung von Sprache identifizieren. Sind wir dann nicht zu dem Schluß gezwungen, daß der psychosomatisch Kranke sprachlos und ohne Bewußtsein bleibt, einer Schlußfolgerung mithin, die vollkommen quer zu den Fakten steht? Nun würde freilich mit dieser kurzsichtigen Folgerung übersehen, daß sprachliche Bedeutungen, Begriffsinhalte ja nicht nur im Verfahren der Symbolbildung erworben werden, sondern ebenso via metasprachlicher Definitionen wie auch über eine bloß gezeigte Praxis, in der das Individuum nicht in Interaktionsprozessen partizipiert. Sprache wird allemal erworben, eine veränderte Gewichtung der intentionalen Grundlagen des sich bildenden semantischen Systems, die Verschiebung auf eine «exemplarische» Praxis der anderen, und zwar auf Kosten einer «direkten», individuellen Praxis, um die HOLZKAMPsche Unterscheidung hier zu benutzen, bleibt allerdings nicht folgenlos. Sehen wir uns abschließend die sprachlichen Gebilde genauer an, die in einer bloß exemplarischen Praxis vermittelt wurden.

Zwar haben wir ein nur mangelhaft entfaltetes System von Interaktionsformen anzunehmen. Diesem Mangel braucht jedoch keinesfalls ein gleichermaßen reduziertes System von Prädikatoren zu korrespondieren. Durchaus können Prädikatoren in breiter Vielfalt eingeführt werden. Allerdings, und dies ist der wichtigste Punkt, da in der Einführung von Sprache die Beziehungen zu den prädizierten Sachverhalten blockiert werden oder sich nur rudimentär entwickeln können, bleiben auch die jeweiligen Prädikatoren in einem bloß denotativen Bezug und ohne lebensgeschichtlich verankerten, konotativen Bedeutungshof. Gemünzt auf den Charakter der Wortgebilde als psychische Repräsentanzen meint dies, daß die prädizierten Sachverhalte ohne Beziehungscharakter, ohne in-Beziehung-zum-Subjekt repräsentiert werden, daß also nurmehr instrumentell, abgelöst von triebhafter Basis, mit ihnen umgegangen werden kann. Diese Prädikatoren können zutreffend als «Zeichen» benannt werden.

Obwohl von LORENZER das «Zeichen» bisher nur als Resultat von Abwehroperationen geortet wurde, kann doch kein Zweifel daran bestehen, daß in dem von ihm vorgelegten Modell des Spracherwerbs eine restriktive primäre Sozialisationspraxis notwendig zu einem ähnlichen Resultat führen muß. Zwar unterschiedlich in der Genese, beide Male wird eine lakunäre Sprache zu notieren sein. Bleibt die individuelle Erfahrung aus der Intentionsbildung der sprachlichen Begriffe ausgespart, dann werden die Individuen genau jene emotionale Leere zeigen, die unter dem Stichwort der «Alexithymie» beschrieben wird.

Ich komme damit zum Ende und hoffe, daß die zugegebenermaßen gedrängte und unzulässig verkürzte Skizze für ein erstes Verständnis unserer theoretischen Basis zureichend war. Auch wenn die Beziehungen zu den psychoanalytischen Grundpositionen bei weitem nicht in allen Punkten durchsichtig wurden, so dürfte doch einsichtig geworden sein, daß eine Untersuchung der Symbol- und Begriffsbildung dem Alexithymie-Konzept eine neue Perspektive eröffnen kann, die einiges verspricht.

Übersetzt von J. Greene und A. Overbeck

I. Einführung der Initialprädikation «Mama» in einer ersten, z. B. warm-befriedigenden (w-b) Interaktionsform (IF_1) und danach in einer zweiten, z. B. kalt-frustrierenden (k-f) Interaktionsform (IF_2)

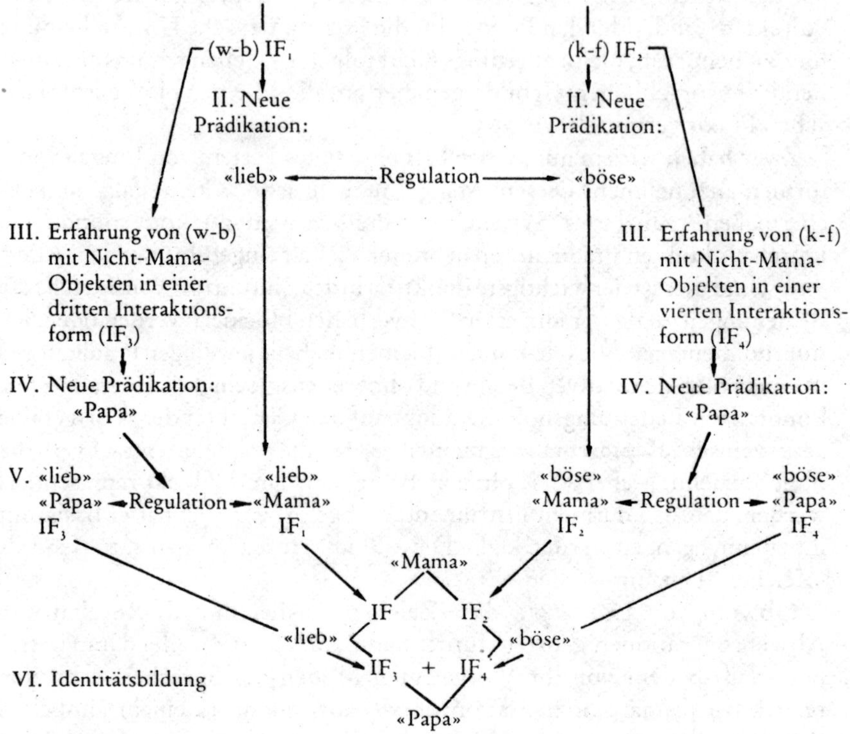

Skizze 1: Symbolbildung

Bibliographie

GARNER, A. M., WENAR, C.: The Mother-Child Interaction in Psychosomatic Disorders, Urbana, 1959

HOLZKAMP, K.: Wissenschaftstheoretische Voraussetzungen kritisch-emanzipatorischer Psychologie, in: HOLZKAMP, K.: Kritische Psychologie, S. 75 ff, Frankfurt, 1972

LORENZ, K.: Elemente der Sprachkritik, Frankfurt 1970

LORENZER, A.: Sprachzerstörung und Rekonstruktion, Frankfurt, 1971

– A.: Zur Begründung einer materialistischen Sozialisationstheorie, Frankfurt, 1972

RAPAPORT, D., GILL, M., SCHAFER, R.: Diagnostic Psychological Testing, S. 191, New York, 1968 (rev. ed., hg. v. HOLT, R. R.)

Nachwort

Unter dem Titel «Seelischer Konflikt – körperliches Leiden» stellen wir, wie im Vorwort schon erwähnt, eine Aufsatzsammlung zur Psychoanalytischen Psychosomatik vor, die in ihrer Konzeption über das, was unter Psychosomatischer Medizin verstanden wird, hinausgeht. Wir haben uns dabei von dem einseitigen, an Krankheitsbildern und Organsystemen ausgerichteten Denken gelöst und orientieren uns an solchen Kategorien, die in der psychoanalytischen Theorie verwendet werden und von großer therapeutischer Bedeutung sind. Es handelt sich um den Konflikt-Symptom-Kontext, die Beschaffenheit der Ich-Struktur und der Objektbeziehungen, sowie den interpersonellen Kontext und die gesellschaftlichen Zusammenhänge, in denen Menschen an körperlichen Beschwerden leiden.

Wenn nun der Inhalt dieser Sammlung von Aufsätzen zusammenfassend betrachtet wird, werden wir unser besonderes Augenmerk auf die Querverbindungen zwischen den einzelnen Kapiteln und die Beziehung der Fragestellungen untereinander richten. Bei der Diskussion dieser Zusammenhänge beziehen wir uns nicht nur auf die abgedruckten Originalaufsätze, sondern berücksichtigen auch Arbeiten anderer Autoren, die im bibliographischen Anhang erwähnt sind. Diese Arbeiten bringen ergänzende Aspekte ein und umfassen benachbarte Themenbereiche. Auf diese Weise hoffen wir, einen möglichst vollständigen Überblick geben zu können und die unterschiedlichen Positionen und Perspektiven zur Geltung zu bringen.

Das erste Kapitel widmet sich der Frage, in welcher spezifischen Beziehung Seelisches und Körperliches zueinander stehen, insbesondere ob körperliche Symptome als symbolisierendes Ausdrucksgeschehen oder lediglich als Affektkorrelat aufgefaßt werden müssen, ob sie aus grundlegenden physiologischen Erfordernissen heraus eine sinnvolle Leistung darstellen oder ob sie im Rahmen entwicklungspsychologischer Zusammenhänge Sinn und Kommunikationscharakter beziehen. Wir stellen verschiedene psychoanalytische Modelle zum Symptomverständnis vor, wobei sich zeigt, daß die einzelnen Konzepte sich jeweils für die Erfassung und Beschreibung bestimmter Krankheitsaspekte besonders gut eignen. In der Arbeit von Rangell wird der Begriff und die Anwendungsbreite des ersten und immer noch grundlegenden psychosomatischen Modells, nämlich der Konversion, umfassend dargestellt. Die weiterführende Literatur weist auf die Anfänge des Konversionsbegriffs wie auch auf neuere Spezialaspekte hin. Ebenso sind die Beispiele einseitiger panpsychistischer Erweiterungen oder organologisch verkürzter Anwendungen angegeben. Während Konversion für die rein psychogenen, das heißt in höheren Zentren des Hirns gebildeten Körpersymptome ohne gröbere organpathologische Grundlage sehr einleuchtend sind, bleibt die Frage offen, wie es zu vegetativ-funktionellen oder organdestruktiven Veränderungen kommt.

Mit diesen Vorgängen bei den sogenannten vegetativen Organneurosen und den psychosomatischen Krankheiten i. e. S. hat sich besonders Alexander befaßt. Er stellt sein Modell des psychophysiologischen Korrelats in strikten Gegensatz zu den Vorgängen bei der Konversion. In seiner Theorie der krankheitsspezifischen psychodynamischen Grundkonflikte entsprechen jeweils bestimmte vegetative Innervationsmuster bestimmten Affekten und/oder emotionalen Konfliktsituationen. Die durch chronische vegetative Erregung zustandegekommenen Körperbeschwerden bei vegetativen Neurosen und deren Folgezuständen, den psychosomatischen Krankheiten, sieht Alexander lediglich als körperliche Begleiterscheinungen lang anhaltender Affektzustände an, wobei er davon ausgeht, daß Affekt und Konfliktzustand durchaus bewußt sein können. Diesen Körpersymptomen spricht er daher konsequent symbolischen Ersatzcharakter, entlastende und befriedigende Funktionen ab und trennt sie damit streng von den durch Konversionsmechanismen hervorgerufenen Körpersymptomen bei den sogenannten Ausdruckskrankheiten. Dabei zieht Alexander die grobe Trennlinie dort, wo psychogene Körpersymptome entweder durch vegetative oder durch willkürlich sensomotorische Innervation entstehen. Eine ähnliche Abgrenzung trifft auch v. Uexküll mit den Handlungs- und Stimmungsfragmenten und dem Konzept der Ausdrucks- und Bereitstellungskrankheiten, wobei er gleichzeitig versucht, das Problem des Leib-Seele-Dualismus zu lösen.

Die von Bräutigam referierten Beiträge zur Organwahl, Organsprache und Organspezifität enthalten ebenfalls die Tendenz zur konzeptuellen Einheit von Leib und Seele. Dadurch, daß in allen diesen Konzepten psychosomatische Reaktionen mehr oder weniger als Organsprache verstanden werden, sind sie gleichzeitig auch recht gut geeignet, die Kluft zwischen dem Konversionsmodell und dem psycho-physiologischen Korrelat zu überbrücken. Nach diesen Konzepten sind auch vegetative körperliche Symptome mehr als nur begleitende körperliche Affektkorrelate. Die neopsychoanalytische Schule geht zwar in ihrem funktionellen Entwicklungsmodell von der ALEXANDERschen Grundkonzeption aus, sieht aber im Antriebserleben eine ganz enge Koppelung zwischen seelischem Erleben und körperlichen Abläufen. Damit rücken auch die vegetativen Reaktionen und Störungen in die Nähe einer Organsprache. In den Organmodi von ERIKSON wird dann der Kommunikationscharakter der psychosomatischen Störungen in sehr ausdifferenzierter Weise aus den Wechselbeziehungen entwickelt, die sich zwischen der seelischen Entwicklung und bestimmten Organen ergeben. Die Organsprache in diesem Modell gilt besonders für jene Organe, die in der frühkindlichen Entwicklung im Brennpunkt der Beziehungen zur Umwelt standen, so daß leibliche und seelische Erlebnisweisen sehr eng aneinander gebunden wurden. Diese Wechselbeziehungen können sich als bestimmte Charakterstrukturen (SCHWIDDER) oder Haltungen (GRACE und GRAHAM) äußern. Das Modell der Haltungsspezifität geht in seinem Sinnverständnis vegetativ-psychosomatischer Reaktionen aber nicht nur von bereitliegenden CANNONschen biologischen Notfallreaktionen oder frühkindlich erlernten leib-seelischen Zusammenhängen aus, sondern weist darauf hin, daß vegetative Reaktionen und psychosomatische Krankheiten vom Individuum auch ganz neuartig als sinnvolle Komplexe leib-seelischer Antworten eingesetzt werden können. ENGEL führt mit den somatopsychisch-psychosomatischen Krankheiten ebenfalls hervorragende Beispiele dafür an, wie sich spezifische leib-seelische Wechselwirkungen an einigen Organsystemen entwickeln können, dabei vegetativ-somatische Vorgänge in die Vorstellungsrepräsentanzen des Individuums gelangen und somit schließlich wieder auch rein psychologischen Mechanismen, wie etwa Konversionsvorgängen für individuelle, kreative Symptombildungen zur Verfügung stehen. Er überwindet damit die linear-monokausalen Krankheitsvorstellungen und weist auf die Zirkularität körperlicher und seelischer Vorgänge hin.

Die Komplexität und den Wechselwirkungscharakter leib-seelischer Vorgänge beinhalteten allerdings auch schon die Konzepte der traumatischen Neurose (FREUD) und der Pathoneurose (FERENCZI). Der Hinweis auf die traumatischen Neurosen mag hier verdeutlichen, daß konversionshysterische Mechanismen auch zur Verarbeitung von unbewußten Konflikten eingesetzt werden, die durch Unfälle oder akute Krankheitsschädigungen aktualisiert werden, wie das zum Beispiel bei vielen Rentenneurosen der Fall ist. Die sogenannte Pathoneurose macht schließlich darauf aufmerksam, daß hypochondrische Mechanismen in jeder Krankheit stattfinden, worauf auch FREUD schon hingewiesen hat, und auch bei der Krankheitsverarbeitung von primär organischen Leiden und Operationen eine bedeutsame Rolle spielen. Auch ohne daß primär organische Körperstörungen vorliegen, können Kranke beobachtet werden, die sich auf die Organe des eigenen Körpers zurückziehen und zu diesen Organen eine Beziehung herstellen wie zu früheren Objekten. Für diese Erogeneisierung werden solche Organe gewählt, die besonders libidinos besetzt sind. Diese Libidoregression zu früheren Fixierungsstellen und die Möglichkeit der Erogeneisierung aller Organe gehören zwar auch mit zu den Bestandteilen des Konversionsmodells, es beinhaltet jedoch nicht die Vorstellung, daß die Objektbeziehungen wirklich aufgegeben werden. Der Rückzug von Objektlibido auf das eigene Ich im Zusammenhang mit Introjektionsvorgängen ist daher als der besondere Kern des libidotheoretischen Modells anzusehen, mit dessen Hilfe vor allem die hypochondrischen Körpersymptome bei narzißtischen Neurosen und Organen, die i. e. S. mit Introjektionen verbunden sind, dem Verstehen gut zugänglich gemacht werden können.

Eine der kontroversen Grundsatzfragen, die sich im ersten Kapitel darstellten, nämlich ob Konversionsvorgang oder Affektkorrelat, stellt sich nach Sichtung und Zusammenstellung der Literatur jedenfalls nicht mehr nach Innervationsgebieten, sondern präziser als Frage nach Art und Ausmaß der Ich-Beteiligung an der psychosomatischen Symptombildung. In dem Kapitel, welches sich den *ich-psychologischen Modellen* der Somatisierung widmet, stehen folgende Fragen im Vordergrund: Warum werden überhaupt auf der körperlichen Ebene Symptome gebildet und nicht auf der psychosozialen? Ist die Somatisierung eine vom Ich gewählte Konfliktantwort oder Ausdruck seiner Dekompensation? G. OVERBECK arbeitet die weitgehenden Möglichkeiten des Ichs heraus, in der psychosomatischen Symptombildung eine Neuschöpfung, Entlastung und Anpassungsleistung zu vollbringen. Andererseits weist er aber auch darauf hin, daß psychosomatische Krankheit in anderen Fällen als Folge eines psychischen Zusammenbruchs bei defizienter Ich-Entwicklung aufgefaßt werden kann. In den folgenden Konzepten wird daher das Augenmerk den Mechanismen des Ichs und seiner strukturellen Beschaffenheit als den prinzipiellen Voraussetzungen zur Entstehung von psychosomatischen Krankheitsprozessen gelten. Die Vorstellung über die Beteiligung des Ichs am psychosomatischen Prozeß beeinflußt allerdings auch die Auffassungen der jeweiligen Autoren zum Symptomverständnis. Es ergeben sich Überschneidungen und Verwandtschaften zu den bereits erwähnten Modellen.

Das Kapitel wird eröffnet mit dem entwicklungspsychologischen Konzept von SCHUR, der im Rahmen seiner psychoanalytischen Angsttheorie Resomatisierung als einen wesentlichen Teil eines umfassenderen allgemeineren Regressionsvorgangs des Ichs beschreibt, in dessen Zusammenhang es auch zur Deneutralisierung von Libido und Aggression und zum Wiederauftreten von Primärprozessen kommen kann. Dieses Regressionsmodell, das eine allgemeine wichtige Voraussetzung für das Verständnis psychosomatischer Vorgänge geliefert hat, findet sich in ähnlicher Weise auch bei MARGOLIN, als Grundgedanke des Konzepts der zweiphasigen Abwehr bei MITSCHERLICH und der psychosomatischen Regression der französischen Schule der Psychosomatik. Versteht man die Resomatisierung nach SCHUR als Bestandteil eines allgemeinen Regressionsvorgangs, dann wird auch das häufig gegebene Nebeneinander von psychischen und körperlichen Veränderungen bei Patienten verständlich. Das Modell läßt sich dann auch für psychosomatische Prozesse bei sonst «Gesunden» anwenden. Dabei braucht die körperliche Symptomatik auch nicht unbedingt in einem spezifischen Sinnzusammenhang zur krankheitsauslösenden Belastung zu stehen. Zur Resomatisierung kommt es danach an den Organen, die dazu besonders von der individuellen leib-seelischen Entwicklung her disponiert sind, was etwa den Fixierungssystemen von MARTY entspricht.

In MITSCHERLICHS umfassendem dynamischen Konzept der zweiphasigen Abwehr wird dagegen der Zusammenhang spezifischer gesehen. Danach versucht der Patient zunächst, einen Konflikt durch neurotische Symptombildung zu bewältigen. Gelingt dies nicht mehr, setzt der Abwehrvorgang auf der dem Konflikt zugeordneten körperlichen Ebene ein. MITSCHERLICH gibt auch eine genauere Auskunft darüber, warum und wann es zur Resomatisierung kommt. Als Ursache der Resomatisierung sieht er die durch einen Objektverlust eintretende Ich-Verarmung an. MITSCHERLICH verweist damit auf die Objektbeziehungen und deren große Bedeutung für die Funktionsfähigkeit des Ichs. In diesem Zusammenhang taucht jedoch auch immer wieder die Frage auf, ob es nicht u. a. auch deswegen zur Somatisierung kommt, weil das Ich dieser Patienten eine generelle oder partielle Schwäche aufweist. Während MITSCHERLICH als Bedingung für ein chronifizierendes psychosomatisches Krankheitsgeschehen nur eine disponierende neurotische Ich-Einschränkung annimmt, betonen andere Autoren eine partielle Ich-Schwäche auf Grund von Entwicklungsstörungen. Bei frühen traumatischen Störungen können die primären somatischen Korrelate von Affekten nicht genügend in die weitere Ich-Entwicklung, das heißt vor allem die Desomatisierung einbezogen werden. Dadurch bleiben bestimmte Erlebnisbereiche mehr oder weniger vom Ich abgespalten und damit von Symbolisierungsprozessen ausgeschlossen. Es gelingt in diesem Bereich bestenfalls eine labile psychische Bewältigung, die leicht dekompensieren kann.

Einige französische Psychoanalytiker nehmen eine noch sehr viel weitergehende Störung in der Ich-Entwicklung von Patienten mit psychosomatischen Störungen an, wenn sie von einer psychosomatischen Struktur sprechen. Sie beschreiben die Patienten als phantasielos, am Konkreten haftend, unfähig zur Symbolisierung und psychischen Konfliktbearbeitung, mit Neigung zur unmittelbaren vegetativ-motorischen Spannungsabfuhr. In dem von MARTY und DE M'UZAN beschriebenen operationalen Denken sind wesentliche Punkte dieser Besonderheiten zusammengefaßt, durch die sich nach Meinung der französischen Autoren Patienten mit psychosomatischen Störungen völlig von neurotischen Patienten unterscheiden. Ähnliche, wenn auch in Umfang und Differenzierung unterschiedliche Beobachtungen zur strukturellen Besonderheit von Patienten mit psychosomatischen Störungen und mit unterschiedlichen nosologischen und therapeutischen Konsequenzen – werden von SIFNOES, FREYBERGER u. a. mit der Bezeichnung Alexithymie charakterisiert oder von STEPHANOS unter dem Begriff «psychosomatisches Phänomen» zusammengefaßt.

In der Reihe der ich-psychologischen Modelle, die bei Patienten mit psychosomatischen Krankheiten intrasystemische Veränderungen des Ichs annehmen, soll hier auch die Organpsychose nicht unerwähnt bleiben. Hinter dieser Bezeichnung von MENG steckt die wichtige Erkenntnis, daß funktionelle und organische Körperstörungen auch durch psychotische Vorgänge zustande kommen können. Durch die primäre psychotische Erkrankung des Ichs wird auch das Körper-Ich in seinen Funktionen betroffen. Die Funktion der Organe wird dabei durch tiefe psychotische Regression und Veränderung der Besetzung beeinträchtigt und qualitativ verändert.

Die Konzeption eines Körper-Ichs enthält die grundlegenden Perspektiven zur Frage der Beteiligung des Ichs am psychosomatischen Prozeß. Daher wird zum Abschluß des zweiten Kapitels auf Autoren verwiesen, die wesentliche Beiträge zu diesem Thema geleistet haben. Der Aufsatz von HOFFER gibt zunächst eine Einführung in die einzelnen Entwicklungsschritte beim Aufbau des Körper-Ichs. Zum weiteren Verständnis detaillierter Zusammenhänge zwischen der Entwicklung von Körper-Ich und Körper-Schema empfiehlt es sich sehr, die in der übrigen Literatur leider sehr verstreuten Ergebnisse mit heranzuziehen. In den betreffenden Aufsätzen von Bruch, Mahler, Selvini-Palazzoli u. a. wird dargestellt, wie groß der potentielle Einflußbereich des Ichs auf vegetative Funktionen und Organe eben gerade durch seine somatischen Wurzeln als Körper-Ich sein kann. Andererseits gibt es aber auch eine Fülle von Störungsmöglichkeiten, die dazu führen, daß bestimmte körperliche Erfahrungsbereiche aus der Ich-Entwicklung des Individuums ausgesperrt werden oder es nicht zu einer adäquaten Wahrnehmung und Steuerung im vegetativen Funktionsbereich durch ein autonomes Körper-Ich kommt. Diese Störungen spiegeln sich dann möglicherweise später bei den erwachsenen Patienten als die Abspaltungen des Ichs und die Strukturbesonderheiten wider, wie sie in den obigen ich-psychologischen Modellen erfaßt wurden.

Da die Ursachen solcher Fehlentwicklungen des Ichs in Störungen der frühen Objektbeziehungen gesehen werden, leiten diese Vorgänge unmittelbar den Übergang zum Kapitel *Objektbeziehung und psychosomatische Krankheit* ein. M. Mitscherlichs Beitrag zum Übergangsobjekt scheint geeignet, diesen Brückenschlag herzustellen. Fußend auf Arbeiten Winnicotts zur Mutter-Kind-Beziehung, weist sie darauf hin, wie Behinderungen in der Selbst-Objekt-Differenzierung zu Einschränkungen der kognitiven Realitätswahrnehmung gegenüber der Außenwelt und dem eigenen Körper führen, Störungen der Verinnerlichungsprozesse und der Symbolbildung nach sich ziehen, eine Angewiesenheit auf die Realpräsenz des Objekts zurückbleibt und dadurch die Bearbeitung von Abhängigkeits- oder Aggressionskonflikten außerordentlich erschwert wird.

Wenn nur eine mangelhafte Abgrenzung zwischen Selbst und Objekt möglich ist und ein Kind nicht lernt, Bedürfnisse, körperliche Empfindungen und Gefühle zu differenzieren, als eigene zu erleben und selbständig einen Intermediärbereich der Phantasie zu entwickeln, dann kann es sowohl zu den obengenannten Phänomenen der pensée opératoire oder Alexithymie kommen als auch zu bestimmten Eigentümlichkeiten der Objektbeziehung.

Wenn Bedürfnisqualifikation und Gefühlserleben weitgehend fremdbestimmt bleiben, kommt es nicht nur zur Entwicklung eines falschen Selbst (Winnicott), sondern gleichzeitig entsteht auch eine Unfähigkeit zur Wahrnehmung der Originalität des anderen. Es kommt nach Marty, de M'Uzan u. a. zur Entleerung der Objektbeziehungen und Reduzierung auf einen sehr formalisierten oder verdinglichten Umgang miteinander, wie es z. B. für die mechanistische Objektbeziehung beschrieben wird. STEPHANOS legt in der hier abgedruckten Arbeit ein objektpsychologisches Konzept zur Entstehung der mechanistischen Objektbeziehung dar und stellt ein therapeutisches Modell zu ihrer Beeinflussung vor.

Eine andere für das Verständnis psychosomatischer Störungen wichtige Form der Objektbeziehung wird besonders von den Vorgängen um Loslösung und Individuation (MAHLER) bestimmt. In diesen beiden, der primären Fusion folgenden Subphasen, geht es um die Auflösung der spätsymbiotischen Beziehung. Trennung von Selbst und Objekt sind bereits in großem Umfang erfolgt, doch gelingt die endgültige Ablösung nicht. Bei Störungen aus dieser Entwicklungsperiode resultiert dann auch weniger eine Einschränkung der kognitiven Fähigkeit des Ichs zur Differenzierung von Selbst und Objekt mit nachfolgender mangelhafter Symbolisierungsfähigkeit und mechanistischer Objektbeziehung, sondern es bleibt vor allem eine starke Abhängigkeit vom Objekt auf der Es- oder Überich-Ebene bestehen. Nicht nur die affektive Bindung und die Angewiesenheit auf die bedürfnisbefriedigende Funktion einer real vorhandenen Bezugsperson macht die symbiotische Abhängigkeit aus, sondern es gehört meist auch eine starke Gewissensverpflichtung dazu. Ausbruchsversuche aus der symbiotischen Beziehung sind mit intensiven Schuldgefühlen behaftet und führen häufig zu depressiven Zuständen. Als exemplarisches Beispiel für eine psychosomatische Krankheit, die in sehr vielen Fällen auf dem Hintergrund der symbiotischen Objektbeziehung verständlich wird, ist hier die Herzneurose in einer Arbeit von RICHTER angeführt.

Symbiotische und mechanistische Objektbeziehung wurden hier als Beispiele für diejenigen Objektbeziehungen angeführt, die bei Patienten mit psychosomatischen Störungen besonders häufig zu sein scheinen. Damit soll aber weder gesagt sein, daß diese Formen nur bei Patienten mit psychosomatischen Störungen vorkommen, noch, daß es bei diesen Patienten keine anderen prägenitalen oder genitalen Objektbeziehungen geben könne. Diese anderen, ebenfalls bei psychosomatischen Störungen durchaus anzutreffenden Modalitäten der Objektbeziehung sind jedoch aus der Neurosenlehre gut bekannt und finden deswegen hier keine gesonderte Erwähnung. Man sollte sich an dieser Stelle auch vergegenwärtigen, daß es zwar spezifische, aber keinesfalls ausschließlich ursächliche Objektbeziehungen und Ich-Störungen im Hinblick auf bestimmte Symptome und Krankheiten gibt, sondern daß die gleiche psychosomatische Krankheit auf sehr verschiedenen pathogenetischen Wegen zustande kommen kann. Innerhalb eines bestimmten pathogenetischen Weges korrespondieren dann allerdings bestimmte Arten von Ich-Entwicklung und

Objektbeziehung und ein bestimmter Modus der Symptombildung eng miteinander. Auch der Objektverlust, auf dessen Bedeutung im Kapitel «Objektbeziehungen» abschließend eingegangen wird, kann je nach Art und Funktion der bestehenden Objektbeziehung und der Ich-Struktur in unterschiedlicher Weise zu einer psychosomatischen Krankheit führen. So mag bei einem neurotischen Beziehungsmuster oraler oder analer Art und relativ intaktem Ich der Objektverlust zu kurzfristiger Ich-Verarmung, Versagen der neurotischen Abwehr und vorübergehender konfliktspezifischer Resomatisierung im Magen-Darm-Bereich führen. Es kann aber auch zur gleichen Krankheit im Magen-Darm-Bereich kommen, indem zum Beispiel bei anaklitischer Objektbeziehung und gestörter Ich-Entwicklung zunächst durch den Objektverlust eine schwere Dekompensation mit den Gefühlen von Hilflosigkeit und Hoffnungslosigkeit eintritt. Dieses Syndrom leitet dann nach ENGEL und SCHMALE primär die Somatisierung ein, während der Ort der Erkrankung durch weitere sekundäre Faktoren wie somatopsychische Dispositionen, Fixierungen etc. bestimmt wird.

Die Beobachtung der Angewiesenheit auf die Realpräsenz des Objektes, die möglicherweise verheerende Wirkung von realem oder phantasiertem Objektverlust, sowie die vielen Literaturhinweise, vor allem auf Persönlichkeitsmerkmale der Mütter, haben das Interesse an der *Familie* als demjenigen *Kontext*, in dem psychosomatische Krankheit entsteht, geweckt und zu entsprechenden Hypothesen geführt, denen sich das Kapitel *Familienpsychosomatik* widmet. Eine theoretische Verbindung zwischen Psychoanalyse und Familientherapie stellt STIERLIN her. Er knüpft am Konzept der Selbst-Objekt-Differenzierung nach JACOBSON an und arbeitet dessen Implikationen für die realen familiären Beziehungen heraus. Er geht damit über das Interesse an den intrapsychischen Objektrepräsentanzen des Patienten hinaus und fragt auch nach dem Grad der inneren Differenzierung und Integration seiner Bezugspersonen sowie den psychosozialen Austauschprozessen zwischen ihnen. Er beschreibt verschiedene transaktionale Modi, wie Es-, Ich- und Überich-Bindung, die zu Störungen «bezogener Individuation» und zu der für Familien mit psychosomatisch erkrankten Mitgliedern typischen Fusion und Funktionsverschränkung führen. Da Bindung und Abtretung vorwiegend die Verteilung von affektiven und kognitiven Funktionen zwischen Patient und familiären Bezugspersonen beschreiben, haben wir sie unter der Bezeichnung Funktionsverschränkung zusammengefaßt. Diese Bezeichnung soll verdeutlichen, daß ein Familienmitglied seine intrapsychischen Funktionen nicht individuell und autonom ausübt, sondern darin durch wechselseitige Verquickung und Abhängigkeit von anderen Familienmitgliedern beeinträchtigt ist. Für psychosomatische Krankheitszusammenhänge ist hieran bedeutend, daß affektive und kognitive Funktionsverschränkungen zwischen Eltern und Kind sich nicht nur auf den rein psychischen, sondern auch auf den körperlichen Funktionsbereich erstrecken können. Während die Beziehung zwischen Affekt und vegetativen Funktionen als psychophysiologischer Tatbestand klar auf der Hand liegt, kann die Ausdehnung einer kognitiven Verschränkung auf den somatischen Bereich zum Beispiel dadurch geschehen, daß eine Mutter Wahrnehmungen, Steuerungen und Kontrolle vegetativer Funktionen des Kindes sehr stark beeinflußt und selbst bestimmt, (vgl. Mystifikation nach LAING) und so das Körper-Ich des Kindes weitgehend durch ihr eigenes substituiert.

Das Konzept der mangelhaften Selbst-Objekt-Differenzierung ist die psychoanalytische, auf das intrapsychische System bezogene Fassung einer Entgrenzung, die die Objektrepräsentanzen und die Selbstrepräsentanzen betrifft. Analog dazu spricht BOSZORMENYI-NAGY von «intersubjektiver Verschmelzung», BOWEN nennt die Entgrenzung auf interpersoneller Ebene «Fusion» und charakterisiert die dazugehörige Gesamtfamilie als «undifferenzierte Familien-Ich-Masse».

MINUCHIN spricht in seinem strukturellen, die Mehrpersoneninteraktion berücksichtigenden Ansatz von «Verstrickung» (enmeshment). Er stellt die Hypothese auf, daß erstens bestimmte Typen familiärer Organisation, und damit formale Variablen des Familienprozesses, eng verknüpft sind mit der Entwicklung und Aufrechterhaltung von psychosomatischen Symptomen bei Kindern – es sind dies Verstrickung, overprotectiveness, Rigidität und Konfliktvermeidung – und daß zweitens psychosomatische Symptome von Kindern eine Hauptrolle bei der Aufrechterhaltung der Familienhomöostase spielen. Der Systemgedanke ermöglicht auch die Arbeit an Familienproblemen im Zusammenhang mit schweren organischen Leiden wie Stoffwechselstörungen etc. Auch JACKSON, der im Zusammenhang mit den Familien von Colitiskranken das Merkmal der Restriktivität hervorhebt, kennzeichnet die rigide Struktur und den Charakter des geschlossenen Systems vor allem in Familien mit chronisch Kranken. Die Therapeuten, die den Struktur- und Systemaspekt der Familie betonen, gehen von der Idee aus, daß diese Familien durch «zuviel Homöostase» beeinträchtigt sind, das heißt daß eine Anpassung an sich laufend verändernde innere und äußere Bedingungen bei dieser hochgradigen Verstrickung und Rigidität nicht gelingen kann. Die zu enge Verbindung zwischen den Mitgliedern bewirkt dabei sehr schwache Subsystemgrenzen zwischen den Generationen, der Kern- und Ursprungsfamilie. Die Rollen von Gatten und Eltern bleiben undifferenziert und die Differenzierung unter den Geschwistern nach Alter, Geschlecht und Reife bleibt unzureichend. Daher gelangten Systemtheoretiker zu der Überzeugung, daß ein Familiensystem sich nur dann an Veränderungen von innen und außen anpassen und erneut stabilisieren kann (die Ultrastabilität des Systems), wenn die Kommunikationsprozesse zwischen den Mitgliedern und Subsystemen optimal organisiert sind. Ein Zuviel an Resonanz ist daher ebenso zu blockieren wie einem Mangel an Informationsfluß und psychosozialem Austausch entgegengewirkt werden muß.

Psychodynamisch orientierte Familienforscher verweisen allerdings darauf, daß in Anrechnung der Komplexität offener Systeme die Symptome nicht allein aus der Betrachtungsebene des autonomen Feed-back-Prozesses und den damit sehr in den Vordergrund der Betrachtung gerückten formalen Variablen des Familienkontextes verstanden werden können. Die Interrelation der Systeme «Persönlichkeit» und «Familie» bringt die inhaltliche, dynamische Dimension mit Konzepten wie Konflikt, Angst, Abwehr, Bedürfnis- und Wertorientierung erneut in die Betrachtung ein. Für sie ist die Erweiterung des Verständnisses für die Verbindungen zwischen der systemischen Organisation der Familie und der Organisation der Persönlichkeit von großer Bedeutung, denn die Funktionen und Anpassungsprozesse des Individuums und der Familie auf innere Konflikte und äußere Einflüsse sind interdependent. Nach TITCHENER hat das Familiensystem seine Wurzeln im Kernkonflikt, der sich in dem Transaktionsmuster äußert. Allerdings betont auch dieser Autor, sowie MINUCHIN, JACKSON u. a., daß die Korrespondenz zwischen individueller und familiärer Anpassung besonders in den formalstrukturellen Eigentümlichkeiten und den Transaktionsmustern liegt. Der entwicklungspsychologisch konstatierten Unreife des Ichs auf der individuellen Ebene korrespondiert also auf der Ebene des Gruppen-Ichs eine Systemstruktur, die als undifferenziert bewertet wird und den Rahmen für die pathogene Sozialisation der jüngeren Generation abgibt.

Gerade wenn sich nun aber die Beziehung zwischen Personen nicht mehr ausschließlich im Zustand der Verschmelzung und Primäridentifikation befinden, sondern die Abgrenzung zwischen Selbst und Anderem deutlicher vollzogen ist, sowie Fusion nur partiell auftritt, scheint ein erweitertes familiendynamisches Verständnis des Krankheitszusammenhangs notwendig. Hier erscheinen Konzepte, die sich qualitativ von den früher dargelegten entwicklungspsychologischen und formal-systemtheoretischen Konzepten unterscheiden. Es handelt sich um neurosenpsychologisch ausgerichtete Konzepte, von denen hier die Ansätze von Richter, Stierlin und Willi erwähnt werden sollen. Richter definiert die Rolle als das Gesamt der unbewußten elterlichen Erwartungsphantasien von der Funktion des Kindes. Von einem solchen Gesamtzusammenhang aus wird es eher möglich, die Behinderung oder Förderung bestimmter Funktionen des Kindes zu verstehen, weil erkennbar wird, was das Kind im Zusammenhang mit elterlicher Übertragung und narzißtischer Projektion ersetzen soll. Die Funktionen, die das Kind dabei ausübt, gehören zu seiner Rolle als Substitut für einen anderen Partner der Eltern oder einen Aspekt des elterlichen Selbst. Einen ähnlich übergreifenden Ansatz bietet auch das Modell der Delegation von Stierlin. Auch hier geht es um den Auftrag, den ein Kind für seine Eltern erfüllen soll, die Konflikte, die dabei entstehen, die Entgleisungen des Delegationsprozesses wie auch seine positiven Möglichkeiten. In diesen Bezugsrahmen fließen Elemente aus den untergeordneten Betrachtungsebenen der Individuationsprozesse und Transaktionsmodi mit ein.

Eine Weiterentwicklung in die Richtung einer dynamischen Betrachtung der Familie als Gesamtsystem, d. h. als Gruppe mit gemeinsamem Unbewußtem und gemeinsamer Abwehr stellt im Bereich der Familienforschung das Konzept des Austauschs der Dissoziationen (Wynne), der symptom- und charakterneurotischen Familien (Richter) und für die Paarbeziehung das Konzept der Kollusion (Willi) dar, sowie speziell auf die Abwehr des Gesamtsystems bezogen, das von Ferreira und Stierlin ausgeführte Konzept der Familienmythen, ohne allerdings eine speziellere Anwendung für den Bereich der Psychosomatik zu finden. In dem Aufsatz von A. und G. Overbeck wird an Hand einer Kasuistik versucht, die zusammengestellten familiendynamischen Konzepte auf entwicklungspsychologischer, systemtheoretischer und konfliktorientierter Ebene anzuwenden.

Sozial organisierte Austauschprozesse und psychosoziale Abwehrvorgänge lassen sich über Paarbeziehung und Familie hinaus auch in anderen Gruppen, Institutionen und Gesellschaftssystemen finden. Das letzte Kapitel widmet sich daher den Zusammenhängen zwischen *Gesellschaft* und *psychosomatischer Krankheit.* A. Mitscherlich hat als einer der ersten auf die Relevanz solcher Vorgänge für die Entwicklung von psychosomatischen Krankheiten hingewiesen. Er konnte zeigen, daß die häufig bei psychosomatisch Kranken zu beobachtende Überangepaßtheit und psychosoziale Unauffälligkeit zusammen mit der körperlichen Symptomatik der Erkrankung dem in unserer Gesellschaft geltenden Krankheitsbegriff ziemlich genau entspricht, daß also psychosomatische

Krankheit im Hinblick darauf entwickelt wird, was das gesellschaftliche Krankheitsbewußtsein zuläßt und was nicht. K. BREDE hat darauf aufbauend die psychosomatische Krankheit als eine Anpassungsleistung des Individuums und sozialisationsspezifische Verhaltensstrategie beschrieben. Die Unauffälligkeit der Patienten wird als eine Pseudo-Normalität entdeckt, die im gleichen neurotischen Abwehrvorgang entsteht wie die psychosomatische Symptomwahl, ja diese in idealer Weise komplettiert. Der Syndromwandel der Depression zur larvierten Depression im körperlichen Gewand und auffälliger psychoneurotischer Krankheitsbilder zu diskreten vegetativen Neurosen unterstützen solche Annahmen. Eine weitere Stützung erfährt diese Hypothese durch die aber nicht hinreichend abgesicherte Annahme, daß psychosomatische Krankheitsbilder in unteren Schichten häufiger vorkommen. Dazu wird vermutet, daß dort rigidere Überich-Strukturen vorherrschen und der Anpassungsdruck größer ist als in höheren Schichten.

Während die genannten Autoren die Zusammenhänge zwischen Gesellschaft und psychosomatischer Krankheit eher unter dem Blickwinkel einer aktiven Anpassungsleistung an gesellschaftliche Erfordernisse diskutieren, stellen andere Autoren die Frage, ob die psychosomatische Krankheit nicht eher eine passiv erlittene Schädigung darstellt, die durch bestimmte Anforderungen der technisch-industrialisierten Gesellschaftssysteme entsteht. DUNBAR sieht zum Beispiel in den psychosomatischen Krankheiten eine biologisch-subjektive Reaktion auf gesellschaftliche Repression und einen Protest gegen die allmähliche Technisierung des Subjekts, während HALLIDAY gesellschaftlichen Desintegrationsprozessen eine große pathogene Bedeutung beimißt. ZEPF stellt die Frage nach dem schädlichen Zusammenhang zwischen der Gesellschaft und psychosomatischer Krankheit in anderer Weise. Er greift die bei psychosomatischen Krankheiten beobachteten defizienten psychischen Erscheinungen, wie zum Beispiel die mangelhafte Fähigkeit zur Symbolbildung heraus und führt diese in Anlehnung von LORENZER auf bestimmte verarmte Formen der Mutter-Kind-Interaktion zurück. Er arbeitet dann heraus, wie Individuen auf diese Weise eine psychosomatogene Sozialisierung erfahren und Eigenschaften erwerben, die geradezu ideal für eine «Verwertung» durch die Gesellschaft und ihre repressiven Anpassungstechniken sind, da diese Patienten zum Beispiel in der Möglichkeit der kritischen Differenzierung ihres Selbst gegenüber der Gesellschaft erheblich behindert sind. ZEPFS Fragestellung zielt also auch darauf ab, ob der psychisch verarmte psychosomatisch Kranke nicht nur in einer bestimmten Familie sozialisiert, sondern auch durch bestimmte gesellschaftliche Prozesse gefördert und auf Dauer hervorgebracht wird. Seine Folgerungen beziehen sich offensichtlich besonders auf jene psychosomatisch Kranken mit Ich-Defekten und deformierten Objektbeziehungen. Seine Ausführungen werden aber dann problematisch, wenn der Anspruch erhoben wird, daß sie für den psychosomatisch Kranken schlechthin gelten würden, und psychosomatische Patienten strikt von neurotischen Patienten unterschieden werden. Allerdings kann man wahrscheinlich auch nicht, wie BREDE es von ihrem Ansatz her versucht, jede psychosomatische Erkrankung vollständig nach dem Neurosenmechanismus erklären und in ihr eine generative oder gar listige Anpassungsleistung des Individuums sehen, die in ihrem Spielraum lediglich durch Regression und Wiederholungszwang begrenzt wird.

Die unterschiedlichen Folgerungen dieser Autoren über die Zusammenhänge zwischen psychosomatischer Krankheit und Gesellschaft stellen gewissermaßen die Endpunkte zweier unterschiedlicher Grundlinien im Verständnis psychosomatischer Prozesse dar, wie sie sich durch die einzelnen Kapitel durchgehend herauskristallisiert haben. Grob skizziert kann psychosomatische Krankheit als Verhaltensstrategie nur über einen differenzierten psychologischen Symptombildungsvorgang entstehen und setzt generative Leistungsfähigkeit des Ichs, ein reiferes Objektbeziehungsmuster und klare familiäre Rollenabgrenzung voraus, während die bei interpersoneller Fusion, mechanistischer Objektbeziehung und operationalem Denken über eine pathophysiologische Dekompensation entstandene psychosomatische Krankheit eher einen Sozialisationsschaden widerspiegelt. Es war einer der Leitgedanken bei der Zusammenstellung dieser Aufsatzsammlung, die unterschiedlichsten Positionen und Perspektiven zur Geltung kommen und vergleichbar werden zu lassen. Dabei wurde deutlich, daß es die oben skizzierten Grundlinien nicht als grundsätzliche Alternativen, sondern nur als verschiedene Möglichkeiten des Entstehungszusammenhangs einer psychosomatischen Krankheit mit vielen denkbaren Überschneidungen gibt.

Anhang

Weiterführende Literatur

Erster Teil: Modelle zum Symptomverständnis

Das Konversionsmodell:

FERENCZI, S.: Hysterische Materialisationsphänomene (1919) in Ferenczi, S., Bausteine zur Psychoanalyse, Huber, Bern (1939), Bd. 3, S. 129–147

FREUD, S.: Studien über Hysterie (1895) in Freud Ges. Werke, Bd. 1, Imago Publishing Ltd., London (1942)

Extreme Anwendungen des Konversionsbegriffs:

DEUTSCH, F.: Zur Bildung des Konversionssymptoms, Int. Zschr. Psychoanal., 10, 380–392 (1924)

GRODDECK, G.: Psychoanalytische Schriften zur Psychosomatik; Günter Clauser (Hg.), Wiesbaden, (1966)

SCHILDER, P.: Psychoanalyse und Biologie; Imago 19, 168–197 (1933)

Neuere Spezialaspekte:

DE BOOR, CL.: Hysterie: Konversionsneurotische Symptom- oder Charakterstruktur? Psyche 20, 589–599 (1968)

MENTZOS, S.: Veränderungen der Selbstrepräsentanzen in der Hysterie, Psyche 25, 669–684 (1971)

THOMAE, H.: Bemerkungen zu neueren Arbeiten über die Theorie der Konversion, Psyche 16, 801 ff (1962)

Zur traumatischen Neurose:

FENICHEL, O.: Die traumatische Neurose in Fenichel, O. Hysterien und Zwangsneurosen, Wiss. Buchgesellschaft, Darmstadt, 94–100 (1967)

FREUD, S.: Über neurotische Erkrankungstypen Ges. Schr. Internationaler PsA Verlag, Wien, Bd. V, 193, (1929)

–: Jenseits des Lustprinzips, Ges. Schr. Internationaler PsA Verlag, Wien, Bd. VI, 219, (1929)

PFISTER, O.: Die verschiedene Psychogeneität der Kriegsneurosen, Int. Z. f. Psychoanal. 5, (1919)

Das psycho-physiologische Korrelat

ALEXANDER, F.: Über den Einfluß psychischer Faktoren auf gastrointestinale Störungen; Int. Zschr. Psychoanal. 21, 189–219 (1935)
–: Emotional Factors in Essential Hypertension; Psychosom. Med. 1, 113 (1939)
–: Psychosomatische Medizin. Grundlagen und Anwendungsgebiete; de Gruyter, Berlin (1935)
–: The development of psychosomatic medicine; Psychosom. Med. 24, 13–24 (1962)
ALEXANDER, F., G. M. FRENCH, G. H. POLLOCK: Psychosomatic Specifity, Vol. I, Chicago 1968
FRENCH, G. M.: Physiology of behavior and choice of neurosis; Psychoanal. Quarter. 10, 561 (1941)
HOFF, H. u. E. RINGEL: Akutelle Probleme der Psychosomatischen Medizin; Jolis Verlag, Lenz & Co., München (1964)
WEISS, E., and M. D. ENGLISH: Psychosomatic Medicine; a Clinical Study of psychophysiologic reactions; Philadelphia – London (1957)
WITTKOWER, E., and R. A. CLEGHORN: Recent Development in Psychosomatic Medicine, Pitman, London (1954)

Stimmungsfragment und Bereitstellungskrankheit:

v. UEXKÜLL, TH: Funktionelle Syndrome in psychosomatischer Sicht; Klinik der Gegenwart, 9, 299–340 (1960)
–: Grundfragen der psychosomatischen Medizin; Rowohlt, Hamburg (1963)

Die psychosomatische Organsprache

Zu Organmodus und funktionalem Entwicklungsmodell:

ERIKSON, E. H.: Kindheit und Gesellschaft; 4. Auflage – Klett, Stuttgart (1951)
DÜHRSSEN, A.: Zur Frage der Anlagefaktoren, welche die Persönlichkeitsentwicklung gefährden; Psyche 6, (1952/53)
–: Psychogene Erkrankungen bei Kindern und Jugendlichen; Verlag Med. Psychologie, Göttingen (1962)
SCHULTZ-HENCKE, H.: Lehrbuch der analytischen Psychotherapie; Thieme, Stuttgart (1951)
SCHWIDDER, W.: Grundsätzliches zur Entstehung psychosomatischer Krankheitssymptome; Z. Psychosom. Med. u. Psychoanal. 5, 238 (1959)
SCHWIDDER, W. u. J. ZAUNER (Hg.): Grundriß der Psychosomatischen Medizin; (Festschrift für G. Kühnel), Göttingen (1965)

Zur Haltungsspezifität:

BRÄUTIGAM, W.: Über die psychosomatische Spezifität des Asthma bronchiale; Psyche 8, 481–524 (1954)
GRACE, W. J. and D. T. GRAHAM: Relationship of Specific attitudes and emotions to certain bodily diseases; Psychosom. Med. 14, 243 (1952)

Zur somatopsychisch-psychosomatischen Krankheit:

Engel, G. L.: Biologic and Psychologic features of the Ulcerative Colitis Patient; Gastroenterology 40, 313 (1960)

–: Psychisches Verhalten in Gesundheit und Krankheit; Huber, Bern (1970)

Mirsky, I. A.: Physiologic, Psychologic and Social determinants in the Etiology of duodenal ulcer; Amer. J. Dig., Dis. 3, 285 (1958)

–: Körperliche, seelische und soziale Faktoren bei psychosomatischen Störungen; Psyche 15, 26–37 (1961)

Das libidotheoretische Modell

Obwohl zum libidotheoretischen Modell kein Aufsatz aufgenommen wurde, soll der Leser an dieser Stelle dennoch auf die wichtigste Literatur zu diesem Komplex aufmerksam gemacht werden

Garma, A.: Eine Theorie über die Entstehung von Magen- und Darmgeschwüren; in: Psyche 6, 293–303 (1952/53)

Garma, A.: The internalized mother as harmful food in peptic ulcer patients; Int. J. Psychoanal. 34, 102 (1953)

–: Oral-digestive superego aggressions and actual conflicts in peptic ulcer patients; Int. J. Psychoanal. 38, 73 (1957)

Cremerius, J.: Freud's Konzept über die Entstehung psychogener Körpersymptome; Psyche 11, 125 (1957)

Zur Hypochondrie:

Bräutigam, W.: Analyse der hypochondrischen Selbstbeobachtung; Nervenarzt 27, 409 (1956)

Fenichel, O.: Nature and classification of the so – called psychosomatic phenomena in; Fenichel O., The Collected Papers, Vol. II, 305–323, Norton, New York (1954)

–: Hysterien und Zwangsneurosen; Wiss. Buchgesellschaft, Darmstadt, Kap. Hysteriforme Krankheiten, 57–75 (1967)

Klein, M.: Die Bedeutung der Symbolbildung für die Ich-Entwicklung; Psyche 14, 241–255 (1960)

–: Zur Psychogenese der manisch-depressiven Zustände; Psyche 14, 256–283 (1960)

Kohut, H.: Narzißmus. Eine Theorie der psychoanalytischen Behandlung narzißtischer Persönlichkeitsstörungen; Suhrkamp, Frankfurt (1973)

Zur Pathoneurose:

Deutsch, F.: Psychoanalyse und Organkrankheiten; Int. Z. f. Psychoanal. 8, (1922)

Groddeck, G.: Über die Psychoanalyse des Organischen im Menschen; Int. Z. f. Psychoanal. 6, (1920)

Fenichel, O.: Die Pathoneurosen in Fenichel O., Hysterien und Zwangsneurosen; Wiss. Buchgesellschaft Darmstadt, 70ff, (1967)

Weitere somatopsychische Krankheitsverarbeitungen:

DRESS, A.: Klinisch-psychologische Erfahrungen im Umgang mit Patienten, Pflegepersonen und Ärzten in Dialyse-Einheiten; Psychiat. Prax. 2, 189, (1975)
FREYBERGER, H.: Sekundär-psychische Rückwirkungen in Klinik der Gegenwart 11, 694 (1977)
FREYBERGER, H. und H. SPEIDEL: Die supportive Psychotherapie in der klinischen Medizin; Bibliotheca Psychiat. 152, 141, (1976)
KÖHLE, K. und E. GAUS: Ärztliche Psychotherapie bei Herzinfarktpatienten während der Intensivbehandlungsphase; Themen Krankenpfl. 2, 433 (1975)
URBAN, H., H. BOSCH, W. GEIST, K. KÖHLE: Der Umgang mit unheilbar Kranken; Themen Krankenpfl. 1, 37 (1973)

Zweiter Teil: Ichpsychologische Modelle der Somatisierung

Übersichten:

OVERBECK, G.: Das psychosomatische Symptom – psychosomatische Defizienzerscheinung oder generative Ich-Leistung; Psyche 31, 333–354 (1977)
BREDE, K.: Die Pseudologik psychosomatischer Störungen in Lorenzer A. u. a.; Psychoanalyse als Sozialwissenschaft, 152–198, Suhrkamp, Frankfurt (1971)
CREMERIUS, J.: Ist die «psychosomatische Struktur» der französischen Schule krankheitsspezifisch; Psyche 31, 293–317 (1977)
SCHNEIDER, P. B.: Zum Verhältnis von Psychoanalyse und psychosomatischer Medizin; Psyche 27, 21–49 (1973)

De- und Resomatisierung

SCHUR, M: Chronic, Exudative, Discoid and Lichenoid Dermatitis (Sulzberger-Garbe's Syndrome): Case Analysis; Int. J. Psa. 31, 73–77 (1950)
–: Basic Problems of Psychosomatic Medicine in: Elements of Psychoanalysis, ed. H. Herma and G. M. Kurth, World Publ. Co., New York (1950)
–: The ego in anxiety in: Drives, affects, behavior, ed. R. M. Löwenstein; Univ. Press., New York (1953)
–: Basic Problems of Psychosomatic Medicine in H. Herma and G. M. Kurth (Ed.) A Handbook of Psychoanal. World Publ. Co. Clevel. 1963, 237–266

Zur psycho-physiologischen Regression:

GRINKER, R. R.: Some current trends and hypotheses of psychosomatic research in: F. Deutsch; The Psychosomatic Concept in Psychoanalysis, New York, Int. Univ. Press. (1953)
MARGOLIN, S. G.: Genetic and dynamic psychophysiological determinants of pathophysiological processes in: F. Deutsch; The Psychosomatic Concept in Psychoanalysis, New York, Int. Univ. Press. (1953)
SZASZ, T. S.: The Myth of Mental Illness; Hoeber and Harper, New York (1961)

Die zweiphasige Abwehr

MITSCHERLICH, A.: Zur psychoanalytischen Auffassung psychosomatischer Krankheitsentstehung; Psyche 7, 561–578 (1954)
–: Bedingungen der Chronifizierung psychosomatischer Krankheiten. Die zweiphasige Abwehr. In: Mitscherlich A., Studien zur psychosomatischen Medizin II, Suhrkamp, Frankfurt (1967), S. 42–54

Psychosomatische Krankheit bei partiellen Ich-Abspaltungen:

AMMON, G.: Zur Genese strukturpsychosomatischer Syndrome unter Berücksichtigung psychoanalytischer Technik; Dyn. Psychiat. 5, 223–251 (1972)
DE BOOR, C.: Die Colitis ulcerosa als psychosomatisches Syndrom; Psyche 18, 107 (1964)
–: Strukturunterschiede unbewußter Phantasien bei Neurosen und psychosomatischen Krankheiten; Psyche 18, 664–673 (1965)
ROSENKÖTTER, L.: Die Verwendung des Strukturmodells und des Symbolbegriffs der Psychoanalyse; Psyche 24, 64 (1970)
ROSENKÖTTER, L., C. DE BOOR, Z. ERDELY und J. MATTHES: Psychoanalytische Untersuchungen von Patientinnen mit funktioneller Amenorrhoe; Psyche 22, 838–852 (1968)

Die psychosomatische Struktur

Zur pensée opératoire:

MARTY, P. et M. DE M'UZAN: La pensée opératoire; Rev. franc. Psychoanal. N° special 27, 345–356 (1963)
MARTY, P., M. DE M'UZAN et CH. DAVID: L' Investigation Psychosomatique Presses universitaires de France, Paris (1963)
FAIN, M.: Regression et Psychosomatique; Rev. Franc. Psychoanal. 30, 451–456 (1966)
MARTY, P.: Klinische Bemerkungen und Hypothesen zur Ökonomie der Allergie in Brede K., Einführung in die Psychosomatische Medizin; Fischer-Athenäum, Frankfurt, S. 446–455 (1974)
STEPHANOS, S.: Analytisch-psychosomatische Therapie; Jb. Psychoanal., Heft 1; (1973)
OVERBECK, G.: Objektivierende und relativierende Beiträge zur pensée opératoire der französischen Psychosomatik; Habil. Schr., Univ. Gießen (1975)
v. RAD, M.: Das psychosomatische Phänomen. Eine empirische Vergleichsuntersuchung psychosomatischer und psychoneurotischer Patienten; Habil. Schr., Univ. Heidelberg (1977)

Zur Alexithymie:

SIFNEOS, P. E.: Clinical observations on some patients suffering from a variety of psychosomatic disorders; Acta medica psychosomatica 11–16, Proc. of the 7th Europ. Conference on Psychosom. Research., Rome, Italy, Sept. 1967
NEMIAH, J. C. and P. E. SIFNEOS: Affect and fantasy in patients with psychosoma-

tic disorders. In: Modern Trends in Psychosomatic Medicine 2, 26–34 (1970)
SIFNEOS, P. E.: Problems of Psychotherapy of Patients with Alexithymic characteristics and physical disease; Psychother., Psychosom. 26, 65–70 (1975)
FREYBERGER, H. et al.: Psychosomatik des Kindesalters und des erwachsenen Patienten in Klinik der Gegenwart; Urban & Schwarzenberg, München, Band 11, S. 527–731 (1977)
DREES, A., M.-A. ARNOLD, H. FREYBERGER, H. OTTE u. J. RITTER: Das Alexithymiekonzept in der Psychosomatik; Therapiewoche 26, 1067–1077 (1976)

Zur Organpsychose:

MENG, H.: Organische Erkrankung als Organpsychose; Schweiz. Archiv. f. Neurolog. u. Psychiat. 36, 271–283 (1935)
MENG, H. u. E. STERN: Zum Problem der Organpsychose; Z. Psychos. Med. und Psychoanal. 1, 286–294 (1954/55)
SPIEGELBERG, U.: Colitis ulcerosa in psychiatrisch-neurologischer Sicht; Enke, Stuttgart (1965)
STOKVIS, B.: Organneurosen und Organpsychosen; Schweiz. Med. W.-Schr. 79, 943–947 (1944)

Das Körper-Ich

ASKEVOLD, F.: Measuring body image; Psychother. a. Psychosom. 26, 71–77 (1975)
BRUCH H.: Perceptual and Conceptual Disturbances in Anorexia nervosa; Psychosom. Med. 24, 187–194 (1962)
–: Eating disorders; Basic Books, New York (1973)
FISHER, S. and S. F. CLEVELAND: The role of body image in Psychosomatic symptom choice; Psych. monogr. 69, 17 (1955)
GÉRARD, M. W.: Genesis of psychosomatic symptoms in infancy in F. Deutsch; The psychosomatic Concept in Psychoanalysis; Int. Univ. Press., New York (1935)
GREENACRE, P.: Certain relationships between fetishism and the faulty development of the body image; The psychoanal. stud. child, 8, 79 (1953)
HOFFER, W.: Mund-, Hand- und Ich-Integration in Psychologie des Ich; Kutter P. u. Roskamp H. (Hg.), Wissenschaftl. Buchges., Darmstadt, S. 175–184 (1974)
LICKINT, K.: Die psychische Steuerung physischer Abläufe, insbesondere bei der Konversion; Psyche 24, 288–302 (1970)
NAGERA, H.: The concept of Ego apparatus in Psychoanalysis; The psychoanal. stud. child, 23, 224–242 (1968)
PALAZZOLI SELVINI, M.: Die Bildung des Körperbewußtseins; Psychother. Psychosom. 15, 293, 312, (1967) Teil I u. 17, 241 (1969) Teil II
EL-SAFTI, M.: Die Konzeption des Körper-Ichs unter Berücksichtigung der Beiträge von Paul Schilder; Dyn. Psychiat. 6, 57 (1973)
SAMI-ALI, M.: Étude de l'image du corps dans l'urticaire; Rev. franc. Psychoanal., 201–226; (1968)

SCHILDER, P.: The image and appearance of the human body. Studies in the constructive energies of the psyche; Int. Univ. Press., New York (1950)
SHONTZ, F. C.: Perceptual and cognitive aspects of body experience; Acad. Press., New York (1969)
WITTKIN, H. A.: Development of the body concept and psychological differentiation in Wappner and Werner (Ed.) The body percept Randomhouse, New York (1965)

Dritter Teil: Objektbeziehung und psychosomatische Krankheit

Selbst–Objekt-Differenzierung

BOSZORMENYI-NAGY, I.: Eine Theorie der Beziehungen, in Boszormenyi-Nagy, I. und Framo J. L. (Hg.): Familientherapie, Theorie und Praxis 1: Rowohlt, Hamburg, 51–109 (1975)
BRUCH: Falsification of bodily needs and body concepts in schizophrenia; Arch. Gen., Psychiat. 6, 18–24
GADDINI, R.: The Pathology of the Self as a Basis of Psychosomatic Disorders; Psychother. a. Psychosom. 28, 260–271 (1977)
LOCH, W.: Studien zur Dynamik, Genese und Therapie der frühen Objektbeziehungen; M. Balint's Beitrag zur Theorie und Praxis der Psychoanalyse; Psyche 20, 881 (1966)
MITSCHERLICH, M.: Ein Beitrag zur Frage der Alexithymie; Therapiewoche 26, 909–915 (1976)
STIERLIN, H.: Die Funktion innerer Objekte; in: Stierlin, H.: Von der Psychoanalyse zur Familientherapie (Klett), Stuttgart 1975, 102–118
WINNICOTT, D. W.: The Theory of the parent-infant-relationship; Int. J. Psychoanal 41, 585–595 (1960)
–: Übergangsobjekte und Übergangsphänomene; Psyche 23, 666 (1969)
–: Objektverwendung und Identifizierung in D. W. Winnicott: Vom Spiel zur Kreativität; Klett, Stuttgart, 101–110 (1973)
–: Ich-Verzerrung in Form des wahren und des falschen Selbst; in Winnicott D. W., Reifungsprozesse und fördernde Umwelt; Kindler, München (1974), S. 182–199

Die mechanistische Objektbeziehung

FAIN, M. et P. MARTY: À propos du narcissme et de sa genèse, Rev. franc. psychoanal. 29, 561 (1965)
MARTY, P. et M. FAIN: Importance de la motricité dans la relation d'objet; Rev. franc. psychoanal. 19, 205 (1966)
MARTY, P.: Die allergische Objektbeziehung in K. Brede (Hg.), Einführung in die psychosomatische Medizin; Fischer-Athenäum, Frankfurt, S. 420–444 (1974)
STEPHANOS, S.: Begriff und Problematik des «Sexualobjekts» im Konzept der analytisch-psychosomatischen Therapie; Therapiewoche 26, 940–949 (1976)

–: Objektpsychologisches Modell der psychosomatischen Pathologie im Zusammenhang mit dem ökonomischen Konzept der französischen psychoanalytischen Schule in: Die Psychologie des 20. Jahrhunderts, Band 9, Psychosomatische Medizin (Hahn, P., Hg.); Kindler, Zürich (1978)

Die symbiotische Objektbeziehung

Richter, H. E., u. D. Beckmann: Herzneurose; Thieme, Stuttgart (1969)

de Boor, C.: Zur Psychosomatik der Allergie, insbesondere des Asthma bronchiale; Bern (1965)

Freyberger, H.: Psychosomatik und Psychotherapie der Colitis ulcerosa in: Colitis ulcerosa und Granulomatosa; Urban & Schwarzenberg, München (1972)

Karush, A., G. E. Daniels and J. F. O'Connor: Response to psychotherapy in chronic ulcerative colitis; Psychosom. med., 30, 255 (1968)

Zum Symbiosebegriff:

Mahler, M. S.: Symbiose und Individuation; Klett, Stuttgart (1972)

Benedek, T.: Psychosomatic implications of the primary unit: mother – child; Am. J. Ortho-psychiatry, 19, 642 (1949)

Jacobson, E.: The self and the object world; the psychoanal. stud. child 9, 75 (1954)

Loch, W.: Psychoanalytische Aspekte zur Pathogenese und Struktur depressiv-psychotischer Zustandsbilder; Psyche 21, 758 (1967)

Lüders, W.: Symbiose und Separation; Psyche 29, 1057 (1967)

Sandler, J., A. Holder and D. Meers: The ego ideal and the ideal self; The Psychoanal. stud. child 18, 139 (1963)

Der Objektverlust

Zu Objektverlust und psychoanalytischem Stressmodell

Engel, G. L.: Studies of ulcerative colitis II. The nature of the somatic processes and the adequacy of psychosomatic hypotheses; Am. J. Medicine 16, 416–433 (1954)

–: Studies of ulcerative Colitis III The nature of the psychological processes; Amer. J. of Med. 19, 231–256 (1955). Deutsch in Brede K.: Einführung in die Psychosomatische Medizin; Fischer Athenäum, Frankfurt (1974), S. 279–334

Dührssen, A., A. Jores u. W. Schwidder: Zum Stressbegriff in der psychosomatischen Medizin; Z. Psychosom. Med. u. Psychoanal. 11, (1965)

Freyberger, H.: Psychosomatische Therapie bei Colitis ulcerosa; med. Klin. 64, 969 (1969)

Lindemann, E.: Die Bedeutung emotionaler Zustände für das Verständnis mancher innerer Krankheiten und ihrer Behandlung; Med. Wschr. 53, 515 (1953)

Mitscherlich, A.: Zusätzliche Gedanken über die Chronifizierung psychosomatischer Krankheiten in: Mitscherlich A.: Krankheit als Konflikt, Studien zur psychosomatischen Medizin II; Suhrkamp, Frankfurt, 94–124 (1967)

Spitz, R. A.: Stress: Psychische Beanspruchung und ihre Folgen in: Freud in der Gegenwart; Europäische Verlagsanstalt, Stuttgart (1957)

Vierter Teil: Familienpsychosomatik

Übersichten:

Grolnick, L.: A Family Perspective of Psychosomatic Factors in Illness: A Review of the Literature. Fam. Proc. 11, 457–486, 1972

Meissner, W. W.: Familiendynamik und psychosomatische Prozesse, in Brede K. (Hg.); Einführung in die psychosomatische Medizin; Fischer-Athenäum, Frankfurt (1974) S. 193–213

Titchener, J. L., J. Riskin, R. Emerson: Die Familie im psychosomatischen Prozeß, in Brede K. (Hg.); Einführung in die psychosomatische Medizin; Fischer-Athenäum, Frankfurt (1974), S. 214–241

Weblin, J. E.: Psychogenesis in Asthma: An An-Appraisal with a View to Family Research, in Jackson, D. D. (Ed.): Therapy, Communication and Change. Palo Alto 1968

Fusion und Funktionsverschränkung als Störungen der bezogenen Individuation

Fusion und Funktionsverschränkung auf der Ebene der Mutter–Kind-Dyade:

Boswell, J. C. Lewis, D. Freeman, K. Clark: Hyperthyroid Children: Individual and Family Dynamics, Journal American Academy Child Psychiatry 6, 64–85, 1967

Coolidge, J. C.: Asthma in Mother and Child as a Special Type of Intercommunication. Americ. J. Orthopsychiatr. 26, 165–178, 1956

Garner, A. M. and Ch. Wenar: The Mother-Child-Interaction in Psychosomatic Disorders, Urbana 1959

Mitchell, A. J., M. S. W. L. Frost and J. R. Marx: Emotional Aspects of Pediatric Allergy – The Role of the Mother–Child Relationship, Ann. of Allerg. 11, 744–751, 1953

Mohr, G. J., Sh. Selesnick and B. Augenbraun: Family Dynamics in Early Childhood Asthma: Some Mental Health Considerations in H. I. Schneer (Ed.) The Asthmatic Child, New York, 103–117, 1963

Peschkin, M. M., und H. S. Tuft: Rehabilitation of Intractable Asthmatic Children by the Institutional Approach, in: Quart. Rev. Pediat. 11, 7, 1956

Pinkerton, Ph.: Correlating Physiologic with Psychodynamic Data in the Study and Management of Childhood Asthma. J. Psychos. Res. 11, 16–22, 1967

Shands, H. C.: Change in a Mother–Child Relation in Asthma, in H. I. Schneer (Ed.): The Asthmatic Child New York, 75–83, 1973

Sperling, M.: The role of the Mother in psychosomatic disorders in children, in Psychosom. Med. 11, 377–385, 1949

Fusion und Funktionsverschränkung auf der Ebene des familiären Gesamtsystems:

APONTE, H., u. L. HOFFMAN: The Open Door: A Structural Approach to a Family with an Anorectic Child, in Fam. Proc. 12, 1–44, 1973

BARCAI, A.: Family Treatment of Anorexia Nervosa, in: Amer. J. Psychiat. 128, 3, 66–70, 1971

BOWEN M.: Die Familie als Bezugsrahmen für die Schizophrenieforschung in Schizophrenie und Familie, Frankfurt, 181–220, 1969

–: The Use of Family Theory in Clinical Practice Compr. Psychiatr. 7, 345, 1966

BOSZORMENYI-NAGY, I.: Eine Theorie der Beziehungen: Erfahrung und Transaktion, in Familientherapie, Theorie u. Praxis 1, Hg. Boszormenyi-Nagy, I. und J. L. Framo, Reinbek, Rowohlt (1975)

HOFFMAN, L.: «Enmeshment» and the Too Richly Cross-Joined System, Fam. Proc. 14, 457–468, 1975

KLUGMANN J.: Owning and Disowning: The Structural Dimension Fam. Proc. 16, 353–355, 1977

LAING, R. D.: Mystifikation, Konfusion und Konflikt in Boszormenyi-Nagy, I. u. J. L. Framo (Hg.) Familientherapie, Theorie u. Praxis 2, Rowohlt Reinbek 110–129, (1975)

MINUCHIN, S., L. BAKER; B. L. ROSMAN; R. WEBMAN; TH. C. TODD: A. Conceptual Model of Psychosomatic Illness in Children – Family Organisation and Family Therapie. Arch. Gen. Psychiat. 32, 1031–1038, 1975

ROSMAN, B. L., S. MINUCHIN, R. LIEBMAN: Der «Familien-Lunch» in Fam. Dyn. 1, 334–347, 1976

SEARLES, H. F.: Collected Papers an Schizophrenia and Related Subjects, New York, (Int. Univ. Press)

STIERLIN, H.: Innerer Besitz und Zwang zur Wahrheit, in Ehe 3 + 4, 132–147, 1975

–: The Dynamics of Owning and Disowning: Psychoanalytic and Family Perspectives, in: Fam. Proc. 15, 277–288, 1976

WIRSCHING, M., W. KNAUSS, und H. STIERLIN: Psychosomatische Krankheit und Familien im Jugendalter – Störungen im Prozeß der Individuation. Überarbeitete deutsche Fassung eines Vortrages auf der 11th European Conference on Psychosomatic Research; 14.–17. 9. 76, Heidelberg.

Das psychosomatische Symptom im Rahmen psychosozialer Konfliktabwehr

FERREIRA, A. J.: Family Myth and Homeostasis, Arch. Gen. Psychiat. 9, 457–463, 1963

JACKSON, D. D.: Family Interaction, Family Homeostasis and some Implications for Conjoint Family Psychotherapy, in MASSERMANN, J. H., Individual and Familial Dynamics, N. X., London 1959

–: The individual and the larger contexts, Fam. Proc. 6, 139–147, 1967

MARSHALL, J. R. und J. NEILL: The Removal of a Psychosomatic Symptom: Effects on the Marriage, in Fam. Proc. 16, 273–280, 1977

RICHTER, H. E.: Eltern – Kind – Neurose; Klett, Stuttgart, 1963
–: Zur Theorie und Therapie von Familienneurosen aus psychoanalytischer Sicht; Der Nervenarzt 37, 1, 1966
–: Probleme der Familientherapie; J. b. Psychoanal. 5, 107, 1968
–: Patient Familie; Rowohlt, Reinbek, 1970
–: Die Rolle des Familienlebens in der kindlichen Entwicklung, in Fam. Dyn. 1, 5–35, 1976
SPEER, D. C.: Family Systems: Morphostasis and Morphogenesis, or «Is Homeostasis Enough?», Fam. Proc. 9, 259–278, 1970
STIERLIN, H.: Eltern und Kinder im Prozeß der Ablösung; Suhrkamp, Frankfurt, 1975
–: «Rolle» und «Auftrag» in der Familientheorie und -therapie, in Fam. Dyn. 1. 36–59, 1976
–: Group Fantasies and Family Myths – Some Theoretical and Practical Aspects, in: Fam. Proc. 12, 111–125, 1973
TITCHENER, J., D'ZMURA, M. GOLDEN u. R. EMERSON: Family Transaction and Deprivation of Individuality, in: Fam. Proc. 2, 95–120, 1963
WILLI, J.: Die Zweierbeziehung, Reinbek (Rowohlt), 1976
–: Die psychosomatische Kollusion am Beispiel einer herzneurotischen Ehe, in: Fam. Dyn. 1, 319–333, 1976
WYNNE, L. C., I. M. RYCKOFF, J. DAY u. S. E. HIRSCH: Pseudomutuality in the Family Relations of Schizophrenics, in: Psychiatry 21, 205–220, 1958
WYNNE, L. C.: Einige Indikationen und Kontraindikationen für exploratorische Familientherapie, in: Familientherapie, Theorie und Praxis 2, Hg. Boszormenyi-Nagy u. J. L. Framo, Reinbek 1975

Fünfter Teil: Psychosomatische Krankheit und Gesellschaft

BREDE, K.: Die Pseudo-Logik psychosomatischer Störungen in Psychoanalyse als Sozialwissenschaft; Ed. Suhrkamp, Frankfurt (1971), S. 152–198
–: Sozioanalyse psychosomatischer Störungen; Athenäum, Frankfurt (1972)
MITSCHERLICH A.: Krankheit als Konflikt; Studien zur psychosomatischen Medizin I; Suhrkamp, Frankfurt (1966)
–: Krankheit als Konflikt; Studien zur psychosomatischen Medizin II; Suhrkamp, Frankfurt (1967)
MITSCHERLICH, A., T. BROCHER, O. v. MEHRING, K. HORN, (Hg.) Der Kranke in der modernen Gesellschaft; Suhrkamp, Frankfurt (1967)
WIECK, H. H.: Zyklothyme Mißempfindungen; Med. Welt 21, 1174–1177 (1965)

Psychosomatische Krankheit und soziale Schicht:

CREMERIUS, J.: Schichtspezifische Schwierigkeiten bei der Anwendung der Psy-

choanalyse; Münchner Med. Wschr. 117, 1229–1232 (1975)
CRISP, A. H. and R. G. PRIEST: Nature of complaint in relation to social class in: Recent research in psychosomatics; Karger, Basel (1970)
FREEDMANN, L. Z. and A. B. HOLLINGSHEAD: Neurosis and social class.; Amer. J. Psychiat. 113, 769 (1956/57)
HOLLINGSHEAD, A. B.: Social Class und Mental Illness; Wiley, New York (1958)

Psychosomatische Krankheit als Sozialisationsschaden

ZEPF, S.: Die Sozialisation des psychosomatisch Kranken; Campus, Frankfurt (1976)
–: Grundlinien einer materialistischen Theorie psychosomatischer Erkrankungen; Campus, Frankfurt (1976)
DUNBAR, F.: Psychosomatic diagnosis; Hoeber, London (1968) 5. Auflage
HALLIDAY, J. L.: Psychosocial medicine. A study of the sick society; Norton, New York (1948)
MOERSCH, E.: Die Entwicklung unseres Verständnisses und unserer Einsichten über den psychisch Kranken in den letzten Jahrzehnten aus vorwiegend sozialpsychologischer Sicht. Vortrag Deutsche Gesellschaft für Psychotherapie, Psychosomatik und Tiefenpsychologie, Bremen (1977)

Quellen- und Copyrightverzeichnis

Wenn nicht anders vermerkt, erfolgt der Abdruck mit freundlicher Genehmigung der Autoren.

1. L. Rangell, Die Konversion, aus: Psyche 23, 1969, S. 121–146; Klett-Verlag, Stuttgart
2. F. Alexander, Fundamental concepts of psychosomatic research, aus: Psychosomatic Medicine, Bd. 5, 1943, S. 205–210; published by Elsevier with the sponsorship of the committee on problems of neurotic behavior; Copyright by the American Psychosomatic Society, Inc., Roosevelt, N. Y. Division of Anthropology and Psychology; National Research Council.
3. W. Bräutigam, «Organwahl» – «Organsprache» – «Organspezifität», Kolloquium und allgemeine Diskussion auf der 12. Lindauer Psychotherapiewoche am 2. 5. 1962, aus: Praxis der Psychotherapie VII, S. 229–252; © Lehmann Verlag, München 1962
4. M. Schur, Zur Metapsychologie der Somatisierung, aus: Brede, K. (Hrg.), Einführung in die psychosomatische Medizin, S. 335–391; © Fischer-Athenäum, Frankfurt 1974
5. A. Mitscherlich, Anmerkungen über die Chronifizierung psychosomatischen Geschehens, aus: Psyche 15, 1961/62, S. 1–25
6. M. de M'Uzan, Zur Psychologie der psychosomatisch Kranken, aus: Psyche 31, 1977, S. 318–332
7. W. Hoffer, Development of the Body Ego, aus: The Psychoanalytic Study of the Child, Bd. 5, 1950, S. 18–23, International University Press, Inc., N. Y.
8. M. Mitscherlich, The significance of the transitional object for psychosomatic thinking, S. 272–277, aus: Bräutigam, W. und von Rad, M. (Hrg.), Toward a Theory of Psychosomatic Disorders, in: Psychotherapy and Psychosomatics Vol. 28, Nr. 1–4, Verlag S. Karger, Basel 1977
9. S. Stephanos, Analytisch-psychosomatisches Setting zur Behandlung internistischer Erkrankungen, aus: Therapiewoche 43, 8097, 1978
10. H. E. Richter, Zur Psychodynamik der Herzneurose, aus: Zeitschrift für

Psychosomatische Medizin und Psychoanalyse 10, 1964, S. 253—267, Verlag für medizinische Psychologie, Göttingen

11. G. L. Engel und A. H. Schmale, Eine psychoanalytische Theorie der somatischen Störung, aus: Psyche 23, 1969, S. 241–261
12. H. Stierlin, Psychosomatische Erkrankungen als Störungen der Differenzierung — Integration: Ein Ausblick auf die. «Familienpsychosomatik», aus: Fam. Dyn. 1, 272—293, 1976
13. A. u. G. Overbeck, Das Asthma bronchiale im Zusammenhang familiendynamischer Vorgänge, aus: Psyche 32, 929—959, 1978
14. K. Brede, Ein sozialpsychologischer Zugang zur Spezifität psychosomatischer Störungen, aus: Psyche 31, 1977, S. 355–360
15. S. Zepf, Primary socialisation and alexithymic defects in symbol and concept formation, aus: Bräutigam, W. und von Rad, M. (Hrg.), Toward a Theory of Psychosomatic Disorders, in: Psychotherapy and Psychosomatics Vol. 28, Nr. 1–4, 1977, S. 278–287

Namenregister

Sachregister

NEU

Aschenbach, Günter / Kempf, Wilhelm (Hrsg.)
Methodenprobleme in der Psychotherapieforschung
Ein handlungspsychologischer Ansatz
1. Aufl. 1985, 286 Seiten, kt., DM 28.00
Die Autoren begreifen Psychologie als eine normativ-kritische Sozialwissenschaft, d.h. als eine empirische Sozialwissenschaft, die sich Rechenschaft darüber ablegt, **was** mit ihr erreicht werden soll, **warum** es erreicht werden soll, und **wie** es erreicht werden soll.

Andriessen, H.C.I. / Miethner, Reinhard
Praxis der Supervision
Beispiel: Pastorale Supervision
365 Seiten, kt., DM 29.80
ab 25 Stück DM 23.80

Schlierf, Christa
Braves Kind – krankes Kind?
Vergl. Unters. von 2-Kind-Familien mit asthmakranken, colitiskranken oder neurot. Indexkindern hinsichtl. der Aggression
246 Seiten, kt., DM 24.80

Stiksrud, Arne / Wobit, Frauke (Hrsg.)
Adoleszenz und Postadoleszenz
Beiträge zur angewandten Jugendpsychologie
296 Seiten, kt., DM 28.00
ab 25 Stück DM 21.80

Howe, J. / Ochsmann, R. (Hrsg.)
Tod – Sterben – Trauer
Bericht über die 1. Tagung zur Thanato-Psychologie vom 4.–6. November 1982 in Vechta
2. Aufl., 450 S., kt., DM 36.00

FACHBUCHHANDLUNG FÜR PSYCHOLOGIE

VERLAGSABTEILUNG
Sulzbacher Straße 45 · 6236 Eschborn

Unsere Schriftenreihe

„Psychoanalytische Reflexion und therapeutische Verfahren in der Pädagogik“

herausgegeben von **Aloys Leber** bietet theoretische und praxisbezogene Beiträge zur Sozialisation und Resozialisation sowie zur Arbeit in Gruppen.

Urte D. Finger:
Narzißmus und Gruppe,
2. Auflage, 254 Seiten, DM 21,80

Ulrike Schmauch:
Ist Autismus heilbar?
3. Auflage, 155 Seiten, DM 15,80

Marita Friedrich-Bartel:
Rhythmik zwischen Pädagogik und Psychotherapie,
2. Auflage, 83 Seiten, DM 12,80

Renate Engler und Ingeborg Hack:
Heilpädagogik in der Spielstube,
2. Auflage, 146 Seiten, DM 19,80

Hans-Georg Trescher:
Sozialisation und beschädigte Subjektivität,
273 Seiten, DM 24,80

Helga Bill:
Sexualität und Narzißmus,
218 Seiten, DM 17,80

Magdalene Schäfer:
Musiktherapie als Heilpädagogik,
2. Auflage, 116 Seiten, DM 15,80

Wolfgang Huth:
Adoption und Familiendynamik,
175 Seiten, DM 17,80

Manfred Gerspach:
Kritische Heilpädagogik,
268 Seiten, DM 26,80

Michael Buchholz:
Psychoanalytische Methode und Familientherapie
340 Seiten, DM 27,80

Regina Clos:
Delinquenz – ein Zeichen von Hoffnung,
179 Seiten, DM 14,80

Leber/Trescher/Ettl/Finger/Hirmke/Scheuermann/Büttner/Bieniussa/Steuk:
Reproduktion der frühen Erfahrung – m psychoanalytischen Verständnis alltäglicher und nicht alltäglicher Lebenssituationen,
211 Seiten, DM 19,80

Fachbuchhandlung für Psychologie
–Verlagsabteilung–
Sulzbacher Str. 45
6236 Eschborn
Tel. (069) 481533

PSYCHE

Psyche — Reprint
weiterhin lieferbar

Psyche Zeitschrift für Psychoanalyse

Nachdruck aller bei Klett vergriffenen Hefte.
Lieferbar: Jg. 1 - 26 (1947 - 1968) komplett. Aus den übrigen Jahrgängen sind alle beim Klett-Verlag nicht mehr verfügbaren Einzelhefte lieferbar.

Einzelhefte je DM 10,00, Jg. 1 + 2 je DM 72,-
Jg. 3 - 18 + 20 - 26 je DM 108,-, Jg. 19 DM 81,-, ab 1. 1. 1986
je DM 11,-, Jg. 3 - 18 + 20 - 26 je DM 118,80, unv. empf. Preise

FACHBUCHHANDLUNG
FÜR PSYCHOLOGIE

VERLAGSABTEILUNG
Sulzbacher Straße 45 · 6236 Eschborn